教育部第四批1+X证书制度试点
婚礼策划职业技能等级证书教材系列丛书

婚礼策划职业技能教材（初级）

婚礼策划
服务评估

Hunli Cehua ·初级· *Fuwu Pinggu*
Chuji

北京中民福祉教育科技有限责任公司　组编

章　林　孙慕梓　主　编

李子俊　副主编

中国农业出版社
农村读物出版社
北　京

图书在版编目（CIP）数据

婚礼策划职业技能教材：初级．婚礼策划服务评估 /
北京中民福祉教育科技有限责任公司组编；王晓玫等主
编．—北京：中国农业出版社，2021.9
（教育部第四批1＋X证书制度试点婚礼策划职业技能
等级证书教材系列丛书）
ISBN 978 - 7 - 109 - 28163 - 9

Ⅰ.①婚…　Ⅱ.①北…　②王…　Ⅲ.①结婚－礼仪－
职业技能－鉴定－教材　Ⅳ.①K891.22

中国版本图书馆 CIP 数据核字（2021）第 074826 号

中国农业出版社出版
地址：北京市朝阳区麦子店街 18 号楼
邮编：100125
策划编辑：李艳青
责任编辑：王庆宁　　文字编辑：戈晓伟
版式设计：王　晨　　责任校对：刘丽香
印刷：三河市国英印务有限公司
版次：2021 年 9 月第 1 版
印次：2021 年 9 月河北第 1 次印刷
发行：新华书店北京发行所
开本：787mm×1092mm　1/16
总印张：25.75　　插页：8
总字数：703 千字
总定价：88.00 元（全 8 册）

前言

　　婚礼策划的服务评估是指在婚礼结束后，婚庆公司对婚礼及婚礼策划整体给予总结、分析、评估的过程。评估调查能力、档案管理能力、总结报告能力是婚礼策划服务评估工作者需要具备的最基本的能力。

　　婚礼策划的服务评估作为婚礼策划的最后一步，对于婚庆公司不断完善婚庆服务产品，研究产品中所存在的不足，打造策划团队具有重要的作用。因此，婚礼策划评估的基本方法和技巧也是婚礼策划服务人员必须掌握的一项专业技能。

　　婚礼策划服务评估（初级）包括两项任务：任务一是婚礼策划服务过程的跟踪与评估；任务二是婚礼策划服务资料的建档和保管。通过本项目的学习可以初步掌握婚礼策划服务评估的初级技能，为学习婚礼策划服务评估的中级、高级技能奠定基础。

　　本分册教材由章林负责统稿，王晓玫、张仁民负责审稿，具体写作分工如下：

　　任务一：章林［北京社会管理职业学院（民政部培训中心）教师］、李子俊（北京子君阁国风礼仪院院长）。

　　任务二：孙慕梓［北京社会管理职业学院（民政部培训中心）教师］。

目　　录

前言

Project 8 项目八
婚礼策划服务评估

　　婚礼策划的服务评估是指在婚礼结束后，婚庆公司对婚礼及婚礼策划整体给予总结、分析、评估的过程。婚礼策划的服务评估是婚礼策划的最后一步，也是婚庆公司对婚庆服务产品售后的总结活动。此环节对于婚庆公司提高婚庆服务产品质量，研究产品存在的不足，打造策划团队具有重要的作用。一般由婚庆公司成立评估小组进行评估或由婚礼策划师、婚礼督导师自主评估。

　　婚礼执行评估是婚礼执行末期的重要工作，主要是指在婚礼实施全部环节结束后对整个婚礼策划、筹备、实施情况所进行的评价、分析及总结工作。婚礼执行的后期评估是婚礼执行的最后工作，对于婚礼执行的整体工作具有重要的归纳、启示作用，意义重大。

　　婚庆服务合同是婚礼服务提供者与婚礼服务接受者之间约定的有关权利义务关系的协议。婚庆服务合同的履行就是婚礼服务企业为客户提供婚礼策划、执行等相关婚礼服务，客户支付相应费用，从而使双方实现合同目的的过程。通过对婚庆服务合同执行情况进行评估，可以梳理婚庆服务合同签订、执行过程中存在的问题，及时优化婚庆服务合同内容，明确双方权利义务，有效避免婚礼服务纠纷的产生。

　　婚礼策划档案是婚庆公司重要的商业资料，也是具有经济价值的商业秘密，需要认真建档归档，妥善保管。婚礼策划档案主要包括婚礼新人接待表、婚礼新人跟踪表、婚礼策划书、婚庆服务合同书、婚礼影视资料、婚礼评估档案等。

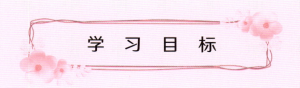

学 习 目 标

一、知识目标

1. 掌握婚礼策划服务评估的项目。
2. 掌握婚礼执行评估的内容。

3. 掌握婚庆服务合同执行评估的要点。

4. 掌握婚礼策划服务资料建档和保管的主要内容。

二、技能目标

1. 掌握婚礼策划服务的评估方法。

2. 掌握婚礼服务执行的评估方法。

3. 掌握婚庆服务合同执行的评估方法。

4. 掌握对婚礼策划服务的各类资料进行建档的技能。

5. 掌握对婚礼音像资料进行建档的技能。

6. 掌握有效保管婚礼策划服务资料的技能。

三、素质目标

1. 运用自身专业知识最大限度地实现客户对于婚礼的期待，树立"客户至上"的服务理念。

2. 在婚礼执行过程中以工匠精神高度实现婚礼策划方案，追求"精益求精"的职业操守。

3. 在婚庆服务合同执行过程中秉承契约精神，重承诺，守信誉，养成诚实守信的职业品格。

4. 在婚礼策划服务资料建档立档工作中形成耐心细致、有条不紊、善始善终的职业习惯。

任务一
婚礼策划服务过程的跟踪与评估

【任务情境】

　　王先生是一家婚庆公司的总经理，一次，婚礼结束后接到客户投诉，称场布师没有按照婚礼策划方案效果图实现现场布置。起初，王先生内心还是挺恐慌的，毕竟不是小单子，是在国际五星级酒店办的婚礼，也想过安排下属去处理。最终王先生还是亲自带着本场婚礼的销售人员一起约客人出来当面沟通，当时新娘哭得稀里哗啦，说在不理想的场布情况下拍摄的婚礼现场照片与自己的梦想婚礼不一致。王先生内心也是无比自责。王先生非常诚恳地道歉，并主动提出了一些补偿方案。经过多次碰面，最终客人接受了王先生所在公司的补偿方案。

【任务分析】

一、婚礼策划服务跟踪评估的主要内容

序号	主要内容
1	婚礼策划服务是否符合婚礼主题，实现客户对婚礼的期待
2	婚礼执行过程是否高度还原婚礼策划方案，满足客户要求
3	婚庆服务合同双方是否严格履行合同义务，实现合同目的

二、婚礼策划服务跟踪评估的工作目标及措施

序号	主要工作目标	措施
1	了解婚礼策划服务质量及客户对婚礼策划服务的满意程度	确定评估项目，开展企业内部的自评；设计制作评估调查表，进行客户满意度调查
2	了解婚礼执行服务质量及客户对于婚礼执行服务的满意程度	确定评估项目，开展企业内部的自评；设计制作评估调查表，进行客户满意度调查
3	了解婚庆服务合同执行情况及合同目的的实现程度	确定评估项目，对双方履行合同义务情况进行评估

【任务实施】

子任务一　对婚礼策划服务过程进行评估

一、工作流程

（一）工作准备

1. 物品准备

序号	名称
1	顾客满意度调查表
2	婚礼服务调查问卷
3	其他网络调查工具
4	手提电脑
5	手机

2. 环境与人员准备

序号	环境与人员	准备
1	环境	室内环境或室外环境
2	婚礼策划师	掌握调查方法，态度亲切自然

（二）对婚礼策划服务过程进行评估的实施

步骤	流程	技术操作要求
工作前准备	基础条件	（1）经过正规的婚礼策划师培训
		（2）掌握一定的婚庆知识和婚庆服务专业技能
步骤1	硬件评估	（1）场地评估
		（2）布景评估
		（3）器材评估
		（4）道具评估
		（5）影像评估
		（6）其他
步骤2	软件评估	（1）服务评估
		（2）创意评估
		（3）文案评估
		（4）人员评估
		（5）环节评估

（续）

步骤	流程	技术操作要求
步骤2	软件评估	（6）细节评估
		（7）效果评估
		（8）经费评估
注意事项		（1）在评估过程中，要运用多种评估工具
		（2）在问卷调查或电话调查中要讲究谈话技巧，亲切自然，切忌生硬提问

（三）实施效果

1. 通过对婚礼策划服务过程进行评估，了解婚礼策划服务质量。

2. 通过了解顾客对婚礼策划服务的满意程度，不断提升婚礼策划服务水平。

二、相关知识

（一）婚礼策划的硬件评估的主要内容

对婚礼策划的硬件评估主要包括以下几个方面。

1. 场地评估

主要评估婚礼典礼场地的面积、高低、型制、风格、价位、服务等，通过评估了解该场地所举行婚礼的情况，是否符合婚礼主题等婚礼策划要求。

2. 布景评估

主要评估布景的色彩、制式、整体风格等是否符合策划要求，效果是否达到预期。

3. 器材评估

主要评估婚礼中所使用的婚车、照相机、摄像机、泡泡机、干冰机、烟雾机、音响、投影、灯光等是否符合婚礼策划要求，质量是否过硬，在使用中是否出现问题。对不符合策划要求以及出现问题的器材进行修理和更换。

4. 道具评估

主要评估请柬、坐签、烛台、香槟塔、蛋糕等婚庆道具是否到位，使用情况是否良好，表现效果是否满意等。

5. 影像评估

主要是对婚礼MV光盘的摄像质量、制作质量的评估，通过评估了解摄像水平、角度、艺术表现等。

（二）婚礼策划的软件评估的主要内容

对婚礼策划的软件评估主要包括以下几个方面。

1. 服务评估

主要评估婚庆服务人员在婚庆服务初期接待、中期策划以及后期执行中的服务质量、服务水平、新人的满意度等。

2. 创意评估

主要评估策划创意是否符合创意预想，各要素配合是否能够突出创意，创意是否与现场有合适的互动。

3. 文案评估

评估文案制作情况，是否能够合理分解任务、突出婚礼主题、吸引新人，执行效果、应急方案是否设置得当。

4. 人员评估

评估婚礼策划师、婚礼督导师、婚礼主持人、婚车司机、摄影师、摄像师、灯光师、音响师等人员，是否工作到位、工作表现是否突出，有何问题等。

5. 环节评估

评估婚礼中所有流程环节准备是否到位，衔接是否顺畅，有何问题等。

6. 细节评估

评估婚礼中出现的细节问题的处理以及应急预案等。

7. 效果评估

主要评估正常婚礼的现实效果是否与预计效果相符合，主要的效果点在何处等。

8. 经费评估

评估婚礼整场经费的使用情况以及婚庆公司的盈亏情况等。

（三）婚礼策划的评估方法

婚礼策划的评估方法主要有以下几种。

1. 调查问卷法

通过设计问卷，实施调查来进行评估。调查问卷能够较多地收集评估所需的信息，但问卷设计是调查问卷能否成立的最主要因素，所以在调查问卷中要将问题设计好。另外，调查问卷法需要先发放问卷、收集问卷，然后对问卷进行分析。

2. 客户访问法

客户访问法主要对参加婚礼或受到婚礼服务的客户进行对面交流，通过了解客户对各项服务项目的意见来进行分析评估。客户访问法是面对面地交流，能够更直接地了解婚礼服务情况，但由于时间有限，可能问题问得不够系统。

3. 集中会商法

通过婚庆公司组织相关人员（婚礼主持人等执行人员），对婚礼服务接待到婚礼服务完成，开展整个体系的评估工作，负责评估的成员主要有婚礼策划师、婚礼督导师以及婚庆公司的业务指导。

4. 影像评估法

通过婚礼 MV 了解婚礼整个筹备情况、运作情况以及效果等，婚礼 MV 作为婚庆服务的有形商品和最终商品，是婚礼服务评估重要的考量标准。

5. 自我评估法

是婚礼策划师、婚礼督导师、婚礼主持人等工作人员对婚礼整体进行自我评估的一种方式。自我评估能够展现一些细节认识，但有时太过主观，需要多方面共同考察。

（四）评审管理

婚姻庆典服务机构应在服务质量管理体系中规定评审的时间。评审管理应包括以下方面的信息：顾客的反馈意见，婚姻庆典场所是否满足不同顾客的需求，服务过程中出现的问题，改进服务方法的建议，预防和纠正措施的效果，参考以往评审管理的记录等。

（五）制作评估调查表的主要步骤和方式

顾客满意度调查表样式见表1-1，其制作步骤如下：

1. 掌握评估内容。
2. 设计评估标准。
3. 进行表格设计。
4. 模拟使用表格。
5. 完善表格内容。

表1-1　顾客满意度调查表

客户签名：＿＿＿＿＿＿＿　工作人员签名：＿＿＿＿＿

日　　期	工作人员	满意度				留　　言
		及格	不及格	满意	非常满意	
	策划师					
	婚礼专员					
	婚礼主持人					
	摄像摄影师					
	化妆师					
	会场布置					
	花艺师					

（六）问卷评估的主要步骤和方式

婚礼服务调查问卷内容见表1-2，其制作步骤如下：

1. 熟悉问卷内容。
2. 明确问卷目标。
3. 设计问卷问题。
4. 进行问卷测评。
5. 完善问卷整体。

表1-2　婚礼服务调查问卷

婚礼服务调查问卷	
1. 您听说过××婚礼策划公司吗	☐ 有　　☐ 没有
2. 您是否会请婚礼策划公司承办您的婚礼	☐ 是　　☐ 否
3. 您愿意选择婚礼策划公司为您服务的原因是	☐ 婚庆公司较为专业，能提供一条龙服务 ☐ 节省自己时间 ☐ 有不同的婚礼方案选择 ☐ 方便快捷 ☐ 其他

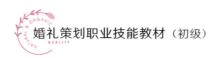

（续）

婚礼服务调查问卷	
4. 如果您选择婚礼策划公司为您筹备婚礼，您会通过什么途径了解婚礼策划公司的相关信息	☐ 亲朋好友 ☐ 网络 ☐ 电视 ☐ 报纸杂志 ☐ 到店面实地咨询 ☐ 其他

子任务二 对婚礼执行服务过程进行评估

一、工作流程

（一）工作准备

1. 物品准备

序号	名称
1	婚礼执行过程评估调查表
2	婚礼执行过程调查问卷
3	其他网络调查工具
4	电脑
5	手机

2. 环境与人员准备

序号	环境与人员	准备
1	环境	室内环境或室外环境
2	婚礼策划师	掌握调查方法，态度亲切自然

（二）对婚礼执行服务过程进行评估的实施

步骤	流程	技术操作要求
工作前准备	基础条件	（1）经过正规的婚礼策划师培训
		（2）掌握一定的婚庆知识和婚庆服务专业技能
步骤1	硬件评估	（1）场地评估
		（2）布景评估
		（3）器材评估
		（4）道具评估
		（5）影像评估
		（6）其他

（续）

步骤	流程	技术操作要求
步骤2	软件评估	（1）服务评估
		（2）文案评估
		（3）执行评估
		（4）环节评估
		（5）细节评估
		（6）效果评估
步骤3	进行问卷调查	通过互联网或调研APP进行问卷调研
步骤4	进行电话回访	通过电话调研服务人员或婚礼执行团队成员
注意事项		（1）在评估过程中，要运用多种评估工具
		（2）在问卷调查或电话调查中要讲究谈话技巧，亲切自然，切忌生硬提问

（三）实施效果

通过对婚礼策划服务过程进行评估，可以梳理婚礼执行过程中存在的问题，总结婚礼执行经验，指导新的婚礼执行工作，维护客户关系。

二、相关知识

（一）婚礼执行的评估项目

包括硬件评估和软件评估两大方面，硬件评估包括场地评估、布景评估、器材评估、道具评估、影像评估等；软件评估包括服务评估、文案评估、人员评估、环节评估、细节评估、效果评估等。

（二）婚礼执行的评估方法

主要有调查问卷法、客户访谈法、集中会商法、影像评估法、自我评估法等。

（三）通过婚礼视频进行婚礼执行后期评估

在婚礼执行的后期评估中，评价婚礼执行人员是否在婚礼庆典现场尽责、专业、完美地完成了本身职责的一个重要评估手段就是观看婚礼视频。婚礼执行人员作为一场婚礼流程顺利进行的指挥者和保障者，也往往是容易被来宾所关注的场上人物之一，每一次举手投足都必须标准雅致，务必要从自身的职业礼仪规范出发，力求干净、利落、大气地完成工作。

（四）制作评估调查表的步骤和方式

婚礼执行过程满意度调查表样式如表1-3所示，其制作步骤如下：

1. 掌握评估内容。

2. 设计评估标准。

3. 进行表格设计。

4. 模拟使用表格。

5. 完善表格内容。

表 1-3　婚礼执行过程满意度调查表

客户（或其他工作人员）签名：　　　　　　　　　　　　　　　　工作人员签名：

序　号	调查内容	满意度				留　言
		及格	不及格	满意	非常满意	
1	服务态度					
2	统筹能力					
3	执行能力					
4	沟通能力					
5	细节处理					
6	应急能力					
7	总体感受					

（五）调查问卷的内容

1. 您听说过××婚礼督导师吗？

2. 您对婚礼督导师的服务态度是否满意？

3. 婚礼督导师在督导过程中是否出现不及时处理问题的情况？

4. 婚礼督导师在与其他工作人员沟通过程中是否表现良好？

5. 婚礼督导师是否在婚礼之前进行了婚礼彩排？

6. 婚礼督导师是否完整执行了婚礼策划方案？

（六）电话回访的方式

婚礼执行评估师：您好，请问是××先生或××女士吗？

我是××婚庆公司的婚礼评估师××，首先恭祝你们新婚快乐，百年好合。非常感谢您对我们的信赖，将您的幸福事业委托给我们完成，今天打电话想询问一下您对我们的服务是否满意，有没有需要进一步改善的地方，希望您能给我们提出宝贵的意见，以便我们更好地为您服务。

温馨提示您，后期影像产品制作完成后，我们会电话告知您，如果有什么不清楚的地方，您可以随时来电咨询。最后，非常感谢您对我们工作的支持，打扰您了，祝您生活永远甜蜜幸福，谢谢，再见！

子任务三　对婚庆服务合同执行情况进行评估

一、工作流程

（一）工作准备

1. 物品准备

序号	名称	单位	数量	备注
1	婚庆服务合同	份	1	用于对婚庆服务合同执行情况进行评估
2	婚礼策划书	份	1	同上

（续）

序号	名称	单位	数量	备注
3	其他合同文件	份	1	同上
4	电脑	个	1	同上
5	手机	个	1	同上

2. 环境与人员准备

序号	环境与人员	准备
1	环境	婚庆公司所在地
2	婚礼策划师	掌握调查方法，态度亲切自然
3	合同当事人	婚礼新人、婚礼执行团队成员等
4	合同执行佐证材料	合同附随文件

（二）对婚庆服务合同执行情况进行评估的实施

步骤	流程	技术操作要求
工作前准备	基础条件	（1）经过正规的婚礼策划师培训
		（2）掌握一定的婚庆知识和婚庆服务专业技能
步骤1	婚礼前期合同执行情况评估	（1）首款支付
		（2）场地预订
		（3）婚车预订
		（4）策划人员及方案
		（5）主持人及主持词
		（6）化妆造型人员及方案
		（7）道具准备
		（8）用品准备
		（9）督导人员及方案
		（10）影像人员及方案
		（11）其他准备
步骤2	婚礼中期合同执行情况评估	（1）中期款支付
		（2）婚礼试妆
		（3）婚礼彩排
		（4）场地布置
		（5）接亲服务
		（6）婚礼执行

（续）

步骤	流程	技术操作要求
步骤3	婚礼后期合同执行情况评估	（1）尾款支付
		（2）售后服务
		（3）违约情况
		（4）争议处理
		（5）合同变更、终止和解除
注意事项		（1）在评估过程中，要运用多种评估工具
		（2）依法评估是对合同执行情况评估的重要标准
		（3）在问卷调查或电话调查中要讲究谈话技巧，亲切自然，切忌生硬提问

（三）实施效果

通过对婚庆服务合同执行情况进行评估，可以梳理婚庆服务合同签订、执行过程中存在的问题，及时优化婚庆服务合同内容，明确双方权利义务，有效避免婚礼服务纠纷的产生。

二、相关知识

（一）婚庆服务合同签订的依据

应根据《中华人民共和国民法典合同编》《中华人民共和国消费者权益保护法》及有关法律法规的规定，签订婚庆服务合同。

（二）婚庆服务合同的内容

婚庆服务合同应包括以下内容：双方的名称、地址、联系电话；婚庆典礼的基本情况；婚礼庆典服务内容；婚礼庆典服务价格；付款方式；双方的权利义务；违约规定；争议解决的途径；合同的生效与解除；其他事项。

（三）婚庆服务合同履行的原则

婚庆服务合同双方当事人应当按照约定全面履行自己的义务。应当遵循诚信原则，根据合同的性质、目的和交易习惯履行通知、协助、保密等义务。双方当事人在履行婚庆服务合同过程中，应当避免浪费资源、污染环境和破坏生态。

任务二
婚礼策划服务资料的建档和保管

【任务情境】

张小姐作为入职不久的婚礼策划师，就职于国内某连锁婚礼服务公司。公司对婚礼策划服务各类资料的建档立档工作有着严格的要求。张小姐策划的第一场婚礼十分成功，但是到了档案管理环节，她对自己的能力失去了信心。因为她发现档案管理的各项工作内容十分繁杂而且细致，让她感到无从下手。通过跟有经验的策划师学习，张小姐出色地完成了第一次建档归档任务，并掌握了该项技能。

【任务分析】

一、婚礼策划服务资料建档和保管的主要内容

序号	主要内容
1	建档立档的基本技能和操作技巧
2	对婚礼策划服务的各类资料进行建档的操作规范
3	对婚礼音像资料进行建档的操作特殊性
4	有效保管建档资料的常规方法

二、婚礼策划服务资料建档和保管的工作目标及措施

序号	主要工作目标	措施
1	掌握婚礼策划师建档立档的基本技能	深入学习建档立档的基本技能中所要求的资料整理、资料分类、资料命名、资料归档的操作方法，通过项目驱动的方式实施，并检验操作规范程度
2	掌握对婚礼策划服务的各类资料进行建档的技能	深入学习婚礼策划档案的建档、归档和查询的操作方法，通过项目驱动的方式实施，并检验操作规范程度
3	掌握对婚礼音像资料进行建档的技能	深入学习婚礼音像资料的整理、建档的命名和归档的操作方法，通过项目驱动的方式实施，并检验操作规范程度
4	掌握有效保管建档资料的技能	深入学习建档资料的保管、移交与接收、抽检与转存的操作方法，通过项目驱动的方式实施，并检验操作规范程度

【任务实施】

子任务一　掌握建档立档的基本技能

一、工作流程

（一）工作准备

1. 物品准备

序号	名称	备注
1	办公用品	用于建档立档信息的搜集与管理
2	电话	同上
3	计算机	同上
4	档案盒	同上
5	档案袋	同上
6	打印机	同上
7	打印纸	同上
8	装订机	同上
9	网络办公环境	同上

2. 环境与人员准备

序号	环境与人员	准备
1	婚礼策划师	信息分析、信息处理、信息管理
2	策划总监	提出要求
3	网络办公环境	用于资料搜集与管理

（二）建档立档的实施

步骤	流程	技术操作要求
工作前准备	前提条件	（1）了解建档立档的基本技能
		（2）了解建档立档的操作技巧
步骤1	资料整理	（1）对文字处理技术形成的文本电子文件，使用 Word 软件整理和排版
		（2）对用扫描仪等设备获得的非通用文件格式的图像电子文件，使用 PS 软件整理和排版
		（3）对用视频或多媒体设备获得的文件，使用 PR 软件整理与输出
		（4）对用音频设备获得的声音文件，使用 AU 软件整理与输出

（续）

步骤	流程	技术操作要求
步骤2	资料分类	（1）现行常用的分类方法主要有两种，能够确定资料应该使用的分类方法
		（2）归档文件可以采用年度、主题、风格、价位、要素、地点分类法
		（3）按照格式进行分类时，体现出文字、视频、音频、图片信息的专业化命名规范
		（4）体现资料分类的质量和效率
步骤3	资料命名	（1）合理避免多个电子文件重名现象，确保数据库调用文件以及存盘未发生混乱
		（2）采用直观的命名方式，通过命名查找和调用文件简单高效
		（3）命名字数控制在32个字符以内，命名文件不带特殊标点符号
		（4）电子文件命名后与同样内容的纸质文件建立相互参照关系，实现两种文件的互通互连
步骤4	资料归档	（1）以"件"为单位归档文件
		（2）对同一策划案中资料，按文字、视频、音频和图片四个属类分开归档
		（3）对同属类档案，按照时间顺序或重要程度进行排序
		（4）每"件"实现单独装订
		（5）对残破的纸质档案资料进行修补裱糊
		（6）薄的档案材料采用不锈钢钉装订，厚的档案材料采用三孔一线方法装订
		（7）档案页码以"页"为单位进行正确编码
		（8）不同年度的档案打印"编目管理"标签，粘贴在档案盒的背脊处
		（9）对档案进行正确的封装入库，并修改库中"档案中心"目录
注意事项		（1）资料整理、资料分类、资料命名、资料归档四个操作要连贯完成
		（2）归档的档案，必须编制目录，并完成清点核对
		（3）没有编页码的文件，以"件"为单位对有效页面连续编码

（三）实施效果

1. 通过对建档立档基本技能的掌握，可以了解婚礼策划师档案管理水平。

2. 通过对建档立档的基本内容进行分类，可以不断细化，从而提升婚庆公司档案管理业务。

二、相关知识

（一）档案的含义和特征

档案是组织或个人在以往的社会实践活动中直接形成的清晰的、确定的、具有完整记录作用的固化信息。

档案有以下几个特征：

1. 档案的形成者是官方机构、半官方机构、非官方机构以及一定的个人、家庭和家族。

2. 档案来源于文件。档案是由文件有条件地转化而来的，这里的"文件"是指广义文件，即一切由文字、图表、声像等形式形成的材料。档案是分散状态的文件按一定逻辑规律整理而成的信息单元。因此，文件是档案的前身，档案是文件的归宿；文件是档案的基础，档案是文件的精华；文件是档案的素材，档案是文件的组合。

3. 档案的形式多种多样。档案的形式包括载体、制作手段、表现方式等。从载体来看，有甲骨、金石、缣帛、简册、纸、胶磁等；从制作手段来看，有刀刻、笔写、印刷、复制、摄影、录音、摄像等；从表现方式来看，有文字、图表、声像等。

4. 档案具有历史再现性、知识性、信息性、政治性、文化性、社会性、教育性、价值性等特点，其中历史再现性为其本质属性，其他特点为其一般属性。

（二）婚庆企业档案的作用

1. 档案是保护婚庆企业合法权益的法律凭证。

2. 档案是婚庆企业再发展的重要信息资源。

3. 档案可以帮助婚庆企业管理好重要商业机密。

4. 档案可以提升婚庆企业信用水平。

（三）电子文件与电子档案管理

电子文件是指在数字设备及环境中生成，以数码形式存储于磁带、磁盘、光盘等载体，依赖计算机等数字设备阅读、处理，并可在通信网络上传送的文件。

电子文件管理要按照《电子文件归档与电子档案管理规范》（GB/T 18894—2016）、《CAD 电子文件光盘存储、归档与档案管理要求》（GB/T 17678.1—1999）等标准实施。

1. 电子文档的"双轨制"保管

电子文件归档实行"双轨制""双套制"，即电子文件同时存在相对应的纸质或其他载体形式的文件时，电子文件与纸质文件或其他载体形式的文件一并归档。

存储电子档案应采用硬磁盘、只读光盘及磁带载体，禁止使用软磁盘作为归档电子档案的长期载体。归档后的电子档案载体应设置成禁写状态。

2. 电子文档的应用系统体现文档一体化思路

一是档案从文件生成之日起就能够监督文档流转、归档及归档后的管理；二是文档一体化模式，文件和档案使用统一的管理信息系统，运行于同构的网络、服务器、数据库管理平台，采取相同的数据、文件存储格式。文件、档案的管理流程采用统一的系统、统一的控制中心、统一的工作制度、统一的工作程序，实现个性化处理和资源共享。

3. 电子文档的几种常见格式

（1）PDF（portable document format）文件格式　是 Adobe 公司开发的电子文件格式。这种文件格式与操作系统平台无关，也就是说，PDF 文件不管是在 Windows、Unix 还是在苹果公司的 MacOS 操作系统中都是通用的。

事实上 PDF 格式文件目前已成为数字化信息的一个工业标准。用 Adobe 公司的免费软件 Acrobat Reader7.0 软件即可阅读 PDF 文件。

（2）MHT 文件格式　又名"web 单一文件"格式。顾名思义，就是把网页中包含的图片，CSS 文件以及 HTML 文件全部放到一个浏览器可以直接读取的 MHT 文件里面。

（3）RTF 文件格式　是 rich text format 文件的缩写，意即"丰富文本格式文件"。它是一种以纯文本描述内容，能够保存各种格式信息的文件，使用 Windows "附件"中的"写字板"就能打开，也可以用 Word 创建。

子任务二　对婚礼策划服务的各类资料进行建档

一、工作流程

（一）工作准备

1. 物品准备

序号	名称	备注
1	办公用品	用于策划服务各类资料档案的搜集与管理
2	电话	同上
3	计算机	同上
4	档案盒	同上
5	档案袋	同上
6	打印机	同上
7	打印纸	同上
8	装订机	同上
9	网络办公环境	同上

2. 环境与人员准备

序号	环境与人员	准备
1	婚礼策划师	信息分析、信息处理、信息管理
2	网络办公环境	用于策划服务各类资料的搜集与管理
3	策划总监	提出要求

（二）婚礼策划服务各类资料建档的实施

步骤	流程	技术操作要求
工作前准备	前期准备	（1）了解婚礼策划服务各类资料建档的技能
		（2）了解策划服务各类资料建档的操作技巧
步骤1	婚礼策划档案的建档	（1）收集环节：将婚礼策划的相关文字、图像资料进行科学的收集汇总，并在给定时间内予以备案
		（2）整理环节：正确建立文件档，在文件档封面上标注婚礼策划档案内容、名称、建档时间；在封面或扉页中，标注目录以及档案建立情况
		（3）分类环节：依据婚礼主题、婚礼风格、婚礼消费价位以及婚礼客户，进行建档分类
		（4）体现资料建档的质量和效率

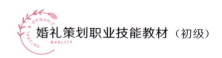
（续）

步骤	流程	技术操作要求
步骤2	婚礼策划档案的归档	（1）归档范围上，对婚礼策划档案按类型划分归档范围
		（2）归档时间上，对婚礼策划档案按照归档时间进行划分
		（3）归档密级上，对婚礼策划档案按密级层级做保密工作
		（4）销毁时间上，合理销毁类型一般、不合时宜、超过5年以上婚礼策划档案
		（5）体现资料归档的质量和效率
步骤3	婚礼策划档案的查询	（1）时间查询方面，按照归档时间进行查询
		（2）主题查询方面，按照婚礼主题进行查询
		（3）风格查询方面，按照婚礼柔美、热烈、轻松、浪漫等风格进行查询
		（4）价位查询方面，根据婚礼消费情况进行查询
		（5）要素查询方面，根据婚礼主持人或某一特殊要素进行查询
		（6）体现档案查询的质量和效率
注意事项		（1）婚礼策划档案应当参考档案管理办法进行建档、归档、装订
		（2）归档的婚礼策划档案，必须编制案卷目录，清点核对
		（3）没有编页码的婚礼策划档案，以"件"为单位对有效页面连续编码
		（4）归档的婚礼策划档案，应遵循便于保管和利用的原则进行整理

（三）实施效果

1. 通过学习婚礼策划服务各类资料建档的技能，有助于婚礼策划师正确地对自己策划的婚礼进行相应档案的建立，从而形成具体档案信息细节。

2. 通过学习婚礼策划服务各类资料建档的操作技巧，有助于婚礼策划师正确地将婚礼策划档案归档，并进行档案查询。

二、相关知识

（一）婚礼策划档案的内容

婚礼策划档案是婚庆公司重要的商业资料，也是具有经济价值的商业秘密，需要认真安排，严谨设置。婚礼策划档案主要包括以下六个方面：

1. 婚礼新人接待表（新人信息）。
2. 婚礼新人跟踪表（沟通情况）。
3. 婚礼策划书。
4. 婚庆服务合同书。
5. 婚礼影视资料（婚礼照片、婚礼MV）。
6. 婚礼评估档案（软件评估、硬件评估）。

（二）婚姻庆典服务机构需要归档的材料

按照2009年民政部颁布的《婚姻庆典服务》国家标准中第五部分"制度建设"中的

"档案管理"中规定，婚姻庆典服务机构应建立档案管理制度。其内容包括：

1. 服务机构经营档案的管理。
2. 员工档案资料的管理。
3. 顾客档案资料的管理。
4. 服务过程详细记录的资料管理。
5. 顾客建议或投诉的资料管理等。

作为婚礼策划师应当保存的档案中最主要的是婚礼策划的文案和图片、影像等资料。

（三）婚礼策划的建档要求

1. 搜集材料

搜集的材料一般为婚礼策划的相关纸质文件材料及视频材料等，在婚礼策划评估完成后集中收集。一个婚礼案例档案可以由婚礼策划评估档案和婚礼督导评估档案两部分组成。

2. 整理档案

在档案整理过程中，一般纸质文件采用 A4 纸，不要选择破损、泛黄的纸质材料，必要时可以对材料进行修补。

3. 分类归档

归档文件可以采用年度、主题、风格、价位、要素、地点分类法。还可以根据新人个案、经费使用或婚礼主题风格等进行大的分类管理，也可以根据照片、文件、视频等资料进行资料、附件、正文等方面的分类。

4. 统一设计

在归档的操作中注意标注清楚档案的名称、内容、时限、密级等。

5. 档案查询

可建立档案管理的卡片或软件文档的查询。

（四）婚礼策划档案装订、归档的要求

归档文件以"件"为整理单位。一般以每份文件为一件。文件的正本与定稿为一件，也可各为一件；正文与附件为一件，也可各为一件；正文与文件处理单为一件；原件与复制件为一件；转发文与被转发文为一件。报表、名册、图册等应按其原装订方式，一册（本）为一件；来文与复文为一件，也可各为一件。

1. 归档文件按件装订

装订时，正本在前，定稿在后；正文在前，附件在后；原件在前，复制件在后；中文文本在前，外文文本在后。

2. 修整

有破损的文件，应对其进行修补；超大纸张需按 A4 纸大小进行折叠，文件页数较多时，宜单张折叠，以方便归档后的查阅利用。

3. 排列

归档文件应在分类方案的最低一级类目内（这里"保管期限"即为最低一级类目），按事由结合时间、重要程度等排列。

4. 编号

归档文件依分类表和排列顺序逐件编号，在文件首页上端的空白位置加盖归档章并填

写相关内容。

5. 装盒

将归档文件按编件号顺序装入档案盒，并填写档案盒封面、盒脊及备考表项目。

子任务三　对婚礼音像资料进行建档

一、工作流程

（一）工作准备

1. 物品准备

序号	名称	备注
1	办公用品	用于婚礼音像资料档案的搜集与管理
2	电话	同上
3	计算机	同上
4	档案盒	同上
5	档案袋	同上
6	打印机	同上
7	打印纸	同上
8	装订机	同上
9	网络办公环境	同上

2. 环境与人员准备

序号	环境与人员	准备
1	婚礼策划师	信息分析、信息处理、信息管理
2	策划总监	提出要求
3	网络办公环境	用于婚礼音像资料的搜集与管理

（二）婚礼音像资料建档的实施

步骤	流程	技术操作要求
工作前准备	准备前提	（1）了解婚礼音像资料建档的技能
		（2）了解婚礼音像资料建档的操作技巧
步骤1	婚礼音像资料的整理	（1）由于形式不同、规格不同，整理过程中体现出音像资料的正确分类，确保未互相混杂
		（2）整理过程中体现出音像资料的正确排列，确保无失误
		（3）整理过程中体现出对音像资料的正确编号，确保无失误
		（4）整理后，完成必要的登记，并辅以说明性文字材料
		（5）整理后，填写音像资料的卷内目录
		（6）体现婚礼音像资料整理的质量和效率

（续）

步骤	流程	技术操作要求
步骤2	婚礼音像资料建档的命名	（1）命名体现出音像资料建档时的保管期限代码
		（2）命名体现出音像资料建档时的年度
		（3）命名体现出音像资料建档时的视音频组号
		（4）命名体现出音像资料建档时的序号
		（5）命名音像资料建档时使用正确的扩展名
		（6）体现建档命名的质量和效率
步骤3	婚礼音像资料的归档	（1）音像资料的归档范围，符合"以我为主"的归档特点
		（2）音像资料的归档时间符合"两段式"归档时间
		（3）在音像资料归档过程中使用原件，避免用复制件
		（4）确保归档音像资料的齐全完整
		（5）录音、录像文件归档时，撰写文字说明
		（6）体现婚礼音像资料归档的质量和效率

（三）实施效果

1. 通过学习婚礼音像资料建档的技能，有助于婚礼策划师正确保存策划一场婚礼而形成的音像资料。

2. 通过学习婚礼音像资料建档的操作技巧，有助于婚礼策划师正确地对婚礼影像资料进行整理、命名和归档。

二、音像资料的概念和特点

（一）音像资料的概念

音像资料，就是通常所说的声像档案，根据"档案之窗"网站论述，是指国家机构、社会组织以及个人在社会活动中形成的有保存价值的，以音响、形象等方式记录信息，并辅以文字说明的历史记录。

（二）音像资料的特点

根据"档案之窗"网站论述，音像资料具有如下特点：

1. 直观的形象性。

2. 收集、保管的特殊性。

3. 是其他形式档案的必要补充。

子任务四　有效保管建档资料

一、工作流程

（一）工作准备

1. 物品准备

序号	名称	备注
1	办公用品	用于保管建档资料
2	电话	同上
3	计算机	同上
4	档案盒	同上
5	档案袋	同上
6	打印机	同上
7	打印纸	同上
8	装订机	同上
9	网络办公环境	同上

2. 环境与人员准备

序号	环境与人员	准备
1	婚礼策划师	信息分析、信息处理、信息管理
2	策划总监	提出要求
3	网络办公环境	用于建档资料的搜集与管理

（二）保管建档资料

步骤	流程	技术操作要求
工作前准备	准备前提	（1）了解婚礼建档资料保管的技能
		（2）了解婚礼建档资料保管的操作技巧
步骤1	建档资料的保管	（1）载体做防写处理，做避免触摸防护
		（2）单片载体采用装盒操作，竖立存放
		（3）存放时远离强磁场、强热源，并与粉尘进行隔离
		（4）对环境温度，选定合适的温度范围
		（5）对相对湿度，选定合适的湿度范围
		（6）体现建档资料保管的质量和效率
步骤2	建档资料的移交与接收	（1）移交或者接收前，检验载体有无划痕
		（2）移交或者接收前，检验电子文件中有无病毒
		（3）移交或者接收前，核实档案的真实性、完整性、有效性
		（4）移交或者接收前，核实登记表、相应的说明等资料的完整性
		（5）对特殊格式的电子文件，移交或者接收前，核实附属品的完整性
		（6）移交或者接收后，填写检验登记表的相应栏目
		（7）体现建档资料移交与接收的质量和效率

（续）

步骤	流程	技术操作要求
步骤3	建档资料的抽检与转存	（1）对满2年磁性载体，进行抽样机读检验，抽样率不低于40％，发现问题后及时采取数据恢复
		（2）对满4年存储光盘，进行抽样机读检验，抽样率不低于40％，发现问题后及时采取数据恢复
		（3）对满4年磁性载体，进行转存，并合理保留原载体
		（4）抽检后填写记录单，并附文字说明
		（5）转存后填写记录单，并附文字说明
		（6）体现建档资料的抽检与转存的质量和效率
注意事项		（1）音像资料的保管，要与照片区别对待
		（2）婚礼效果图纸质作品的保管，要使用防水膜

（三）实施效果

1.通过学习保管建档资料的技能，有助于婚礼策划师正确地将自己策划婚礼的资料进行保存，并执行好保存过程中的移交等细节。

2.通过学习保管建档资料的操作技巧，有助于婚礼策划师正确地对建档资料进行保管、移交与接收、抽检与转存。

二、相关知识

（一）档案保管工作的定义

档案保管工作，是采用一定的技术设备、措施和方法，对档案进行科学保护和管理，防止和减少档案的自然或人为损毁的工作。它在档案工作中具有十分重要的意义。

（二）档案管理的方式

档案管理要遵循几个基本原则：按全宗和专业类型进行保管；以便于利用为目的；以防为主，防治结合；突出重点，兼顾一般；自力更生，勤俭节约。

档案管理的重点主要有以下几个方面。

1.档案排架

可视不同情况分别采取分类排架和流水排架，或分类、流水综合排架。分类排架即按照档案形成的不同时期、档案的不同类型和立档部门的不同组织系统等，将档案划分为若干类别进行排架；流水排架即按照档案全宗最初存档的时间顺序排架；分类、流水综合排架即先将馆藏档案分为若干类别，在每一类别内再按全宗进馆时间顺序排架。无论采用何种方法，属于一个全宗的档案均应集中排放，不应分散和混杂。

2.档案室管理

要建立完善的档案室管理制度，配备必要的防护设备，合理调节和控制温度、湿度，做好防火、防盗、防尘、防霉等工作，保持整洁、有序，保证档案安全无损。

3.档案调出和归还

调出和归还档案都应逐卷点交清楚，办理手续。用完的档案要归还原位。

4. 档案检查

对于馆藏档案，应定期进行全面检查，必要时可临时进行部分检查。着重检查档案是否短少以及每件档案的完好状况，检查时要逐卷进行，要做出详细记录并写出正式报告。

（三）电子档案的管理要求

1. 《磁性载体档案管理与保护规范》（DA/T 15—1995）要求详见"7 磁性载体档案贮存与保护"。适用于磁盘、磁带（录音带、录像带）。

2. 《CAD 电子文件光盘存储、归档与档案管理要求　第一部分：电子文件归档与档案管理》（GB/T 17678.1—1999）要求。

3. 《电子文件归档光盘技术要求与应用规范》（DA/T 38—2008）要求详见"9 归档光盘的保存、使用和维护""10 归档光盘保存、工作和检测的环境条件"。

参 考 文 献

北京中民福祉教育科技有限责任公司，2021. 婚礼策划职业技能等级标准（2021年1.0版）[EB/OL].
　　（2021-01-26）. http：//zmfz. bcsa. edu. cn/info/1019/2069. html.

档案之窗小编，2018. 电子文档的几种常见格式［EB/OL］.（2018-11-23）. http://www. dawin-
　　dow. com/tech/201811/2111. html.

档案之窗小编，2019a. 声像档案的概念和特点［EB/OL］.（2019-02-15）. http://www. dawin-
　　dow. com/tech/201902/5824. html.

档案之窗小编，2019b. 电子档案的管理有哪些要求？［EB/OL］.（2019-02-26）. http://www. dawin-
　　dow. com/tech/201902/6064. html.

档案之窗小编，2019c. 电子文件与电子档案管理［EB/OL］.（2019-02-26）. http://www. dawin-
　　dow. com/tech/201902/6089. html.

档案之窗小编，2019d. 档案保管工作概论［EB/OL］.（2019-10-22）. http://www. dawindow. com/
　　tech/201910/6162. html.

彗星小组，2010. 婚庆公司调查问卷［EB/OL］.（2010-09-04）. http：//www. sojwnp. com/jg/
　　389740. aspx？ source＝99.

金毅，王晓玫，2019. 婚礼现场督导［M］.2版. 北京：中国铁道出版社.

王晓玫，李雅若，2016. 婚礼策划实务［M］.2版. 北京：中国铁道出版社.

王英伟，陈智为，刘越男，2015. 档案管理学［M］.4版. 北京：中国人民大学出版社.

赵屹，2013. 数字时代的文件与档案管理［M］. 北京：世界图书出版公司.

郑建瑜，2019. 婚礼策划与组织［M］.2版. 重庆：重庆大学出版社.

教育部第四批1+X证书制度试点

婚礼策划职业技能等级证书教材系列丛书

婚礼策划职业技能教材（初级）

婚礼庆典
调度执行

Hunli Qingdian ·初级· *Diaodu Zhixing*

Chuji

北京中民福祉教育科技有限责任公司　组编

徐媛媛　万俊杰　主　编

金　毅　赵　丹　副主编

中国农业出版社

农村读物出版社

北　京

图书在版编目（CIP）数据

婚礼策划职业技能教材：初级．婚礼庆典调度执行 /
北京中民福祉教育科技有限责任公司组编；王晓玫等主
编．—北京：中国农业出版社，2021.9
（教育部第四批1＋X证书制度试点婚礼策划职业技能
等级证书教材系列丛书）
ISBN 978-7-109-28163-9

Ⅰ.①婚⋯　Ⅱ.①北⋯ ②王⋯　Ⅲ.①结婚－礼仪－
职业技能－鉴定－教材　Ⅳ.①K891.22

中国版本图书馆 CIP 数据核字（2021）第 074825 号

中国农业出版社出版
地址：北京市朝阳区麦子店街 18 号楼
邮编：100125
策划编辑：李艳青
责任编辑：王庆宁　文字编辑：戈晓伟
版式设计：王　晨　责任校对：刘丽香
印刷：三河市国英印务有限公司
版次：2021 年 9 月第 1 版
印次：2021 年 9 月河北第 1 次印刷
发行：新华书店北京发行所
开本：787mm×1092mm　1/16
总印张：25.75　　插页：8
总字数：703 千字
总定价：88.00 元（全 8 册）

前言

　　婚礼庆典调度执行是指在婚礼举办前和婚礼举办过程中的统筹、协调和执行，婚礼督导师是婚礼创意策划的执行者，是婚礼进行中把握"节奏""进程"和"方向"的总指挥，是主要负责落实策划方案并负责在婚礼当天典礼现场实施、协调和调度婚礼运行过程的专业技术人员。

　　婚礼庆典调度执行作为婚礼策划的执行部分，一般可以由婚礼策划师负责婚礼执行，也可以由婚礼督导师根据婚礼策划师完成的婚礼策划案负责婚礼执行。婚礼庆典调度执行对于婚礼策划师或婚礼督导师的团队沟通，婚礼现场的统筹、执行，以及为新人和新人家属服务的能力都是一个检验，都需要有专业的技能准则和服务规范。因此，作为婚礼服务的专业人员，婚礼庆典调度执行也是必须掌握的一项专业技能。

　　婚礼庆典调度执行（初级）包括三项任务：任务一是婚礼执行团队的现场沟通；任务二是婚礼现场的统筹、督导和执行；任务三是新人的贴心服务。通过本项目的学习可以初步掌握婚礼庆典调度执行的初级技能，为学习婚礼庆典调度执行的中级、高级技能奠定基础。

　　本分册教材由徐媛媛负责统稿，王晓玫、张仁民负责审稿，具体写作分工如下：

　　任务一：万俊杰［北京社会管理职业学院（民政部培训中心）教师］。

　　任务二：徐媛媛［北京社会管理职业学院（民政部培训中心）教师］。

　　任务三：徐媛媛、赵丹（中国婚道婚嫁产业研究院·品质宴会执行师联盟成员）、金毅（上海市婚庆行业协会专职礼仪庆典主持人）。

目 录

Project 7 项目七
婚礼庆典调度执行

婚礼庆典调度执行是指在婚礼举办前和婚礼举办过程中的统筹、协调和执行，婚礼督导师是婚礼创意策划的执行者，通过婚礼庆典调度执行的项目内容以及服务准则为举办婚礼的新人提供高品质的婚礼。

婚礼执行团队沟通是指在婚礼开始前婚礼策划师与婚礼主持人、婚礼化妆师、婚礼摄影师、婚礼摄像师、婚礼 DJ 师、婚礼 VJ 师的沟通，婚礼团队沟通在婚礼中起到承上启下、调度和协调作用。

婚礼现场的统筹、督导和执行是指为了保障婚礼庆典仪式顺利举行，由婚礼策划师和婚礼督导师共同召集婚礼执行团队成员以及新人亲友团服务人员，具体布置、落实在婚礼仪式开始前和婚礼仪式进行过程中的职责和任务。

新人的贴心服务是指为举办婚礼的新人服务和为新人的家属服务。贴心服务的内容包括保管新人的物品、与新人及家属保持交流沟通以及在婚礼进行过程中提供的贴身服务。新人的贴心服务体现了婚礼现场执行人员及婚礼督导师的服务素养和专业技能。

婚礼庆典调度执行的专业化，婚礼策划师或婚礼督导师专业素质和技能的提高，是决定婚礼成功率以及婚庆公司是否能够持续发展的重要方面。为保证婚礼策划职业技能的专业化程度，婚礼督导的专业素质和技能的培养应当成为重要内容。

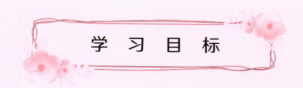

学 习 目 标

一、知识目标

1. 掌握与婚礼执行团队人员现场沟通的内容。

2. 掌握与婚礼执行团队人员现场沟通的技巧。

3. 掌握婚礼现场统筹的内容。

4. 掌握与婚礼现场所有人员沟通的内容。

5. 了解婚礼现场督导的内容。

6. 了解婚礼现场执行的具体内容。

7. 了解提前准备服务于婚礼新人的各类工具、物品。

8. 了解婚礼现场为新人提供的贴身服务。

9. 了解婚礼现场为婚礼其他人员的服务。

二、技能目标

1. 能够掌握与婚礼执行团队人员现场沟通的技巧，做到现场沟通完整畅达。

2. 能够掌握婚礼的统筹和督导工作的内容，确保婚礼的顺利进行。

3. 能够掌握为新人和婚礼其他人员服务的技能，确保婚礼的顺利进行。

三、素质目标

1. 具备与婚礼执行团队人员现场沟通的能力，培养理解、尊重、平等的专业价值观。

2. 具备婚礼统筹和督导的能力，具备敬业、专业、为新人服务的专业价值观。

3. 具备为新人和婚礼其他人员服务的专业能力，培养理解、尊重的专业服务精神。

任务一
婚礼执行团队的现场沟通

【任务情境】

　　某日，著名跳水运动员在某酒店举行婚礼。婚礼围绕"涟漪"这一主题，整体呈现"流动的水"这一概念，巨型的舞台布景由水流形的框架和渐变的花材组成，跳跃的光晕结合镜面效果，让整个舞台给人以灵动的美感，T台别出心裁地设计成两条流水的叠加，象征新人相伴扶持的一生。你作为婚礼策划师，如何有效地与婚礼执行团队人员进行现场沟通呢？

【任务分析】

一、婚礼执行团队现场沟通的主要内容

序号	主要内容
1	婚礼开始前与婚礼主持人交流与沟通
2	婚礼开始前与婚礼化妆师、摄影师、摄像师交流与沟通
3	婚礼开始前与婚礼 DJ 师、VJ 师沟通

二、婚礼执行团队现场沟通的工作目标及措施

序号	主要工作目标	措施
1	提前安排介绍婚礼执行团队的工作任务	通过提前沟通明确每个人的任务
2	与婚礼执行团队在婚礼现场保持顺畅的沟通	通过婚礼流程单督导执行团队的顺畅执行

【任务实施】

子任务一　婚礼开始前与婚礼主持人沟通

一、工作流程

（一）工作准备

1. 物品准备

序号	名称	单位	数量	备注
1	手机	部	1	用于现场沟通的通讯服务
2	婚礼流程册	本	1	最终确定版的婚礼流程册
3	笔记本电脑	台	1	用于记录婚礼流程册等资料
4	对讲机	个	1	用于现场的便捷沟通
5	耳机	个	1	用于现场对婚礼创意执行进行指导与反馈
6	签字笔	支	1	用于现场记录
7	水杯	个	1	人员饮水所用

2. 环境与人员准备

序号	环境与人员	准备
1	环境	干净、整洁、喜庆、浪漫、温馨、清新
2	婚礼策划师	言谈有礼、举止文明、着装得体、能恰到好处地提供服务
3	婚礼主持人	言谈有礼、举止文明、着装得体、能恰到好处地提供服务

（二）婚礼开始前与婚礼主持人沟通

步骤	流程	技术操作要求
工作前准备	熟悉典礼现场的环境	（1）经过正规的岗前培训
		（2）掌握一定的婚俗知识和婚礼主持常识
步骤1	熟知婚礼流程	确定婚礼当天流程设计（婚礼典礼手册）的最终版
步骤2	了解嘉宾与亲友	（1）确定在典礼仪式上致辞嘉宾的职务、名字以及与新人的关系
		（2）让婚礼主持人熟悉新人双方父母，并与其进行有效的沟通
步骤3	明确典礼时间	确定婚礼典礼仪式正式开始的时间
注意事项		婚礼典礼仪式正式开始的时间根据现场情况可以做出临时调整

（三）实施效果

1. 通过与婚礼主持人的现场沟通，使其明确婚礼当天流程以及整场婚礼的基调。
2. 更好地发挥婚礼主持人在婚礼典礼仪式上串联引导和程序推进的作用。

二、相关知识

（一）婚礼策划师与婚礼主持人沟通的时间与次数

婚礼主持人的作用在现代婚礼中越来越不可忽视，一名称职的主持人可以给婚礼锦上添花，婚礼开始前与婚礼主持人交流与沟通就显得尤为重要。

从沟通的时间来看，约主持人见面主要根据新人需要。一般是在举行婚礼前1～3个月约见。应当注意的是，约见主持人最好在淡季，最好不是周末。而且要提前确定主持人的行程，防止主持人因时间冲突不能进行面谈。

从沟通的次数来看，婚礼策划师和主持人应沟通至少两次，一是和新人签订婚礼服务订单后，婚礼策划书大致定稿下来之时，和主持人进行流程和音乐选择以及主持词的沟通；二是最后确定婚礼策划方案后，约主持人和新人见面前进行定案沟通。如果是比较复杂的婚礼，在彩排前、婚礼前还需要进行各种沟通。

（二）婚礼策划师与婚礼主持人沟通的内容与技巧

婚礼策划师和主持人沟通的内容主要包括：婚礼当天的流程设计、婚礼音乐选择、婚礼仪式时长、新人要求、新人的禁忌事项、婚礼中的注意事项等。

从婚礼策划师与主持人沟通程序来看，第一，婚礼策划师要清晰地说明婚礼策划书的各项事项；第二，听取主持人的意见；第三，对婚礼主持人提出的不同意见进行斟酌思考和交流；第四，经过沟通后协商处理。

在进行沟通时，如果新人也要在场，策划师应提前和主持人沟通，约主持人时间要比约新人的时间早半小时左右。主要是和主持人确定婚礼风格和婚礼的主要环节等，即所谓的"对口"，防止在新人面前发生争执。

针对婚礼流程设计和主持人进行沟通时，要把婚礼策划师和新人的需要、环节具体设计以及婚礼灯光和音乐的配合的具体要求等，都明确地告诉主持人。

针对新人的禁忌事项，在与主持人沟通时一定要强调。比如有的新人家庭很注重传统风水信仰等，那么在沟通过程中婚礼策划师要清晰地告诉主持人。又如新人家属要求婚礼必须在 11 点 58 分结束，那么晚一分钟都不行，如果婚礼策划师在沟通时没有说清楚，有可能主持人多说两句话就超过时间了。

针对婚礼中的注意事项，尤其是一些有特殊要求的婚礼，婚礼策划师要把要求解释清楚。有特殊环节设计的婚礼则更要注意，如新人吊威亚从空中飞旋入场，那么主持人站立的位置就要注意，一不小心，新娘这个美丽的天使就有可能撞到主持人。

子任务二　婚礼开始前与摄影师、摄像师沟通

一、工作流程

（一）工作准备

1. 物品准备

序号	名称	单位	数量	备注
1	手机	部	1	用于现场沟通的通信
2	婚礼流程册	本	1	最终确定版的婚礼流程册
3	对讲机	个	1	利于现场沟通
4	耳机	个	1	用于对婚礼创意等执行进行现场指导与反馈
5	签字笔	支	1	用于现场记录
6	水杯	个	10	人员饮水所用

2. 环境与人员准备

序号	环境与人员	准备
1	环境	干净、整洁、喜庆、浪漫、温馨、清新
2	婚礼策划师	言谈有礼、举止文明、着装得体、能恰到好处地提供服务
3	婚礼摄影师、摄像师	言谈有礼、举止文明、着装得体、能恰到好处地提供服务

（二）婚礼开始前与摄影师、摄像师沟通

步骤	流程	技术操作要求
工作前准备	熟悉典礼现场的环境	（1）经过正规的岗前培训
		（2）掌握一定的婚俗知识和婚礼影像拍摄常识
步骤1	熟知婚礼流程	确定婚礼当天流程设计的最终版
步骤2	提出拍摄建议	（1）为拍摄位置与拍摄角度的选择提建议
		（2）强调婚礼策划创意方案中的亮点及影像效果
步骤3	反馈新人需求	重审新人在影像视听方面的特别需求
	注意事项	反复确定婚礼摄影师、摄像师的设备保持正常运转

（三）实施效果

1. 通过与婚礼摄影师、摄像师的现场沟通，让其明确婚礼当天流程和摄影摄像的拍摄重点。

2. 保障婚礼拍摄的顺利进行。

二、相关知识

婚礼摄影师、摄像师是通过专业影像设备，利用影像艺术技巧，忠实、客观地纪录婚礼现场全程的专业人员。其中，根据器材、分工和影像的性质不同，又分为摄影师和摄像师两种。婚礼摄影师常以抓拍的形式纪录婚礼过程中的美好瞬间，而婚礼摄像师则要全面地纪录婚礼的各个仪式流程、各种空间环境，二者相互配合，各司其职。

（一）婚礼策划师与婚礼摄影师和婚礼摄像师沟通的时间与次数

婚礼策划师与婚礼摄影师和婚礼摄像师进行沟通的时间没有具体的限制，一般来讲，从与新人签单后到和新人确定创意后，再到婚礼彩排前的任何时段，婚礼策划师都可以与婚礼摄影师和婚礼摄像师进行沟通，明确他们的任务。

（二）婚礼策划师与婚礼摄影师和摄像师沟通的内容和技巧

婚礼策划师与婚礼摄影师和婚礼摄像师沟通的重点内容有：

1. 重申客户要求

婚礼策划师在与婚礼摄影师、摄像师沟通时，要让摄影师、摄像师明确地了解客户的个性、气质、风格，甚至费用、后期选片、修片数量、时间以及制作 DVD、Flash 等问题，避免出现当天拍摄超时或增加后期消费等现象。

2. 介绍婚礼流程

介绍婚礼策划师和婚礼主持人的创意以及程序，也是拍摄好婚礼宴会的一个重要因素。

3. 指明拍摄位置

预留空间给婚礼摄影师走动取镜位，无论在男家、女家，还是婚礼仪式区及宴会区，让摄影师有充足的空间走动，取得更好的拍摄角度。

4. 注意现场光线

现场光线不够充足，拍出来的色彩就会失真，效果也会令人失望，所以在彩排时必须让婚礼摄影师清楚婚礼现场的灯光设置情况。

婚礼策划师与婚礼摄影师和婚礼摄像师沟通的主要技巧包括以下几个方面：

（1）列出婚礼策划师和新人想要拍摄的所有照片，最好制作一个照片需求表，列明在婚礼进行中所有必须拍摄的关键镜头。

（2）告诉婚礼摄影师和婚礼摄像师整个婚礼的流程以及婚礼策划师认为婚礼策划方案中的设计亮点，这是摄影摄像的重点，要将婚礼流程表交给婚礼摄影师和婚礼摄像师，使他们掌握婚礼进程。

（3）针对婚礼现场的合影，婚礼策划师必须告诉摄影师合影的顺序，最好制作合影顺序表，明确婚礼摄影的顺序及摄影人员的位置。

子任务三　婚礼开始前与婚礼化妆师沟通

一、工作流程

（一）工作准备

1. 物品准备

序号	名称	单位	数量	备注
1	手机	部	1	用于现场沟通的通信
2	婚礼流程册	本	1	最终确定版的婚礼流程册
3	对讲机	个	1	用于现场沟通
4	耳机	个	1	用于现场对婚礼创意等执行进行指导与反馈
5	应急管理包	个	1	用于突发事件发生后的应急处理
6	签字笔	支	1	用于现场记录
7	水杯	个	1	人员饮水所用

2. 环境与人员准备

序号	环境与人员	准备
1	环境	干净、整洁、喜庆、浪漫、温馨、清新
2	婚礼策划师	言谈有礼、举止文明、着装得体、能恰到好处地提供服务
3	婚礼化妆师	言谈有礼、举止文明、着装得体、能恰到好处地提供服务

（二）婚礼开始前与婚礼化妆师沟通

步骤	流程	技术操作要求
工作前准备	熟悉典礼现场的环境	（1）经过正规的岗前培训
		（2）掌握一定的婚俗知识和婚礼化妆常识
步骤1	熟知婚礼流程	派发婚礼当天流程设计（婚礼典礼手册）的最终版
步骤2	提出相关建议	（1）确定新人整体的造型风格与形象设计
		（2）与化妆师沟通，适时补妆，保证妆容的专业水准
步骤3	反馈新人需求	传达新人转场的具体时间节点

（三）实施效果

通过交流与沟通，让婚礼化妆师做好新人结婚当天的造型设计和形象管理，保证新人始终保持最佳的形象与仪表状态。

二、相关知识

打造一场完美的婚礼，婚礼化妆师所起的作用非同一般。婚礼化妆师主要负责新娘结婚当天的造型设计和形象管理，保证新人始终保持最佳的形象与仪表状态。婚礼化妆师往往在婚礼当天一整天都要跟随新娘为新娘服务。大部分情况下婚礼化妆师也承担婚礼跟妆师的角色。早晨根据新娘的气质做一个清新通透自然的妆面，典礼仪式上则依据礼服的颜色、样式而变换造型，使新娘更显典雅端庄。无论是在拍外景还是婚礼喜宴期间，婚礼化妆师都必须携带一只皮箱，陪伴在新娘左右，时不时地拿出粉扑、唇彩为新娘补妆。

（一）婚礼策划师与婚礼化妆师沟通的时间与次数

婚礼策划师与婚礼化妆师通常沟通三次。第一次沟通是通过试妆让新人对婚礼化妆师的综合技术水平有一个初步了解。第二次沟通需要新娘带上所有的服装给婚礼化妆师过目，以便婚礼化妆师为新娘量身定制最适合的造型风格和形象设计。第三次沟通是婚礼前两日婚礼化妆师与新娘最后确定造型风格与形象设计，并明确婚礼当日的到达时间。

（二）婚礼策划师与婚礼化妆师沟通的内容和技巧

婚礼策划师与婚礼化妆师要注意综合运用以下策略进行交流与沟通。

1. 结合婚礼创意

婚礼策划师根据婚礼的创意、婚礼的基调、婚礼的风格，与婚礼化妆师进行沟通，让新人的造型设计与其有机契合。

2. 体现专业权威

婚礼化妆师是专业的，新娘的建议或要求如果不适合她，婚礼策划师要说服新人，按照婚礼化妆师的专业设计进行试妆。

3. 满足新人意愿

婚礼策划师列出新人喜欢的一些造型设计，与婚礼化妆师进行沟通，最终达到与婚礼创意贴合、体现专业妆容、满足新人意愿"三位一体"的造型设计。

子任务四　婚礼开始前与婚礼 DJ 师沟通

一、工作流程

（一）工作准备

1. 物品准备

序号	名称	单位	数量	备注
1	手机	部	1	用于现场沟通的通信
2	婚礼流程册	本	1	最终确定版的婚礼流程册
3	笔记本电脑	台	1	用于记录婚礼流程册等资料
4	对讲机	个	1	用于现场沟通
5	耳机	个	1	用于现场对婚礼创意等执行进行指导与反馈
6	签字笔	支	1	用于现场记录
7	水杯	个	1	人员饮水所用

2. 环境与人员准备

序号	环境与人员	准备
1	环境	干净、整洁、喜庆、浪漫、温馨、清新
2	婚礼策划师	言谈有礼、举止文明、着装得体、能恰到好处地提供服务
3	婚礼 DJ 师	言谈有礼、举止文明、着装得体、能恰到好处地提供服务

（二）与婚礼 DJ 师沟通

步骤	流程	技术操作要求
工作前准备	熟悉典礼现场的环境	（1）经过正规的岗前培训
		（2）掌握一定的婚俗知识和婚礼音乐常识
步骤 1	熟知婚礼流程	派发婚礼流程册的最终版
步骤 2	提醒核对相关细节	（1）明确婚礼音乐播放流程表
		（2）确定现场音效的调试效果
注意事项		反复确认播放设备正常运转

（三）实施效果

通过交流与沟通，使婚礼 DJ 师在婚礼典礼仪式现场做到音乐播放准确、完整、有序。

二、相关知识

每一场婚礼都要有专属的婚礼音乐，而音响设备的好坏、话筒和音响音质的优劣，都会影响婚礼的效果。因此，婚礼 DJ 师的重要性是绝对不可以低估的。

（一）婚礼策划师与婚礼 DJ 师沟通的时间与次数

从婚礼策划师与婚礼 DJ 师沟通的时间来看，一般是在和主持人沟通之后，以及和新人确定婚礼音乐之后，就可以与婚礼 DJ 师进行沟通了，确定其职责和任务。

（二）婚礼策划师与婚礼 DJ 师沟通的内容

婚礼策划师与婚礼 DJ 师沟通的内容可以从以下几个方面着手：

1. 婚礼策划师要与婚礼 DJ 师确认婚礼的主持流程，明确灯光配合和音乐配合，力求获得完美的舞美效果。

2. 婚礼策划师要与婚礼 DJ 师确认婚礼播放的音乐曲目和播放顺序。最好制定婚礼音乐播放流程表，以便婚礼 DJ 师按照顺序进行播放。

3. 婚礼策划师要将婚礼流程表交给婚礼 DJ 师，告诉婚礼 DJ 师详细的婚礼流程和进度计划。

任务二
婚礼现场的统筹、督导和执行

【任务情境】

王先生是一名大学教师，李小姐是机关工作人员，2 人计划在 5 月 8 日举办一场中式传统婚礼——唐婚，地点定在一站式婚礼堂。由于 2 位新人工作繁忙，加上对中国传统婚礼不太了解。因此将本场婚礼委托给婚礼策划师小肖所在的婚庆公司，由小肖负责策划，并将该婚礼的执行全程委托给小林所在的婚礼督导团队，负责婚礼的统筹、婚礼督导和婚礼现场执行。小林作为婚礼督导师，如何有效地实施婚礼现场的统筹、督导和执行工作呢？

【任务分析】

一、婚礼现场统筹、督导和执行的主要内容

序号	主要内容
1	做好婚礼现场统筹
2	做好与婚礼现场所有人员的沟通
3	做好婚礼现场督导
4	做好婚礼现场执行

二、婚礼现场统筹、督导和执行的工作目标及措施

序号	主要工作目标	措施
1	明确婚礼现场统筹和执行的内容	通过双方协商达成方案
2	保证婚礼现场顺利实施完成	按照双方制订的方案实施

【任务实施】

子任务一　做好婚礼现场统筹

一、工作流程

（一）工作准备

1. 物品准备

序号	名称	单位	数量	备注
1	婚礼策划书	份	1	便于双方制定婚礼执行方案
2	新人基本信息表	份	3	婚庆公司和新人制定
3	记录本和笔记本电脑	套	1	用于记录统筹方案具体事项
4	婚礼现场要求的调查表	份	1	用于记录场地情况
5	预算表	份	1	婚礼策划师制定
6	影像、PPT 等参考资料	套	1	供新人作实现效果的参考
7	手机	部	1	用于留存客户联系方式
8	其他物品	套	1	婚礼督导物品专用箱

2. 环境与人员准备

序号	环境与人员	准备
1	环境	干净、整洁、喜庆、浪漫、温馨、清新
2	婚礼统筹师	言谈有礼、举止文明、着装得体、能恰到好处地提供服务
3	婚礼执行团队成员	婚礼主持人、婚礼摄影师、婚礼摄像师、婚礼化妆师、婚礼 DJ 师
4	婚礼新人	对婚礼现场的效果有明确的目标

（二）婚礼现场统筹的实施

步骤	流程	技术操作要求
工作前准备	熟悉典礼现场的环境	（1）经过正规的岗前培训
		（2）掌握一定的婚俗知识和婚礼策划服务专业技能
步骤 1	与婚礼主持人的现场统筹	（1）确定婚礼当天流程设计（婚礼典礼手册）的最终版
		（2）确定在典礼仪式上致辞嘉宾的职务、名字以及与新人的关系
		（3）确定婚礼典礼仪式正式开始的时间
		（4）让婚礼主持人熟悉新人的双方父母，并与其进行有效的沟通
		（5）与婚礼持主持人就婚礼创意的重要环节进行再沟通
步骤 2	与婚礼摄影师、摄像师的现场统筹	（1）派发婚礼当天流程设计（婚礼典礼手册）的最终版
		（2）建议拍摄位置与拍摄角度
		（3）强调婚礼策划创意方案中的亮点及影响效果
		（4）告知婚礼现场灯光的使用情况
		（5）重申新人在影像视听方面的特别需求
步骤 3	与婚礼化妆师的现场统筹	（1）派发婚礼当天流程设计（婚礼典礼手册）的最终版
		（2）确定新人整体的造型风格与形象设计
		（3）传达新人转场的具体时间节点
		（4）明确新人不同妆容与造型设计、服饰搭配的契合
		（5）与跟妆师沟通，适时补妆，保证妆容的专业水准

（续）

步骤	流程	技术操作要求
步骤4	与婚礼DJ师的现场统筹	（1）派发婚礼当天流程设计（婚礼典礼手册）的最终版
		（2）明确婚礼音乐播放流程表
		（3）明确灯光配合和音乐配合的重要事项
		（4）讲解舞台舞美效果的总体设计
		（5）确定现场话筒的调试效果
步骤5	与新人的现场统筹	（1）明确婚礼仪式的时间、地点、主题
		（2）明确婚礼仪式的环节
		（3）明确婚纱、婚戒、婚鞋等必需的物品
		（4）初步确定亲友团成员和工作

（三）实施效果

通过接待准备，与婚庆服务团队沟通、与新人沟通确定婚礼统筹的具体事项，确定婚礼工作分工和人员的具体分工。

二、相关知识

（一）婚礼筹备会议的概念

所谓婚礼筹备会议，就是为了保障顺利举行婚礼，由婚礼策划师和婚礼督导师共同召集的布置、落实婚礼执行团队成员以及新人亲友团服务人员在婚礼庆典活动中职责和任务的准备会议。

（二）婚礼筹备会议的相关内容

婚礼筹备会议在婚礼筹备过程中至少要召开两次，第一次是婚礼启动会议，让婚礼筹备组成员们了解到新郎新娘的需求、婚礼的整体风格、婚礼的大致流程、婚礼当天大家需要协调的事宜。

最后一次婚礼筹备会议则是确认各个环节的到位情况、所有细节，以保证婚礼当天万无一失，一般与婚礼彩排同时举行。如果是大型婚礼，婚礼筹备会也可以召开三次。

（三）婚礼统筹会议准备

在婚礼筹备会议召开之前，婚礼督导师需要选择一位沟通、组织能力强的新人或新人亲友作为助手，这个人可以是朋友中的婚礼达人，还可以是心思缜密的家人。这位得力的助手需要全程跟踪了解婚礼督导师需要的每一个婚礼细节，帮婚礼督导师协调沟通每一场婚礼筹备会议。

（四）婚礼筹备会议确认及分配任务的小窍门

1. 建议婚礼督导师在确认婚礼细节及人员情况时，按照时间顺序整理每个人的任务和需要准备的用品、道具。

2. 婚礼督导师要像放电影一样，将婚礼策划流程一一梳理，想象婚礼当天的整体流程，从婚礼当天新人睁眼开始，记录下每一个细节，比如，新郎新娘应该在几点起床，由谁负责准备早餐，谁负责熨烫衣服，化妆师几点到位等；婚礼正式开始时，如何出场，谁负责开门，谁负责灯光等；婚礼结束后谁负责收集签到台物品，谁负责和酒店结账，谁负责收回剩余酒水等。全程想象一下婚礼当天的所有情景，可以避免遗漏小细节。

子任务二　做好与婚礼现场所有人员的沟通

一、工作流程

（一）工作准备

1. 物品准备

序号	名称	单位	数量	备注
1	婚礼统筹方案	份	5	第一次统筹会后制定的工作方案
2	新人及婚庆团队人员联系表	份	3	与婚庆公司和新人一同制定
3	记录本和笔记本电脑	套	1	用于记录统筹方案具体事项
4	婚礼现场勘察表	份	1	便于沟通
5	预算表	份	1	便于预算明细的修改
6	婚礼团队任务单	套	1	明确婚礼各个团队的任务
7	手机	部	1	用于留存客户联系方式
8	其他物品	套	1	婚礼督导物品专用箱

2. 环境与人员准备

序号	环境与人员	准备
1	环境	干净、整洁、喜庆、浪漫、温馨、清新
2	婚礼统筹师	言谈有礼、举止文明、着装得体、能恰到好处地提供服务
3	婚礼执行团队成员	婚礼主持人、婚礼摄影师、婚礼摄像师、婚礼化妆师、婚礼 DJ 师
4	新人和亲友团	将要举办婚礼的新人，婚礼仪式中有分工的亲友团人员

（二）做好与婚礼现场所有人员的沟通

步骤	流程	技术操作要求
工作前准备	熟悉典礼现场	（1）经过正规的岗前培训
		（2）掌握一定的婚俗知识和婚礼策划服务专业技能
步骤1	统筹团队	（1）确定总督导提示本
		（2）确定婚礼仪式执行督导的工作内容
		（3）确定婚礼执行督导的工作内容

（续）

步骤	流程	技术操作要求
步骤2	与婚礼执行团队沟通	（1）沟通拍摄位置与拍摄角度的选择
		（2）强调婚礼策划创意方案中的亮点及影响效果
		（3）告知婚礼现场灯光的使用情况
		（4）重申新人在影像视听方面的特别需求
		（5）确定新人整体的造型风格与形象设计
		（6）传达新人转场的具体时间节点
		（7）明确新人不同妆容与造型设计、服饰搭配的契合
		（8）与跟妆师沟通，适时补妆，保证妆容的专业水准
		（9）确定婚礼当天流程设计（婚礼典礼手册）的最终版
		（10）确定在典礼仪式上致辞嘉宾的职务、名字以及与新人的关系
		（11）确定婚礼典礼仪式正式开始的时间
		（12）让婚礼主持人熟悉新人的双方父母，并与其进行有效的沟通
		（13）与婚礼持主持人就婚礼创意的重要环节进行再沟通
步骤3	与婚礼新人和亲友团沟通	（1）与新人沟通婚礼仪式的环节及注意事项
		（2）与伴郎伴娘沟通婚礼仪式流程及时间节点
		（3）与亲友团沟通，确定双方新人家属的总联络人员
		（4）确定签到人员、礼金保管人员
步骤4	与酒店相关服务人员沟通	（1）与酒店的宴会主管沟通，确认婚礼的服务项目
		（2）确定迎宾区、宴会区的设计方案
		（3）与酒店的餐厅主管沟通上菜时间节点和注意事项

（三）实施效果

1. 通过与婚礼的执行团队成员、举办婚礼的新人、新人的亲友团队成员进行有效的沟通，建立良好的团队合作关系。

2. 通过沟通能够达成婚礼开始前的任务分工和婚礼现场的工作分工的顺利衔接和目标一致。

二、婚礼前一天需要确认的事项

婚礼现场的人员众多，其中包括婚礼的主角两位新人，还包括亲友团成员、婚礼策划师和婚礼执行团队。要想保证婚礼的顺利实施，给新人圆满幸福的婚礼，婚礼现场人员必须具有良好的沟通和协调能力，用共同的词汇表达，减少工作中的失误，从而保证婚礼的顺利举办。

对婚礼督导师而言，沟通是一种必须具备的能力，是其工作能力的一个方面，必须有意识地进行训练。口头沟通是婚礼督导师与婚礼策划师、客户、酒店人员、婚庆服务团队人员进行各种信息交流的最常见形式。

（一）与婚礼策划师确认婚礼仪式流程

如果婚礼执行是由婚礼督导师完成，婚礼督导师就必须与婚礼策划师在婚礼举办前做最后的沟通，包括以下事项：

1. 确认整个婚礼各项事宜安排妥当，如婚礼现场布置、人员分工、时间、礼品，协助车管安排所有人员乘车，准备证婚人、嘉宾致辞人员名单，并转交主持人。

2. 确认婚宴前后客人迎来送往，座位的安排（确认女方、男方桌牌）。

3. 确认准备好处理婚礼意外或紧急状况的方案，以及确认清楚所有工作人员的联系方式、行车线路图、婚礼现场所需物品的筹备情况。

4. 确认是否已经将整个婚礼的顺序和流程安排妥当。

5. 确认"四大金刚"婚礼当天到达的时间。

（二）与婚礼设计师确认的事项

包括场布方案、备货情况、当天灯光、鲜花花艺等。

（三）与婚礼主持人确认的事项

包括音乐、灯光、仪式、誓词、特殊环节等。

（四）与婚礼化妆师确认的事项

包括婚礼当天妆前准备，几点开始化妆，早上流程时间，大管家联系方式等。

（五）与婚礼摄影师、婚礼摄像师确认的事项

包括新郎新娘几点起床，新郎几点到新娘家，新郎新娘几点出门，几点到婚礼场地，婚礼几点开始，几点结束，摄影摄像到达时间，早上流程安排，取景安排等。

（六）与婚礼车队确认的事项

包括车位安排（新娘家、新郎家、酒店）、车牌号、司机电话、行车路线，头车扎车花的时间、地点等。

（七）与伴娘确认的事项

包括新娘、新郎的衣物、包包等必备物品管理，伴娘到达时间，当天婚礼仪式流程、接亲游戏安排、新婚房间布置等。

（八）与伴郎确认的事项

包括当天新郎所需物品管理，伴郎到达时间，当天婚礼的仪式流程、红包、喜糖分发准备等。

（九）与新娘、新郎父母确认的事项

包括当天早上婚礼仪式流程时间，当天仪式流程安排，当天服装准备，是否要上台，致辞讲稿准备等。

（十）与酒店确认的事项

包括烟酒、干果摆放时间地点，换衣间的安排，上菜时间等。

（十一）与婚礼管家确认的事项

包括准备签到簿，确定签到负责人。确定资金总管2位，负责收礼金工作、支付当天所需各项费用、保管红包。确定席位总管2位，男女方各1位，负责引导宾客入席、分发

喜糖等。

（十二）与物品总管确认的事项

包括将烟酒、喜糖、干果带到酒店，与酒店沟通物品管理等。

子任务三　做好婚礼现场督导和执行

一、工作流程

（一）工作准备

1. 物品准备

序号	名称	单位	数量	备注
1	婚礼督导提示本	份	2	
2	婚礼督导仪式流程单	份	2	
3	手机	部	1	用于所有人员的联络
4	督导专用物品箱	套	1	婚礼督导在现场使用的物品
5	耳机，麦克风	套	1	工作人员联系专用

2. 人员准备

序号	环境与人员	准备
1	总督导、道具督导、执行督导	举办婚礼的酒店
2	策划师、主持人、花艺师	举办婚礼的酒店
3	造型师、影像师、灯光师、音响师	举办婚礼的酒店
4	新郎、新娘	双方新人的家里
5	伴郎、伴娘、双方父母	双方新人的家里
6	花童、戒童、迎宾、签到的亲友团	举办婚礼的宴会酒店
7	酒店主管、餐厅主管、大堂经理、服务人员	举办婚礼的宴会酒店

（二）做好婚礼现场督导

步骤	流程	技术操作要求
工作前准备	巡场	（1）观察声电布局，熟悉灯光排位
		（2）检查T台设备，有无异物、不平整等安全隐患，需立即反馈处理
		（3）个人及团队执行的动线设计
		（4）根据原始流程，准备已确认流程的道具

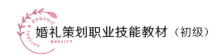
（续）

步骤	流程	技术操作要求
步骤1	婚礼倒计时前在准备环节中的督导执行	（1）督导检查准备就绪，所有人员准备到位
		（2）总督导示意主持人准备
		（3）检查确认所有的设备、设施准备就绪
		（4）提示灯光师、音响师、摄影摄像师准备
步骤2	婚礼仪式流程中的督导执行	（1）婚礼开场的督导执行
		（2）婚礼托付仪式的督导执行
		（3）婚礼宣誓仪式的督导执行
		（4）婚礼手捧花仪式的督导执行
		（5）婚礼倒香槟、喝交杯酒、点烛台、切蛋糕仪式的督导执行
注意事项		（1）T台接缝大，易卡细跟高跟鞋。需解决或提醒到
		（2）忌过度彩排，为保证仪式效果，应多花时间在新人舞台礼仪辅导中。如何提婚纱，如何上台阶这类可以保障新人安全的事宜可以着重详细告知
		（3）进行沟通前，提前梳理一遍。保证有条不紊
		（4）面对突发情况，应冷静及时地解决。即便不在职责范围内，亦不一味抛问题给对方
		（5）以上前期工作流程，需结合现场实际情况有序进行

（三）实施效果

1. 通过掌握婚礼仪式督导工作内容，更好地完成婚礼现场督导。

2. 通过掌握婚礼仪式督导的工作细节，顺利完成婚礼督导和执行。

二、相关知识

从婚礼督导的产生过程来看，婚礼督导又称"新人秘书"，是一个近来在国内兴起的婚礼庆典专业服务职业。这个职业首先出现在日本，最早只是由承办婚礼酒宴的酒店中为新人婚礼做准备工作和临时礼仪服务的工作人员承担。一般是由从事礼仪服务工作的时间较长、经验相当丰富的酒店领班或者当班经理担任，后被称为"担当"或者"婚礼担当"。

（一）婚礼督导师的含义

婚礼督导师是婚礼的导演、管家和总调度师，是保证婚礼策划方案的落实，负责婚礼现场管理，督促、指导婚礼过程和每一个细节，为新人提供专业顾问，保障婚礼仪式顺利运行的专业工作人员。

（二）婚礼督导师的工作范畴

广义上讲，婚礼督导师从考察预订举办婚礼的酒店或场所开始，到新人进行礼服定制或选购、选择合适的婚礼仪式用品等，再到婚礼当天典礼现场的实施、协调和调度，从各方面都能从非常专业的角度来指导新人进行婚礼前的准备和婚礼仪式完美运行。当然，婚礼督导师最重要的工作还是在于保障婚礼当天典礼现场完美地运行，如场地布置、婚宴酒水安排、协助新人换装补妆、音响预备、编配座位安排和现场人数改动等，不断跟进整个婚宴的临场事项，控制时间以及整个婚礼流程。为婚礼新人处理整个婚礼细节，最终使婚礼完美地举办。

（三）婚礼督导师总体职责

婚礼督导师的总体职责概括起来有 4 个方面：

1. 婚礼的指挥与控制。
2. 婚礼的协调与调度。
3. 婚礼的保障与检查。
4. 婚礼的指导与辅导。

（四）婚礼督导师的基本素质

1. 热心服务的态度。
2. 相当强的语言能力和沟通能力。
3. 高度的责任心。
4. 较强的团队合作意识。
5. 耐心和细心的服务心态。
6. 较强的危机处理能力。
7. 督促指导的理解和协调能力。
8. 良好的商务礼仪和仪表修养。

（五）婚礼策划师与婚礼督导师、婚礼统筹师的区别

1. 工作职责不同

婚礼策划师的职责是完成婚礼策划文案、设计婚礼仪式流程和完成婚礼仪式的其他相关设计，以及负责彩排和礼仪指导，供应商的服务协调、提醒和确定等。

婚礼督导师的职责是完成整个婚礼流程和婚宴细节的执行，如对新人仪态的引导、音效灯光的掌控、编配座位安排和现场人数改动、婚礼各项流程细节等，不断跟进整个婚礼仪式和婚宴的流程。

婚礼统筹师的职责是婚礼相关的所有后勤服务和其他跟进服务。

2. 作用不同

婚礼策划师是为新人提供婚礼流程创意策划，进行婚礼现场监督，帮助新人在婚礼中完成他们婚礼梦想的核心领导人员。

婚礼督导师的作用是严格落实、执行婚礼策划方案，细心地帮新人处理好婚礼仪式前期、中期、后期各个环节，不让新人为婚礼的小细节烦心、遗憾。

婚礼统筹师为新人在婚礼筹备过程中提供意见和指导，帮助新人减轻压力，就像是整合婚礼筹备的贴身保姆，目的就是完成婚礼。

（六）婚礼迎亲流程中新人抵达酒店的督导执行

在婚礼迎亲流程中，一般初级婚礼督导师不参与迎亲环节，只有在新人抵达酒店后，督导师开始介入督导执行任务。新人抵达酒店后督导师的主要任务见表2-1。

表2-1　婚礼流程督导现场执行单（新人抵达酒店部分）

婚礼流程督导现场执行单					
新人抵达酒店部分					
时间	项目	工作人员	新人及家属	内容	婚礼督导师现场执行工作
9:00—9:50	新人出发，抵达酒店	双机位摄像、摄影师、跟妆师、督导师	新人、伴郎伴娘、部分亲友	亲友、主持人酒店外迎接	（1）督导师检查现场花艺场景布置（主题背景、路引、花门等）
					（2）督导师检查桌面酒水、烟、糖的摆放，托盘、口布插花的摆放
					（3）督导师检查道具：干冰、茶桌、茶杯、台布、5把椅子、托盘3个、戒枕2个、花篮2个、花瓣、翅膀、点烛棒、香槟等
					（4）督导师检查签到台的胸花3支（主持人、证婚人）
					（5）督导师准备好签到物品：签到笔、本、新人物品、易拉宝、架子
					（6）督导师安排礼仪人员到场，安排签到台迎宾人员到场
					（7）督导师安排礼仪人员到场，安排签到台迎宾人员到场
					（8）来宾到场，督导师指导签到人员、引位人员做好相关工作
					（9）督导师组织相关人员准备礼花
9:50	抵达酒店	双机位摄像、摄影师、督导师	新人、伴郎伴娘、部分亲友	伴郎为新郎开车门，新郎为新娘开车门	督导师组织亲友团相关人员放礼花
9:55	酒店外照相	双机位摄像、摄影师、跟妆师	新人、伴郎伴娘、部分亲友	简单照相合影，双机位摄像	亲友团负责安排
10:00—10:50	新娘休息、补妆，新郎迎宾	跟妆师、督导师	新人、伴郎伴娘	新人准备，主持人、督导师最后确认设备	（1）督导师提示：伴娘带好新娘礼服、首饰、婚鞋、戒指、腕花、手捧花等
					（2）督导师和主持人最后确认设备，新人准备
					（3）督导师最后确认婚礼所需物品准备好（戒指、礼物、誓言书、交杯酒、敬茶杯）

（续）

婚礼流程督导现场执行单					
新人抵达酒店部分					
时间	项目	工作人员	新人及家属	内容	婚礼督导师现场执行工作
10:50		督导师		新娘在门外候场，新郎拿手捧花在舞台侧板后候场	（1）督导师确认门外干冰雾机设备
					（2）督导师和亲友团成员各一人在门外做好清场，确保开门时镜头里只有新娘一个人
					（3）督导师检查确认全部都准备就绪、到位后，示意主持人
					（4）督导师和亲友团成员在门口准备开门

（七）婚礼倒计时前准备环节的督导执行

婚礼倒计时前督导的任务提示见表2-2。

表2-2　婚礼流程督导现场执行单（婚礼倒计时前准备部分）

婚礼倒计时前准备					
序号	人员	工作任务	到位	未到位	备注
1	主持人	准备就绪，到位			
2	督导师	检查确认全部都准备就绪、所有人员到位，示意主持人			
3	新郎	准备就绪，到位			
4	新娘	准备就绪，到位			
5	新娘父亲	督导师安排亲友团A快速引导父亲到T台口处就位			
6	花童	准备就绪，到位			
7	伴郎、伴娘	准备就绪，到位			
8	亲友团B	（1）确认干冰雾机设备			
		（2）在门外做好清场，确保开门时镜头里只有伴郎伴娘			
		（3）在门口准备开门			
9	督导师	安排亲友团A快速引导父亲到T台口处就位			
10	督导师	按礼仪呈现次序依次检查仪式道具，并最后确认			
11	督导师	（1）确定LED大屏运行情况			
		（2）确定灯光电路的运行情况良好			

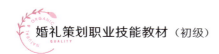

（续）

婚礼倒计时前准备					
序号	人员	工作任务	到 位	未到位	备 注
11	督导师	（3）确定音响的运行情况良好			
		（4）确定干冰雾机、泡泡机设备、追光灯等的运行情况良好			
12	灯光师	最后确认灯光播放程序及时间，示意督导师逐层关灯安排暗场			
13	音响师	最后确认音乐播放程序、音量及时间安排，示意督导师现场停止播放音乐，静场			
14	摄影师、摄像师	准备就绪，到位			

资料来源：中华婚庆网。

（八）婚礼开场环节的督导执行

婚礼开场环节中督导任务提示见表2-3。

表2-3　婚礼流程督导现场执行单（开场部分）

程序	新人描述	主持人	督导师	亲友团A、B	灯光师	音响师
最后准备	新娘在门外候场；新郎拿手捧花在舞台侧板后候场	准备就绪，到位	最后确认婚礼所需物品是否准备到位（戒指、礼物、誓言书、交杯酒、敬茶杯）；确定大屏、音响运行情况；确定干冰雾机、泡泡机、追光灯等设备情况	（1）亲友团B最后确认门外干冰雾机设备 （2）亲友团A门外清场	最后确认灯光播放程序及时间，示意督导师	最后确认音乐播放程序、音量及时间安排，示意督导师
婚礼倒计时	新娘在门外候场；新郎拿手捧花在舞台侧板后候场	婚礼庆典准备开始	检查是否全部准备就绪，所有人员是否都到位后，示意主持人	（1）亲友团A在门外做好清场，确保开门时镜头里只有新娘一个人 （2）亲友团A、B在门口准备开门	暗场逐层关灯	播放倒计时
主持人出场	主持人闪亮出场	主持人登台	语音或符号提示		灯光频闪	更换音乐
主持人开场		主持人开场串词	督导师在门外做好清场，确保开门时镜头里只有伴郎伴娘	亲友团B最后确认门外干冰雾机设备	全场灯光关闭，仅开启舞台灯光	

（续）

开 场 部 分						
程序	新人描述	主持人	督导师	亲友团A、B	灯光师	音响师
伴郎伴娘出场	伴郎伴娘缓步出场	主持人开场串词	语音或符号提示	深情旁白中亲友团A员打开厅门，放干冰烟雾；督导安排：开门、关门	暗场逐层关灯，追光	更换音乐
新郎出场	新郎缓步出场	主持人致词	语音或符号提示			
新娘出场	督导师提醒：新娘进场时应该用脚向前小步移地而行，且步伐要慢，眼睛要看着前方，并要体现出高雅的气质	主持人致词	语音或符号提示	（1）放干冰烟雾 （2）督导安排：开门 （3）督导安排：逆光，周围清场	暗场逐层关灯，追光	更换音乐
新娘挽着父亲向前走	督导师提示：父亲手轻轻握拳，放置于肚脐的位置。新娘手轻轻挽住父亲手肘处。注意中途不要因松弛而改变姿势	主持人不说话	语音或符号提示	（1）干冰烟雾 （2）督导安排：关门	追光	播放音乐

资料来源：王晓玫，金毅，2012。

（九）婚礼托付仪式的督导执行

婚礼托付仪式环节中现场督导任务提示见表2-4。

表2-4 婚礼流程督导现场执行单（托付仪式部分）

托 付 仪 式						
程序	督导师提示： 新人动作描述	主持人	督导师	亲友团A、B	灯光师	音响师
新娘挽着父亲向前走到花亭站定	督导师提示：父亲手轻轻握拳，放置于肚脐的位置。新娘手轻轻挽住父亲手肘处。注意中途不要因松弛而改变姿势	主持人致词提示	语音或符号提示	（1）关门 （2）关干冰机冷焰火	暗场逐层关灯	更换音乐
新郎拿手捧花走向新娘站定	督导师提示：新郎手捧花站正时，微微成八字形向内靠拢。脚步成模特丁字步，挺胸压肩，目视正前方15米处	主持人致词提示	语音或符号提示		灯光频闪	更换音乐

（续）

程序	督导师提示： 新人动作描述	主持人	督导师	亲友团 A、B	灯光师	音响师
托 付 仪 式						
新郎到新娘前跪下献花	督导师提示：新郎跪下要昂首挺胸成弓形	主持人致词提示	递送话筒		追光灯	更换音乐
托付仪式		主持人不说话	递送话筒		追光灯	更换音乐
新娘和父亲拥抱		主持人致词提示	递送话筒		追光灯	更换音乐
新郎新娘走向舞台	（1）督导师提醒：只要进场时步伐慢一点，用脚向前小步趟地而行，拿着手捧花的手也可轻轻地提一下婚纱。新郎的步伐也要慢，如果新郎大步流星地向前走，那么再谨慎的新娘也会跟不上节奏，一不小心就会踩到婚纱。新娘在婚礼中要体现出高雅的气质，其诀窍就在于动作要慢 （2）督导师提醒：（新郎新娘步伐配合）新郎新娘挽手步入礼堂时，迈出脚步的顺序和节奏要一致。新郎身位要比新娘前半步（大约 15 厘米） （3）督导师提醒：（新郎新娘站姿）新郎新娘挽手站正时，微微成八字形向内靠拢。脚步成模特丁字步，挺胸压肩，目视正前方 15 米处	主持人致词提示	语音或符号提示		追光灯	更换音乐
新娘新郎上台站定	新人走上舞台站定后，新郎应该握住新娘的手	主持人致词提示	语音或符号提示			更换音乐

（十）婚礼宣誓仪式的督导执行

婚礼宣誓仪式环节中督导任务提示见表2-5。

表2-5　婚礼流程督导现场执行单（宣誓仪式部分）

婚礼宣誓仪式环节						
程序	督导师提示：新人动作描述	主持人	督导师	亲友团A、B	灯光师	音响师
新人宣誓		主持人致词提示	（1）准备递送的宣誓书			更换音乐
			（2）递送话筒、宣誓书			
戴戒指	督导师提醒：交换戒指时，新人左手的手背应该面向镜头。动作要慢，戒指应该轻轻地滑落进无名指；在戴的同时，心里可以默数几秒钟再戴进去，切忌不要像完成任务似的用力一套	主持人致词提示	（1）督导师安排：戒童到位，递送戒指			更换音乐
			（2）督导师取走新娘手捧花			
展示婚戒	督导师提醒：两种展示婚戒姿势可任意选择	主持人致词提示	检查泡泡机设备	操作泡泡机设备	聚光灯、追光灯	更换音乐
拥吻	督导师提醒：新人接吻环节，新人要大大方方，不要扭扭捏捏、不好意思	主持人致词提示	检查干冰机设备	操作干冰机设备	聚光灯、追光灯	更换音乐

（十一）婚礼送手捧花仪式的督导执行

婚礼送手捧花仪式环节中督导任务提示见表2-6。

表2-6　婚礼流程督导现场执行单（送手捧花仪式部分）

送手捧花仪式					
程序	督导师提示：新人动作描述	主持人	督导师	灯光师	音响师
新娘送手捧花		主持人致词提示	（1）督导师安排：门口的清场工作，确保镜头里只有女伴		更换音乐
			（2）督导师安排：开门		
			（3）督导师准备递送手捧花		
			（4）递送手捧花		
女伴上台		主持人致词提示	督导安排：关门		更换音乐
新娘、女伴深情对白		主持人致词提示	（1）督导师递送话筒	灯光	更换音乐
			（2）督导亲友团A操作泡泡机设备		
拥抱		主持人致词提示			更换音乐

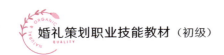

（十二）婚礼倒香槟、喝交杯酒、点烛台、切蛋糕仪式的督导执行

婚礼倒香槟、喝交杯酒、点烛台、切蛋糕仪式环节中督导任务提示见表2-7。

表2-7　婚礼流程督导现场执行单（倒香槟、喝交杯酒、点烛台、切蛋糕仪式部分）

倒香槟、喝交杯酒、点烛台、切蛋糕仪式						
程序	督导师提示：新人动作描述	主持人	督导师	亲友团A、B	灯光师	音响师
倒香槟	督导师提示：倒香槟礼仪	主持人致词提示	（1）督导师准备香槟酒 （2）督导师递送香槟酒	操作干冰机设备	聚光灯、追光灯	更换音乐
喝交杯酒	督导师提示：喝交杯酒礼仪	主持人致词提示	（1）督导师准备香槟酒杯 （2）督导师递送香槟酒杯	操作干冰机设备	聚光灯、追光灯	更换音乐
点烛台	督导师提示：点蜡烛礼仪	主持人致词提示	（1）督导师准备点烛棒、托盘 （2）督导师递送点烛棒、托盘 （3）用完后督导师拿下托盘	操作干冰机设备	聚光灯、追光灯	更换音乐
切蛋糕	督导师提示：切蛋糕礼仪	主持人致词提示	（1）督导师准备切蛋糕刀、托盘 （2）督导师递送切蛋糕刀、托盘 （3）用完后督导师拿下托盘			更换音乐
礼成		主持人致词提示	语音或符号提示			更换音乐

任务三
新人的贴心服务

【任务情境】

张先生是一名高中教师，李小姐是 IT 公司程序员，2 人将在 10 月 18 日举办西式婚礼，地点在一站式婚礼宴会酒店。由于 2 位新人工作繁忙，因此将本场婚礼全程委托给婚礼督导团队来进行婚礼统筹、婚礼督导和婚礼现场执行。作为婚礼督导师，应该如何为新人提供有效的服务？服务的内容有那些？

【任务分析】

一、新人贴心服务的主要内容

序号	主要内容
1	提前精准地准备服务于婚礼新人的各类物品
2	与新人及新人双方父母保持畅通的沟通
3	随时根据婚礼进程和婚礼现场状况贴身服务于新人
4	随时根据婚礼进程和婚礼现场状况贴身服务于其他参与人

二、新人贴心服务的工作目标及措施

序号	主要工作目标	措施
1	贴身服务于新人	随时观察婚礼进程和婚礼现场状况
2	贴身服务于其他参与人	随时观察婚礼进程和婚礼现场状况

【任务实施】

子任务一　提前准备服务于婚礼新人的各类工具和物品

一、工作流程

（一）工作准备

1. 物品准备

序号	名称	规程	单位	数量	备注
1	化妆间，贵宾休息室及室内配备完好的相关设备				照明、水电、化妆台、化妆镜、沙发座位、保管箱、衣帽架、茶水、瓶装水等
2	仪式道具				效果灯光、音响设备、LED 屏幕、香槟酒塔、婚礼蛋糕、酒杯等
3	搬运婚礼酒宴物品的小型车辆		辆	1辆起	用于运输搭建物品
4	小型车辆及相关的堆置场地				用于停放货车及安置搭建物品
5	婚礼酒宴中相关的指示牌及标志		个	若干	用于引导宾客

2. 环境与人员准备

序号	环境与人员	准备
1	环境	干净、整洁、喜庆、浪漫、温馨、清新
2	婚礼策划师	言谈有礼、举止文明、着装得体、能恰到好处地提供服务
3	婚礼执行团队成员	婚礼主持人、婚礼摄影师和摄像师、婚礼化妆师和跟妆师、婚礼 DJ 师

（二）提前准备服务于婚礼新人的各类工具和物品

步骤	流程	技术操作要求
工作前准备	熟悉典礼现场的环境	（1）经过正规的岗前培训
		（2）掌握一定的婚俗知识和婚礼策划服务专业技能
步骤1	婚礼仪式用品	（1）按照商业服务合同提供新人婚礼使用的化妆室、贵宾休息室及室内配备完好的相关设备（照明、水电、化妆台、化妆镜、沙发座位、保管箱、衣帽架、茶水、瓶装水等）
		（2）按照商业服务合同的约定提供婚礼新人在婚礼庆典仪式上使用的所有相关物品及婚礼庆典仪式行进中的仪式道具（婚礼仪式场地效果灯光、音响设备、LED 屏幕、香槟酒塔、婚礼蛋糕、酒杯等）
步骤2	婚礼宴会用品	（1）提供必要的搬运婚礼酒宴物品的小型车辆及相关的堆置场地
		（2）提供婚礼酒宴中相关的指示牌及标志
步骤3	为新人准备的物品	随身携带新人和伴郎伴娘在婚礼当天使用的物品

（三）实施效果

1. 通过物品准备，可以有针对性地服务于婚礼新人。

2. 通过了解准备技巧，可以为举办婚礼的新人提供优质服务。

二、相关知识

婚礼现场负责执行的婚礼策划师或者婚礼督导师以及工作人员，在新人到达举行婚礼庆典仪式的宴会厅、场馆或者开放式场地之前，应按照承办方与婚礼新人签订的商业服务合同为新人提供合同规定的物品及与物品相关的配套服务。婚礼策划师帮助新人准备或检查婚礼所需物品分为婚礼宴会用品、婚礼仪式用品和帮助新人准备的物品。

（一）婚礼仪式用品

按照商业服务合同，婚礼酒店为新人婚礼提供化妆室、贵宾休息室，并在室内配备相关设备，主要包括照明、水电、化妆台、化妆镜、沙发座位、保管箱、衣帽架、茶水、瓶装水等。

按照商业服务合同的约定，婚礼酒店为婚礼新人提供在婚礼庆典仪式上使用的所有相关物品及婚礼庆典仪式的道具，主要包括婚礼仪式场地效果灯光、音响设备、LED屏幕、香槟酒塔、婚礼蛋糕、酒杯等。

（二）婚礼宴会用品

1. 提供必要的搬运婚礼酒宴物品的小型车辆及相关的堆置场地。

2. 提供婚礼酒宴中相关的指示牌及标志。

3. 提供宴会厅使用的喜糖，自带的酒水、香烟、火柴、拉炮、花瓣、签到本、签到笔、结婚对戒外包装盒、新人的结婚照等。

（三）帮助新人准备的物品

婚礼当天除了婚纱、新郎礼服等必不可少的物品，手帕、备用鞋带等其他用品，婚礼策划师或婚礼督导师也应随身携带，以防意外发生。

1. 新娘和伴娘必备物品

主要包括：零食和水；婚礼流程表、婚礼筹备人员联系表；止痛药、助消化药、眼药水、创可贴；小镜子、吸管（不会弄坏唇彩）、发夹、头发定型喷雾、吸油纸、唇膏、粉底、指甲油、指甲锉、棉花球、化妆棉、香水；漱口液、口气清新剂、牙线；安全别针、针线包和剪刀；备用长丝袜、备用隐形眼镜和护理用品（卫生护垫）、备用首饰（耳环、项链、手链）、鞋垫、手帕；手机及备用电池；红包。

2. 新郎和伴郎必备物品

主要包括：婚礼流程表、婚礼筹备人员联系表；备用衬衫、备用领结或领带、备用短袜；剃须刀和剃须液、指甲刀；药用纱布、手帕、纸巾；擦鞋工具、备用鞋带；备用袖扣和纽扣；手表、手机及备用电池；红包。

3. 酒店新房必备物品

主要包括：水果，甘蔗（勿去皮，切成段，用红丝带捆扎好）、柚子2个（系上红丝带）、葡萄若干（需成串的）、苹果（双数），除以上水果外也可根据自己喜好添置一些时令水果，但绝对不可以有橘子；红枣、花生、桂圆、莲子各一小盆；各色糖果、巧克力少许；喜字、拉花少许；红皮白煮蛋（不少于8个，双数）；新人的婚纱照；如有需要酒也应事先备齐。

子任务二　与新人及双方父母保持沟通

一、工作流程

（一）工作准备

1. 物品准备

序号	名称	备注
1	婚礼流程表	告知新人及双方父母婚礼仪式流程及安排
2	婚礼商业服务合同	告知新人及双方父母合同中相关服务事项

2. 环境与人员准备

序号	环境与人员	准备
1	环境	干净、整洁、喜庆、浪漫、温馨、清新
2	婚礼策划师	言谈有礼、举止文明、着装得体、能恰到好处地提供服务
3	婚礼督导师	言谈有礼、着装得体、思路清晰、语言精确

（二）与新人及双方父母沟通

步骤	流程	技术操作要求
工作前准备	熟悉典礼现场的环境	（1）经过正规的岗前培训
		（2）掌握一定的婚俗知识和婚礼策划服务专业技能
步骤1	与新人进行良好的沟通	（1）告知婚礼庆典仪式的流程
		（2）告知婚礼新人场地的使用范围
		（3）告知婚礼新人婚礼仪式中道具安排的落实情况
步骤2	与新人双方父母的沟通	（1）告知新人双方父母约定的婚礼仪式流程及安排
		（2）提醒新人双方父母仪式中的注意事项
		（3）告知新人双方父母婚礼商业服务合同中的相关服务事项

（三）实施效果

　　婚礼现场负责执行的工作人员或者婚礼督导师，在新人到达举行婚礼庆典仪式的宴会厅、场馆或者开放式场地之前，按照承办方与婚礼新人签订的商业服务合同为新人提供合同规定的物品及与物品相关的配套服务，从而协助新人圆满地完成婚礼。

二、相关知识

　　对于婚礼策划师而言，什么样的婚礼才算成功？其实，新人满意只能给这场婚礼打75分，如果能让新人亲属尤其是新人双方父母满意，才能算是一场完美的婚礼。

　　对于操办婚礼，年轻人与父母发生意见分歧是常有的事情，大部分的准新人都经历

过。并且，在整个婚礼筹备过程中，很多年轻人与父母对婚礼的一些安排，不止一次地发生意见分歧。对于婚礼，两代人的想法有时候还是有不少差距的。

例如：父母认为结婚布置，大红桌布、红地毯是必需的；新人却认为，清新淡雅的西式婚礼布置才是高端大气上档次。父母认为喜糖一定要带"喜"字，还要用红布袋装起来；新人却认为洋气的包装才有格调。父母认为婚宴鸡鸭鱼肉才是硬菜；新人认为餐饮要精致、美味，要有视觉和味蕾的双重享受。父母认为结婚要喜庆，婚房装饰要有红气球、红丝带，总之都要红色；新人想要既浪漫又高雅的婚房，要看起来既舒心又高档。

对于这样的矛盾，父母表示，我们不仅出钱，还花了不少力气，你们就应该听我们的意见；婚礼还是要注意传统，弄得太新潮，亲朋好友会不适应；结婚在传统上就是要喜庆热闹，弄些白的黑的不吉利。

新人认为，婚礼只有一次，如果不按照自己的想法来布置婚礼和婚宴，会遗憾一辈子；自己的婚礼都不能做主，婚礼布置的太土太俗，感觉没面子，很丢人。

两代人的想法存在差异是难免的，但是如果处理不好，会闹得家庭不和谐，甚至导致取消婚礼，严重还会发生新人分手的情况。

毕竟年轻人与长辈之间，无论在观念上，还是在审美上，或多或少都会存在着一些差异，这就需要婚礼策划师能将双方的想法进行权衡，并通过策划将其巧妙地融入婚礼当中，在不偏离婚礼风格的同时，也应做到让新人的父母满意。具体来说，可以做好以下工作。

（一）与父母沟通协商，将新人父母与新人的想法合二为一

对子女的婚礼，父母的想法无非就是要喜庆、热闹，千万不能不吉利；要正式，一些传统的接亲敬茶等环节要有；对亲友招待千万不能怠慢，招待宾客的饭菜要好，喜糖喜烟喜酒要准备充足，要拿得出手，不能太花哨不实用。例如对于新房的布置，父母想要布置喜字、拉花，如果新人怕太俗气，那么可以妥协一下，选择那种时尚的喜字拉花，不仅好看有品位，还符合父母长辈的心意。

又比如：父母想要婚礼喜庆，不能少红色，新人想要洋气又有格调，那么现在流行的新中式婚礼布置可以满足，既可以做得很上档次，很有品味，也有符合父母期望的喜庆红色。

（二）新人和父母分工协作

对于儿女的婚姻大事父母还是非常愿意参与的，愿意帮助新人出谋划策，其实他们的一切想法都是为子女着想。因此新人和父母完全可以分工合作。例如，父母负责选日子；负责婚礼中的一些习俗（如铺床、压床等）；负责婚礼当天传统习俗环节（如敬茶改口等）；负责购置送给长辈的喜糖喜酒；负责寄送纸质请柬；安排亲属迎宾和招待宾客等。

新人则主要负责婚礼策划、婚礼主题风格与婚礼现场布置；婚纱礼服与伴郎伴娘服装的选择；摄影师、摄像师、司仪、化妆师的选择；送给年轻宾客的伴手礼；结婚电子请柬的发送；堵门游戏道具购买等。

分工明确之后，矛盾会少很多。婚礼策划师要不断提醒新人父母要听取年轻人的想法；也要提醒婚礼新人，要尊重父母，听取父母的意见，最后办一场大家都满意的婚礼。

（三）新人自己出钱出力，掌握主动权

现在很多新人的婚礼父母出钱比较多，因此，很多时候即使新人有一些自己的意见，也不好对父母说什么。

如果是自己出钱操办婚礼，新人就掌握了主动权，婚礼上的很多事情也就可以自己做主。

当然，即使是新人自己出钱出力，也不可以全然不顾父母的意见和想法，老一辈的习俗还是要尊重的。在与婚礼策划师沟通方案时，不妨也带上自己的父母，听听他们的意见，一方面，让父母做到心中有数，避免家人与新人意见不一情况的发生；另一方面，多些人也能多份建议，让婚礼的筹备更为周全完善。

总之，婚礼不是两个人的事，而是两个家族的事。婚礼是父母的面子，更是他们人际关系的体现。中国是很讲究家教渊源的，儿女的婚礼仪式直接关系到父母的家教风格。所以，在做婚礼策划之前，一定要先征求父母的想法，最好是融合在一起，大家皆大欢喜。

子任务三　根据婚礼进程和婚礼现场状况贴身服务于新人及其他参与人

一、工作流程

（一）工作准备

1. 物品准备

序号	名称	单位	数量	备注
1	化妆间、贵宾休息室			照明、水电、化妆台
2	仪式道具			效果灯光、音响设备、LED屏
3	新人相关配套服装	套	若干	婚纱、礼服、西装
4	盛放烟酒糖茶的物品			婚礼酒宴结束后陪同新人及亲友收捡物品及巡视场地

2. 环境与人员准备

序号	环境与人员	准备
1	环境	干净、整洁、喜庆、浪漫、温馨、清新
2	婚礼策划师	言谈有礼、举止文明、着装得体、能恰到好处地提供服务
3	婚礼督导师	着装得体、思路清晰、语言精确、细致耐心

（二）贴身服务于新人及其他参与人

步骤	流程	技术操作要求
工作前准备	熟悉典礼现场的环境	（1）经过正规的岗前培训
		（2）掌握一定的婚俗知识和婚礼策划服务专业技能

（续）

步骤	流程	技术操作要求
步骤1	提醒新人	（1）及时提醒婚礼新人婚礼中时间及相关行进事项
		（2）婚礼酒宴行进中及时提醒、告知婚礼行进的内容
步骤2	陪同新人和亲友	婚礼酒宴结束后陪同新人及亲友收捡物品及巡视场地
步骤3	引导宾客	（1）为婚礼仪式现场的客人提供相关的指引服务
		（2）婚礼酒宴结束时为客人提供疏散指导
注意事项		遇到突发不可抗力的情况及时帮助、指导新人进行相关的处理，将危害程度降到最低

（三）实施效果

通过提醒、指导、告知、检视，服务于新人及其他参与人，从而协助新人圆满地完成婚礼。

二、相关知识

（一）婚礼贴身服务的含义

婚礼的贴身服务是指婚礼督导师根据现场实际情况，结合新人的需求，为新人规划和执行婚礼的各项事务。

（二）婚礼贴身服务的产生

目前结婚的新人大多数是"90后"或"00后"，他们当中不少都是独生子女。由于对婚礼礼节不熟悉，在婚礼过程中，许多的新娘往往对婚礼的风俗礼节无从着手，甚至会出现尴尬的场面。因此一种名为"新娘秘书"的新职业应运而生，专门为新娘提供全方位的贴身服务，解决新娘在婚礼过程中的各种疑难问题，避免不必要的尴尬。例如：告诉新娘新郎在婚礼仪式中应该怎么站立、怎么迎宾、手该放在什么位置，提醒新人换礼服，不让任何纰漏影响婚礼的完美。

（三）贴身服务的注意事项

1. 督导师不可擅自做决定。

2. 需细心周到，考虑到新人、双方父母、宾客的多方需求。

3. 及时帮助新人解决突发状况，将危害程度降到最低。

参　考　文　献

艾禾传媒，2020. 婚礼之前一定要与这 11 位人员沟通好这些事 ［EB/OL］. (2020‐08‐16). http://www. sohu. com/a/413396733‐100014774.

北京中民福祉教育科技有限责任公司，2021. 婚礼策划职业技能等级标准（2021 年 1.0 版）［EB/OL］. (2021‐01‐26). http：//zmfz. bcsa. edu. cn/info/1019/2069. html.

陈火金，2005. 策划学全书 ［M］. 北京：中国社会出版社.

金毅，2012. 婚礼督导 ［M］. 香港：香港天马出版有限公司.

林崇德，1999. 咨询心理学 ［M］. 北京：人民文学出版社.

马楠，2008. 浅谈和谐营销团队的构建 ［J］. 黑龙江科技信息 (13)：98.

全球一流商学院 EMBA 课程精华丛书编委会，2003. 领导力与团队建设 ［M］. 北京：北京工业大学出版社.

斯蒂芬·罗宾斯，2009. 组织行为学 ［M］. 孙健敏，李原，译. 北京：中国人民大学出版社.

万俊杰，王书恒，2018. 婚礼主持教程 ［M］. 2 版. 北京：中国铁道出版社.

王晓玫，2009. 婚姻庆典服务概论 ［M］. 北京：中国社会出版社.

王晓玫，2010. 婚礼策划实务 ［M］. 北京：中国社会出版社.

王晓玫，2012. 婚庆服务礼仪 ［M］. 北京：中国社会出版社.

王晓玫，金毅，2012. 婚礼现场督导 ［M］. 北京：中国社会出版社.

王重鸣，2001. 管理心理学 ［M］. 北京：人民教育出版社.

余世维，2006. 有效沟通：管理者的沟通艺术 ［M］. 北京：机械工业出版社.

教育部第四批1+X证书制度试点

婚礼策划职业技能等级证书教材系列丛书

婚礼策划职业技能教材（初级）

婚礼礼前指导
与
彩排统筹

Hunli Liqian Zhidao · 初级 · *yu Caipai Tongchou*

Chuji

北京中民福祉教育科技有限责任公司　组编

贾丽彬　主　编

张西林　副主编

中国农业出版社

农村读物出版社

北　京

图书在版编目（CIP）数据

婚礼策划职业技能教材：初级．婚礼礼前指导与彩排统筹／北京中民福祉教育科技有限责任公司组编；王晓玫等主编．—北京：中国农业出版社，2021.9

（教育部第四批1＋X证书制度试点婚礼策划职业技能等级证书教材系列丛书）

ISBN 978－7－109－28163－9

Ⅰ.①婚…　Ⅱ.①北…②王…　Ⅲ.①结婚－礼仪－职业技能－鉴定－教材　Ⅳ.①K891.22

中国版本图书馆CIP数据核字（2021）第074831号

中国农业出版社出版

地址：北京市朝阳区麦子店街18号楼
邮编：100125
策划编辑：李艳青
责任编辑：王庆宁　　文字编辑：戈晓伟
版式设计：王　晨　　责任校对：刘丽香
印刷：三河市国英印务有限公司
版次：2021年9月第1版
印次：2021年9月河北第1次印刷
发行：新华书店北京发行所
开本：787mm×1092mm　1/16
总印张：25.75　　插页：8
总字数：703千字
总定价：88.00元（全8册）

前言

　　专业婚礼服务是包括产品推介与营销、服务产品设计和服务产品生产全过程在内的服务体系。除婚礼设计和婚礼执行之外，还有保障婚礼服务顺利推进的配套和支持性工作。这当中就包括婚礼前的客户筹婚指导协助以及婚礼仪式前的预演彩排。

　　客户筹婚指导协助包括两个部分：一是提供计划的客户婚礼筹备参考与建议；二是推进和督促计划完成的筹备督导与协助。加上婚礼前的预演和彩排统筹工作，本项目内容依据服务进程拆分为三项任务，包括：任务一，客户婚礼筹备的指导与协助；任务二，婚礼礼前服务；任务三，婚礼彩排。结合上述三项工作任务中的核心部分和要点筛选出11个子任务。

　　通过本项目的学习可以了解和掌握婚礼前期服务相关知识和技能，建立相对完备的服务体系意识，为后续的中级以及高级技能学习奠定基础。

　　本分册教材由贾丽彬负责统稿，王晓玫、张仁民负责审稿，具体写作分工如下：

　　任务一：贾丽彬（重庆城市管理职业学院教师）。

　　任务二：贾丽彬、张西林（重庆城市管理职业学院教师）。

　　任务三：贾丽彬。

目　　录

Project 6 项目六
婚礼礼前指导与彩排统筹

婚礼集文化性、礼仪性、艺术性于一体，是一个多元融合的整体。无论哪一方面出现问题都会影响婚礼的客户体验和效果呈现。对于绝大多数新人来说，婚礼筹备中的焦虑以及在婚礼到来前的紧张是影响新人婚礼体验感的最重要因素。婚礼的礼前指导能够帮助新人厘清婚礼筹备的思路和相关事项，并为新人提供筹婚协助。这能够使筹备婚礼的繁杂和琐碎变得清晰而有条理，降低新人及其家庭的筹婚焦虑。而彩排统筹则通过婚礼"预演"让新人对婚礼中需要做和怎么做有更明确清晰的了解和把握，对婚礼因"未知"而产生的担忧和紧张就会随之得到疏解。

婚礼礼前指导和彩排统筹是婚礼服务团队服务专业性的重要表现，也是新人对专业婚礼服务机构选择评价的重要组成部分。对于婚礼专业服务人来说，做好这部分工作需要对婚礼服务相关知识和技能的全面了解和精准把握。本项目着重介绍婚礼礼前指导的工作内容、工作要求以及婚礼彩排统筹相关知识和技能。

学 习 目 标

一、知识目标

1. 了解婚礼礼前筹备的意义和作用。
2. 了解婚礼礼前筹备的相关事项。
3. 了解婚礼礼前筹备各事项时间要求。
4. 了解婚礼礼前物品准备相关知识。
5. 了解婚礼亲友团人员配置及工作内容。

6. 了解婚礼礼前与客户工作衔接相关知识。

7. 了解婚礼中的各种礼仪要点和执行要点。

8. 了解婚礼彩排内容和程序。

二、技能目标

1. 能为客户提供婚礼筹备时间进度表。

2. 能为客户提供亲友团组建和分工参考。

3. 能为客户物品准备提供婚礼物品清单。

4. 能协调安排婚礼服务人员与客户见面沟通。

5. 能为客户提供亲友团工作协助与指导。

6. 能为客户提供婚礼日程安排。

7. 能独立完成婚前准备事项落实与确认工作。

8. 能完成彩排统筹与物品调配。

9. 能完成婚礼流程及相关要求讲解说明。

10. 能对新人开展婚礼礼仪指导并引导新人完成婚礼彩排。

三、素养目标

1. 树立以人为本、客户至上的服务理念。

2. 树立职业责任感，自觉做好婚礼文化的传承与传播。

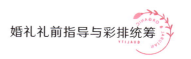

任务一
客户婚礼筹备的指导与协助

【任务情境】

小陈和小李经过三年自由恋爱决定走进婚姻殿堂。双方家人见面商谈两位年轻人的婚事时，发现因为两个孩子都是家中的独生子女，各自家庭多年未经历婚礼喜事，想到婚礼准备的烦琐和庞杂，对筹办婚礼有点不知道该从何下手。经过商量，决定寻找专业的婚礼服务机构提供包括婚礼筹备事项在内的专业婚礼服务。请婚礼服务机构专业人员为其提供婚礼筹备指导和协助。

【任务分析】

一、客户婚礼筹备指导与协助的主要内容

序号	主要内容
1	为客户提供婚礼筹备时间进度表
2	为客户提供亲友团组建和分工参考
3	为客户物品准备提供婚礼物品清单
4	安排婚礼服务人员与客户见面沟通

二、婚礼筹备指导与协助的工作目标及措施

序号	服务目标	措施
1	为客户提供婚礼筹备时间进度表	提供婚礼礼前筹备事项时间安排指导和建议
2	为客户物品准备提供婚礼物品清单	提供婚礼礼前筹备物品准备采买指导
3	为客户提供亲友团组建和分工参考	提供婚礼礼前亲友团需求及组建指导
4	安排婚礼服务人员与客户见面沟通	协调安排新人与婚礼专业服务相关人员的联系沟通

【任务实施】

子任务一　为客户提供婚礼筹备时间进度表

一、工作流程

（一）工作准备

1. 物品准备

序号	名称	备注
1	纸、笔	记录与客户沟通要点
2	婚礼策划书	对照婚礼策划书确定筹备内容
3	婚礼执行方案	对照筹备事项时间点
4	电脑	制作筹备时间进度表

2. 环境与人员准备

序号	名称	要求
1	与客户沟通的场所	客户家中或服务机构
2	婚礼策划师	经过学习和培训具备婚礼策划和婚礼统筹能力的专业人员

（二）工作实施

1. 工作前流程

步骤	流程
确认筹备事项	（1）沟通。通过沟通确定新人婚前筹备事项要点
	（2）说明。对于新人未提及的筹备事项进行补充说明和解释

2. 确认婚礼筹备事项

序号	筹备事项
1	婚纱照拍摄
2	婚房准备
3	婚礼场地选定
4	婚宴筹备
5	宴宾名单确定
6	请柬制作及发送
7	婚服及配饰选定
8	客户其他个性化事项
9	迎亲车队组建

3. 梳理筹备工作时间要求

序号	筹备事项	时间要求
1	婚纱照拍摄	制作周期 45～90 天
2	婚房准备与布置	（1）婚房购买与装修应完成于婚前半年 （2）婚房租用应在婚前 1 个月以上。婚前 1 周全面清扫 （3）租用酒店房间作为婚房应提前 1 个月预定 （4）婚房布置与装饰通常在婚前 1 天完成
3	宴宾名单拟定	大致确定宾客范围，预估宴席人数
4	婚礼场地选定	婚礼场地选择应当提前半年，若遇公假吉日，则可能需要更早着手
5	婚宴筹备	婚前 1～3 个月需要确定婚礼宴席标准并准备婚宴酒水
6	请柬制作及发送	纸质请柬制作周期一般为 15～30 天。应当在婚前 30～45 天发送
7	伴手礼及纪念品制作	伴手礼和纪念品的定制通常至少要提前 1 个月与制作方进行沟通。购买也需要至少 1 个月前开始考察和选购
8	宴宾名单确定	发放请柬后需要根据宾客的反馈大致核定宾客实际到贺人数。便于婚前 1 周与酒店确定宴席的桌数
9	婚服及配饰选定	婚服通常分为定制、购买和租赁三种方式。定制周期大概是婚前 1～3 个月。购买要提前 30～45 天。考虑购买可能会有不合身的情况，要留足衣物改动时间。而租赁也要提前至少 1 个月以上。每逢吉日婚服租赁需求旺盛，提早预订才有更大的选择空间
10	婚戒定制	婚戒定制周期一般为 6 个月。若是婚戒尺寸调整则要至少 1 个月
11	选定主花车	通常选用亲友车辆中较为高档的车辆作为主花车。市场也有租赁主花车的服务。若是租赁婚车，应至少提前 1～3 个月

4. 制作婚礼筹备时间进度表

步骤	流程	技术操作要求
步骤 1	生成表格文件	可生成 Word 或是 Excel 表格。表格首行标注序号、婚礼筹备事项、事项要点、时间进度、筹备建议
步骤 2	标注各事项时间进度建议	（1）将婚前筹备各事项填入筹备事项栏 （2）对各筹备事项要点做出清晰说明，填入表格，便于新人入手筹备 （3）计算各筹备事项的起始时间，在表格内标注各事项筹备时间要求 （4）在筹备建议栏提出筹备建议供新人参考
步骤 3	筹备进度表发送和介绍	发送方式有两种：一是召集家庭会议当面呈送，并现场概述，对新人及其家人进行解释说明；二是通过电子邮件发送，并提醒新人接收，随时接受新人及其家人咨询

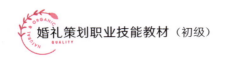

（续）

步骤	流程	技术操作要求
注意事项		（1）专业建议，通俗表达。婚礼专业服务人员给客户提供婚礼筹备时间进度表是为了帮助新人理顺烦琐庞杂的婚礼筹备工作，让新人的婚礼筹备变得清晰而有条理。因此是否符合客户的实际需要，是否能被客户理解和运用才是此项工作的重点。合理化的建议是专业知识和经验的分享，但是表达方式和用语一定要通俗易懂
		（2）找准角色定位。婚礼是新人人生的重要体验。包括新人对婚礼的筹备，也是一种珍贵的体验。专业服务人员的角色主要是协助。忌以专业身份自居。所有工作的起点和终点都是满足客户需求，即协助客户高效完成婚礼筹备。无论是工作方式还是交流方式都不能喧宾夺主

（三）实施效果

1. 通过提供婚礼筹备时间进度表，能够帮助新人及双方家庭明确婚礼筹备事项及各事项的时间节点，使烦琐的婚礼筹备变得简明而有条理。

2. 婚礼服务人员的建议和说明能够在一定程度上为新人及双方家庭筹婚各事项的完成提供信息和渠道，为新人婚前筹备助力，让客户体会到专业服务的意义和价值。

二、相关知识

进行婚礼筹备时主要涉及以下知识。

（一）婚纱照的拍摄

婚纱照拍摄最好是在婚礼前4个月。气温适宜的3—4月、10—11月是旺季，准备在这几个月拍婚纱照的需要尽早选定商家，否则排档会很久。

1. 确定自己喜欢的风格，如小清新、韩式、中式、时尚前卫等。

2. 选择适合自己的套餐，是喜欢多产品的，还是多底片的；偏好棚拍、外景，还是夜景、旅拍。3、4个造型比较合适，不宜过多，否则拍摄时间长，耗费体力，状态也不好。

3. 去门店看产品实样和客片。看摄影师的构图、后期修片、相册模板，喜欢的都可以拍下来作为示范，将来给摄影师参考。

4. 下单前需要问清楚：套系包含几个造型、外景地在哪、化妆有无额外费用、出外景有无额外费用、服装有无升级费用、不满意是否可以重拍、底片可否全送、哪些是可以后期修调的、哪些是不能修调的等。

5. 拍摄前，注意休息，保持体力和精力充沛，准新娘准备一双好走的鞋、隐形文胸、浅色单鞋等。为了好上妆，拍摄前一周开始敷补水类面膜；拍摄前一晚早睡，少喝水。

6. 拍摄过程中，先和化妆师、摄影师沟通，把喜欢的片子拿给他们看，并说明自己不能接受的点。拍的时候，可以要求摄影师把拍了的片子给新人看，有问题及时沟通、调整。

7. 选片时，先全部浏览；如果某个造型确实选不出来，就当面要求重拍，并且确认工作人员记录，安排重拍时间。

如果进入了修片阶段或已精修完成，觉得不满意，想重拍，婚纱摄影机构一般是不同意的。所以选择重拍一定要在修片之前。修片不满意可以要求重修，更换精修师。

8. 选片后，告诉对方自己喜欢的相册模板，可以照着做。

9. 取片时，一定要先检查，包括光盘是否可读、产品数量等。

（二）婚纱礼服的选择

1. 试婚纱具有私密性、耗时长的特点，大概会耗时 2 个小时。根据婚纱店的规模，同一时间段只能接待 1～3 位试婚纱的客人。试婚纱之前需要电话预约。

2. 婚纱一定要上身试，最好试不同的款式，抹胸、A 摆、一字肩、鱼尾、蓬蓬纱、大拖尾，只有试了才知道自己最适合什么款式。试婚纱前最好化点淡妆，这样才能完整看出婚纱的效果。

3. 个子小的新娘，适合 A 摆、前短后长的款式，不适合大拖尾和鱼尾。丰腴一点的新娘，适合一字肩、抹胸款式，有些鱼尾款也是不错的选择，不适合太多装饰和亮闪闪装饰和缎面的婚纱。较瘦的新娘可以选择蓬蓬纱的公主款和露背款，会让整体形象看起来更饱满。手臂粗的新娘，可以考虑一字肩的款式，不适合蕾丝长袖、肩上有太多装饰的款式。

4. 试婚纱一般是免费的，但是镇店款、国外原版、重工款婚纱店会适当收取一些试纱费。每家规定不一样。

5. 不只是新娘，新郎也要好好打扮，量身定制的西服效果最好。不同面料、裁剪，会影响价格。西服定制的周期一般是 45 天，下定前需和婚纱店确认面料是否有现货；订单上需明确取货时间，取货方式，是店家通知还是到了时间直接去店里取货。

夏季新郎多备 2 件衬衣，迎亲、出外景很容易汗湿；仪式的时候穿马甲或西服更正式一些，也与仪式纱更配。

（三）婚宴酒店的选择

1. 必看项目

主要包括餐标、交通、空高、舞台大小、是否有柱、装修风格和新旧程度、娱乐配套（如棋牌）、停车位。不同价格的餐标，注意比较菜式，特别是热菜；附近有地铁、轻轨、公交的酒店最理想，交通不便的可以问问是否提供接驳车；有柱的厅也不要一票否决，如果柱子比较靠边、遮挡的桌数不多，可以忽略柱子的影响。

2. 其他项目

主要包括自带灯光音箱设备、是否有 LED 屏或投影仪（是否收费）、电力负荷、其他费用（如婚庆入场费或草坪使用费、清洁费、服务费、布置超时费等）、服务、菜品味道、新娘化妆间、赠送项目（如饮料酒水、婚房、水牌）等。服务和菜品主要通过别人的评价了解，比如在论坛里询问是否有人在这家办过婚礼，服务怎么样？

3. 其他细节

主要包括桌椅套颜色、地毯颜色、婚庆布置进场时间。很难有酒店能全部满足，自己要排个序，最好做个考评表，来打分。可以先在网上做基本了解、初选，再选几个有意向的实地查看。

4. 看婚宴合同

如果硬件都符合，就进入谈合同阶段。看看有没有霸王条款、付款方式和节奏、婚期改档规定、违约条款。砍价一定要当面聊，这样才能看得出诚意。即便餐标不能少，可以考虑赠送其他，如酒水饮料、婚房。

5. 看菜单

菜单旺季和淡季略有不同，因此餐标价格也有不同。一般7月、8月为淡季，餐标会便宜点。5月、10月的档期是最旺的，建议提前10个月预定；其次是3月、9月、11月。

（四）迎亲车队组建及迎亲路线安排

大多数新人的迎亲车队车辆都是借用的亲友车辆。为了提升迎娶的规格，近些年租用复古车或是豪车作为主花车的也为数不少。新人自用车辆也可作为主花车表达不同含义。也就是说花车的来源是多样的。

针对中国人的喜事观念，迎亲车队的车辆数量和车牌尾号最好为双不为单，取双双对对、好事成双之意。

车队路线也需婚礼服务人员协助客户提前规划，基本原则是"不走回头路"。

（五）请柬制作与发放

当前市场上常用的请柬包括电子请柬和纸质请柬两种。电子请柬可以从"H5""电子请柬贺卡 DIY""MAKA 设计"等 App 中下载模板由新人自行制作，也可以委托专业人员量身定做模板。纸质请柬则可以通过购买和请专业人员量身设计制作两个渠道获取。无论是哪种请柬，量身定制一定会经过反复的沟通和完善，还要考虑到设计人员手上的工作安排，因此需要留足时间。通常情况下，电子请柬会附有回复页面，宾客接收后可以即时给予受邀回应，用于赴宴人数的估算。而纸质请柬送出后，可以得到受邀人的当面回应。但是这个人数的估算不能用于最后宴席桌数的确认。通常在婚礼前半个月至一周，重要宾客需要再次确认是否赴宴以及赴宴人数。这样才能够在与酒店确认桌数时预估较为接近的实际到场人数，不致浪费或是出现宾客无位的情况。

子任务二　为客户提供亲友团组建和分工参考

一、工作流程

（一）工作准备

1. 物品准备

序号	名称	备注
1	记录纸、笔	记录与客户沟通要点
2	婚礼执行方案	对照梳理婚礼亲友协助需求
3	电脑	撰写亲友团人员需求清单和人员选择建议

2. 环境与人员准备

序号	环境或人员	准备
1	与客户沟通的场所	家庭会议（客户家中或服务机构办公场所）
2	婚礼策划师	经过学习和培训的具备婚礼策划和婚礼统筹能力的专业人员

（二）工作实施

步骤	流程	工作内容和操作要求	
工作前准备	熟悉婚礼执行方案	对照婚礼执行方案明确亲友团组建需求	
步骤1	确认需亲友协助事项	（1）兄弟姐妹团若干（双数）	
		（2）花童1对	
		（3）签到区礼金管理2人	
		（4）宴宾总管1～2人	
		（5）迎亲人员（车队司乘）若干	
		（6）礼炮人员4～12人	
		（7）引位人员2人及以上	
		（8）外地亲友接待人员2人及以上	
		（9）贵重物品保管人员1人	
步骤2	亲友团岗位与人员数量确认	根据客户实际情况，确认亲友团人员岗位及数量需求	
步骤3	提供分工参考	兄弟姐妹团	（1）1对伴郎伴娘需婚礼前日参与婚礼彩排。婚礼日全程陪同新人给予协助
			（2）其他兄弟姐妹团成员婚礼日参与迎亲及外景拍摄
		花童	通常为3～6岁幼童。婚礼仪式中为新人入场引路或者作为戒童传送戒指（因孩子幼小，可能会出现由懵懂和怯场引发的失误，需确保有其父母协助）
		签到区礼金管理	至少需要2名亲友。一名亲友负责收取礼金，指引宾客签到；另一名亲友负责确认记录礼金入账情况
		宴宾总管	最好有2名协调配合。一名负责婚宴中的酒水保管和配备，协调与酒店宴席相关事务；另一名负责喜糖喜烟及伴手礼的保管和配备，关注宾客到场及接引工作
		迎亲人员	参与迎亲活动
		礼炮人员	负责新人上下花车的礼炮发射
		引位人员	负责新人双方宾客的迎接和入席指引
		外地亲友接待人员	接送外地亲友并安排食宿
		贵重物品保管人员	保管婚戒、结婚证、首饰及父母认亲红包等贵重物品

（三）实施效果

1. 通过需亲友协助的相关事项梳理可以帮助新人理清思路，快速理解亲友团组建的意义和作用。

2. 通过对亲友团组建和分工提出相关建议，可以让客户明确各岗位工作特点和要求，便于选择安排合适亲友组建亲友团。

二、相关知识

（一）亲友团组建与分工

筹备一场完美的婚礼不仅仅是新人的工作，也是两个家庭不断融合的过程。长达将近一年的婚礼筹备中，除了新人，会有很多人参与整个婚礼的筹备，包括家人、亲戚、好友以及专业的婚礼策划师等。亲友团在婚礼筹备和婚礼仪式中承担的主要角色包括大总管、物品保管员、签到负责人、引位人员、收礼金人员、车辆负责人以及伴郎伴娘等傧相团。

对于中国人来说，因为婚礼承载着文化、情感、社会等多重意义。因此，无论婚礼服务机构有多么专业和全能，都只是婚礼方案的执行者、婚礼资源的提供者。面对婚礼的多元化人员需求，有一些辅助工作需要对新人及其家庭情况更为熟悉的亲友完成，也有一些工作交给新人更为信任和亲近的亲友才能真正让新人安心和踏实。这些作用和角色是婚礼服务人员胜任不了的，因此，亲友团具有非常重要的辅助功能。

（二）亲友团主要岗位及选择考量因素

亲友团在婚礼中担任的主要岗位以及选择亲友团成员的考量因素见表1-1。

表1-1　亲友团主要岗位及选择考量因素

亲友团工作内容	考量因素
礼金收取管理	（1）应当是绝对信任的亲友
	（2）做事细致认真，有相关经验更好
贵重物品保管	做事有条理，亲近的人
宴宾总管	（1）做事有条理，善统筹
	（2）善于沟通，头脑清晰
	（3）熟悉新人亲友大致情况，熟悉婚宴接待要求
	（4）能以主家立场思考和解决问题
兄弟姐妹团	（1）新人双方熟悉且亲近的亲友
	（2）个性开朗大方，善于社交的年轻朋友
	（3）团队中应当有经验能牵头协调的成员
	（4）主伴郎伴娘是未婚青年男女，细心体贴、参与婚礼前期的部分筹备工作，当中至少1人有相关经验
迎亲人员	迎亲人员除了兄弟团外，还应当有新郎的家人代表。一般是新郎的兄弟姐妹或是女性长辈
引位人员	新人双方家庭应当各有一个亲友代表，熟识大多己方宾客
外地亲友接待	（1）可自驾
	（2）对接待酒店、婚宴酒店等位置和路线比较熟悉。熟悉被接待亲友

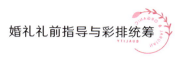

子任务三　为客户物品准备提供婚礼物品清单

一、工作流程

（一）工作准备

1. 物品准备

序号	名称	备注
1	纸、笔	记录与客户沟通要点
2	婚礼策划书	对照婚礼策划书确定筹备内容
3	婚礼执行方案	对照筹备的物品清单
4	客户沟通记录	记录与客户沟通要点

2. 环境与人员准备

序号	环境或人员	准备
1	独立办公场所	制作物品准备清单
2	家庭会议	为客户讲解物品准备清单
3	婚礼策划师	经过学习和培训具备婚礼策划和婚礼统筹能力的专业人员

（二）为客户物品准备提供婚礼物品清单

步骤	流程	技术操作要求		
工作前准备	客户沟通	（1）对照婚礼执行方案明确客户物品准备需要		
		（2）对照客户沟通记录了解客户物品准备想法和现有情况		
步骤1	确认物品准备类目	（1）新人衣饰类		
		（2）装饰用品类		
		（3）宴宾接待类		
		（4）礼仪用品类		
步骤2	列出物品清单	新人衣饰类	新娘服饰	（1）新娘主仪式礼服及配套首饰
				（2）仪式前礼服及配套首饰
				（3）宴宾礼服及配套首饰
				（4）婚鞋
				（5）隐形文胸
			新郎服饰	（1）正装衬衫
				（2）西式：西装礼服，配套领带或领结；中式：中式礼服配套
				（3）正装皮鞋一双

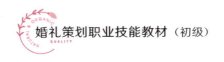

（续）

步骤	流程	技术操作要求		
步骤2	列出物品清单	装饰用品类	婚房装饰	（1）婚房床上用品
				（2）造型气球
				（3）喜字若干
				（4）顶部吊饰或空飘气球若干
				（5）摆台鲜花
				（6）花瓣若干
				（7）婚房小摆件
			其他装饰（用于花车、娱乐室、新人行进通道等）	（1）丝带、气球若干
				（2）喜字贴
		宴宾接待类	新房接待	（1）一次性纸杯、鞋套
				（2）大、中、小空红包
				（3）喜糖、喜烟、喜饼等
			宴席配套	（1）喜糖、喜烟
				（2）酒水、饮料
			签到区摆放	（1）喜糖、喜烟
				（2）空红包
				（3）签到簿、签到笔
		礼仪用品类		（1）礼炮
				（2）茶盘茶杯
				（3）红包
				（4）伴手礼
				（5）撒帐喜果
				（6）婚戒
				（7）请柬
步骤3	标注所需数量和物品准备要求	新娘服饰配件		（1）礼服2套。1套用于仪式，1套用于敬酒宴宾
				（2）婚鞋2双。1双高跟用于仪式，1双平跟用于仪式前后放松
				（3）隐形文胸1～2件
		新郎服饰配件		（1）正装衬衫1件（夏季2件）
				（2）仪式礼服及配套1套
				（3）正装皮鞋1双
		气球		（1）空飘气球200个（婚房布置）
				（2）造型气球1～3组
				（3）散装气球若干

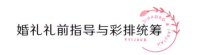

（续）

步骤	流程	技术操作要求		
步骤3	标注所需数量和物品准备要求	喜字	喜字墙贴、喜字窗贴、喜字门贴各2对、备用喜字2～5个	
		红包	（1）空红包：大红包30个、中红包50个、小红包100个	
			（2）分享与感谢红包：50～100个	
			（3）新人父母准备的改口红包	
		鲜花及花瓣	桌面装饰1～2组；花瓣若干	
		礼炮	8～12个	
		伴手礼	（1）与邀请函数量相同的宾客伴手礼	
			（2）给小朋友和特殊群体准备的小礼物	
		茶杯、茶盘	4套（用于改口茶敬奉父母）	
		喜糖、喜果	每桌200克，签到台500克，婚房250克，备用1.5～2.5千克	
		喜烟	30～50条（每桌1包，签到台散放，工作人员发放）	
		喜酒	每桌5升饮料2瓶，白酒1瓶。红酒5箱、啤酒10箱备用	
		签到簿、签到笔	签到簿1～2本，签到笔3～4支	
		婚房撒帐喜果	红枣、花生、桂圆、莲子2盘	
		请柬	根据邀客情况核算	
步骤4	婚礼服务人员与客户联络安排	（1）向客户说明与相关服务人员见面沟通的意义和沟通内容		
		（2）分别向双方确认见面时间和地点并通知双方。通常情况下会在见面前将双方的联系方式交换，便于联络		
		（3）和婚礼督导的第一次见面通常是在婚礼前一天的彩排。而在这之前的沟通形式是电话沟通。婚礼督导主动打电话给客户对婚礼筹备事项完成情况进行确认和敲定彩排时间		

（三）实施效果

1. 通过提供婚礼物品准备清单，让客户的婚礼物品准备思路清晰有条理。

2. 为客户提供婚礼物品准备指导，让客户的物品准备准确到位。

二、相关知识

（一）红包的准备与使用

婚礼所需红包有两种：一种是表达分享与感谢之意的心意红包，另一种是为客人提供方便的空红包。心意红包具体用途如下：

1. 送给车队司机的红包

婚礼日清晨迎亲车队出发时，给车队司机发送红包。由于8的发音是"ba"，与"罚"接近，因此给婚车司机的红包金额一般是126元、156元、166元。

2. 开门红包及过关红包

迎亲时，新郎发送给堵门和主导迎亲仪式的姐妹团的开门红包及过关红包。玩迎亲游戏时一般发 2～10 元的小红包。也可以在迎亲时考虑微信红包抢亲。

3. 改口红包

新人父母为新人准备的改口红包。一般为 999、9999、10001 等吉祥数字。

4. 吉祥红包

迎宾时为老人或孩子准备的吉祥红包。迎宾时一般发 2～10 元的小红包。

5. 感谢红包

一种是为帮忙亲友准备的感谢红包。可以封一个 58 元、68 元、128 元、168 元的红包表示感谢。

另一种是为伴郎伴娘准备的感谢红包。伴郎伴娘是大婚日新娘最不可缺的帮手，从早上忙到下午，红包金额可以多一点。

6. 分享小红包

仪式最后为宾客撒出的分享小红包。一般是 2 元的小红包。

7. 空红包

准备空红包则是为宾客自行选用提供方便。

（二）喜烟、喜糖、喜酒的准备与使用

喜烟、喜糖、喜酒是婚礼宴宾的必备物品。各地都会有一些市场主流品牌供客户选择。喜烟、喜酒的配备应当与婚宴的规格相匹配。

喜糖不宜过早购买，买早了如果保存不当会化掉，特别是巧克力。建议婚礼前 2 个月至婚礼前 1 个半月选购。糖一般会用于 3 个地方，派发喜糖、婚礼当天签到迎宾、宴席桌糖。所以选购的时候可以适当多买点，迎亲的时候也可以备些招待客人。糖的种类也是有讲究的，巧克力或硬糖寓意甜甜蜜蜜，棉花糖寓意缠缠绵绵，酥心糖寓意生活舒心，牛轧糖寓意生活扎扎实实。所以当下选购比较多的种类是巧克力、硬糖、棉花糖、酥心糖、牛轧糖。

（三）伴手礼的准备和发放

伴手礼是与婚礼请束一同发送给宾客的。没能当面发放的，会由新人在婚礼签到区迎宾时发放。最传统和常见的伴手礼是喜糖和喜烟的组合礼盒。喜糖一般装双数，按 6、8、10 颗装盒，如果喜糖里有烟的，装 8 颗居多；不装烟的，装 10 颗和 12 颗居多。现在个性化的伴手礼越来越多。不仅盛装的礼盒款式越来越个性化，里面所装的内容也跳出了烟糖组合的套路，喜饼、蜂蜜、精装袖珍白酒等物品也蕴含着富足、甜蜜、永久等寓意成为伴手礼的重要组成。还有一些新人会选择定制纪念物作为伴手礼。伴手礼的派发一般在婚礼前 1 个月开始。

（四）签到簿和签到笔的准备

婚礼前需要准备签到簿和签到笔。一般情况下，签到簿 1 本，签到笔 2 支。对于宾客人数较多的情况，可多准备 1 本签到簿备用。签到笔在使用过程中可能会出现书写不畅，所以要多备几支。

在个性化的婚礼中，传统的签到簿可被替换成签到墙或是签到海报、签到卷轴等。签到的形式也出现了电子签到、贴名签等。

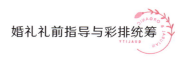

子任务四 安排婚礼服务人员与客户见面沟通

一、工作流程

（一）工作准备

1. 物品准备

序号	名称	备注
1	婚礼造型设计参考方案	与化妆师沟通服务标准和要求
2	婚礼流程设定表	与主持人沟通服务标准和要求
3	婚礼执行方案	与督导沟通服务标准和要求

2. 人员准备

序号	人员	备注
1	婚礼主持人	婚礼主题设计和流程设定沟通
2	婚礼化妆师	婚礼主题风格表现和新人造型要求
3	婚礼督导	婚礼现场执行方案沟通

（二）工作实施

步骤	流程	工作内容和操作要求
工作前准备	确定相关沟通事项	（1）婚礼前一个月，新人和化妆师沟通婚礼化妆造型
		（2）婚礼前一个月至婚礼前半个月，新人和主持人沟通婚礼环节及内容表达
		（3）婚礼前半个月至婚礼前一周，新人和婚礼督导沟通婚礼当天具体事项
步骤1	与相关人员进行工作沟通	（1）与婚礼主持人沟通婚礼主题设计和流程设定
		（2）与婚礼化妆造型师沟通婚礼主题风格表现和新人造型要求
		（3）与婚礼督导沟通婚礼现场执行方案
步骤2	确认服务人员服务日程	因为专业婚礼服务人员的工作安排比较密集，所以在约见客户前，要首先确认相关人员的时间安排，确认相关人员在要求的时间段内能够与客户见面沟通的可选时间，供客户在婚礼服务人员提供的时间选项中选择
步骤3	确认客户日程	根据相关专业婚礼服务人员提供的可选时间，和客户商定具体的见面沟通时间
步骤4	婚礼服务人员与客户联络安排	（1）向客户说明与相关服务人员见面沟通的意义和沟通内容
		（2）分别向双方确认见面时间和地点并通知双方。通常情况下会在见面前将双方的联系方式交换，便于联络
		（3）和婚礼督导的第一次见面通常是在婚礼前一天的彩排。而在这之前的沟通形式是电话沟通。婚礼督导主动打电话给客户，对婚礼筹备事项完成情况进行确认并敲定彩排时间

（三）实施效果

1. 通过婚礼前与相关工作人员的见面沟通让客户熟悉和了解重要婚礼事项及其操作，提升新人对婚礼执行的信心。

2. 增强客户与婚礼服务人员的熟悉与信任，为后续良好合作打下基础。

二、相关知识

（一）与婚礼主持人的见面沟通

1. 意义和作用

婚礼主持人是婚礼上协助新人传情达意的人。因此，婚礼前主持人需要了解新人的想法和情感表达需求，用于主持词的创作。同时，新人通过与主持人见面沟通，能够对主持人的职业能力素质有更直观的感受，能够增强对主持人的信任。对于婚礼上的融洽合作有重要作用。

2. 沟通要点

新人与婚礼主持人的见面沟通是围绕婚礼流程进行的细节讨论。沟通要点有三：一是婚礼主持人需要把婚礼策划师对于婚礼流程的设定讲解给新人，帮助新人了解婚礼各环节的信息和情感表达方式和特点；二是婚礼主持人要了解新人对于婚礼流程设定的意见和想法，完善和优化婚礼流程；三是通过沟通了解和掌握更多新人的信息和情感表达需求，便于婚礼中的信息传达和情感表达。

3. 注意事项

（1）见面地点选择要优先考虑新人的意见。即便新人让出选择权，安排双方见面的时候也要优先考虑新人便利和适应。

（2）安排婚礼主持人与新人见面前，要先与主持人就婚礼流程进行沟通。为了沟通的优质高效，也需事先与主持人沟通新人的特点和沟通中要注意的事项。

（二）与婚礼化妆造型师的见面沟通

1. 意义和作用

新人与婚礼化妆造型师见面沟通的作用主要有二：一是为新人试妆；二是为新人提供造型建议和婚前护肤指导。新人通过与婚礼化妆师的见面沟通可以确保婚礼日完成妆容和造型更快速高效，更合心满意。

2. 见面沟通事项及要点

（1）试妆　婚礼对于每一对新人都是人生最华丽的亮相。所以对自己的婚礼日的形象造型非常重视。因此试妆的安排能够让新人提前感知自己婚礼日的造型，提升新人对婚礼的期待值。试妆流程如图1-1所示。

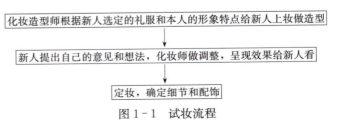

图1-1　试妆流程

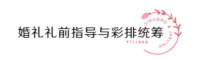

（2）给予造型建议和护肤指导　新人婚礼当天的整体造型包括妆容、服装、配饰。妆容确定后，化妆造型师会对于整体造型给予建议。为了婚礼当天最美的呈现，还会针对新人的皮肤状况给予护肤建议。护肤周期一般是 21 天。因此试妆要安排在婚礼 1 个月前。

还有一种情况是把新人与化妆师的见面地点安排在礼服馆。新人的礼服选定由化妆造型师协助完成。

（三）与婚礼督导的沟通

婚礼督导会在婚礼前的半个月到婚礼前 7 天通过电话与新人沟通：一是确认和督促婚前准备事项的进程，落实相关事项；二是与新人约定彩排时间。与新人的正式见面是在婚前的彩排现场。

任务二
婚礼礼前服务

【任务情境】

90后小夫妻小陈和小李的婚礼已进入最后一周的倒计时阶段。随着婚礼日期的临近，小夫妻的焦虑日渐增多。总是觉得自己还有什么没有想到做到的，生怕婚礼出错。紧张与焦虑中，他们总是想约见他们的婚礼策划师，反复确认他们可能会遇到的状况和问题。在此阶段，他们的专属婚礼策划师小张需要为他们提供婚礼礼前服务和相关的心理辅导。

【任务分析】

一、婚礼礼前服务的主要内容

序号	主要内容
1	婚前准备事项落实与确认
2	为客户提供婚礼日程安排
3	为客户提供亲友团工作协助与指导

二、婚礼礼前服务的工作目标及措施

序号	主要工作目标	措施
1	跟进督促客户婚前筹备事项的进度和完成情况	协助客户方的婚礼前筹备事项全部到位，不影响婚礼的顺利推进
2	为参与婚礼辅助工作的新人亲友提供工作指导和协助	（1）让参与婚礼辅助工作的新人亲友明确工作要求和方法
		（2）助力亲友团与婚礼专业服务人员协同配合，提高工作效能
3	让客户明确婚礼临近的具体事项和相关安排	明确婚礼准备后续事项及婚礼日各项安排和时间节点。推动各方默契配合，顺利推进婚礼进程

子任务一　婚礼前准备事项落实与确认

一、工作流程

（一）工作准备

1. 物品准备

序号	名称	数量	备注
1	婚礼物品准备清单	3	核对重要物品到位情况
2	婚礼筹备时间进度表	3	核对重要事项落实情况

2. 环境与人员准备

序号	环境与人员	准备
1	环境	舒适、安静、便于沟通，干扰沟通因素少
2	婚礼策划师	言谈有礼、举止文明、细微得体、积极热忱、恰到好处地提供服务。面谈或电话沟通，时段选择避开工作时段和晚间休息时段。最好提前约定。通话过程避免噪声和其他事项干扰
3	婚礼新人	委托婚庆公司并签订婚庆服务合同的当事人

（二）落实与确认婚礼前准备事项

步骤	流程	技术操作要求
工作前准备	寒暄问好、建立良好沟通氛围	婚礼策划师前期方案策划已经与新人多次沟通。此时应当不会陌生。但是距此时间应当已有一段时间未见面，沟通也相对较少。因此应当首先问好寒暄，让彼此放松和重新熟稔，为后续良好沟通打开通道
步骤1	了解筹备进展	（1）征询新人婚礼筹备进展概况
		（2）将提前准备的筹备工作进度表和物品准备清单给新人一份，随行的其他亲友一份，自己留一份。对着清单表格进行逐项核对。电话沟通则需要在沟通前重新发送电子版给客户
步骤2	查漏补缺，提建议和参考意见	（1）列出待完成事项，了解未完成原因
		（2）对于待完成事项，婚礼策划师以专业知识和经验，为客户提供更细致的筹备参考建议
步骤3	肯定筹备工作，树立客户信心	肯定客户的婚礼筹备事项完成度很理想，有个别缺漏是正常的。告知客户筹备工作全部完成后，一般不会有其他缺漏的出现。且针对一些特殊情况的出现，服务人员有足够的能力和经验来应对。请客户放心

（三）实施效果

1. 通过对婚礼筹备事项的核对和落实，新人确认自己已经达到了婚礼筹备的预期成效，降低其筹婚压力和焦虑情绪。

2. 通过婚礼筹备事项的核对和落实，确保婚前筹备事项不缺漏，不影响婚礼的顺利推进，为后续执行工作打好基础。

二、相关知识

（一）婚礼策划师在客户婚礼筹备时期的角色和作用

婚礼策划师是婚礼服务方案的制订者。当为客户制作的婚礼服务方案获得客户的认同后，为了实现预期效果和目标，客户会对婚礼策划师的安排和要求有较高的遵从度。再加上大多婚礼服务客户对于婚礼的筹备和执行缺乏切身的体验和经验，会对专业人员的意见和建议比较看重。所以，婚礼策划师是在婚礼服务进程中被尊敬信任，甚至是有一点被依赖的人。因此，在婚礼筹备阶段，婚礼策划师应当为客户的筹婚提供一定的参考意见。对于客户筹婚过程中遇到的一些困难和问题也应给予一定的指导和协助。为了婚礼顺利推进，婚礼策划师应当了解客户婚前准备的进度和情况。特别是在婚礼临近时，这样的督导可以起到查漏补缺和缓解客户筹婚焦虑的重要作用。

（二）婚礼策划师给予客户筹婚建议和意见的常用方法和形式

客户在筹婚过程中遇到的问题通常有两类：一是因为事项太多而产生的畏难情绪；二是因为缺乏有效的信息和资源渠道造成的落实困难。对于第一种问题，婚礼策划师应对的方式是了解客户"畏难的点"是什么？是时间问题、精力问题、私人原因，还是方法问题。找到症结所在，才能考虑是换方案还是提供方法抑或是提供协助。但是总体而言，婚礼策划师应当充分尊重客户的意见和选择，在最大限度地保障婚礼推进的基础上，给予客户更多的体谅和理解。第二种问题的解决相对简单，就是给客户提供信息和资源，帮助客户降低筹婚难度，提升筹婚效率。

子任务二　为客户提供婚礼日程安排

一、工作流程

（一）工作准备

1. 物品准备

序号	名称	备注
1	客户婚礼日需求及事项安排明细	事项安排参考
2	客户婚礼日活动路线安排	时间安排参考
3	笔记本、笔	记录沟通事项
4	电脑	制作日程安排电子表格

2. 环境与人员准备

序号	环境与人员	准备
1	客户家里或是婚庆服务公司办公接待场所	与客户进行婚礼当日的日程安排沟通
2	婚礼策划师	制作婚礼日程安排表
3	婚礼新人	委托婚庆公司并签订婚庆服务合同的当事人

（二）为客户提供婚礼日程安排

步骤	流程	技术操作要求
工作前准备	日程安排沟通	（1）就婚礼当天的流程事项和客户进行沟通。了解客户相关信息和要求，备注特殊情况。理清一般事项（普遍、通用性事项）和特殊事项（个体情况和需求）
		（2）估算各事项推进时间。根据客户的需求，结合车程、天气预报、人员安排等因素估算各事项推进时间
步骤1	生成表格文件	生成 Word 或是 Excel 表格。表格首行标注序号、婚礼当日项目、时间安排、事项内容、负责人员、注意要点
步骤2	写明各项目的具体时间区间	（1）将婚礼当日日程项目内容填入项目栏
		（2）根据与新人沟通的时间节点，填写准确的时间区间
		（3）对标相应的事项负责人，标明联系方式
		（4）在备注栏写明注意要点，如堵车、下雨等因素的应对方式
步骤3	婚礼日程安排表的发送和介绍	发送方式有两种：一是在彩排会议时当面呈送，并现场概述，对新人及其家人不明白之处进行解释说明；二是通过电子邮件发送，并提醒新人接收，随时接受新人及其家人咨询

（三）实施效果

1. 向客户提供婚礼日程安排表，能有效地将婚礼当天繁多杂乱的事务进行合理有序的安排，保证婚礼当天的时间进程和事项进度。

2. 为客户解决关于婚礼当日需要做什么的疑问，消除客户的紧张感，便于指导客户有条不紊地推进婚礼准备。

二、相关知识

（一）婚礼日程安排（通用型）（表2-1）

表2-1　婚礼日程安排（通用型）

序号	项目	事项
1	化妆	（1）新娘起床（基本洗漱，吃早饭）
		（2）化妆师上门化妆
		（3）摄影师拍摄新娘（伴娘整理游戏道具）
2	扎花车	（1）新郎带领婚礼车队扎花车＋摄像师（带好1个手捧花、1个胸花、1个手腕花）
		（2）主花车到达开始扎花
		（3）副花车到达开始扎彩

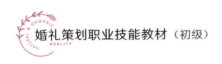

（续）

序号	项目	事项
3	迎亲	（1）新郎准备好鲜花、红包（在花店拿手捧花、胸花和花瓣；红包为2元、6元1份，用于迎亲）
		（2）新郎从扎花车处出发前和抵达新娘家5分钟前告知女方准备
		（3）进门前新娘亲友提问阻挠（可有可无）、塞红包
		（4）新娘提问、新郎承诺（少量为难新郎的游戏）
		（5）新郎给女方父母敬茶、合影
		（6）桂圆、莲心、红枣（水浦蛋）、汤（视习俗）
		（7）出门前新娘向父母告别、新郎向女方父母承诺、女方父母祝福语
		（8）礼炮准备（必须男士打），新人上车前使用
4	到新郎家	（1）从新娘家出发到新郎家
		（2）准备事项 ① 老人铺床、撒床撒 ② 小朋友滚床 ③ 一对新人坐床 ④ 向新郎父母敬茶、合影
		（3）新娘出门 ① 出门礼炮 ② 上车打礼炮 ③ 新郎抱新娘出门，新娘脚不沾地
5	出外景	（1）摄影师、摄像师跟随车队拍摄外景
		（2）在指定外景拍摄地点拍摄外景照片
		（3）拍摄完毕之后，共同去酒店
6	酒店准备	（1）请亲友2～3名提前到达酒店，签到处摆放1盘糖、1盘烟，用于散发给来宾，收礼金的人员在签到处就位
		（2）落实糖、烟、酒、茶、饮料物品摆放情况（每桌摆放20支烟、150克左右的糖）
		（3）最后检查酒席安排，分配席桌的引导人
		（4）由将糖、烟、酒、茶、饮料等带至酒店备好，并准备好迎宾香烟和打火机
		（5）委托专人（最好是新郎妈妈）把戒指、新娘全套敬酒服、父母台上敬茶发的红包都一并带到酒店
7	迎宾	（1）新郎新娘到酒店休息，礼炮准备（必须男士打）
		（2）签到处人员就位
		（3）迎宾人员门口就位
		（4）新郎新娘伴郎伴娘门口迎宾（伴娘端糖、伴郎端烟、新郎散烟、新娘点烟）
		（5）新娘、新郎换装
8	仪式	正常进行婚礼仪式

（续）

序号	项目	事项
9	仪式后	（1）新娘更换敬酒服、补妆
		（2）新人携同双方父母逐桌敬酒，伴郎伴娘从旁协助
		（3）安排亲友进行棋牌娱乐及其他饭后项目
		（4）新人及双方父母用餐和休息
10	晚宴	（1）引导宾客进行晚宴
		（2）安排宾客回程，门口送别（注意：南北方的结婚习俗不同，北方很多地方在上午举行结婚仪式，一般不设晚宴）
11	酒店清算	（1）清点所有物品，检查遗漏
		（2）离开酒店

（二）婚礼日程安排的几个关注点

1. 迎亲车队的行进路线安排

婚礼日迎亲车队的行进路线大体是：扎花车地点—迎亲地点—外景地—婚宴酒店。遵从大多数地区的习俗"不走回头路"。因此行进路线需提前踩点。踩点除了考虑"不走回头路"外，还需考虑路况的影响。比如限行区域、车流量、停靠地点、车队司机对路线的熟悉程度等。这些因素都会影响行进的顺利程度，进而影响后续行程。因此在进行路程时间估算的时候，要结合行进路线的情况来考虑。

2. 晨间化妆造型安排

化妆造型服务一般是针对新人的。但也有一些晨间化妆造型服务是包括新人的父母和伴娘在内的。所以要根据实际情况安排化妆造型师到位的时间。保障晨间造型服务有足够的时间高质量完成。

3. 迎亲活动的时间控制

迎亲活动是婚礼日最具有地方文化习俗特点的环节，也是年轻的朋友们最开心的时刻。因为玩闹起来时间过得很快，现场参与人员也比较多，控制相对较难。为了不影响后续行程，这一环节的时间控制在整个婚礼日程推进中是重点。需要婚礼策划师和督导对接好相关安排，请督导把控好时间节点。

4. 关于外景拍摄的安排

外景拍摄的安排关键点有三：地点的选择、时长的控制和车队的临时停靠。在某一区域，新人选择的外景地是相对集中的。所以很容易出现堵车、车队停靠难、人员混杂等情况。这些都会影响时间的控制。有些时候还会因为人多车多，造成一些车辆跟错队，人员跟错车的情况。所以，做外景地选择的时候，需要给新人提供相关建议和意见。

5. 关于婚礼仪式时间

通常情况下，婚礼仪式开始的时间是中午 11:30—12:30。也有一些地区是傍晚时举行婚礼，婚礼仪式开始时间大多在 18:00—19:00。在选定具体的时间时，会考虑"8"和"6"这样的吉祥数字。比如 12:08、12:16、18:06、18:08 等。在约定时间临近时，现场执行人员要和新人确定婚礼开始时间是提前、准时还是延后。但是，为了整体进程的把控，婚礼策划师一定要在日程表中标注婚礼开始的预计时间。现场的调整只能是在极小的范围。另外，一般情况下，婚礼仪式会控制在半个小时之内（嘉宾表演和席间表演不在此时间内）。也需要在婚礼环节设定时做好规划。

子任务三　为客户提供亲友团工作协助与指导

一、工作流程

（一）工作准备

1. 物品准备

序号	名称	备注
1	亲友团分工名单	落实识别人员，便于人员联系沟通
2	亲友工作所需物品表	动作示范与要点说明

2. 环境与人员准备

序号	环境与人员	准备
1	客户家中或彩排现场	召开亲友团会议
2	婚宴工作现场	分散指导（无法参加亲友团会议的）
3	婚礼策划师	制作婚礼日程安排表
4	婚礼新人	委托婚庆公司并签订婚庆服务合同的当事人

（二）为客户提供亲友团工作协助与指导

步骤	流程	技术操作要求
工作前准备	识别亲友团人员构成	请新人帮助双方做介绍
步骤1	亲友团工作概述	（1）亲友团成员介绍亲友团工作的重要意义和作用。希望大家精诚配合，共同实现婚礼的顺利圆满
		（2）介绍岗位工作要求和流程
步骤2	个别指导	针对不同岗位的不同工作内容和要求单独说明指导。对于礼仪要求较高的岗位，要做引领示范
步骤3	现场指导与协助	（1）没能参加亲友团会议的亲友团成员，通知其婚礼日提前到岗，对其进行现场讲解和指导
		（2）各岗位人员就位后，进行各岗位工作巡查和重点提醒
		（3）随时为亲友团工作查缺补漏

（三）实施效果评估

1. 对婚礼亲友团进行工作指导，使亲友团各岗位分工明确，职责清晰，能最大限度实现协同合作。

2. 通过示范和引领，亲友团成员熟悉和了解自己的工作方法和要点，能更好地完成

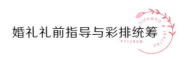

相应的工作任务。缓解新人的心理压力。

二、相关知识

（一）亲友团工作内容和工作要求

在举行婚礼仪式当日，主婚人、证婚人、兄弟姐妹团、伴郎、伴娘、签到组、车辆管理礼炮组、财务总管、宴宾总管都是由亲友团人员承担，其工作内容和要求见表2-2。

表2-2　亲友团工作内容和工作要求

序号	岗位		岗位要求	职责
1	主婚人		通常是介绍新人认识的人，或是对新人有特殊意义的人	主婚人的工作就是致"主婚词"。内容应大致包括：感谢来宾见证；寄语新人；为新人送上祝福
2	证婚人		新人双方亲友之间有影响力和名望的人	证婚人是婚姻合法的证明人，证婚人讲话内容一般为"婚姻合法、恭喜新婚"等
3	兄弟姐妹团		新人熟悉且亲近的年轻朋友	婚礼日需提前到达指定地点。兄弟团全程陪同新郎，姐妹团全程陪同新娘。参与迎亲活动和外景拍摄；协助新人接待宾客
4	伴郎		未婚，新人亲友	全程陪同新郎。上午陪同新郎扎花车、取手花、胸花、手腕花。到达新娘家后帮助新郎迎娶新娘，陪同新人拍外景，到达酒店后陪同新人迎宾发烟，婚礼仪式完毕陪同新人敬酒。协助新郎保管发放随身红包
5	伴娘		未婚，新人亲友	全程陪同新娘。晨间最早到达新娘家，帮助新娘家人做晨间迎亲准备，陪伴和协助新娘化妆造型，协调安排姐妹团活动，协助保管新娘随身物品，提醒联络新娘相关事项，陪同新人拍外景，到达酒店后陪同新人迎宾发烟，婚礼仪式完毕陪同新人敬酒。协助新娘保管随身物品
6	签到组	签到人员	新人家属，值得信任的人	上午10点左右直接提前到酒店，检查签到台的准备情况（签到册、签到笔、空红包、祝福卡）是否准备到位，负责礼金登记、代收、保管
		引位人员		负责引导宾客填签到簿，熟悉和了解宾客席位布局。引导宾客入席
		喜糖发放		根据名单，给未领到喜糖的来宾发放喜糖并做好登记
7	车辆管理	司机联系人		负责司机组的组织、协调与答谢
		交通协调员		仔细核对、确认当日用车人员，制作交通路线图，婚礼当天调度各类车辆，保证运转顺利
8	礼炮组		亲友	负责组织礼炮组人员分两次放礼炮
9	财务总管		新人的直系亲属，通常会由礼金收取人员兼任	负责当天所有钱财支出和收入，所有支出必须有人签字才能领款
10	宴宾总管		经验丰富，善于统筹	清点管理烟、酒、糖、饮料。婚宴结束后提醒帮助主家收摊。安排服务人员就餐，检查是否有客人遗失物品，收拾剩余烟酒，打包剩菜，统计晚宴用餐人数告知酒店

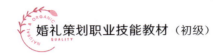

（二）婚礼策划师在指导与协助亲友团中应注意的事项

亲友团成员都不是专业的婚礼服务人员，大多也缺乏实际经验。因此对于亲友团的工作不要过高要求和过分干涉，保留其工作的相对独立型。婚礼专业人员把工作的重心放在协助上，而不是指导上。

任务三
婚 礼 彩 排

【任务情境】

经过紧张的婚礼筹备，小陈和小李终于在婚礼前三天，完成了各个筹备事项，就等着举行婚礼庆典的日子到来了。为他们提供婚礼服务的婚礼策划师小张对执行方案与婚礼执行团队人员进行工作核对与衔接，准备安排新人进行婚礼彩排。

【任务分析】

一、婚礼彩排工作的主要内容

序号	主要内容
1	彩排统筹与物品调配
2	婚礼流程及相关要求讲解说明
3	婚礼流程及礼仪指导
4	与执行团队人员的沟通与对接

二、婚礼彩排主要工作目标与措施

序号	主要工作目标	措施
1	婚礼流程推演	让客户了解和熟悉婚礼仪式内容与细节
2	为客户开展婚礼礼仪指导	帮助新人更好地完成婚礼呈现
3	执行团队现场执行工作准备	（1）婚礼现场设备调试
		（2）各岗位熟悉工作内容和配合模拟

【任务实施】

子任务一　婚礼彩排统筹与物品调配

一、工作流程

（一）工作准备

1. 物品准备

序号	名称	备注
1	婚礼流程单	用于彩排统筹安排
2	婚礼执行人员联系方式一览表	方便联系婚礼执行团队人员
3	客户联系方式	方便联系客户
4	婚礼执行方案	用于彩排统筹与物品调配

2. 环境准备

序号	环境	准备
1	办公场所、电话、网络	彩排统筹
2	道具市场、道具仓库	物品调配

（二）婚礼彩排统筹与物品调配

步骤	流程	技术操作要求
工作前准备	确认彩排时间	与婚礼场地提供机构联系确认婚礼场景搭建团队入场时间及彩排时间
步骤1	彩排统筹	（1）通知场景搭建团队入场时间
		（2）通知各执行部门设备入场时间和彩排时间
		（3）通知客户彩排时间及参加人员
步骤2	物品统筹	（1）彩排所需道具物品确认及落实
		（2）与婚礼场地提供机构沟通确认对方物品准备落实
步骤3	物品调配	（1）道具仓库调配相关物品
		（2）购买或租借仓库缺失物品
		（3）确认落实道具物品到位时间及方式

（三）实施效果

1. 前期沟通中确定彩排的具体信息，确定准确的时间、地点、参与人员，并及时通知各参与人员按时定点彩排。

2. 检查彩排物品，合理调配，避免遗漏，能使彩排正常有序地进行，加深参与彩排的各人员对第二天婚礼仪式的印象和物品使用规则，便于彩排动作指导和物品调配。

二、相关知识

（一）彩排时间及人员的安排确认

1. 时间的安排与确认

彩排通常于婚礼仪式前一天进行。具体时间的安排取决于三方面因素：一是婚礼场地入场时间的许可；二是新人的时间安排；三是搭建设备和人员到位情况。因此，在确定彩排时间时，要先确定落实婚礼场地入场时间。这是基本要求。

在婚礼较多的节假日，婚礼搭建设备的运送和人员的到位会受到出库排队、堵车、人手不足等影响，所以要在婚礼场地入场许可时间的基础上了解和估算现场人员到位时间。然后在服务方可以保障的时间范围内征求客户意见，最终确定彩排时间。

2. 参与人员的安排与确认

婚礼服务方需要彩排的人员包括：婚礼主持人、婚礼督导、婚礼灯光师、婚礼音响师；

客户方需要彩排的人员包括：新人双方父母、新人、伴郎伴娘、花童、婚礼筹备主要人员。

对于服务方需要参与彩排的人员，需要提前告知到场时间；对于客户方的彩排人员，则要提前告知新人，由新人负责通知相关人员到场。

（二）婚礼彩排常用道具物品（表 3 - 1）

表 3 - 1　婚礼彩排常用道具物品

序号	物品	适用环节及效用
1	话筒	婚礼仪式彩排中很多环节需要话筒的配合，例如新郎入场、交接环节、宣誓环节等，彩排时需要排练话筒呈递人员的位置、持拿话筒的姿势等
2	手捧花	手捧花是婚礼仪式中的重要物品，主要用于交接仪式、抛手捧花，彩排过程中，准备手捧花的代替物，便于指导新人手捧花的持拿姿势
3	头纱	如果新娘预定的婚纱有头纱或者仪式中有揭面纱的环节，需要提前在彩排中准备好头纱，用于指导新人揭面纱的技巧和礼仪姿势
4	托盘	婚礼仪式中有许多需要呈递上舞台的物品，需要准备一个托盘来承载
5	戒指盒、指环	新人的对戒一般要在婚礼当天使用，所以在彩排当天，准备好戒指盒及代替戒指的指环用于指导新人佩戴戒指时的细节和动作
6	茶杯	茶杯用于新人给父母敬改口茶的环节，通常需要准备四个杯子
7	高脚杯	新人在交杯酒的环节需要用到高脚杯，通常需要准备两个杯子

子任务二　婚礼流程及相关要求讲解说明

一、工作流程

（一）工作准备

1. 物品准备

序号	名称	备注
1	婚礼流程单	讲解婚礼流程设定

2. 环境与人员准备

序号	环境与人员	工作内容
1	婚礼现场人员流动较少、噪声较小的区域	婚礼现场会议（婚礼流程讲解）
2	婚礼现场相关环节场地位置	各环节内容和要求讲解示范
3	婚礼执行团队人员	落实婚礼执行任务

（二）讲解说明婚礼流程及相关要求

步骤	流程	技术操作要求
工作前准备	沟通准备	（1）迎接客户
		（1）引领客户方彩排相关人员在指定位置就座
		（2）发放婚礼流程单给参与彩排人员
步骤1	婚礼流程讲解说明	（1）阐述彩排的必要性：婚礼彩排是为了确保参与者清楚自己婚礼当天的到场时间和职责
		（2）根据婚礼仪式流程，讲解各环节主要内容
		（3）讲解各环节的相关要求
		（4）说明仪式过程中的注意事项
步骤2	各环节分解引领示范	根据婚礼的流程设定，分环节引领相关人员到达各位置，并进行细节讲述
步骤3	走位演练	（1）在婚礼主持人的语言引导下，熟悉流程和演练走位
		（2）根据走位情况进行灯光定位

（三）实施效果

1. 通过婚礼流程的讲解和说明，使新人及其他婚礼仪式参与人员明确婚礼仪式的环节内容，熟悉相关要求及各岗位职责，可以预防婚礼出现意外，使婚礼表现得更加完美。

2. 前期的深入沟通和讲解能让婚礼参与人员对婚礼仪式更加清晰，消除新人的紧张感，便于后续执行配合。

二、相关知识

（一）彩排的意义和作用

彩排原为戏曲行话，是指戏剧、舞蹈等在正式演出前的最后总排练。彩，即戏剧、舞蹈正式演出前的化妆排演；排，即音乐、舞蹈等演出人员全部到位，一切按照正式演出的要求进行。现在彩排泛指在举行盛大晚会、宴会时的提前排练。婚礼彩排就是举行婚礼仪式前进行的提前排练。婚礼彩排就是婚礼举办前，在实际婚礼举办地点，主要婚礼参与人全程预演婚礼的过程。

涉及整套婚礼流程的排练、所有设备的检查、主持人串场词等。除了婚礼主持人及执行人员外，大多数人是第一次亲身参与婚礼，他们对流程、对实际婚礼中可能发生的状况不太了解，彩排的过程就是一个熟悉流程、明确每一个人工作职责的过程，这是非常重要、必不可少的一个阶段，尤其是对于比较盛大的婚礼。

需要进行婚礼彩排的人员主要包括：婚礼策划师、婚礼主持人、新人、婚礼督导人员、新人家人、灯光操作人员、音响师等。

（二）常用婚礼流程彩排及要点

婚礼彩排就是婚礼流程的演练，一般来说主要彩排以下内容（表3-2）。

表 3-2　婚礼彩排流程及要点

序号	彩排内容	要点
1	主持人开场白	主持人开场，阐述新人的爱情故事，说明主题
2	新郎登场	新郎从舞台一侧手持鲜花登场
3	新郎登台互动	新郎来到舞台站定，与来宾和主持人简单互动
4	新娘出场	新娘挽着父亲的左手共同出场
5	走向交接区	新郎由舞台走向交接区
6	交接仪式	新郎单膝跪地献上手捧花，父亲进行交接
7	共同入场	新郎接替父亲的位置，站在新娘右边，走向舞台
8	宣誓	新郎新娘相对而立，共同向对方许下诺言
9	交换戒指	伴娘或花童送上戒指，新郎新娘为对方佩戴
10	拥吻	新人在众位来宾的祝福下拥吻，婚礼达到高潮
11	敬改口茶	伴娘呈上，新郎新娘向对方的父母敬茶改口
12	父亲致辞	新郎的父亲作为家长代表致辞答谢来宾
13	新郎答谢	新郎向来宾及父母致辞，表示答谢
14	全场举杯	新郎新娘共饮交杯酒，全场来宾向新人举杯祝福
15	新娘抛手捧花	新娘背对来宾抛出手捧花
16	新人共同退场	在大家的掌声中，新人礼成退场

（三）婚礼彩排时婚礼策划师需要向新人说明的要点

1. 新娘在进场时，眼睛一定要看前方，看对方，切勿左右乱看或看地上。

2. 仪式过程中任何流程只需用耳朵听，主持人会提示怎么做，不要看主持人。

3. 所有动作慢一点，等主持人把台词说完了再做动作，宁愿慢一步也不要错一步。

4. 舞台是新人自己的，不要怕出错，一切有主持人在，轻松做好自己就可以了。

5. 音乐都是精心按照流程准备的，一定等音乐响起后三秒再做动作，更有仪式感。

6. 仪式开始前，新人及双方父母、伴郎伴娘一定要在指定位置就位，等候主持人引导登台，切不可在途中上厕所、打电话、迎宾等，否则会出现仪式断层的现象，这是极为不妥的。

（四）婚礼开场新人及亲友的就位要点

婚礼开场后，婚礼新人及亲友要在不同的地方就位，等候上场，其就位要点见表 3-3。

表 3-3　婚礼开场新人及亲友就位要点

人员	到场时间	到场位置	职责
新郎	婚礼前 5 分钟	出场指定位置	手持捧花和话筒，等候主持人邀请登台
新娘	婚礼前 5 分钟	宴会厅门外	挽住父亲的手臂，等候入场
新郎父母	婚礼前 10 分钟	主宾席	主宾席就座，等候主持人邀请登台
新娘父亲	婚礼前 5 分钟	宴会厅门外	陪同新娘，共同入场
新娘母亲	婚礼前 10 分钟	主宾席	主宾席就座，等候主持人邀请登台

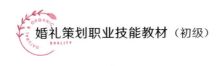
（续）

人员	到场时间	到场位置	职责
伴郎	婚礼前5分钟	跟随新郎	（1）协助新郎出场
			（2）仪式全程呈递话筒
			（3）帮助新人保管红包
伴娘	婚礼前5分钟	跟随新娘	（1）协助新娘出场
			（2）辅助新娘整理婚纱裙摆，拿捧花
			（3）交换戒指环节呈递对戒
			（4）敬茶环节呈递四杯改口茶
			（5）交杯酒环节呈递两杯交杯酒
			（6）抛捧花环节将捧花呈递给新娘

子任务三　婚礼流程及礼仪指导

一、工作流程

（一）工作准备

1. 物品准备

序号	名称	备注
1	婚礼流程单	讲解婚礼流程设定
2	结婚戒指	用于婚礼仪式流程彩排
3	手捧花	用于婚礼仪式流程彩排
4	蛋糕刀	用于婚礼仪式流程彩排
5	茶杯茶盏	用于婚礼仪式流程彩排
6	新娘头纱	用于婚礼仪式流程彩排

2. 环境与人员准备

序号	环境与人员	工作内容
1	婚礼仪式现场	进行婚礼彩排
2	婚礼现场相关环节场地位置	各环节内容和要求讲解示范
3	新郎新娘	了解婚礼流程及接受礼仪指导
4	新人父母	了解婚礼流程及接受礼仪指导
5	伴郎伴娘	了解婚礼流程及接受礼仪指导
6	花童	了解婚礼流程及接受礼仪指导
7	婚礼礼仪督导和婚礼策划师	指导婚礼流程及礼仪
8	各执行部门工作人员	落实婚礼执行任务

（二）婚礼流程及礼仪指导的实施

步骤	流程	技术操作要求
工作前准备	让客户理解婚礼礼仪对婚礼呈现的重要意义	（1）引领客户熟悉婚礼中要做的事项及定位
		（2）给客户表明礼仪的规范时，在不出错的基础上呈现优化
步骤1	介绍婚礼流程礼仪要点	（1）针对之前进行的婚礼走位和动作说明，提出当中存在的礼仪要点
		（2）礼仪示范指导
步骤2	各环节分解引领示范	根据婚礼的流程设定，分环节引领相关人员到各位置，并进行细节讲述，必要时进行亲身示范
步骤3	各执行部门配合联排	根据婚礼现场执行方案进行全场联排。各执行部门和新人及其他人员在主持人语言引领下，模拟婚礼仪式过程
步骤4	执行方案微调优化	（1）征询客户的彩排体验，记录客户意见
		（2）根据客户意见和客户彩排情况考虑执行方案的微调

（三）实施效果

第一，通过婚礼仪式礼仪指导，可以优化婚礼仪式环节中的每一个动作，在婚礼仪式进行过程中能更好地呈现婚礼的美。

第二，发现和调整执行中可能存在的问题和缺陷，利于婚礼当天各部门配合和执行落地。

第三，加强主持人、婚礼督导、执行团队和新人的联系，使服务更加全面和专业，让新人产生更强的信赖感，以更好的状态迎接第二天的仪式。

二、相关知识

（一）新人基本姿态

1. 身形姿态

保持昂首挺胸，抬头收腹的基本身体姿态。

2. 坐姿

新娘坐在椅子上的时候，要浅坐一些，和亲属拍照时，上半身的姿态最关键。千万不要产生"好不容易能坐下了"的想法，否则瞬间就会像泄了气的皮球一样不美观。新娘要时刻保持紧张感，尤其是穿着低胸婚纱礼服的新娘。如果新娘扭着腰坐在椅子的中心处，会显得肩宽、体型苗条。如果新娘穿细长礼服，可以把腿斜斜垂下，可以使腿显得修长。新郎无精打采地坐着时，裤腿会自动向上提，露出袜子很不雅观。所以在坐下去前，先提一下膝盖部的裤子。

3. 站姿

无论迎接客人还是拍纪念照，新人的站立姿态都很重要。背部有向上伸展感，头部、臀部和脚后跟成一条直线，上半身有被吊起的感觉。新娘应站在新郎身边靠后约15厘米处，右手挎新郎右胳膊，两人的位置像"八"字，从正面拍照感觉最佳。

新郎轻曲左胳膊，让新娘把手插在肘里，要注意的是新娘不要拉着新郎的衣服，以免有胆怯的感觉。不要死死地抱着新郎的胳膊，好像生怕他会逃跑似的。另外，新郎不应该为了挺直背而过分突出腹部，不要紧挽着新娘，以免踩到裙子，也不要离得太远。

4. 走姿

礼服通常比便装更重更长，可能会有踩到裙子的意外情况。正确的走路方式是：用脚尖轻踢着裙边，足底轻擦过地面，徐徐向前，严格地讲，新娘的目光应该始终直视前方，尽量将视线放于 10 米前，这样有利于拍照，但为了安全起见，新娘的视线可以稍稍向下，但不可太过，以免影响拍照效果。

5. 新娘手持捧花

捧花保持斜向上，拿住花尾。捧花应放置在肚脐的位置。握花的手掌弯曲。

6. 笑容

嘴角上翘，柔和地微笑。一对新人脸上的幸福笑容是宾客们喜欢看到的，很多人拍照时的笑脸是刻意堆出来的，这样的笑很假。笑脸的练习方法是：嘴里横含一根筷子，嘴角上翘，样子看上去像笑一般，保持嘴形不变。把筷子拿出来，便完成了笑脸，然后反复操练，练到笑不露齿的程度便大功告成。

7. 站位

男右女左，新郎领先新娘半个身位。

（二）仪式中的礼仪姿态

1. 新娘着仪式纱的行进

（1）有衬裙婚纱的走步　行走时两脚分开两拳宽的距离，像小鸭子一样脚尖轻轻往上踢，感觉能将裙摆边轻微踢起。

（2）无衬裙婚纱的走步　一字步沿直线行走，两膝互相吸引。落地的脚感觉像在直线上轻轻滑动，以脚尖着地，注意迈步的节奏感。

2. 亲吻

仪式上的亲吻具有神圣的意义，二人应该表现得自然、大方。婚礼上进行宣誓亲吻时，莫名其妙地害羞、扭扭捏捏或做作地撅嘴唇接吻，会导致照片和录像都相当不自然。正确姿势如下：新郎轻轻抓着新娘的胳膊，另一只手搂住她的腰，以此作为暗示，新娘将脸稍抬，让旁观者感觉二人是以很自然的姿态靠近，有一种神秘感，显得漂亮。

接吻的时机由二人先说好，这样到时候才不会出差错，新娘应事先用餐中纸轻轻拭去表面浓艳的口红，免得在新郎脸上留下清晰的唇印。轻轻抱住胳膊，将脸略上抬更自然。

3. 转身

礼服和一般衣服不同，想只改变一点方向是做不到的。新娘不拖着裙子以夸张姿态转身的诀窍在于，转身时用与旋转方向相反的手轻轻抓住裙边和裙撑稍微向上提，在穿着长裙、披着长披纱时，把它们挂在自己的手腕上，可以瞬间快速转身。

4. 鞠躬

婚礼上免不了频频鞠躬，鞠躬的要领：第一，背要直。腰部以上的身体向前倾。第二，鞠躬时要满怀感情，两个人要配合，不要"此起彼伏"，可以保持 1 秒的停顿。在音乐声中向主婚人鞠躬时，不要忘记必须将整个身体正对着他，注意不要突出下巴，只点头行礼或弯腰过度都会显得不优雅，还要注意鞠躬时，不要抬眼看人。

5. 交换戒指

新娘帮新郎戴戒指时，新郎弯曲肘部，把手伸到自然弯曲的高度，新娘用左手托新郎的手，右手的拇指、食指和中指握戒指，戴入新郎的无名指。

6. 切蛋糕

正确姿势是新娘右手持刀，新郎将右手盖在新娘的右手上，新郎的左手搂住新娘的腰，新娘的左手辅助右手切蛋糕，这样是最美观的姿势，并在站姿上依旧保持亲密的"八"字形。两人的视线保持一致，有利于把照片拍得更完美。两人的视线必须一致。回头时不要只转脸，整个身体都要转。

7. 揭面纱

婚礼上，揭面纱是很有仪式感的环节。为了使新郎更容易地掀起面纱，新娘有必要降低高度，应该微微蹲身与对方配合。新娘应用一只脚为支撑点，另一只脚向后跨小半步，直着腰板但微屈膝盖，方便新郎掀起面纱。千万不要出现那种曲腰突臀的姿势。新郎掀起的面纱后，不要让面纱乱糟糟的放在头上，而是在掀起爱人面纱的同时，应该顺手整理一下，这样无论是从侧面还是后面拍照都会看上去相当整齐。

8. 读信

在婚礼上，新郎新娘在朗读给家人、朋友的感谢信时，一定要非常认真，因为这是婚礼仪式上一个十分严肃的场面。真诚的情感显得重要。在写完信之后本人一定要亲自事先练习一下，以免在正式朗读时有偏差；内容应当真实，能使来宾产生共鸣，尽量营造出一个深情的场面。

子任务四　与执行团队人员沟通与对接

一、工作流程

（一）工作准备

1. 物品准备

序号	名称	备注
1	婚礼流程执行单	核对婚礼执行要点
2	客户沟通意见记录	微调优化执行方案
3	彩排表现记录	微调优化执行方案

2. 环境与人员准备

序号	环境与人员	工作内容
1	婚礼仪式现场或办公场所	与执行团队人员的沟通与对接
2	婚礼场景搭建团队人员	说明客户要求和相关建议
3	婚礼执行督导	说明客户彩排体验和相关建议
4	婚礼主持人	说明客户彩排体验和相关建议

（续）

序号	环境与人员	工作内容
5	婚礼 DJ	强调应注意的问题和相关建议
6	婚礼 VJ	强调应注意的问题和相关建议
7	婚礼灯光舞美师	强调应注意的问题和相关建议
8	婚礼策划师	落实与婚礼执行团队成员的沟通任务

（二）与执行团队人员沟通与对接

步骤	流程	技术操作要求
工作前准备	列出沟通要点	根据彩排过程中出现的问题和新人意见列出沟通内容和要点
步骤 1	提出问题	向执行团队表明客户彩排体验和相关建议
步骤 2	分析问题	执行团队成员共同分析出现的问题及成因
步骤 3	解决问题	由婚礼策划师或执行督导牵头商量解决问题的方法和优化方案

（三）实施效果

1. 通过对现场执行方案的演练发现和解决执行中可能出现的问题，确保正式婚礼仪式的安全顺利。

2. 通过设备调试和人员间的配合，快速熟悉工作内容，适应工作要求，更好地实现部门合作，共同实现婚礼的优质高效。

二、相关知识

（一）执行团队人员现场沟通的内容和作用

执行团队人员现场沟通分两次进行。

第一次沟通是在彩排前，各部门根据婚礼仪式执行方案进行沟通。这次沟通的意义是让执行团队人员迅速了解执行方案和工作要求，做好相关的设备调试和执行准备，保障彩排的顺利进行。

第二次沟通是在彩排结束后。通常情况下，婚礼仪式的设定和执行方案都是基于婚礼的整体统筹和设计而做出的。当中的细节操作和衔接问题，甚至是一些略微欠缺的设定都要通过实施才能发现。当彩排结束后，无论是新人不适应、参与人员表现力不够，还是技术人员的技术保障不到位，都会暴露出来。这个时候的沟通就是为了修正和调整这些问题。只有这些问题都解决了，才能确保第二天婚礼的顺利进行。

（二）婚礼彩排中需要格外关注的重要事项

1. 流程演练的完整性

不同主题婚礼，婚礼形式各异。现代仪式大多包含入场、证婚、结婚誓言、交换戒指、吻礼、敬改口茶、长辈给新人红包、长辈及嘉宾发言、抛手捧花等。彩排的过程需要涵盖所有的流程，只有这样才能做到整体把控时间，以免关键的仪式错过吉时或整体拖延太久。

2．设备检查

婚礼中会用到话筒、音响、灯光、投影等设备。由于婚礼场地不同，相关的电源、投影幕布等辅助设施需要调试，不仅要测试设备本身的健全性，还要根据实际宴会空间的大小，调节最佳音量及灯光明暗度。

3．婚礼主持人彩排的重要性

婚礼主持人是一场婚礼的名片，每一场婚礼的主持包含基本的婚礼主持套词以及结合本场婚礼的特色及婚礼现场突发问题的即兴发挥等，而婚礼彩排是主持人提前有效融合这两部分内容的机会，此外，执行团队人员整体的彩排也是在主持人的主导之下，因此，婚礼主持人彩排必不可少。

参 考 文 献

北京中民福祉教育科技有限责任公司，2021 婚礼策划职业技能等级标准（2021 年 1.0 版）［EB/OL］.
　（2021－01－26）. http：//zmfz. bcsa. edu. cn/info/1019/2069. html.

金毅，2012. 婚礼督导［M］. 香港：香港天马出版有限公司.

金毅，王晓玫，2013. 婚礼现场督导［M］. 北京：中国铁道出版社.

王晓玫，2012. 婚庆服务礼仪［M］. 北京：中国社会出版社.

教育部第四批1+X证书制度试点
婚礼策划职业技能等级证书教材系列丛书

婚礼策划职业技能教材（初级）

婚礼执行团队组 建

Hunli Zhixing ·初级· *Tuandui Zujian*

Chuji

北京中民福祉教育科技有限责任公司 组编

赵淑巧 张克柱 主 编

罗 昱 陈 霞 刘 湜
金 毅 王福存 副主编

中国农业出版社
农村读物出版社
北 京

图书在版编目（CIP）数据

婚礼策划职业技能教材：初级．婚礼执行团队组建 /
北京中民福祉教育科技有限责任公司组编；王晓玫等主
编．—北京：中国农业出版社，2021.9

（教育部第四批1＋X证书制度试点婚礼策划职业技能
等级证书教材系列丛书）

ISBN 978 - 7 - 109 - 28163 - 9

Ⅰ．①婚…　Ⅱ．①北…②王…　Ⅲ．①结婚—礼仪—
职业技能—鉴定—教材　Ⅳ．①K891.22

中国版本图书馆 CIP 数据核字（2021）第 074827 号

中国农业出版社出版

地址：北京市朝阳区麦子店街 18 号楼

邮编：100125

策划编辑：李艳青

责任编辑：王庆宁　　文字编辑：戈晓伟

版式设计：王　晨　　责任校对：刘丽香

印刷：三河市国英印务有限公司

版次：2021 年 9 月第 1 版

印次：2021 年 9 月河北第 1 次印刷

发行：新华书店北京发行所

开本：787mm×1092mm　1/16

总印张：25.75　　插页：8

总字数：703 千字

总定价：88.00 元（全 8 册）

前言

　　婚礼策划师不仅是为新人提供创意策划、婚礼流程设计，进行婚礼现场监督的重要角色，同时也是帮助新人完成他们梦想婚礼的核心执行人员，是整场婚礼的"总导演"。策划方案的落地需要婚礼执行团队合作完成，才能保证整个婚礼细节的完美呈现。作为婚礼策划师，要具备储备婚礼执行人员的能力。婚礼执行人员包括婚礼主持人、婚礼督导师、婚礼花艺师、婚礼场布技师、婚礼灯光师、音响师、婚礼化妆师（跟妆师）、婚礼摄影师和摄像师以及婚礼影像后期制作人员等。只有高质量的婚礼策划师，才能在婚礼实施过程中根据新人要求准确考量、果断筛选、组建最佳的执行团队，保证婚礼高质量完成。

　　婚礼策划师建立高效的执行团队是婚礼策划案高效转化为效益、成果的关键，是行业竞争力的重要组成部分。培养储备高效执行团队不是一蹴而就的事情，必须多管齐下，从管理制度、人员能力、团队协作、绩效考核等多个方面，循序渐进培养、储备、磨合，进而在市场竞争中占有一席之地并实现可持续发展。

　　对婚礼执行团队成员进行分工一般是由婚礼策划师负责的，因此，一个合格的婚礼策划师，首先，必须具备准确考量人才的能力。同时，婚礼策划师要具备高效的执行力，负责将婚礼目标、执行计划告诉所有婚礼执行团队成员，让团队成员有工作的热情和动力。婚礼策划师一定要明确不同岗位、不同人员的责任、权力和利益，使各个人员明确自己的权利和责任相匹配，工作积极性、自身的使命感和责任感就会得到增强，从而个人执行力也得到提高，有效避免执行过程中出现责权不清、相互推诿等问题。其次，人员和岗位要匹配。员工是否具备岗位所要求的能力并完成任务，这就是人岗匹配问题。因此，婚礼策划师需要分析各个岗位的要求和每个员工的特点，在不同的岗位上安排适当的人员。最后，作为婚礼策划师，日常建立婚礼执行人员储备库信息。婚礼执行人员储备库能够帮助婚礼策划师提高婚礼执行力，具备组建团队及时、管理高效等优点。

　　婚礼执行团队组建（初级）包括三项任务：任务一是婚礼执行供应商的储备；任务二是婚礼执行团队的组建；任务三是婚礼执行团队的管理。通过本项目的学习可以初步掌握婚礼策划师组建婚礼执行团队的初级技能，为学习婚礼策划

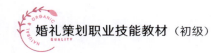

师中级、高级技能奠定基础。

　　本分册教材由赵淑巧负责统稿，王晓玫、张仁民负责审稿，具体写作分工如下：

　　任务一：赵淑巧（兰州职业技术学院教师）。

　　任务二：刘湜、陈霞、罗昱（兰州职业技术学院教师）。

　　任务三：张克柱（兰州职业技术学院教师）、金毅（上海市婚庆行业协会专职礼仪庆典主持人）、王福存（山东省聊城市礼仪庆典行业协会会长）。

目　　录

Project 5 项目五
婚礼执行团队组建

　　团队是一种管理模式，是在工作中相互依赖、为特定目标共同承担责任的个人集合体。当某项任务需要基于各种技能、判断力和经验才能完成时，团队可以更好地发挥每个人的才能，灵活面对环境变化。婚礼前期，婚礼策划师会帮新人挑选酒店、挑选吉日、确定场景布置风格，还会负责新娘婚纱的选择、花材的选择、婚礼仪式等细节的安排，为新人设计一套适合他们的婚礼方案。婚礼中，婚礼策划师根据客户的具体需求做出合理的安排，才能有效实施婚礼方案，保证整个工作有条不紊地进行。现场所有的工作人员各司其职，积极配合，才能在婚礼过程中给新人呈现完美的婚礼效果，提供理想贴心的服务，给新人留下终生难忘的婚礼。婚礼策划师日常必须储备一定的团队执行人员，根据策划案的具体实施对执行人员进行灵活的团队组建和合理的分工。不同的团队成员承担自己的职责、履行自己的义务，成员之间相互协调与沟通，每一个成员在自己的岗位上发挥出最大的价值。

　　团队执行力主要受到团队责任明确、领导授权及员工个人能力三大因素的影响。领导风格通过影响团队执行力进而影响团队有效使用组织资源的能力，并影响团队工作绩效。婚礼策划师是婚礼执行团队的龙头，是团队的核心。婚礼当天，婚礼策划师要将每一项工作内容的责任落实到婚礼执行团队的具体执行人员，并向团队执行人员宣读讲解婚礼庆典流程；解读制作完成的婚礼程序安排表（婚礼执行方案），标明在什么时间段完成什么事情，并分发给除婚礼执行团队外的婚礼中其他参加人员，包括新人、婚礼总管、伴郎、伴娘等。而合作的关键在于：团队带头人要对婚礼执行团队内各成员具体负责的工作进行有机整合，以实现婚礼目标。

学 习 目 标

一、知识目标

1. 掌握组建婚礼执行团队的目的、意义和作用。

2. 掌握婚礼执行供应商储备的相关知识。

3. 掌握婚礼执行团队组建的相关知识。

4. 掌握婚礼执行团队管理的相关知识。

5. 掌握婚礼执行团队对婚礼策划书的执行方式。

二、技能目标

1. 储备婚礼执行所需供应商的技能。

2. 能根据婚礼策划方案和客户要求组建团队的技能。

3. 管理婚礼执行团队的方法与技能。

4. 掌握婚礼执行团队协作及团队沟通技巧。

5. 能根据婚礼策划方案和客户要求将项目落实到每个婚礼执行团队成员的技巧。

三、素质目标

1. 积极关注新人的服务需求，树立正确的服务理念，培养专业、专注、乐观的服务价值观。

2. 能很好地分析婚礼团队执行力的重要性，理解协同合作的精髓，培养学生在团队协作中，彼此合作、协调、沟通的基本素质。

任务一
婚礼执行供应商的储备

　　小美是大型婚礼公司时光婚礼策划公司的金牌婚礼策划师，她策划的婚礼文案在行业内的口碑很被认可。可是，令她想不通的是，最近国庆节的几场婚礼接二连三地收到新人的投诉。细分投诉原因，大多数是婚礼现场的效果没有达到前期和新人沟通的策划效果，婚礼时间不是前期沟通的时间点，现场不紧凑或舞台特效没有达到新人的预期效果等。小美感觉自己很无辜，每一场婚礼她都费尽心思设计每一个环节，想给新人意想不到的效果和惊喜。精心策划的几场婚礼不仅在不理想的状态下遗憾收官，并且还要接受公司的批评教育和薪资的损失。小美的一贯作风是，每场婚礼执行前，她和执行团队成员多次沟通，就整个婚礼策划的核心点向每个人一一交代。就最近出现的问题，她细细分析，究竟是哪个环节出了问题。她突然意识到几场婚礼都是在国庆节举办，由于国庆节人员紧张，这几场婚礼执行成员是她临时组建的团队，平时磨合得不够。小美意识到自己在选择婚礼执行团队时忽略了团队成员素质差异，导致团队分工和执行过程中缺少默契的配合，而且对重要环节缺少彩排，以至于婚礼策划的细节和亮点没有很好地展现出来。可见，作为婚礼策划师，只有了解各执行人员基本的岗位技能素养，平时做好婚礼执行人员储备，壮大人才储备库，婚礼前根据新人服务需求和婚礼策划需求迅速组建婚礼执行团队，更好地落实自己的婚礼策划意图，才能为新人提供完美服务。

一、婚礼执行供应商储备的主要内容

序号	主要内容
1	根据婚礼执行需要储备一定数量的婚礼主持人
2	根据婚礼执行需要储备一定数量的督导执行人员
3	根据婚礼执行需要储备一定数量的婚礼摄影师、婚礼摄像师
4	根据婚礼执行需要储备一定数量的婚礼化妆师（跟妆师）、婚礼花艺师和场布、多媒体等供应商

二、婚礼执行供应商储备的工作目标及措施

序号	主要工作目标	措施
1	根据婚礼执行需要储备一定数量的婚礼主持人	通过婚礼主持人自我推荐、同事推荐、婚庆公司及行业协会、行业平台、婚礼新人推荐等渠道，储备3~5位婚礼主持人
2	根据婚礼执行需要储备一定数量的督导执行人员	通过与相关高校合作、同事推荐、婚庆公司及行业协会、行业平台等渠道，储备5~10位督导执行人员
3	根据婚礼执行需要储备一定数量的婚礼摄影师、婚礼摄像师	通过婚礼摄影师、婚礼摄像师自我推荐、同事推荐、婚庆公司及行业协会、行业平台、婚礼新人推荐等渠道，储备2~3位婚礼摄影师、婚礼摄像师
4	根据婚礼执行需要储备一定数量的婚礼化妆师（跟妆师）、婚礼花艺师和场布、多媒体等供应商	通过婚礼化妆师（跟妆师）、婚礼花艺师和场布、多媒体等供应商自我推荐、同事推荐、婚庆公司及行业协会、行业平台、婚礼新人推荐等渠道，储备一定数量的婚礼化妆师（跟妆师）、婚礼花艺师和场布、多媒体等供应商（一定数量是指每个工种2~3位）

【任务实施】

子任务一 储备婚礼主持人

一、工作流程

（一）工作准备

1. 物品准备

序号	名称	规格	单位	数量	备注
1	档案本	常规	本	1	文件
2	档案袋	常规	个	1	
3	计算机	不限	台	1	连接网络、安装办公软件
4	电子档案	电子版	份	1	Word、Excel 文件格式
5	电话	不限	部	1	

2. 环境与人员准备

序号	环境与人员	准备
1	婚礼策划师及团队执行人员	筹备、准备婚礼执行
2	办公室、桌椅等	供新人、团队人员休息
3	计算机	用于展示婚礼策划文案、PPT 文案等
4	高清电视或投影	用于展示婚礼策划文案、PPT 文案等

（二）储备婚礼主持人

步骤	流程	技术操作要求
工作前准备	基本要求	（1）经过正规的婚礼策划培训
		（2）掌握一定的婚礼策划知识和婚礼策划服务专业技能
		（3）初步了解婚庆行业的基本情况和现状
步骤1	搜集信息	（1）通过婚礼主持人自我推荐搜集
		（2）通过同事推荐搜集
		（3）通过婚庆公司及行业协会、行业平台搜集
		（4）通过婚礼新人推荐搜集
步骤2	储备婚礼主持人	（1）储备3～5位婚礼主持人
		（2）以婚礼主持人收费价格高低、收费标准、市场报价储备
		（3）以婚礼主持的婚礼主持经验储备
		（4）以婚礼主持人有无行业奖项储备
		（5）以婚礼主持人在业内评价储备
步骤3	建立主持人档案库	（1）按照婚礼主持人收费价格高低、收费标准、市场报价建立档案库
		（2）按照婚礼主持人的婚礼主持经验建立档案库
		（3）按照婚礼主持人有无行业奖项建立档案
		（4）按照婚礼主持人的地域、年龄或其他标准建立档案库
		（5）档案库必须有婚礼主持人的主持视频、个人介绍等资料
		（6）档案以电子档案为主，纸质档案为辅
注意事项		（1）从事婚礼主持的主持人持有礼仪主持人资格证书。该证书由低到高分为四级：四级礼仪主持人（国家职业资格四级）、三级礼仪主持人（国际职业资格三级）、二级礼仪主持人（国家职业资格二级）、一级礼仪主持人（国家职业资格一级），出场费标准存在差异
		（2）婚礼主持人从事主持工作年限、经验、业务素质均影响主持人的整体风格、收费标准
		（3）大专、本科及硕士以上科班出身的主持人，连续从事本职业工作5年以上，整体素质比较过硬
		（4）策划师要储备3～5位主持人，并签订合作协议。要经常和合作伙伴联系，一起交流经验，取长补短，共同提高

（三）实施效果

1. 通过有目的地与婚礼主持人沟通交流，可以了解婚礼主持人的职业素养。

2. 通过观看婚礼主持人的以往作品、资格证书，可以了解婚礼主持人的主持风格和水平。

3. 通过婚礼主持人的主持表现和客户评价有效判断是否纳入主持人人才储备库。

二、相关知识

（一）婚礼执行团队的内涵

团队是一种管理模式，是在工作中相互依赖、为特定目标共同承担责任的个人集合体。当某项任务需要基于各种技能、判断力和经验才能完成时，团队能够更好地发挥员工的才能，灵活面对环境变化。团队执行力是指一个团队把战略决策持续转化成结果的满意度、精确度、速度，它是一项系统工程，表现出整个团队的战斗力、竞争力和凝聚力，也就是将战略与决策转化为实施结果的能力。中国著名企业家柳传志先生认为，团队执行力就是"用合适的人，干合适的事"。简单地说，团队执行力就是上级下达指令或要求后，迅速做出反应，将其贯彻或者执行下去的能力。

婚礼执行团队就是指为了完成婚礼策划方案，由婚礼策划师组织起来的婚礼服务人员。广义的婚礼执行团队是指在婚礼举办当日，在婚礼现场提供各项婚庆服务的专业人员所构成的团队。广义的婚礼执行团队以婚礼督导师为核心，包括婚礼策划师、婚礼主持人、婚礼花艺师、婚礼化妆造型师、婚礼摄影师、婚礼摄像师、婚礼灯光师、婚礼音响师等，还包括新郎、新娘的婚礼主管、伴娘和伴郎、出镜的亲友团成员以及酒店提供的服务人员等。

为了能够让准新人们更好地享受婚礼，婚礼市场上出现了婚礼策划专案服务团队的概念，以保障完美婚礼的实现。这个婚礼策划专案服务团队主要由三个小团队构成，包括婚礼专案策划团队、婚礼策划专案执行团队、婚礼策划专案亲友团队。

从公司角度来看，婚礼执行团队可以分为婚礼策划文案及婚礼顾问团队、婚礼现场执行团队、婚礼音乐 DJ 团队、婚礼彩妆造型团队、婚礼数码影像团队、婚礼花艺设计团队等，最终形成富有特色的团队合作精神和专业技巧，它强调的是新人、婚庆、酒店的整体运作，将婚礼理念和技术执行完美结合，以人性化服务赢得市场。

（二）婚礼主持人能力考察标准

婚礼策划师储备一定数量的婚礼主持人，首先需要用一定的标准考察婚礼主持人的能力，其能力考察标准见表 1-1。

表 1-1　婚礼主持人能力标准

要素	考察标准
基本素质	（1）普通话标准流利，具有良好的沟通能力和表达能力，男主持人声音浑厚有张力，女主持人声音温柔而有磁力
	（2）仪态仪表得体，台风自然，形象气质与婚礼格调符合，谈吐和婚礼气氛感觉吻合
	（3）具备丰富的婚礼婚俗知识、较高的文化修养，对婚礼流行趋势把握度高
主持阅历	（1）专职主持还是兼职主持；主持新手还是久经考验的老手，3 年经验、5 年经验、10 年及以上经验等
	（2）主持人的从业经验背景，主持人主持阅历，如主持婚礼、年会、晚会。从会事的规格和等级方面了解主持人
	（3）主持人的主持风格，如庄重典雅、激情洋溢、优雅大方、诙谐幽默
	（4）主持人临场应变能力，观看并参考主持人以往主持视频，主持人现场掌控能力和气氛调动能力，了解主持人对会场的把控能力，考验主持人的主持功底

（续）

要素	考察标准
流程设计	（1）对婚姻和家庭的理解程度，对新人的了解和沟通，对策划文案的了解和熟知
	（2）根据新人要求和策划文案设计婚礼流程
	（3）婚礼流程环节中环境氛围的营造和语言的组织、音乐的选择和设计
	（4）根据婚礼流程和婚礼现场客观环境营造温馨的仪式氛围，流畅地将婚礼仪式进行完，取得一定的效果
职业道德	（1）遵守行规守则，对企业、新人、执行团队人员坦诚相待，以礼服人
	（2）收费合理，不要大牌、不临时涨价、不提条件、不收小费，不损害企业形象
	（3）严格守时，用心主持好每一场婚礼，不以淡旺季、婚礼场面论价格高低
	（4）加强自身文化修养和基本功的训练，及时总结每场婚礼的优缺点，并在下场婚礼中整改提升
	（5）婚庆企业合作、与婚礼执行团队互帮互助、共同提升、和谐发展
	（6）以专业的婚礼知识、主持知识、服务礼仪提高自己的专业水准

（三）储备婚礼主持人的能力评估标准

1. 评估标准

在储备婚礼主持人时，要对婚礼主持人进行能力评估，其能力评估标准见表1-2。

表1-2　婚礼主持人评估标准

工作范畴	工作流程	能力要求	职业素养
主持文案策划	多方沟通	婚礼主持人接到任务后，能和策划师及时沟通了解策划方案，和新人沟通相关事项	具备沟通交流礼仪、接待礼仪
	构思方案	能根据婚礼策划文案，和客户沟通的时间、地点、主题、效果等信息对婚礼主持文案进行构思，设计主持流程	具备主持文案策划设计能力
	考察现场	能检查婚礼现场灯光、音效、道具、场地是否符合婚礼策划方案要求	具备话筒、音响等多媒体相关设备使用常识
驾驭婚礼主持	导入开场	能按照设计的导入语顺利进行开场致辞	掌握婚礼主持常规导入语和个性化的婚礼主持词的整合能力
	主持婚礼	能按照婚礼策划案的设计，串联婚礼整个过程	掌握婚礼主持的串联语
	祝福结尾	能按照既定的收合语结束婚礼	掌握婚礼主持收合语
营造现场气氛	发挥口才	能运用标准的普通话主持现婚礼，姿态自然，口齿清晰，声音响亮，语言表达佳	具备普通话、朗读朗诵、发声技巧能力
	调动现场	能结合婚礼主题风格和新人表现调动现场气氛，具备随机应变和处理现场突发事件的能力，能用丰富表情、自然动作辅助有声语言表达	具备礼仪主持人的基本能力

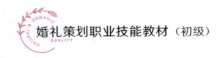

（续）

工作范畴	工作流程	能力要求	职业素养
处理人际关系	与新人沟通	了解新人对婚礼的心理需求，介绍自己的主持风格和预期效果	掌握社会语言学知识、语言表达技巧
	与策划师沟通	能积极主动地和策划师沟通交流自己的主持方案设计	
	与督导沟通	能与婚礼督导师就婚礼主持过程中的细节要求进行沟通，保证仪式过程中与其他人员的配合、协调，引导大家进入现场情境	掌握社会语言学知识、语言表达技巧
	态度	工作认真负责，主动积极；性格开朗，待人诚恳，善于与人沟通；具有较强的应变能力和良好的服务意识	具备良好的职业道德

2. 储备婚礼主持人的分级标准

在储备婚礼主持人和建立婚礼主持人档案时，必须按照一定标准进行分级，其分级标准见表1-3。

表1-3　婚礼主持人分级标准

等级	婚礼主持经验	有无行业奖项	业内评价	市场报价
高级	200场以上	有	优秀	高
中级	100～200场	不一定	良好	中
初级	50～100场	无	合格	低

子任务二　储备督导执行人员

一、工作流程

（一）工作准备

1. 物品准备

序号	名称	规格	单位	数量	备注
1	档案本	常规	本	1	文件
2	档案袋	常规	个	1	
3	计算机	不限	台	1	连接网络、安装办公软件
4	电子档案	电子版	份	1	Word、Excel文件格式
5	电话	不限	部	1	

2. 环境与人员准备

序号	环境与人员	准备
1	婚礼策划师及团队执行人员	筹备、准备婚礼执行
2	安静的办公室，桌椅等	供新人、团队人员休息
3	计算机	用于展示婚礼策划文案、PPT 文案等
4	高清电视或投影	用于展示婚礼策划文案、PPT 文案等

（二）储备婚礼督导师

步骤	流程	技术操作要求
工作前准备	基本要求	（1）经过正规的婚礼策划培训
		（2）掌握一定的婚礼策划知识和婚礼策划服务专业技能
		（3）初步了解婚庆行业的基本情况和现状
步骤 1	搜集信息	（1）通过婚礼督导师自我推荐搜集
		（2）通过同事推荐搜集
		（3）通过婚庆公司及行业协会、行业平台搜集
		（4）通过婚礼新人推荐搜集
步骤 2	储备婚礼督导师	（1）储备 4～6 位婚礼督导师
		（2）以婚礼督导师收费价格高低、收费标准、市场报价储备
		（3）以婚礼督导师的婚礼督导经验储备
		（4）以婚礼督导师有无行业奖项储备
		（5）以婚礼督导师在业内评价储备
步骤 3	建立督导师档案库	（1）按照婚礼督导师收费价格高低、收费标准、市场报价建立档案库
		（2）按照婚礼督导师的婚礼督导经验建立档案库
		（3）按照婚礼督导师有无行业奖项建立档案
		（4）按照婚礼督导的地域、年龄或其他标准建立档案库
		（5）档案库必须有婚礼督导师的现场督导视频、个人介绍等资料
		（6）档案以电子档案为主，纸质档案为辅
注意事项		（1）督导师在行业的工作年限、工作经验、业务素质、行业口碑决定婚礼督导师的薪资
		（2）婚庆相关专业大专以上毕业生，连续从事本职业工作 3 年以上，整体素质高
		（3）参加专业培训机构的督导师，其整体水平和素质高，收费标准高
		（4）在制作人才库清单时应根据其水平、报价等条件对婚礼督导师进行综合等级划分，并尽可能多地与每个等级的督导师或团队保持良好联系，必要时可签署互惠互利的长期合作协议，以便在实际项目中根据需求和督导师的时间档期灵活选择合适的现场督导

（三）实施效果

1. 通过有目的地与婚礼督导师沟通交流，可以了解婚礼督导师的职业素养。

2. 通过观看婚礼督导师的以往作品、资格证书，可以了解婚礼督导师的能力水平。

3. 通过婚礼督导的现场表现和客户评价有效判断是否纳入公司初级督导人才储备库。

二、相关知识

（一）婚礼督导师的定义

婚礼督导师是婚礼的导演、管家和总调度师，是保证婚礼策划方案的落实，负责婚礼现场管理，督促、指导婚礼过程和每一个细节，为新人提供专业顾问，保障婚礼仪式顺利进行的专业工作人员。

广义上讲，婚礼督导师从举办婚礼的酒店或场所的考察预订，到新人礼服的定制或选购、合适的婚礼仪式用品的选择，再到婚礼当天典礼现场的实施、协调和调度，在各方面都能从非常专业的角度进行指导。当然，婚礼督导师最重要的工作还是保障婚礼当天典礼现场良好完美地运行，如场地布置、婚宴酒水安排、协助新人换装补妆、音响预备，协调座位安排和现场人数改动等，跟进整个婚宴的临场事项、时间控制以及整个婚礼流程。为婚礼新人处理整个婚礼细节，最终使婚礼完美地举办。

（二）婚礼督导师能力考察标准

婚礼策划师储备一定数量的婚礼督导师，首先需要用一定的标准考察评估婚礼督导师的能力，其能力考察标准见表 1-4。

表 1-4　婚礼督导师能力标准

要素	考察标准
基本素质	（1）有较好的沟通能力、协调能力、亲和力
	（2）具备一定的责任心，能独立执行、完成任务，做事谨慎、耐心有担当
	（3）能负责场内婚礼现场、婚礼流程的监控、服务与指导工作
	（4）能负责迎亲、拍摄外景、到酒店接待来宾等婚礼宴会厅外的协调和安排等工作
工作经历	（1）了解婚庆市场，了解婚礼督导基本流程，了解一般活动的督导流程
	（2）有独立督导完成 20 场以上婚礼经验，有一般活动督导经历
	（3）有在婚礼、会务活动督导中，负责从洽谈至合约结束的全程跟踪经验
	（4）有较好、顺利完成婚礼督导全程服务，失误少，获得大家认可经历
婚礼督导	（1）能将婚礼前、婚礼中、婚礼后督导环节和流程等工作任务了解清楚
	（2）能按照婚礼策划师思路，将相关工作表单发放到相关执行人员，明确各人员工作任务
	（3）能协调婚礼团队工作，第一时间掌握婚礼执行人员全部信息，并就相关事宜及时联系
	（4）能随时根据活动进展情况与策划师、客户、酒店、婚礼执行团队等人员沟通
职业道德	（1）诚实守信、守时，服务至上
	（2）对工作认真负责，爱岗敬业

（三）婚礼督导师储备能力评估标准

1. 评估标准

在储备婚礼督导师时，要对婚礼督导师进行评估，其评估标准见表 1-5。

表1-5　婚礼督导师评估标准

工作范畴	工作流程	能力要求	职业素养
婚礼前准备	接受督导任务，解读婚礼策划书	（1）婚礼督导师和婚礼策划师进行有效沟通 （2）读懂并理解婚礼策划书	具备沟通交流礼仪、接待礼仪
	与新人沟通，提供婚礼顾问	理解新人关于婚礼的各种服务需求，且以提醒，能够完善新人对婚礼的服务需求	具备对婚礼形式和婚礼服务的认识，一定的婚礼形式美的鉴赏力
	勘察婚礼现场，督导现场布置	（1）能够落实勘察婚礼现场 （2）落实婚礼策划书设计的婚礼布局	具备花艺、场布、灯光、音响等方面的相关知识
	婚礼前的彩排	能够指导新人以及所有工作人员进行婚礼仪式的彩排	具备沟通协调能力
婚礼现场	检查准备	（1）接亲前、接亲过程的指挥工作 （2）仪式开始前的现场道具、人员的检查	具备耐心细致的工作态度
	仪式指挥	（1）顺利指挥整个婚礼进行时各项事务的运作 （2）协调婚礼团队协作进程 （3）对突发事件的应急处理	具备服务礼仪以及现场指挥和现场应变能力
	收尾	（1）按清单点清道具，整理物品，撤场 （2）感谢所有为本次仪式帮忙协助的人	具备一定的社交礼仪素养
人际关系	与新人沟通	了解新人的心理需求，给新娘展示自己专业而又贴心的服务	具备社会语言学知识、语言表达技巧和交际能力
	与策划师沟通	能积极主动地和策划师沟通交流策划案的内容	
	与婚礼服务团队沟通	能与婚礼团队中的各个人员沟通协调各个婚礼环节	
	态度	工作认真负责，主动积极；细心、热心、耐心服务的态度	具备良好的职业道德

2. 储备婚礼督导师的分级标准

在储备婚礼督导师和建立婚礼督导师档案时，必须按照一定标准进行分级，其分级标准见表1-6。

表1-6　婚礼督导师分级标准

等级	婚礼督导经验	有无行业奖项	业内评价	市场报价
高级	100场以上	有	优秀	高
中级	50~100场	不一定	良好	中
初级	10~50场	无	合格	低

子任务三　储备婚礼摄影师、婚礼摄像师

一、工作流程

（一）工作准备

1. 物品准备

序号	名称	规格	单位	数量	备注
1	档案本	常规	本	1	文件
2	档案袋	常规	个	1	
3	计算机	不限	台	1	连接网络、安装办公软件
4	电子档案	电子版	份	1	Word、Excel 文件格式
5	电话	不限	部	1	

2. 环境与人员准备

序号	环境与人员	准备
1	婚礼策划师及团队执行人员	筹备、准备婚礼执行
2	安静的办公室，桌椅等	供新人、团队人员休息
3	计算机	用于展示婚礼策划文案、PPT 文案等
4	高清电视或投影	用于展示婚礼策划文案、PPT 文案等

（二）储备婚礼影像师

步骤	流程	技术操作要求
工作前准备	基本要求	（1）经过正规的摄像师、摄影师培训
		（2）掌握一定的婚礼摄影、摄像专业技能和婚礼服务技能
		（3）初步了解婚庆行业的基本情况和现状
步骤 1	搜集信息	（1）通过婚礼影像师自我推荐搜集
		（2）通过同事推荐搜集
		（3）通过婚庆公司及行业协会、行业平台搜集
		（4）通过婚礼新人推荐搜集
步骤 2	储备婚礼影像师	（1）储备 3～5 位婚礼影像师
		（2）以婚礼影像师收费价格高低、收费标准、市场报价储备
		（3）以婚礼影像师的婚礼摄影摄像经验储备
		（4）以婚礼影像师有无行业奖项储备
		（5）以婚礼影像师在业内评价储备

（续）

步骤	流程	技术操作要求
步骤 3	建立影像师档案库	（1）按照婚礼影像师收费价格高低、收费标准、市场报价建立档案库
		（2）按照婚礼影像师的婚礼摄影摄像经验建立档案库
		（3）按照婚礼影像师有无行业奖项建立档案
		（4）按照婚礼影像师的地域、年龄或其他标准建立档案库
		（5）档案库必须有婚礼影像师的现场摄影、拍摄视频、个人介绍等资料
		（6）档案以电子档案为主，纸质档案为辅
注意事项		（1）过去摄影师持有初级、中级、高级技师等不同级别证书，但 2016 年 12 月 8 日，国务院发布《国务院关于取消一批职业资格许可和认定事项的决定》，多个职业资格证认定被取消，其中包括摄影师资格证。因此，是否持有摄影、摄像职业资格证书仅作为其技术水平的一个参考，不作为人员储备的必要条件
		（2）摄影师、摄像师在行业的工作年限、工作经验、业务素质、行业口碑决定其报价
		（3）在制作人才库清单时应根据其水平、报价等条件对摄影摄像师进行综合等级划分，并尽可能与每个等级的摄影摄像师或团队保持良好联系，必要时可签署互惠互利的长期合作协议，以便在实际项目中根据需求和摄影摄像师的时间档期灵活选择合适的现场影像记录人员

（三）实施效果

1. 通过与婚礼摄影摄像师的沟通交流，了解婚礼摄影摄像师的职业素养和职业道德。

2. 通过摄影摄像师的作品、拍摄准备，了解婚礼摄影摄像师服务客户的能力。

3. 通过婚礼摄影摄像师的表现和客户反馈的意见有效判断是否纳入婚礼摄影摄像师人才储备库。

二、相关知识

（一）婚礼摄影师储备能力评估标准

在储备婚礼摄影师时，要对婚礼摄影师进行考核，其能力评估标准见表 1-7。

表 1-7 婚礼摄影师评估标准

工作范畴	工作流程	能力要求	职业素养
拍摄前准备	沟通	和策划师沟通了解婚礼主题，了解策划师对婚礼的构思，与客户沟通，了解客户对婚礼的要求，与司仪沟通流程	具备沟通交流的基本素养
	熟悉场地	提前熟悉新郎家、新娘家、酒店、娶亲路况等环境，制定拍摄手法和拍摄计划	具备吃苦耐劳的精神
	准备器材	拍摄器材的准备工作。试机开机、备用电池等准备	具备认真负责的精神

（续）

工作范畴	工作流程	能力要求	职业素养
婚礼跟拍	素材准备	迎亲、娶亲准备过程中场景、人物、物品的等素材的准备	具备摄影摄像师的知识素养
	婚礼抓拍	迎亲、娶亲过程中关键环节、细节的记录	
	收尾	收拾整理拍摄用的所有物品，不遗落物品。向其他团队成员告别，向新娘新郎祝福，致谢离开	具备服务礼仪和社交礼仪
后期作品	整理素材	婚礼结束后，整理素材，挑选最佳素材	掌握数码后期处理技能
	准备作品	能根据客户要求和婚礼风格对素材进行加工、处理，完成客户的作品	
	客户反馈	能及时与客户沟通，针对客户反馈意见不断改进提高为客户服务的能力	具备良好的服务素养

（二）婚礼摄像师能力考察标准

婚礼策划师储备一定数量的婚礼摄像师，首先需要用一定的标准考察婚礼摄像师的能力，其能力考察标准见表1-8。

表1-8 婚礼摄像师能力标准

要素	考察标准
基本素质	（1）能较为熟练地进行摄像设备的基本调试，掌握基本的拍摄要领，并能对客户进行合理美观的动作引导
	（2）能够对摄像设备及相关配件如电池、灯光、话筒、三脚架、滑轨、稳定器等进行日常维护
	（3）能够较为快速地排除一些设备出现的简单故障
	（4）做事认真负责，有团队合作精神
工作经历	（1）具备基础的拍摄理念，有不少于20场婚礼的拍摄经验，能够提供记录婚礼不同环节的作品样片
	（2）有不同类型场地婚礼拍摄的经验，能对婚礼现场做出判断并选择较为恰当的机位
	（3）有一定的非线性编辑及视频特效制作工作经验
制定拍摄计划	（1）跟客户展示自己的作品和拍摄风格，确定客户的风格
	（2）根据婚礼流程，针对环节安排确定机位
	（3）根据婚礼流程和客户要求设计婚礼拍摄的流程
	（4）根据实际情况制定拍摄计划
职业道德	（1）讲究诚信，认真履行与客户达成的合法协议
	（2）对工作认真负责，尽自己的所能去完成拍摄任务
	（3）尊重他人的肖像权，未经肖像权人同意，不得以发表、复制、发行、出租、展览等方式使用或者公开肖像权人的肖像

（三）储备婚礼摄影师、婚礼摄像师的分级标准

在储备婚礼摄影师、婚礼摄像师和建立婚礼摄影师、婚礼摄像师档案时，必须按照一定标准进行分级，其分级标准见表1-9。

表1-9　婚礼摄影师、婚礼摄像师分级标准

等级	婚礼拍摄经验	有无行业奖项	业内评价	市场报价
高级	300场以上	有	优秀	高
中级	100～300场	不一定	良好	中
初级	20～100场	无	合格	低

子任务四　储备婚礼化妆师

一、工作流程

（一）工作准备

1. 物品准备

序号	名称	规格	单位	数量	备注
1	档案本	常规	本	1	文件
2	档案袋	常规	个	1	
3	计算机	不限	台	1	连接网络、安装办公软件
4	电子档案	电子版	份	1	Word、Excel文件格式
5	电话	不限	部	1	

2. 环境与人员准备

序号	环境与人员	准备
1	婚礼策划师及团队执行人员	筹备、准备婚礼执行
2	安静的办公室，桌椅等	供新人、团队人员休息
3	计算机	用于展示婚礼策划文案、PPT文案等
4	高清电视或投影	用于展示婚礼策划文案、PPT文案等

（二）储备婚礼化妆师

步骤	流程	技术操作要求
工作前准备	基本要求	（1）经过正规的化妆师培训
		（2）掌握一定的化妆专业技能和婚礼服务技能
		（3）初步了解婚庆行业的基本情况和现状
步骤1	搜集信息	（1）通过婚礼化妆师自我推荐搜集
		（2）通过同事推荐搜集
		（3）通过婚庆公司及行业协会行业、平台搜集
		（4）通过婚礼新人推荐搜集

（续）

步骤	流程	技术操作要求
步骤2	储备婚礼化妆师	（1）储备1～3位婚礼化妆师
		（2）以婚礼化妆师收费价格高低、收费标准、市场报价储备
		（3）以婚礼化妆师的婚礼化妆经验储备
		（4）以婚礼化妆师有无行业奖项储备
		（5）以婚礼化妆师在业内评价储备
步骤3	建立化妆师档案库	（1）按照婚礼化妆师收费价格高低、收费标准、市场报价建立档案库
		（2）按照婚礼化妆师的婚礼化妆经验建立档案库
		（3）按照婚礼化妆师有无行业奖项建立档案库
		（4）按照婚礼化妆师的地域、年龄或其他标准建立档案库
		（5）档案库必须有婚礼化妆师的化妆妆容照片或视频、个人介绍等资料
		（6）档案以电子档案为主，纸质档案为辅
注意事项		（1）化妆师在行业的工作年限、工作经验、业务素质、行业口碑决定婚礼化妆师的薪资
		（2）形象设计专业及相关专业大专、本科及硕士以上毕业生，连续从事本职业工作3年以上，整体素质高，化妆水平看作品实力
		（3）策划师要挑选、储备自己长期合作的优秀化妆师，掌握化妆师的设计风格，并签订合作协议，保持长期联系

（三）实施效果

1. 通过与婚礼化妆师的沟通交流，了解婚礼化妆师的职业素养和职业道德。

2. 通过化妆师的作品、从业资格证书，了解婚礼化妆师的风格、水平和整体素质。

3. 通过婚礼化妆师的在婚礼前后表现和客户口碑有效判断是否纳入婚礼化妆师人才储备库。

二、相关知识

（一）婚礼化妆师

婚礼化妆师作为婚庆行业的一员，是每一场婚礼都缺少不了的重要人员，也是决定婚礼质量和成败的关键人员。婚礼化妆师就是负责婚礼当天新娘化妆和造型设计的专业人员。婚庆化妆师不仅要画好面部妆容，还要对新娘发型、服装、配饰等做统一的安排。在越来越重视婚礼的今天，大部分新娘在婚礼当天都会请化妆师全程陪伴，随时补妆，进行跟妆，让自己以最完美的状态在宾客面前亮相，新娘化妆师又称为跟妆师。在这一天里，婚礼化妆师根据婚礼不同环节和程序，负责新娘服饰、妆容、造型、配饰等整体的搭配，让新娘在婚礼不同阶段的造型保持完美。所以，婚礼化妆又分为新娘早妆、新娘半程跟妆和新娘全程跟妆。

作为新娘化妆师，在婚礼前夕要多次和新人沟通，了解新娘皮肤，提醒新娘婚礼前做

好皮肤护理，要提前试妆，确定适合新娘的化妆品，选择轻薄通透的粉底液、防水配方的睫毛液，确定新娘当天所穿衣服的色调。化妆师要有足够的耐心和细心，与新娘之间要有充分的沟通和互动，凭借自己的化妆技术，把新娘装扮成她自己一生中最美的样子。

（二）婚礼化妆师能力考察标准

婚礼策划师储备一定数量的婚礼化妆师，首先需要用一定的标准考察婚礼化妆师的能力，其能力考察标准见表1-10。

表1-10　婚礼化妆师能力标准

要素	考察标准
基本素质	（1）能正确选择、利用各种化妆材料，用正确娴熟的化妆手段与方法，根据客户自身条件和要求来调整与塑造新娘形象
	（2）新娘化妆师首先要具备基础的审美能力和美妆知识，熟悉多种新娘妆面和发型设计技能，能根据婚礼风俗特点，通过用色达到妆色、妆型与服饰、发型的整体造型
	（3）吃苦耐劳，了解跟妆知识，诚信务实，礼貌待人。具备不断学习和钻研的精神
	（4）专业婚礼化妆师对婚庆行业抱有浓厚的兴趣，积极主动不断探索，创作、积累、丰富自己的形象设计素材
工作经历	（1）化妆师的从业经验背景，化妆师的工作经历，如专业跟妆师，或有从事影楼化妆、平面、杂志、广告、品牌、影视剧组等化妆工作经验，或有从事该职业3年经验、5年经验、10年及以上经验等
	（2）了解化妆师的风格。通过化妆师的作品了解化妆师的案例风格和擅长的风格。如清新温婉、清新简约、可爱靓丽、成熟妩媚等
	（3）化妆师在变化的外部环境中为化妆对象不断地化妆、补妆，在不同的环境中突出不同的视觉效果的能力。在跟妆过程中把握化妆造型与环境场合的协调能力
	（4）服务口碑，为新娘母亲及伴娘提供造型服务的能力，为婚礼增添亮色，为婚礼打造整体和谐的视觉效果及获得大家的认可
新娘形象设计	（1）对婚礼主题风格的把控。对审美和搭配的理解程度，对新人需求的了解和沟通，判断客户的肤色、肤质、脸型、气质等
	（2）根据新人要求和策划文案设计主题风格，对新娘妆面、发型、服装、配饰等做统一的安排
	（3）根据策划案和婚礼流程安排，设计新娘出门、仪式、敬酒、回门等环节的整体造型设计，达到婚礼主题需求和新人的要求效果
职业道德	（1）树立全心全意为新人服务的思想，具备良好的沟通、交流、形象等公众服务礼仪
	（2）严格守时，认真负责，保护新人隐私，精心服务每一位新人
	（3）加强专业素养和艺术造型设计基本功的训练，不断提高对婚庆行业时尚元素的捕捉能力
	（4）以专业的婚礼知识、人物造型知识，人物面部结构、脸型判断、皮肤护理等知识提高自己的服务水准

（三）婚礼化妆师能力评估标准

1. 评估标准

在储备婚礼化妆师时，要对婚礼化妆师进行评估，其能力评估标准见表1-11。

表 1-11 婚礼化妆师评估标准

工作范畴	工作流程	能力要求	职业素养
婚礼前准备	沟通	（1）婚礼化妆师接到任务后，及时了解婚礼主题风格 （2）了解新娘当天穿着的服装颜色和款式，确定婚礼当天的头花头饰和婚礼造型 （3）预约试妆时间	具备沟通交流礼仪，接待礼仪
	设计	能根据婚礼主题、新人想法和新人客观条件，对客户就妆容、服饰、配饰发型等进行沟通并设计	具备审美能力和艺术设计能力
	试妆	化妆师根据新娘在婚礼当日所着的礼服、婚纱款式和色彩进行试妆，介绍自己的化妆品并了解新人喜欢的风格，确定是否准备伴娘妆、妈妈妆	具备色彩搭配、化妆品的选择、化妆和整体造型知识并获得新人的认同
婚礼跟妆	准备	提醒新娘需要提早准备的物品，介绍婚礼前的护肤和保养知识，提前准备好化妆品和化妆工具提前查好出行路线	具备化妆师的基本素质
	跟妆	（1）出门前最后检查工具并提前到达预约地点，提醒新娘准备好物品 （2）婚礼化妆、跟妆。根据不同仪式和环节娴熟地给新娘更换服饰和造型	贴身服务于新人，设计符合当天婚礼主题的化妆造型设计
	收尾	（1）整理化妆箱，清扫垃圾，整理化妆室，不遗落物品 （2）把新娘所有的服装和用品整理好交给伴娘，一切收尾后，向新娘新郎祝福，致谢离开	符合服务礼仪和社交礼仪
人际关系	与新人沟通	了解新人对自己新娘角色的心理需求，给新娘展示自己的专业、专注的服务	具备社会语言学知识，语言表达、沟通技巧
	与策划师沟通	能积极主动地和策划师沟通交流自己的新娘造型设计想法	
	与督导沟通	能与督导就时间、地点、新娘物品准备等细节主动进行沟通，恪守婚亲、迎亲、仪式、敬酒等环节的时间观念	具备社会语言学知识，语言表达、沟通技巧
	态度	（1）工作认真负责，主动积极；性格开朗，待人诚恳，善于与人沟通 （2）具有较强的沟通交流能力和良好的服务意识	具备良好的职业道德

2. 分级标准

在储备婚礼化妆师和建立婚礼化妆师档案时，必须按照一定标准进行分级，其分级标准见表 1-12。

表 1－12　婚礼化妆师分级标准

等级	婚礼跟妆经验	有无行业奖项	业内评价	市场报价
高级	200 场以上	有	优秀	高
中级	100～200 场	不一定	良好	中
初级	10～100 场	无	合格	低

子任务五　储备婚礼场布人员、多媒体供应商

一、工作流程

（一）工作准备

1. 物品准备

序号	名称	规格	单位	数量	备注
1	档案本	常规	本	1	文件
2	档案袋	常规	个	1	
3	计算机	不限	台	1	连接网络、安装办公软件
4	电子档案	电子版	份	1	Word、Excel 文件格式
5	电话	不限	部	1	

2. 环境与人员准备

序号	环境与人员	准备
1	婚礼策划师及团队执行人员	筹备、准备婚礼执行
2	安静的办公室，桌椅等	供新人、团队人员休息
3	计算机	用于展示婚礼策划文案、PPT 文案等
4	高清电视或投影	用于展示婚礼策划文案、PPT 文案等

（二）储备婚礼场布人员、多媒体供应商

步骤	流程	技术操作要求
工作前准备	基本要求	（1）场布人员经过正规的场布方面的培训，多媒体供应商有正规资质
		（2）掌握一定的婚礼策划知识和婚礼策划服务专业技能
		（3）初步了解婚庆行业的基本情况和现状
步骤1	搜集信息	（1）通过婚礼花艺师、场布师、灯光师自我推荐搜集
		（2）通过同事推荐搜集
		（3）通过婚庆公司及行业协会行业平台搜集
		（4）通过婚礼新人推荐搜集

（续）

步骤	流程	技术操作要求
步骤2	储备婚礼场布师、多媒体供应商	（1）储备3～5位婚礼花艺师、场布师、灯光师和1～2家多媒体供应商
		（2）以婚礼场布师和供应商收费价格高低、收费标准、市场报价储备
		（3）以婚礼花艺师、场布师、灯光师的婚礼布场经验储备
		（4）以婚礼花艺师、场布师、灯光师有无行业奖项储备
		（5）以婚礼花艺师、场布师、灯光师在业内评价和供应商的口碑储备
步骤3	建立场布师、多媒体供应商档案库	（1）按照婚礼花艺师、场布师、灯光师收费价格高低、收费标准、供应商市场报价建立档案库
		（2）按照婚礼花艺师、场布师、灯光师的婚礼布场经验建立档案库
		（3）按照婚礼花艺师、场布师、灯光师有无行业奖项建立档案
		（4）按照婚礼花艺师、场布师、灯光师的地域、年龄或其他标准建立档案库
		（5）档案库必须有婚礼花艺师、场布师、灯光师的场布照片或视频、个人介绍等资料，供应商的产品信息和服务视频
		（6）档案以电子档案为主，纸质档案为辅
注意事项		（1）过去花艺师持有初级、中级、高级等不同级别职业资格证书，但2016年12月8日，国务院发布《国务院关于取消一批职业资格许可和认定事项的决定》，多个职业资格证认定被取消，其中包括花艺师资格证。因此，是否持有花艺职业资格证书仅作为其技术水平的一个参考，不作为人员储备的必要条件
		（2）婚礼花艺师、场布师、灯光师在行业的工作年限、工作经验、业务素质、行业口碑决定他们的薪资
		（3）婚庆专业及相关专业大专以上毕业生，连续从事本职业工作3年以上，整体素质高
		（4）在制作人才库清单时应根据其水平、报价等条件对场布师进行综合等级划分，并尽可能与每个等级的场布师或团队以及多媒体供应商保持良好联系，必要时可签署互惠互利的长期合作协议

（三）实施效果

1. 通过场布人员的执行力表现，了解各人员的职业素养。

2. 通过花艺师的作品、风格、用户的满意度有效判断是否纳入花艺师人才储备库。

3. 通过场布师与搭建团队之间的配合度、效率、时间观念等方面考核，判断是否纳入执行人才储备库。

二、相关知识

（一）婚礼场布人员的工作职责

1. 婚礼场布人员、多媒体供应商必须熟悉婚礼行业执行婚礼庆典礼仪的过程，了解婚礼执行的一般常识。

2. 各类人员对各自的工作任务认真负责，主动积极，具有较强的应变能力和良好的

服务意识。

3. 最迟婚礼前一周内，各类人员应该清点婚礼现场所需物品，做好一切准备。

4. 所有人员具备很强的时间观念，在设定的时间内必须完成现场搭建工作。

5. 所有人员具备很强的责任心，自己负责的任务，为整场婚礼效果负起一份责任。

6. 各类人员之间必须相互沟通、相互配合，各人员必须做好自己在流程中需做的角色及配合，一个婚礼现场的完美效果以及婚礼流程的顺利与否，取决于工作人员及相关人员的配合。

7. 现场布置完毕之后，工作人员检查所有的细节是否完善，并检查所带设备是否能正常工作，如音响、话筒、投影仪是否正常，灯光、大屏、追光灯是否都亮等。

8. 宴会结束后，各类人员各负其责、有序撤场，所有设备和现场道具分类撤场，避免混乱，整理回收道具。

（二）婚礼场布人员能力考察标准

婚礼策划师储备一定数量的婚礼场布人员，首先需要用一定的标准考察婚礼场布人员的能力，其能力考察标准见表1-13。

表1-13　婚礼场布人员能力标准

场布人员	能力考察标准
婚礼花艺师	（1）熟悉各种花材、花语，花品种的特性、用途，懂得花器、材质等相关知识，熟悉保养鲜花的技巧；有较高的审美能力，创意意识
	（2）熟悉各类活动等花艺布置的花材预算，善于控制成本；婚礼花艺追求的是精致
	（3）有良好的沟通、表达能力，动手能力强，乐观自信，对待工作积极主动
场布师	（1）能看懂设计现场布置图，并能据策划师的意图进行现场搭建布置
	（2）认真、细心、负责，对现场的场布讲求细节，敢于承担场布搭建过程中应有的责任
	（3）有很强的时间观念，守时守信用，提前做足准备工作，按时完成场布搭建工作
	（4）婚礼结束后，整理并分类回收道具，有序完成撤场，展示团队合作能力
灯光师	（1）懂英语，对电工知识有一定的了解，对音乐、舞美有一定的艺术素养
	（2）对婚礼庆典、话剧、T台秀、演唱会等场合的灯光要求有所了解
	（3）懂灯光租赁相关知识，能根据场合需求合理地核算成本
	（4）能根据表演内容与舞台灯光合理地进行灯光搭建与布景
多媒体供应商	（1）有自己的舞台灯光音响大屏设备，在市场有一定的占有率，企业口碑好
	（2）拥有多份可执行、可操作、创意突出的活动案例
	（3）严格守时，用心服务好每一场婚礼
	（4）服务意识强、具有团队合作精神

（三）婚礼场布人员、多媒体供应商能力评估标准

1. 评估标准

在储备婚礼场布人员时，要对婚礼场布人员进行评估，其能力评估标准见表1-14。

表 1－14　婚礼场布人员评估标准

场布范畴	工作流程	能力要求	职业素养
婚礼花艺师	多方沟通	婚礼花艺师接到任务后，及时与策划师沟通，了解策划方案，了解新人要求	具备接待服务礼仪
	考察现场	实地考察婚礼现场，考察婚礼场地的色调、装修风格，了解现场情况，同时与客户沟通	具备审美、艺术素养
	构思方案	根据客户的需求选择花材、预算成本、布局颜色、实施方案设计等	掌握花艺相关知识和技能
	落地执行	完成婚礼现场的花艺设计布置和婚礼新人花艺装饰设计	掌握花艺设计、花艺装饰、花艺布置的相关技能
场布师	考察现场	考察婚礼场地，根据婚礼主题和策划方案，针对场地实际情况和新人需求，为客户提供预计的搭建设计方案	具备沟通交流能力
	制订方案	根据婚礼策划文案、婚礼主题、规模、实际场地，完成婚礼现场的图纸设计方案	具备美术手绘功底、设计类相关计算机软件能力
	物料准备	整理、清点方案物品清单，按计划提前熟悉、准备婚礼现场所需所有物品	具备婚礼物料采购知识和能力
	搭建执行	通过与新人、婚礼策划师的沟通不断修改完善婚礼现场搭建	具备吃苦耐劳精神
灯光师	考察现场	考察环境，了解婚礼策划文案、婚礼主题风格，熟悉婚礼流程的节奏，熟悉婚礼音乐	具备舞美灯光综合素质
	制订方案	（1）根据婚礼流程设计方案，确定灯光方案 （2）根据婚礼现场环境、舞台、整体色调设计灯光方案，组合安装灯具设计	具备灯光设计能力及常用舞美知识
	现场执行	根据音乐的节奏用灯光营造舞台气氛，推动剧情发展	具备表演艺术相关知识、艺术照明的基本知识、灯光师基本素质
处理人际关系	与新人沟通	了解新人对婚礼的心理需求，介绍自己的设计风格和预期效果	具备社会语言学知识，语言表达、沟通技巧
	与婚礼策划师沟通	能积极主动地和策划师沟通交流自己的设计方案	
	与婚礼督导沟通	能与督导就婚礼过程中的细节要求进行沟通，保证仪式过程中其他人员的配合、协调，引导大家投入现场情境	具备社会语言学知识，语言表达、沟通技巧

2. 婚礼花艺师的分级标准

在储备婚礼花艺师和建立婚礼花艺师档案时，必须按照一定标准进行分级，其分级标准见表1-15。

表1-15　婚礼花艺师分级标准

等级	婚礼花艺布场经验	有无行业奖项	业内评价	市场报价
高级	200场以上	有	优秀	高
中级	100~200场	不一定	良好	中
初级	30~100场	无	合格	低

任务二
婚礼执行团队的组建

【任务情境】

　　每年国庆节都是全民结婚日，无论酒店还是婚礼的"四大金刚"都是最紧缺的时段。汪洋和紫萱的大喜日子正定在国庆节当天。听朋友讲结婚旺季要提前订酒店，但是他们提前将近半年去订酒店，还是有点迟，跑遍全城几乎找不到合适的酒店。托朋友多方打听，终于得知在本市的黄鹤楼大酒店丰收厅可以安排档期，两人迅速赶去踩点，可是现场环境或多或少让两个人有点失望。狭小的大厅，还有几根柱子，看起来有点碍眼；由于酒店建得早，整体装修也比较陈旧，舞台不大，灯光灰暗，这也是黄金日该酒店还有空档的原因。可是两人别无选择，只能暂时预订。过了几天，这对新人带上自己的婚礼策划师小甘再次来到黄鹤楼。小甘似乎看出两个人的担忧，但是她自己心里已经在计划该如何去设计整个大厅。小甘从手机翻出几张图片，她告诉汪洋和紫萱，图片展现的婚礼场景，布置前比黄鹤楼的现状更糟糕，但经过她的执行团队人员精心设计，现场花艺布置，加上音乐、大屏、音响效果、新人造型设计等整体的配合，最终给新人呈现了一场终生难忘、美轮美奂的婚礼。小甘的一番话消除了这对新人的担忧，两个人也对自己的婚礼充满着憧憬。小甘也开始考虑如何组建这场婚礼的执行团队。婚礼现场布置是营造现场气氛的重要内容，完美的婚礼现场布置是带给新人和宾客最直接的视觉感觉。小甘认为，自己熟悉的执行人员和相当有经验的场布设计人员才能给新人带来意想不到的效果。

【任务分析】

一、婚礼执行团队组建的主要内容

序号	主要内容
1	根据新人需求和婚礼场地具体情况组建婚礼执行团队
2	根据策划案的有效落地执行组建婚礼执行团队
3	根据婚礼规模和婚庆公司对各执行人员的预付资金预算组建婚礼执行团队

二、婚礼执行团队组建的工作目标及措施

序号	主要工作目标	措施
1	满足新人对婚礼执行人员的要求	考虑婚礼执行人员的水平、经验、等级、口碑

（续）

序号	主要工作目标	措施
2	满足新人对婚礼效果的需求	考虑曾经的婚礼作品、设备、档次、道具
3	婚礼执行团队的组建	考虑婚礼规模、婚礼的档次、团队成员之间已有的配合度

【任务实施】

子任务一　联系确定婚礼主持人

一、工作流程

（一）工作准备

1. 物品准备

序号	名称	规格	单位	数量	备注
1	初级婚礼主持人档案库	电子	份	1	
2	客户需求记录单	A4	份	1	直接填写空白表单或通过笔记整理
3	婚礼策划方案	A4	份	3	策划师、客户、主持人各1份
4	婚礼策划展示资料	电子	份	1	PPT、视频等用于展示说明的资料
5	主推备选主持人形象照及主持视频片段	电子	份	1	现场展示或演示
6	婚礼团队成员表	A4	份	若干	策划师、客户、团队成员各1份

2. 环境与人员准备

序号	环境与人员	准备
1	婚礼策划师及团队执行人员	筹备、准备婚礼执行
2	安静的办公室，桌椅等	供新人、团队人员休息
3	计算机	用于展示婚礼策划文案、PPT文案等
4	高清电视或投影	用于展示婚礼策划文案、PPT文案等

（二）联系确定婚礼主持人

步骤	流程	技术操作要求
前期准备	资料准备	（1）准备初级婚礼主持人档案库用于团队成员备选
		（2）准备婚礼策划师已经定稿的婚礼策划文案用于展示介绍
		（3）准备不同风格的常规婚礼主持人用于展示介绍
步骤1	与客户沟通	（1）通过与客户沟通，了解客户具体婚礼需求与预算
		（2）展示常规备选婚礼主持人，向客户提出合理建议
		（3）初步确定客户需求

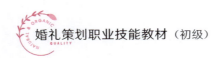

婚礼策划职业技能教材（初级）

（续）

步骤	流程	技术操作要求
步骤2	选择人员	（1）根据客户需求与预算从初级婚礼主持人档案库中选择合适的婚礼主持人
		（2）根据婚礼策划文案从初级婚礼主持人档案库中选择备选的婚礼主持人
步骤3	再次与客户沟通	（1）结合婚礼策划案向客户推荐自己选择的婚礼主持人和备选的婚礼主持人
		（2）提供并与客户共同观摩婚礼策划师推荐的婚礼主持人的主持视频
		（3）与客户最后确定本场婚礼仪式的婚礼主持人
注意事项		（1）与客户沟通全过程保持微笑，体现良好的公司形象，体现对客户的尊重
		（2）为预防档期冲突，商定主持人时应多确定1~2名候补人员

（三）实施效果

1. 掌握沟通技巧，顺利联系确定符合新人要求的婚礼主持人。

2. 掌握婚礼主持人的风格特点，确定符合婚礼风格的婚礼主持人。

二、相关知识

（一）选择婚礼主持人的相关参考标准

如果说婚礼策划是整个婚礼的灵魂，那么婚礼主持人就是婚礼策划实施过程中的代言者。婚礼主持人控制着整场婚礼的程序进度、情绪和氛围，让婚礼策划的风格、文化底蕴得到展现和升华。主持人是一场婚礼中最重要、任务难度也最大的人。选择婚礼主持人，必须考察主持人的素养和实力，见表2-1。

表2-1　选择婚礼主持人的参考标准

选择依据	参考标准
满足客户需求	（1）普通话标准流利，形象气质与婚礼格调符合
	（2）仪态仪表得体。有良好的沟通能力和表达能力，有丰富的婚礼婚俗知识
	（3）主持人工作的经验、资历、态度及收费标准符合新人需求
符合婚礼主题要求	（1）主持人的风格能匹配婚礼策划主题
	（2）主持人有婚礼主题风格相同的婚礼主持经历3场以上
	（3）主持人与婚礼公司及相关团队成员有高于3场以上的愉快合作经历
婚礼规模	（1）主持人的收费标准能满足对婚礼主持人的支出预算
	（2）主持人的资历和经验能胜任小型婚礼对主持人的要求

（二）婚礼主持人的风格特点

婚礼主持人的风格特点是根据婚礼策划的需要来决定的，婚礼策划会对婚礼主持人提出具体主持要求，会对婚礼主持风格进行定位。婚礼主持人要遵照婚礼策划的风格来主持。这就要求婚礼主持人播音主持、影视表演、说学逗唱、音乐理论样样精通。但是，就目前而言，婚礼主持人很难做到样样精通，而是会有自己擅长的一方面。

1. 以现场表现形式为依据分类

婚礼主持人以现场表现形式为依据分为以下四类：

（1）播音朗诵型　这类婚礼主持人大都有播音主持的功底，音色浑厚，配上灯光、音乐，现场气氛比较唯美浪漫。

（2）喜庆幽默型　这类婚礼主持人大都经过曲艺的专业培训，现场包袱不断，气氛轻松、喜庆、幽默。

（3）才艺展示型　这类婚礼主持人在婚礼上都会展示自己的才艺，唱歌跳舞、乐器、魔术、快书、快板、模仿秀等无所不包。

（4）名人效应型　随着婚庆行业的不断发展，越来越多的文艺界名人也加入其中，他们也会客串婚礼主持人这个角色。

2. 以工作职责为依据分类

（1）参与型　承担婚礼的各个环节，包括接待、采访、策划、谈单、主持词写作、迎娶、现场主持等。

（2）单一型　只负责新人的迎娶、现场主持。

婚礼主持人应该更多地去学习各门学科，提高自己的综合业务能力，这样才能更好地适应不同风格的婚礼策划，打出自己的知名度。

（三）婚礼策划师与婚礼主持人的沟通时间

从沟通的时间来看，约婚礼主持人见面主要根据新人需要。一般是在婚礼的三个月到一个月前约见。应当注意的是，约见婚礼主持人最好在淡季，最好不是周末。而且要提前确定婚礼主持人的行程，防止婚礼主持人因时间冲突不能进行面谈。

从沟通的次数来看，婚礼策划师和婚礼主持人沟通至少两次，一是和新人签订婚礼服务订单后，婚礼策划书大致定稿之时，与婚礼主持人进行流程和音乐选择以及主持词的沟通；二是最后确定婚礼策划方案后，婚礼主持人和新人见面前进行的定案沟通。如果是比较复杂的婚礼，在彩排前、婚礼前还需要进行各种沟通。

从沟通方式来看，通过电话、QQ、微信、婚礼主持人预定 App 等方式联系主持人并进行前期沟通。

（四）婚礼策划师与婚礼主持人沟通的内容和技巧

婚礼主持人档期确定后，婚礼策划师邀约婚礼主持人见面，就婚礼的主题、台词风格、费用标准等进行沟通。与主持人通过协商，达成共识，签订合同，确定其工作档期和费用标准，保障双方权益。婚礼策划师和婚礼主持人沟通的内容主要包括婚礼当天的流程设计、婚礼音乐选择、婚礼仪式时长、新人要求、新人的禁忌事项、婚礼中的注意事项等。第二次沟通双方可以就婚礼实施过程中的具体要求、细节、分工、权责进行深度沟通。为了保证婚礼主持的质量，婚礼策划师与婚礼主持人至少有三次以上的有效沟通。

从婚礼策划师与婚礼主持人沟通程序来看，首先，婚礼策划师要清晰地说明婚礼策划书的各项事项；然后，听取婚礼主持人的意见；最后，对婚礼主持人提出的不同意见进行思考和交流。

子任务二　联系确定督导执行人员

一、工作流程

（一）工作准备

1. 物品准备

序号	名称	规格	单位	数量	备注
1	初级婚礼督导人员档案库	电子	份	1	
2	客户需求记录单	A4	份	1	直接填写空白表单或通过笔记整理
3	婚礼策划方案	A4	份	3	策划师、客户、督导各一份
4	婚礼策划展示资料	电子	份	1	PPT、视频等用于展示说明的资料
5	主推备选人员形象照或工作视频	电子	份	1	现场展示或演示
6	婚礼团队成员表	A4	份	若干	策划师、客户、团队成员各1份

2. 环境与人员准备

序号	环境与人员	准备
1	婚礼策划师及团队执行人员	筹备、准备婚礼执行
2	安静的办公室	准备桌椅，供新人、团队人员休息
3	计算机	用于展示婚礼策划文案、PPT文案等
4	高清电视或投影	用于展示婚礼策划文案、PPT文案等

（二）联系确定督导执行人员

步骤	流程	技术操作要求
前期准备	资料准备	（1）准备初级婚礼督导人员档案库用于团队成员备选
		（2）准备婚礼策划师已经定稿的婚礼策划文案用于展示介绍
步骤1	与婚礼督导人员沟通	（1）婚礼策划师根据婚礼策划文案、婚礼预算、婚礼特点从初级婚礼督导人员档案库中选择合适的婚礼督导师、选择备选的婚礼督导师
		（2）婚礼策划师通过电话、QQ、微信等方式联系婚礼督导人员
		（3）婚礼策划师与婚礼督导师就婚礼的档期安排、费用标准进行沟通，确定督导师的档期，明确督导任务
		（4）通过沟通协商双方达成共识，签订督导服务合同，确定其工作档期和费用标准，保障双方权益
		（5）双方就策划文案中婚礼执行细节和具体的要求进行2~3次沟通
步骤2	与客户沟通	（1）婚礼策划师向客户介绍婚礼督导的作用和督导为新人服务的内容
		（2）婚礼策划师向客户介绍已经选择确定的婚礼督导师并建立联系（可以建微信群进行沟通）

（续）

步骤	流程	技术操作要求
注意事项		（1）与客户沟通全程保持微笑，给客户展现良好的公司形象，体现对客户的尊重与本人业务专业性
		（2）为预防档期冲突，督导团队成员商定时应多确定1～2名候补人员

（三）实施效果

1. 掌握沟通技巧，顺利联系确定符合新人要求的婚礼督导师。

2. 掌握婚礼督导师的能力，确定符合婚礼现场督导执行要求的婚礼督导师。

二、相关知识

（一）婚礼督导师的作用

婚礼督导师作为婚礼仪式的导演、管家和总调度师，负责婚礼策划方案的落实、婚礼现场管理，督促、指导婚礼过程和每一个细节，是婚礼执行团队必不可少的成员。

婚礼督导师在执行婚礼仪式时，有单人督导，也有团队督导。督导团队包括婚礼全程督导师、婚礼现场督导师（左督导和右督导）、婚礼礼仪督导师、新郎新娘督导师、音响效果督导师、摄像督导师、音乐督导师、道具督导师等。

（二）选择婚礼督导师的相关参考标准

一场完美的婚礼都需要一个或若干个婚礼督导师。婚礼督导师承担着保障婚礼仪式流程顺利进行、帮助新人实现完美婚礼梦想的重要责任，是一场婚礼能否成功的关键所在。因此，婚庆公司需要合格的婚礼督导人员，这样才能够使婚礼策划师设计的婚礼仪式流程顺利执行。选择婚礼督导师的参考标准见表2-2。

表2-2　选择婚礼督导师的相关参考标准

选择依据	参考标准
满足客户需求	（1）新人对督导师的基本信息了解，督导师的做事风格基本符合新人希望的风格
	（2）通过与客户沟通，督导师的度仪表、仪态、语言能满足新人要求
	（3）督导师工作的经验、资历、态度及收费基本让新人满意
符合婚礼文案要求	（1）督导师的人员配置能满足婚礼策划文案需求
	（2）督导师有婚礼文案风格相同的婚礼服务经历3场以上
	（3）督导师与其他团队成员有与文案相同风格的合作经历
婚礼规模	（1）督导师的收费标准能满足整场婚礼预算中对婚礼督导师的支出预算
	（2）督导师的资历和经验能胜任初级规模婚礼对督导的要求

（三）婚礼督导需要具备的基本素质

1. **热心服务的态度**

一个好的婚礼督导师要有真诚为每一位新人提供良好服务的态度，态度决定一切。所以，婚礼督导师必须具备为新人热心服务的心态。

2. 相当强的语言能力和沟通能力

作为婚礼筹备的主要协调者，婚礼督导师必须具备相当强的语言能力和沟通能力。不仅要有很强的亲和力，还要具备一定的宽容心。

3. 高度的责任心

婚礼督导要有承担责任的心态和果断的决策力。必须树立做事第一、挣钱第二的价值观，具备全心全意为新人服务的责任心。

4. 较强的团队合作意识

现代婚礼的打造都是由婚礼服务团队共同完成的，婚礼督导师必须有团结合作的意识和能力。在婚礼进行中婚礼督导师应该配合婚礼主持人、音响师、礼仪小姐和摄影摄像师，共同完成婚礼服务。调动婚礼服务团队帮助新人排忧解难，帮助新人在婚礼当天解决所有操心劳累的问题。在婚礼服务过程中，婚礼督导师必须与婚礼服务团队成员团结一致，共同打造完美的婚礼。

5. 耐心和细心的服务心态

婚礼是由一个个小细节组成的，只有做好每一个细节，婚礼才会完美，所以婚礼督导师应该具备耐心和细心。

6. 较强的危机处理能力

作为婚礼现场的总指挥，要果敢机敏、反应迅速，还要有预知风险和排除风险的能力，如果遇到突发状况，如香槟塔倒掉、伴娘晕倒、新娘的婚纱开线等，婚礼督导师不能慌乱，要沉着冷静地把问题处理好，以保证婚礼的顺利进行。所以，婚礼督导师还必须具有一定的观察力和发现问题、解决问题的能力。

7. 督促指导的理解和协调能力

作为婚礼当天现场所有环节的衔接者，婚礼督导要督促、指导婚礼的各个部分和程序，甚至对每一个道具都有专业的理解和运用。

8. 良好的商务礼仪和仪表修养

婚礼督导师作为新人礼仪动作规范的指导者，首先要有良好的礼仪和仪表，服装要正式，动作要规范。对新人的站立、行走、手势、眼神、距离等细节的指导都能够准确地把握好。同时，作为一名优秀的婚礼督导师，要有很好的形象和个人气质以及良好的个人修养。

（四）婚礼督导师的专业素质

1. 艺术的审美能力

审美判断能力就是审美鉴赏者运用自己的感知能力、审美经验和相应的知识修养等，对艺术作品进行审美感受、体验、理解和评价的能力。艺术审美能力是建立在审美欣赏能力的基础上。审美欣赏是"走进作品"，那么，审美判断就是"走出作品"，艺术审美能力蕴含着较多的理性因素。如果一个人具备了艺术审美判断能力，就能够评判出审美对象的美丑、好坏、高低，就能够准确地评判审美对象的价值和意义。

作为保障婚礼庆典仪式顺利进行的婚礼督导师，必须具备良好的艺术审美能力，才能

判断、评审和理解婚礼策划师所做的婚礼策划方案，评价婚礼花艺师、场布师对婚礼现场布置的色彩搭配和造型，才能评价婚礼化妆师完成的妆型和造型，才能指导新人的相关礼仪。

2. 中西方婚礼文化、各个民族婚礼风俗知识

婚礼督导师需要知道各种婚礼仪式和婚礼风俗。如果有特殊的习俗，就要提前和新人的家人沟通好。

3. 丰富的专业知识

婚礼督导师是一个综合能力很强的职业，既要有精深的专业知识，又必须有广博的知识面。具体而言，婚礼督导师应掌握如下专业知识：

（1）婚庆行业的相关法律法规。

（2）婚俗文化、服务礼仪学、色彩学、美学等相关专业知识。

（3）舞台灯光、花艺场布、婚礼主持、化妆、摄影摄像、音像制作等专业知识。

（4）管理学、社会学、心理学等专业知识。

子任务三　联系确定婚礼摄影师、婚礼摄像师

一、工作流程

（一）工作准备

1. 物品准备

序号	名称	规格	单位	数量	备注
1	初级婚礼摄影师、摄像师档案库	电子	份	1	
2	客户需求记录单	A4	份	1	直接填写空白表单或通过笔记整理
3	婚礼策划方案	A4	份	若干	策划师、客户、摄影摄像师各 1 份
4	婚礼策划展示资料	电子	份	1	PPT、视频等用于展示说明的资料
5	主推备选摄影师、摄像师作品样片	电子	份	1	现场展示或演示
6	婚礼团队成员表	A4	份	若干	策划师、客户、团队成员各 1 份

2. 环境与人员准备

序号	环境与人员	准备
1	婚礼策划师及团队执行人员	筹备、准备婚礼执行
2	安静的办公室	准备桌椅等，供新人、团队人员休息
3	计算机	用于展示婚礼策划文案、PPT 文案等
4	高清电视或投影	用于展示婚礼策划文案、PPT 文案等

（二）联系确定婚礼摄影师、婚礼摄像师

步骤	流程	技术操作要求
前期准备	资料准备	（1）准备初级婚礼摄影师、摄像师档案库用于团队成员备选
		（2）准备婚礼策划师已经定稿的婚礼策划文案用于展示介绍
		（3）准备不同风格的婚礼摄影摄像资料用于展示介绍
步骤1	与摄影摄像师沟通	（1）婚礼策划师根据婚礼策划文案、婚礼预算、婚礼特点从初级婚礼摄影摄像人员档案库中选择合适的婚礼摄影师、婚礼摄像师，同时选择备选的婚礼摄影师、婚礼摄像师
		（2）告知婚礼摄影师、婚礼摄像师婚礼策划文案设计的婚礼流程，时间安排、参与人员，如婚礼中有特别策划的节目，一定要事先告知婚礼摄影师、婚礼摄像师，使婚礼摄影师、婚礼摄像师能及时从最佳的角度记录婚礼的精彩瞬间
		（3）婚礼策划师与婚礼摄影师、婚礼摄像师就婚礼的档期安排、费用标准进行沟通，确定婚礼摄影师、婚礼摄像师的档期，明确任务
		（4）通过沟通协商达成共识，签订婚礼摄影、婚礼摄像服务合同，确定其工作档期和费用标准，保障双方权益
		（5）双方就策划文案中婚礼流程细节和具体的拍摄要求要进行2～3次沟通。婚礼策划师通过电话、QQ、微信等方式联系婚礼摄影师、婚礼摄像师
步骤2	与客户沟通	（1）结合策划文案向客户介绍备选婚礼摄影师、摄像师个人情况
		（2）展示婚礼摄影师、婚礼摄像师的摄影、摄像作品
		（3）与客户确定婚礼摄影师、婚礼摄像师
注意事项		（1）与客户沟通全程保持微笑，给客户展现良好的公司形象，体现对客户的尊重
		（2）为预防档期冲突，商定婚礼摄影师、摄像师时应多确定1～2名候补人员

（三）实施效果

1. 掌握沟通技巧，顺利联系确定符合新人要求的婚礼摄影师、婚礼摄像师。

2. 掌握婚礼摄影师、婚礼摄像师的技能要求，确定符合婚礼要求的婚礼摄影师、婚礼摄像师。

二、相关知识

（一）婚礼摄影师与婚礼摄像师的区别

1. 婚礼摄影师

全程记录婚礼当天人物、场景、仪式活动和其他细节，包括新娘化妆、接新娘、告别父母、交换戒指、切蛋糕等环节。婚礼摄影师一般要求拥有专业的摄影器材，至少从业一年以上，拍摄过50场以上不同风格的婚礼，能展示至少200张满意的作品，包括全家福和细节，并且风格与新人所希望的风格相近，流程完整，能记录婚礼每一个环节和细节。一场婚礼中至少能拍出200张相片，在前期未处理阶段应该无明显的失误和缺陷。如果婚礼摄影师有自己的摄影理念和热情，完善携带设备，及时做好准备措施，可以掌控摆拍、随机抓拍，就会成为加分项。

（二）与婚礼主持人沟通

步骤	流程	技术操作要求
工作前准备	基本要求	（1）经过正规的婚礼策划培训
		（2）掌握一定的婚礼策划知识和婚礼策划服务专业技能
		（3）初步了解婚庆行业的基本情况和现状
步骤1	准备资料	（1）婚礼策划文案和婚礼策划PPT文案
		（2）了解约见的婚礼主持人的性格、特征、主持风格、出场费用等资料
		（3）婚礼执行团队服务合同书
		（4）确定约见时间（婚礼前三个月或一个月）和在场人员
步骤2	与婚礼主持人沟通	（1）婚礼策划师要清晰地说明婚礼策划书的各项事项
		（2）针对婚礼流程设计，要把婚礼策划师和新人的需要、环节具体设计以及婚礼灯光和音乐配合的具体要求等明确地告诉主持人
		（3）听取主持人的意见
		（4）对婚礼主持人提出的不同意见进行斟酌和交流
		（5）改进婚礼方案
		（6）沟通婚礼主持时间和费用
步骤3	与婚礼主持人和新人沟通	（1）婚礼策划师要清晰地说明婚礼策划书的各项事项
		（2）婚礼策划师要清晰地向新人说明和婚礼主持人沟通后确定的婚礼策划方案的各项事项
		（3）听取新人的意见
		（4）对新人提出的不同意见进行斟酌和交流
		（5）协商处理，并记录改进的婚礼方案
步骤4	签订合同	签订婚礼执行团队服务合同书
注意事项		（1）针对新人的禁忌事项，在与主持人沟通时一定要强调
		（2）有特殊要求的婚礼，婚礼策划师要把要求解释清楚

（三）与婚礼督导师沟通

步骤	流程	技术操作要求
工作前准备	基本要求	（1）经过正规的婚礼策划培训
		（2）掌握一定的婚礼策划知识和婚礼策划服务专业技能
		（3）初步了解婚庆行业的基本情况和现状
步骤1	准备资料	（1）婚礼策划方案
		（2）详细的婚礼督导职责表
		（3）婚礼执行团队服务合同书
		（4）确定约见时间

（续）

步骤	流程	技术操作要求
步骤2	与婚礼督导师沟通	（1）在与婚礼执行团队其他人员沟通结束后、婚礼彩排前进行
		（2）详细地说明婚礼策划执行方案，确定其职责和任务
		（3）告知婚礼督导师及其他婚礼执行人员工作具体事项和督导职责以及需要婚礼督导师进行配合的方面
		（4）明确告知婚礼督导师婚礼的详细流程和婚礼督导师在每个环节中详细的工作职责
		（5）听取婚礼督导师的需求和意见
		（6）沟通在婚礼上需要注意的事项
步骤3	签订合同	签订婚礼执行团队服务合同书
注意事项		与婚礼督导师一起设计在婚礼过程中各种可能出现的意外事件以及应当采取的对策

（四）与婚礼花艺师沟通

步骤	流程	技术操作要求
工作前准备	基本要求	（1）经过正规的婚礼策划培训
		（2）掌握一定的婚礼策划知识和婚礼策划服务专业技能
		（3）初步了解婚庆行业的基本情况和现状
步骤1	准备资料	（1）婚礼策划书
		（2）了解约见婚礼花艺师风格、费用等资料
		（3）婚礼执行团队服务合同书
		（4）确定约见时间
步骤2	与婚礼花艺师沟通	（1）与新人签订合约后，沟通花艺费用以及所需的花材和地点、时间、人员
		（2）对婚礼花艺师提出的不同意见进行斟酌思考和交流
		（3）确定整个婚礼的颜色基调，要采用应季花材和反季色彩进行花艺造型设计
		（4）婚礼策划书定稿后，进行详细的描述和沟通，婚礼花艺造型和色彩得到婚礼花艺师的完全理解后再进行确认
		（5）婚礼会场布置前，沟通布置会场的具体操作时间和要求
步骤3	签订合同	签订婚礼执行团队服务合同书
注意事项		（1）要列出新人所有喜欢的花卉和不喜欢的花卉
		（2）有特殊要求的婚礼花艺，婚礼策划师要把要求解释清楚

（五）与婚礼摄影师和婚礼摄像师沟通

步骤	流程	技术操作要求
工作前准备	基本要求	（1）经过正规的婚礼策划培训
		（2）掌握一定的婚礼策划知识和婚礼策划服务专业技能
		（3）初步了解婚庆行业的基本情况和现状

（续）

步骤	流程	技术操作要求
步骤1	准备资料	（1）婚礼策划书和策划方案
		（2）婚礼流程表
		（3）婚礼执行团队服务合同书
		（4）确定约见时间
步骤2	与婚礼摄影师和婚礼摄像师沟通	（1）告知婚礼摄影师和婚礼摄像师整个婚礼的流程
		（2）说明婚礼策划方案中的设计亮点，这是摄影摄像的重点
		（3）要将婚礼流程表交给婚礼摄影师和婚礼摄像师，使他们掌握婚礼进程
		（4）听取婚礼摄影师和婚礼摄像师的拍摄需求和意见
		（5）沟通和确定拍摄方案
步骤3	签订合同	签订婚礼执行团队服务合同书
注意事项		针对婚礼现场的合影，婚礼策划师必须告知摄影师合影的顺序，最好制作合影顺序表，明确婚礼摄影的顺序及摄影人员的位置

（六）与婚礼灯光师沟通

步骤	流程	技术操作要求
工作前准备	基本要求	（1）经过正规的婚礼策划培训
		（2）掌握一定的婚礼策划知识和婚礼策划服务专业技能
		（3）初步了解婚庆行业的基本情况和现状
步骤1	准备资料	（1）婚礼策划书和策划方案
		（2）婚礼流程表
		（3）婚礼执行团队服务合同书
		（4）确定约见时间
步骤2	与婚礼灯光师沟通	（1）新人确定灯光选择之后进行沟通，告诉婚礼灯光师想要的婚礼灯光效果，让其根据新人选定的灯光需求表安排各个灯光的位置
		（2）进行追光灯追光路线的沟通，要详细地告诉追光灯操作人员婚礼的进度、新人的行动路线及对追光灯效果的要求
		（3）使用追光灯的时间要对应婚礼新人行动路线追光灯的进度时刻表
		（4）婚礼策划书定稿后，进行详细的描述和沟通，婚礼灯光造型和色彩得到婚礼灯光师的完全理解后再进行确认
		（5）沟通灯光节奏与主持节奏的配合
		（6）沟通摄影师和摄像师对灯光的需求
		（7）听取婚礼灯光师的需求和意见
		（8）婚礼会场布置前，沟通布置会场的具体操作时间和要求
步骤3	签订合同	签订婚礼执行团队服务合同书

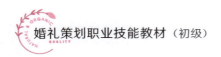
（续）

步骤	流程	技术操作要求
注意事项		在确定婚礼摄影师、摄像师后，最好能让婚礼灯光师和婚礼摄影师、婚礼摄像师一起沟通和交流，以便调整灯光亮度及追光灯位置，保证婚礼摄影师、婚礼摄像师能够拍摄出效果最好的照片和影像

（七）与婚礼音响师沟通

步骤	流程	技术操作要求
工作前准备	基本要求	（1）经过正规的婚礼策划培训
		（2）掌握一定的婚礼策划知识和婚礼策划服务专业技能
		（3）初步了解婚庆行业的基本情况和现状
步骤1	准备资料	（1）婚礼策划方案
		（2）婚礼主持流程表和音乐曲目及播放流程时间表
		（3）婚礼执行团队服务合同书
		（4）确定约见时间
步骤2	与婚礼音响师沟通	（1）在新人确定婚礼音乐之后，与婚礼音响师沟通确定其职责和任务
		（2）告知婚礼音响师详细的婚礼流程和进度计划
		（3）确认婚礼的主持流程，明确灯光配合和音乐配合
		（4）确认婚礼播放的音乐曲目和播放顺序
		（5）确认音箱设备质量和数量
		（6）听取婚礼音响师的需求和意见
		（7）婚礼会场布置前，沟通布置会场的具体操作时间和要求
步骤3	签订合同	签订婚礼执行团队服务合同书
注意事项		确认婚礼流程表和曲目、播放顺序

（八）实施效果

1. 通过充分的准备工作，有效地与婚礼执行团队进行沟通。

2. 通过有效的婚礼执行团队沟通，避免婚礼执行团队成员之间因责任疏漏而造成消耗。

二、团队管理中有效沟通的意义

（一）充分挖掘员工的潜力

人的潜能是无穷的，然而在很多情况下人的潜能都是被不断挖掘出来的，而有效的沟通是挖掘团队成员潜能的一种有效方式。通过良好的沟通可以对成员有一个更加正确、客观的认识，同时，还可以发现成员的优势和短板，充分利用成员的优势、克服短板不仅可以促进成员自身发展，还能够提升团队的经济效益，从而实现个人和团队共赢的目标。沟通是相互了解的一种途径和方式，通过有效沟通，企业可以更加了解员工，同样也可以使

员工对企业有更加深入的理解，从而进一步增加员工对企业的认同感。

（二）提升团队凝聚力

众人拾柴火焰高，团队的发展离不开每一位成员的努力，所有人都拧成一股绳，劲往一处使，为团队的目标共同努力，这样才能有效提升效率。而沟通则是提升团队凝聚力的一种有效途径，如果说每个成员都只顾做自己的事，彼此之间不配合，那也就谈不上团队凝聚力。有效沟通可以增加彼此之间的交流，激发创新的火花，从而齐心协力为团队的发展出谋划策，进而有效加强团队凝聚力，增加成员的认同感和集体荣誉感。

团队沟通的方法包括分享积极向上的心态、学会用心接受任务、提高执行力、调整思维模式和心态。

婚礼策划师与婚礼执行团队的沟通技巧包括建立沟通渠道、将自己融入团队、为婚礼目标做努力、发挥婚礼策划师的个人魅力。

子任务二　进行有效的婚礼执行团队协作和团队管理

一、团队协作相关知识

（一）团队协作的内涵

团队协作，是指建立在团队的基础之上，发挥团队精神，互补互助，以达到团队最大工作效率的能力。具有共同的目标，并且能从日益增进的热忱、想象力和知识中获得明确的利益。

团队协作中有三个基本的因素：分工、合作以及监督。

（二）团队协作的表现

1. 成员密切合作，配合默契，与他人协商共同决策。
2. 决策之前听取相关意见，把手头的任务和别人的意见联系起来。
3. 在变化的环境中担任各种角色。
4. 团队的有效性和本人在团队中的长处和短处。

（三）团队协作的六个原则

1. 平等友善

与婚礼执行团队成员相处的第一步便是平等。团队成员之间相处具有相近性、长期性、固定性，彼此都有较全面深刻的了解。要特别注意的是真诚相待，才可以赢得团队成员的信任。

2. 善于交流

交流是协调的开始，婚礼策划师要把自己的想法说出来，听对方的想法。

3. 谦虚谨慎

团队成员之间互相取长补短，谦虚向他人请教、征求意见。

4. 化解矛盾

一般而言，与团队成员有点小摩擦、小隔阂，是很正常的事。但千万不要把这种"小不快"演变成"大对立"，甚至成为敌对关系。对别人的行动和成就表示真正的关心，是一种表达尊重与欣赏的方式，也是化敌为友的纽带。

5. 接受批评

从批评中寻找积极成分。如果团队成员对婚礼策划师的错误大加抨击，即使带有强烈的感情色彩，也不要与之争论不休，而是从积极的一面来看待他的抨击。这样，不但对改正错误有帮助，也避免了语言敌对场面的出现。

6. 创造能力

一加一大于二，但应该让它变得更大。培养自己的创造能力，不要安于现状，试着发掘自己的潜力。

二、团队管理相关知识

（一）团队构成"5P"要素

1. 目标（purpose）

团队应该有一个既定的目标。团队的目标必须跟组织的目标一致，此外还可以把大目标分成小目标具体到各个团队成员身上，大家合力实现这个共同的目标。

2. 人（people）

人是构成团队最核心的力量。目标是通过人员来实现的，所以人员的选择是团队非常重要的一个部分。

3. 团队的定位（place）

指作为成员在团队中扮演的角色，如制订计划、具体实施或评估。

4. 权限（power）

团队中领导人的权力大小跟团队的发展阶段相关，一般来说，团队越成熟，领导者所拥有的权力相应越小，在团队发展的初期领导权相对比较集中。

5. 计划（plan）

（1）目标最终的实现，需要一系列具体的行动方案，可以把计划理解成实现目标的具体工作程序。

（2）提前按计划进行可以保证团队的工作进度。只有在计划的操作下，团队才会一步一步地贴近目标，从而最终实现目标。

（二）有效婚礼团队的特征

1. 具有清晰的目标

对所要达到的婚礼目标有清楚的了解，并坚信这一目标包含着重大的意义和价值。而且，这种目标的重要性还激励着团队成员把个人目标升华到群体目标中去。在有效的团队中，成员愿意为团队目标做出承诺，清楚地知道希望他们做什么工作，以及他们怎样共同工作，最终完成任务。

2. 掌握相关的技能

具备实现理想目标所必需的技术和能力，而且相互之间有能够良好合作的个性品质，从而出色完成任务。

3. 相互信任

每个成员对其他人的品行和能力都确信不疑。

4. 一致的承诺

成员对团队表现出高度的忠诚和承诺，为了使团队获得成功，他们愿意去做任何事

情。这种忠诚和奉献称为一致的承诺。

5. 良好的沟通

团队成员通过畅通的渠道交流信息，包括各种语言和非语言信息。

6. 谈判技能

以个体为基础进行工作设计时，成员的角色由工作说明、工作纪律、工作程序及其他一些正式文件明确规定。但对于高效的团队来说，其成员角色具有灵活多变性，总在不断地进行调整。这就需要成员具备充分的谈判技能。由于团队中的问题和关系时常变换，成员必须能面对和应付这种情况。

7. 恰当的领导

作为有效的领导者，能够让团队跟随自己共同度过最艰难的时期，因为领导者能为团队指明前途所在。领导者向成员阐明变革的可能性，鼓舞团队成员的自信心，帮助他们更充分地了解自己的潜力。

（三）团队管理的技巧

1. 团队分工

每个成员的具体工作及相应职责都必须被合理并明确地划分。所谓合理划分，即每个婚礼执行团队成员的能力必须与其从事的具体工作相匹配。所谓明确划分，是使每个婚礼执行团队成员的具体工作和职责都得到明确的确认，团队内每个成员都必须对其本职工作负全责。

2. 团队协作

是一种为达到既定目标所显现出来的自愿合作和协同努力的精神。

3. 取得团队协作支持

了解团队成员的性格品质，包容团队成员并获得支持与认可。

4. 团队整合

在婚礼执行团队的合作中，分工是第一步，紧接着就是婚礼执行过程中具体的合作了。而合作的关键在于：团队带头人要对婚礼执行团队内各成员具体负责的工作进行有机整合，以实现婚礼目标。

5. 团队监督

这里的监督不仅仅是对婚礼本身，还包括对团队内各成员是否完成自身职责进行考量，以及采取相应的奖惩手段。监督的目的是促使婚礼执行团队内各成员都负责地完成好本职工作，并使之不进行任何可能危害婚礼项目实施的行为。因此，婚礼策划师在对各成员完成职责的情况进行考察的同时，还应该完善惩罚和激励机制。

参 考 文 献

北京中民福祉教育科技有限责任公司，2021. 婚礼策划职业技能等级标准（2021 年 1.0 版）[EB/OL].
　（2021-01-26）. http://zmfz. bcsa. edu. cn/info/1019/2069. html.

金毅，2012. 婚礼督导 [M]. 香港：香港天马出版有限公司.

李晔，2020. 企业团队沟通管理问题探讨 [J]. 企业改革与管理 (17)：90-91.

王晓玫，金毅，2012. 婚礼现场督导 [M]. 北京：北京社会出版社.

王晓玫，李雅若，2012. 婚礼策划实务 [M]. 北京：中国铁道出版社.

武园玲，2020. 新建国有企业如何培养团队精神 [J]. 企业文化 (20)：120-123.

佚名，2021. 婚礼摄像师和摄影师的区别 [EB/OL]. （2021-01-02）. http://www. mijwed. com/baike/
　1009606. html.

曾伏娥，王克卫，池韵佳，等，2016. 领导风格对团队常规绩效和创新绩效的影响及机理研究：团队执
　行力与组织认同的中介效应 [J]. 科技进步与对策 (8)：133-139.

教育部第四批1+X证书制度试点

婚礼策划职业技能等级证书教材系列丛书

婚礼策划职业技能教材（初级）

婚礼策划书制作

制 作

Hunli Cehuashu · 初级 · *Zhizuo*

Chuji

北京中民福祉教育科技有限责任公司 组编

黄晓强 梧桐 主 编

赵 天 商 琪 副主编

范晨晨 赵佳佳

中国农业出版社

农村读物出版社

北 京

图书在版编目（CIP）数据

婚礼策划职业技能教材：初级．婚礼策划书制作 /
北京中民福祉教育科技有限责任公司组编；王晓玫等主
编 . —北京：中国农业出版社，2021.9
（教育部第四批1＋X证书制度试点婚礼策划职业技能
等级证书教材系列丛书）
ISBN 978 - 7 - 109 - 28163 - 9

Ⅰ.①婚…　Ⅱ.①北…②王…　Ⅲ.①结婚－礼仪－
职业技能－鉴定－教材　Ⅳ.①K891.22

中国版本图书馆 CIP 数据核字（2021）第 074832 号

中国农业出版社出版
地址：北京市朝阳区麦子店街 18 号楼
邮编：100125
策划编辑：李艳青
责任编辑：王庆宁　　文字编辑：戈晓伟
版式设计：王　晨　　责任校对：刘丽香
印刷：三河市国英印务有限公司
版次：2021 年 9 月第 1 版
印次：2021 年 9 月河北第 1 次印刷
发行：新华书店北京发行所
开本：787mm×1092mm　1/16
总印张：25.75　　插页：8
总字数：703 千字
总定价：88.00 元（全 8 册）

前言

　　婚礼策划书制作是婚礼策划师工作的核心内容和核心技能。婚礼策划书即对婚礼主题、婚礼场景、婚礼流程、新人情感等活动进行策划，并通过文字阐述和视觉语言诠释展现给婚礼当事人的文本，是将婚礼策划活动体系化、规范化、书面化的过程。婚礼策划书制作能力、婚礼主题提炼能力、婚礼流程设计能力、PPT制作能力是婚礼策划工作者需要具备的最基本的能力。

　　婚礼策划师的策划书制作为婚礼策划工作的关键一步，也是婚庆产业中的核心产品，是评价婚庆服务水平的重要指标。对于婚庆公司提高和完善婚庆服务产品，研究产品中所存在的不足以及打造策划团队具有重要的作用。因此，作为婚礼策划服务的专业人员，掌握婚礼策划书制作的基本方法和技巧至关重要。

　　婚礼策划书制作（初级）包括四项任务：任务一是婚礼策划文案的构思；任务二是婚礼策划文案的撰写；任务三是婚礼策划PPT文案的设计和制作；任务四是婚礼服务项目的费用预算。通过本项目的学习可以初步掌握婚礼策划书制作的初级技能，为学习婚礼策划制作的中级、高级技能奠定基础。

　　本分册教材由黄晓强负责统稿，王晓玫、张仁民负责审稿，具体写作分工如下：

　　任务一：黄晓强［北京社会管理职业学院（民政部培训中心）教师］。

　　任务二：黄晓强、商琪［北京社会管理职业学院（民政部培训中心）兼职教师］。

　　任务三：赵天［北京社会管理职业学院（民政部培训中心）教师］、范晨晨［北京社会管理职业学院（民政部培训中心）兼职教师］。

　　任务四：赵天、范晨晨、梧桐（北京伊缘圆婚礼策划有限公司董事长）、赵佳佳（北京桑尼喜铺婚礼策划公司副总经理、桑尼喜铺婚礼学院院长、婚礼策划高级培训讲师）。

目　　录

二、技能目标

1. 能为婚礼当事人构思婚礼策划文案。
2. 能为婚礼当事人撰写婚礼策划文案。
3. 能为婚礼当事人设计和制作婚礼策划 PPT 文案。
4. 能为婚礼当事人进行婚礼服务项目的费用预算。

三、素养目标

1. 积极关注婚礼行业，充分了解策划规律，树立正确的策划理念。
2. 具备分析婚礼当事人并为其展开策划工作的能力，培养婚礼策划师特有的职业道德心理和道德品质。

任务一
婚礼策划文案的构思

【任务情境】

婚礼策划师阿美，毕业于北京管理职业学院（民政部培训中心）婚庆服务与管理专业，今年是工作的第一年，某天一对婚礼当事人找到她，请阿美根据他们的爱情故事和背景构思婚礼策划文案，同时提供相关的婚礼策划服务。

新娘是一名北京的大学生，从小喜欢宠物，假期在云南大理洱海边的客栈做义工；新郎是一名四川的大学生，爱好摄影，假期和同学自助游到洱海。有一天傍晚两人在洱海边散步，同时被一只调皮的阿拉斯加雪橇犬吸引到一起而相识。大学毕业后两人准备步入婚姻的殿堂。婚礼策划师阿美应该如何根据新人的爱情故事策划一场令新人满意的婚礼呢？

【任务分析】

一、婚礼策划文案构思的主要内容

序号	主要内容
1	掌握婚礼策划文案的基本格式和基本工作流程
2	根据婚礼当事人的故事或要求确定婚礼主题
3	构思婚礼仪式流程
4	构思婚礼环节

二、婚礼策划文案构思的目标及措施

序号	主要工作目标	措施
1	婚礼策划文案的基本格式	沟通、确定格式、拟订方案
2	根据爱情故事或要求为婚礼当事人确定婚礼主题	沟通、分析、确定主题
3	为婚礼当事人构思婚礼仪式流程	沟通、构思仪式流程
4	为婚礼当事人构思婚礼环节	沟通、构思环节

子任务一　掌握婚礼策划文案的基本格式和基本工作流程

一、工作流程

（一）工作准备

1. 物品准备

序号	名称	单位	数量
1	笔记本	个	1
2	黑色中性笔	支	1
3	红色中性笔	支	1
4	笔记本电脑	台	1
5	幕布投影仪	台	1
6	策划电子文案	份	若干

2. 环境与人员准备

序号	环境与人员	准备
1	环境	干净、整洁、温馨、空气清新、无异味
2	婚礼策划师	（1）着装整齐，端庄大方，面带微笑，举止得体，对人有礼，沉着自信，不卑不亢，守诺守时
		（2）熟悉并掌握为婚礼当事人制作婚礼文案的技能要求和相关知识
		（3）提前与婚礼当事人进行沟通
3	婚礼当事人	舒适就座，位置以可以和婚礼策划师面对面交流为宜

（二）为婚礼当事人撰写策划文案

步骤	流程	技术操作要求
工作前准备	沟通与思考	（1）沟通。婚礼策划师引导婚礼当事人进入办公室或谈单区域，与婚礼当事人面对面就座，进行简单的自我介绍和寒暄问候
		（2）思考。婚礼策划师思考婚礼策划书的基本格式，并在笔记本电脑上列出策划案基本框架
步骤1	访谈	（1）约见婚礼当事人，对婚礼当事人进行访谈
		（2）了解婚礼当事人对婚礼的想法和愿景

（续）

步骤	流程	技术操作要求
步骤2	撰写婚礼策划书的写作提纲	（1）撰写婚礼策划书框架
		（2）撰写婚礼策划书要点
		（3）形成婚礼策划初步提纲
步骤3	撰写婚礼策划书初稿	（1）婚礼策划师按照婚礼策划书基本格式撰写文案初稿
		（2）婚礼策划师根据婚礼提纲，添加重点
步骤4	讲解婚礼策划书	（1）婚礼策划师为婚礼当事人讲解婚礼策划书
		（2）婚礼当事人向婚礼策划师征询相关问题
步骤5	听取婚礼当事人意见	（1）婚礼策划师聆听婚礼当事人意见
		（2）与婚礼当事人进行交流
步骤6	修改婚礼策划书的方案	（1）根据婚礼当事人意见，提出修改方案
		（2）婚礼策划师对婚礼策划书进行修改
步骤7	确定婚礼策划书的方案	（1）根据婚礼各环节提出最后意见
		（2）与婚礼当事人确定婚礼策划书并签字确认
注意事项		（1）小型策划书可以直接按照模板填充
		（2）大型策划书可以不拘泥于模板，自行设计，力求内容详尽、页面美观
		（3）婚礼策划书可以进行包装，可以专门给策划书制作封页，力求温馨、浪漫；用设计的徽标作页眉，图文并茂等
		（4）如有附件，可以附于策划书后面，也可以单独装订；策划书需从纸张的长边装订；一份大型策划书中，可以包含若干子策划书

（三）实施效果

1. 通过撰写婚礼策划文案，可以将婚礼创意落实在纸面上，让婚礼更加体系化、规范化。

2. 通过撰写婚礼策划文案，可以帮助婚礼当事人明确婚礼任务的安排，避免婚礼职责不清、互相扯皮的情况。

二、相关知识

（一）婚礼的含义

婚礼（wedding）是指用于纪念结婚的世俗庆典仪式、法律公证仪式或宗教仪式。婚礼属于生命仪典的一种，其意义在于获取社会的承认和祝福，帮助新婚夫妇适应新的社会角色和要求，准备承担社会责任。

（二）婚礼庆典与婚礼庆典服务的含义

婚礼庆典（wedding ceremony）是指为愿意结为配偶的新人举办的结婚庆祝仪式。

婚礼庆典服务（wedding ceremony service）是指婚礼庆典服务经营者为婚礼庆典需求者提供的用以满足其在婚礼庆典活动中物质、精神综合需要的全部服务的总和。

（三）婚礼策划与婚礼策划师的含义

婚礼策划（wedding planning）是指在深入了解服务对象基本情况、特点和诉求的基础上，充分运用专业知识与技能为服务对象设计婚礼庆典方案并执行实施的活动。

婚礼策划师（wedding planner）是指从事婚礼庆典和相关庆典活动以及后续衍生仪礼庆典的策划，人财物统筹，监督方案执行等服务工作的专业人员。

2015 年 7 月 29 日，国家职业分类大典修订工作委员会审议并颁布 2015 版《中华人民共和国职业分类大典》（以下简称《国家职业分类大典》），在小类"婚姻服务人员"职业里，将婚礼策划师（职业代码：4-10-05-02）作为其中的一个职业正式纳入了《国家职业分类大典》。《国家职业分类大典》中，婚礼策划师的定义是：从事婚礼庆典方案创意策划、人财物统筹、监督方案执行等服务工作的人员。并规定了八项主要工作任务：

1. 接待客户，提供婚礼的咨询服务。

2. 确定婚礼服务项目、服务人员和费用预算。

3. 根据婚礼主题，策划婚礼流程，进行场景布置、花艺、道具、化妆、音乐、影像等设计，制作婚礼策划书。

4. 根据婚礼风格和预算，安排婚礼主持人、音响师、摄影师、摄像师、花艺师、化妆师等，组建婚礼执行团队。

5. 组织实施婚礼彩排。

6. 现场调度婚礼庆典活动。

7. 策划影视后期制作的效果方案，提交影像作品。

8. 回访客户。

（四）中国传统婚礼与现代中西合璧婚礼的含义

中国传统婚礼（Chinese traditional wedding）又称为中国朝代婚礼，是指起源于夏商、成形于周制六礼、流传于中国各朝代的婚礼仪式和婚礼制式。

现代中西合璧婚礼（Chinese and western combined wedding ceremony）是指兴起于20 世纪 90 年代初，以西式婚礼为蓝本融入了中国婚礼元素和仪式流程的婚礼样式。现代中西合璧婚礼是中国目前主流的婚礼样式。

（五）时尚创意婚礼与个性定制婚礼的含义

时尚创意婚礼（original wedding ceremony）是指在婚礼策划设计中，融入了婚礼策划师的创意和现代时尚元素的婚礼样式。时尚创意婚礼是现代中西合璧婚礼的一种。

个性定制婚礼（custom made wedding ceremony）是指婚礼策划师根据新人的爱情故事和恋爱经历，为新人设计的仅适用于新人的独有的婚礼样式。个性定制婚礼也是现代中西合璧婚礼的一种。

（六）婚礼策划师的作用

策划的过程是一个科学性的系统工程，是集调研、思考、创意、设计、决策的实施于一体的一连串过程。婚礼策划就是通过与新人的沟通，在深入了解服务对象的基本情况、特点和诉求的基础上，充分运用专业知识与技能为服务对象提供服务方案并对服务方案进行设计和实施的活动。

婚礼策划师是婚礼策划的实施者，是能根据新人和婚礼服务公司的要求，设计并准确地实施婚礼策划方案，为新人提供温馨、浪漫和神圣的婚礼庆典服务的专业服务人员。婚礼策划师是婚礼的"编剧"和"导演"，是为新人设计和实施人生幸福大典的设计师和工程师。婚礼策划师的作用可以归纳为以下几个方面。

1. 婚礼策划师是统领大局的领航员

绝大多数新人对婚礼都抱有很多的想法，在着手准备时，却不知从何下手、从哪开始、该做些什么。由于筹备婚礼是一项非常繁杂的工程，在筹备婚礼的忙乱中会让新人对婚礼的幸福感大大降低，甚至因为在筹备过程中意见不合而发生争吵。婚礼策划师能做的就是帮助新人整理思绪，根据新人的要求结合自身的专业能力，把新人一些零碎的想法，完整地拼接在一起，实现新人的梦想。

2. 婚礼策划师是新人严苛的管家

一场完美的婚礼，不仅仅有新郎和新娘的参与，也少不了婚礼主持人、化妆师、花艺师、证婚人、摄影师、摄像师、婚车公司、场地布置等的完美配合。而新人往往并不清楚婚庆公司服务的性价比、服务的好坏，哪家公司的婚礼设计更适合某种特定风格的婚礼等。婚礼策划师可以通过自身丰富的经验，为新人选出最适合的婚礼服务供应商，设计出符合新人风格的婚礼仪式，无形中为新人节省了大量的时间和不必要的开支。

3. 婚礼策划师是细心的设计师

设计一场完美的婚礼需要循序渐进，从最初风格的拟定，到选择匹配的场地，到设计雏形，到仪式流程设计，再到包括手捧花、蛋糕、请帖、妆容、服饰等的细节设计，婚礼中每一个元素都是环环相扣。婚礼策划师在这个过程中扮演着仪式流程设计师、现场效果设计师、形象设计师的角色，以专业的眼光来为婚礼进行最完美的搭配。

4. 婚礼策划师是贴心的心理疏导师

经验丰富的婚礼策划师还会了解新人在筹备婚礼的过程中可能承受的压力，成为新人最好的聆听者和心理咨询师，并适时适当地给新人进行心理疏导，进行鼓励支持。在新人面临选择犹豫不决时，婚礼策划师能够以专业和理性的角度协助新人分析、选择。这在筹备婚礼的整个过程中尤为重要，尤其是对一些"患得患失"的准新人就显得更加重要了。

5. 婚礼策划师是专业的现场导演

一场婚礼的重中之重就是婚礼当天举行的婚礼庆典仪式了。在婚礼庆典仪式中，婚礼策划师作为"总导演"，进行现场指挥和统筹协调。只有确保所有流程把控好时间，并协调好各个部门人员，才能打造不留遗憾的婚礼仪式。一个富有经验的婚礼策划师还是新人、宾客和供应商的沟通桥梁，有足够的经验应对突发状况，确保每个环节完美衔接，宾主尽欢。

总之，婚礼策划师可以提供全程一站式、一体化服务，为新人提供完美的梦幻婚礼。

（七）婚礼策划师的基本职业素质

在现代社会中，职业素质已成为用人单位选用人才的重要标准，也是职场制胜、事业成功的第一法宝。职业素质包括职业人必备的思想、知识、技巧等。

婚礼策划师是一个易学难精的职业，硬性门槛虽然不是很高，但该职业涉及内容十分广泛，这就决定了婚礼策划师这一职业素质的多元性和丰富性。婚礼策划师的基本职业素质包括职业道德、职业修养、职业能力、角色认知四个部分。

1. 良好的职业道德

职业道德是指职业活动中应遵循的道德规范的总和。每一种职业的职业道德，都体现在蕴含自身社会地位与社会关系的三大要素——责、权、利。对于婚礼策划师而言，责、权、利的基本内容包括：责，重视每一个婚礼服务项目——因为只能成功，不能失败；权，是建立在与服务对象达成共识基础之上的支配权；利，做到双赢。具体来说，包括以下几点：

（1）诚实守信　诚实守信是指真实无欺、遵守承诺、遵守契约的品德和行为。诚实守信是市场经济得以正常运行的重要道德保障，也是确保市场参与者自身利益得以顺利实现的重要途径。婚礼策划师在为新人策划婚礼的过程中，必须坚持诚实守信，价格公道，平等待客，一视同仁，信守诺言，履行合同，杜绝各种欺诈行为。

（2）认真负责　婚礼策划承担着实现新人完美婚礼梦想的重要责任，是一场婚礼能否成功的关键所在。婚礼服务的不可逆性决定了从业者必须以高度的责任心认真对待自己工作中的每一个环节，对新人负责，对自己负责，对企业负责，确保婚礼万无一失，完美呈现。

（3）爱岗敬业　工作岗位是实现理想和人生价值的重要舞台。婚礼策划师要想在激烈竞争中获得发展的机会，良好的策划能力非常重要，但爱岗敬业的热情更加不可或缺。爱岗敬业要求婚礼策划师热爱本职工作，在工作中树立"不是让我做，而是我要做"的思想，热爱自己所选择的，并为之不断学习，努力攀登。

（4）服务至上　服务至上要求婚礼策划师永远把客户放在第一位。在婚礼策划的每个环节中，要坚持客户满意是工作的唯一标准，树立"永远让用户满意"的观念。要发自内心、全心全意为客户服务。要把自己始终置于客户的严厉挑剔和审察之下，虚心接受来自各方面的意见和建议，不断改进服务，使婚礼服务达到尽善尽美。

（5）以人为本　对于婚礼策划师而言，应树立以人为本的服务理念，这就要求在服务过程中体现对服务对象的尊重。尊重新人的感受，尊重新人的选择，尊重新人的需要，用爱心、耐心、细心、热心、诚心去满足服务对象的服务需求，带给对方舒心、愉悦与满意。

2. 成熟的职业修养

职业修养是指某一行业的从业人员，在自己的工作岗位上通过经年累月的锻炼，从而在思想上、业务上所达到的一定的水准，以及由此而养成的待人处事的基本态度。

（1）知识丰富　一个优秀的婚礼策划师应是一个全面掌握与工作相关专业知识的人，并能够学而不止，不断汲取行业的最新知识和技术。得心应手地做好婚礼策划工作，需要

婚礼策划师了解婚庆行业的相关法律、法规，掌握婚俗文化、礼仪、色彩学、美学、化妆、花艺等相关专业知识和技能，懂得策划学的基本原理和方法，能运用管理学、消费心理学、市场营销学、推销学等知识提升工作成效。

（2）自信果敢　自信是人对自身力量的一种确信，深信自己一定能做成某件事，实现所追求的目标。现代社会面临着日益激烈的竞争，没有自信的人将很快被淘汰出局。一个优秀的婚礼策划师，首先要有自信，相信自己是最优秀的，才能将自身最大的潜能发挥出来，为新人奉上完美的婚礼。

（3）勤奋努力　俗话说，"业精于勤，荒于嬉"。勤奋的人永远值得尊敬，勤奋的人在职场上必能有所斩获；而懒惰必将使人一事无成。婚礼策划师是一份工作强度高、变化性强的职业，只有勤奋的人才能在这一行立足，而贪图闲逸的人永远不可能成为合格的婚礼策划师。

（4）胸怀宽广　宽容是一种修养。俗话说，"将军额上能跑马，宰相肚里能撑船"。这是一种比喻，也是人们的一种期望。对别人要抱着诚挚、宽容的心去相处，对自己要抱着自我批评、愿意改变的胸怀来自省。要容人之长，也要容人之短；要容人之功，也要容人之过；要容忍挑剔的客户，更要容忍有思想、有追求的合作伙伴。只有这样，才能真正有益于自我成长与提升。

（5）勇于创新　创新是这个时代的主旋律，也是企业永恒发展的不竭动力。创新是一种灵感的展现，是一种个人智慧的升华，同时也是一种变革的源泉。对于婚礼策划师来讲，创新是一种必不可少的素质。尽管婚礼看似大同小异，但每一场婚礼都有其独特的地方，每一对新人都有自己独有的诉求。而且随着时代的变迁，新的元素、新的想法、新的技术也会不断涌现。只有具备了创新意识和创新能力的人，才能在重复性的工作程序中捕捉到灵感和变化，找准创新和创意的时机与平台，在激烈的竞争中永远保持优势。

3. 优秀的个人能力

优秀的个人能力是婚礼策划师成功的基石。成功人士的身上都有独特的个人能力，这是旁人所缺乏的。他们的成功基于其对自身能力的重视和培养。具体来说，成功的婚礼策划师所具有的个人能力包括：

（1）领导控制能力　婚礼策划师是一场婚礼的总编剧、总导演，必须能掌控自己所领导的婚礼团队，把握婚礼的全部进程和所有环节，使整个婚礼始终在自己的可控范围之内。

（2）判断理解能力　婚礼客户往往会提出一些复杂、抽象甚至匪夷所思的想法和要求，合格的婚礼策划师必须能在较短的时间内尽快理解这些想法和要求，并做出合理的方案。

（3）高效执行能力　婚礼策划方案确定以后，最重要的就是执行。对于婚礼策划方案确定的任务和客户提出的合理可行要求，婚礼策划师应当做到不找借口，不打折扣，说到做到。

（4）随机应变能力　随机应变能力是当代人应当具有的基本能力之一，对于婚礼策划师而言更加重要。在婚礼方案确定的过程中，随时可能遇到客户的新要求；在婚礼举行的过程中，也经常会出现一些突发情况。这就要求婚礼策划师能够沉着应对，迅速分析问题，做出决策。

（5）表达沟通能力　美国著名职业规划专家卡耐基先生曾指出，一个人事业的成功，只有15%由他的专业技术能力决定，其余的85%，则依赖于他与人沟通的能力。婚礼策划师绝大部分工作都是与人沟通，既包括与客户的沟通，也包括团队内部沟通。这些沟通顺畅与否，也是婚礼能否成功的关键所在。人际沟通能力主要通过以下两种方式来体现：

一是口头表达能力。口头表达能力是指用口头语言来表达自己的思想、情感，以达到与人交流的目的的一种能力。婚礼策划师必须有良好的口才，能和客户顺利交谈，有效表达出自己方案的优点，让客户能认可自己的方案，真正吸引顾客。婚礼策划师必须有良好的口才，才能和团队顺利沟通，准确传递自己的意图，让团队成员清晰明了自己的工作任务和工作要求，真正凝聚人心。

二是文字表达能力。文字的优势是能够充分和清晰地表达思想和意图，并能得到留存。对于婚礼策划师而言，文字主要运用于婚礼策划书的撰写。但是谁都不喜欢阅读冗长、乏味的婚礼策划书，只有简洁、准确、语言生动才能更好地传达信息。因此，学会用简洁有力、生动活泼的语言风格编制赏心悦目的婚礼策划书就显得尤为重要。要将复杂的问题简单化，在有限的篇幅内给予最大的信息量，使客户对婚礼策划书感兴趣，使工作人员明确策划书中的内容焦点。

（6）组织协调能力　一个婚礼能否成功，方案的好坏只是一部分，更重要的是根据方案对资源进行分配，同时组织协调有关部门和人员，落实各项工作。婚礼准备千头万绪，对细节要求也非常高，要求婚礼策划师不仅能把握全局，还要关注细节。只有考虑周全，具备良好的组织协调能力，才能在复杂的工作进程中做到忙而不乱。

（7）自主学习能力　婚庆行业时刻处在变动之中，新技术、新理念不断引入，流行元素也在不断变化，这就要求婚礼策划师具有较强的自主学习能力，能始终站在时代的最前端。

（8）团队协作能力　团队协作是一种为达到既定目标所显现出来的自愿合作和协同努力的精神。它可以调动团队成员的所有资源和才智，自动地驱除不公正现象，给予奉献者适当的回报。完成一场婚礼需要婚礼主持人、化妆师、摄影摄像师、花艺师等团队成员的共同努力，婚礼策划师作为这个团队的领导者尤其需要这种能力。

从专业角度来说，优秀的婚礼策划师要有对婚礼文化以及行业的认识和理解；要有较深的文化底蕴以及婚礼习俗知识；要有很强的敬业精神，并具备一定的人格魅力和亲和力；要有丰富的想象力、创造力以及很好的沟通能力，用热情感染宾客。

4. 准确的角色认知

一名成熟的婚礼策划师，必须了解自己在婚礼庆典服务过程中的意义和作用，并且能自觉自愿地摆正自己的位置，明确自己的工作职责，尽心尽力地扮演好自己的职业角色。婚礼策划师的具体工作职责主要包括：

（1）设计婚礼　提炼婚礼的主旨，运用专业知识与技能为新人设计并定制符合他们要求、适合他们的以婚礼场景方案、婚礼流程方案、主题表达方案为中心内容的婚礼服务。

（2）实施并展现完美婚礼　将设计方案与现场实施结合在一起，使新人的婚礼梦想完整地甚至超出想象地呈现出来。

（3）提供婚礼咨询　在筹备婚礼的过程中，帮助并引导新人准备婚礼物品及相关事项，掌握婚礼筹备的进度，为新人节省时间、精力、费用。

（4）协调各方关系　协调、安排与婚礼相关的各方面工作人员，如酒店负责人，新人方的

协调人、摄影师、摄像师等工作人员，使各方面的人员能够密切配合，保证婚礼顺利进行。

（5）提供心理辅导　为新人做心理辅导，使新人适当缓解紧张情绪和减轻压力。

（八）婚礼策划服务工作流程

婚礼策划服务工作流程可以概括为以下几个基本步骤（图1-1）：

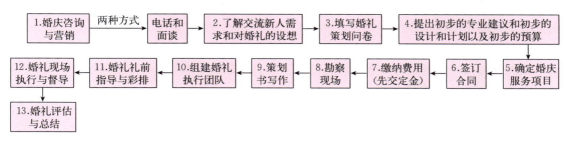

图1-1　婚礼策划服务工作流程

（九）婚礼策划书格式基本知识

掌握婚礼策划书的基本结构是体现婚礼策划专业性的重要标志，通过合乎规范的婚礼策划格式来严谨策划各环节，有利于婚礼策划逻辑的梳理和具体工作的实施。一般来讲，婚礼策划书包括以下几个内容。

1. 封面

婚礼策划书的封面要根据婚礼当事人的品位和喜好，尽量体现或喜庆热烈，或高雅别致，或温馨柔美的封面风格。可以将有设计感的图案放在封面上，但不能过多过杂，显得凌乱缺少章法。可标注"征求意见稿""草稿"等字样，决定实施此策划方案时应标注"最终稿""执行稿"等。一般封面用纸较正文厚，且有质感。封面内容主要包括：

（1）婚礼策划题目。

（2）婚礼策划委托人（婚礼当事人）姓名、婚庆公司名称、婚礼策划师姓名。

（3）婚礼策划编号。

（4）策划完成时间。

2. 序文

序文是对婚礼策划书内容的总结和提炼，也是婚礼策划书的引子或前言。一般婚礼策划书较少用序文，但可以将婚礼策划主题以感性文字的方式加以表述，会使婚礼策划书显得富有情趣、与众不同，给人以量身定做的感受。婚礼策划书序文字数一般为300字左右。

3. 目录

目录是婚礼策划书的结构总览，能够将婚礼策划书的内容以较清晰的方式体现出来。如不是特别迷你的婚礼策划，建议婚礼策划书加入目录。清晰的目录也会进一步明确婚礼策划的各项内容，不至于缺失。

4. 正文

正文是婚礼策划书的主体内容，也是核心内容。正文要对婚礼策划的所有流程、任务、细节做系统而又细致的说明。婚礼策划书的正文主要包括：婚礼策划主客体说明、婚礼策划主题以及策划创意、婚礼实施流程、婚礼预期效果、婚礼经费预算、婚礼应急预案。

5. 附件

附件是对正文内容的补充，一般为表格、效果图等形式，如附件内容不多，也可将部分内容纳入正文中。

附件主要包括：婚礼筹划工作进度表、婚礼典礼当天流程表、婚礼服务人员任务分工表、婚礼物品需求及场地筹划表、婚礼经费预算表、婚礼效果图、婚礼注意事项。

6. 婚礼策划书的具体格式

（1）策划书名称 尽可能具体地写出策划名称，如"×年×月×日××婚礼当事人××婚礼策划书"，置于页面中央，当然可以写出正标题后，将此作为副标题写在下面。

（2）婚礼背景 这部分内容应根据策划书的特点在以下项目中选取内容重点阐述。具体项目有：婚礼当事人环境基本情况简介、婚礼主要执行对象、婚礼开展方式以及相关节目流程的动机。其次应说明婚礼的环境特征，重点考虑婚礼环境的内在优势、婚礼习俗及当地文化等因素，对其做好全面的分析，将内容重点放在环境分析的各项因素上，对婚礼当事人的情况进行详细的描述，并通过对情况的预测制订计划。如环境不明，则应该通过调查研究等方式进行分析并加以补充。

（3）婚礼目的、意义和目标 应用简洁明了的语言将目的要点表述清楚；在陈述目的要点时，婚礼的核心构成或策划的独到之处及由此产生的意义（浪漫性、情感性、婚礼效果性等）都应该明确写出。婚礼目标要具体化，并需要满足重要性、可行性、时效性。

（4）资源需要 列出所需人力、物力资源，包括使用的地方，如道具、花材、设备、酒店草坪等，都详细列出。可以列为已有资源和需要资源两部分。

（5）婚礼开展 作为策划的正文部分，表现方式要简洁明了，使人容易理解，但表述方面要力求详尽，写出每一个设想到的东西，没有遗漏。此部分不仅仅局限于用文字表述，也可以适当加入照片、图表等；对策划的各项工作项目，应按照时间的先后顺序排列，绘制婚礼实施时间表有助于方案核查。

人员的组织配置、相应权责及时间地点也应在这部分加以说明，执行的应变程序也应该在这部分加以考虑。这里主要包括以下几方面：婚礼会场布置、接待、嘉宾座位、合同协议、主持、领导讲话、司仪、婚礼会场服务、背景、灯光、音响、摄像、信息联络、秩序维持、衣着、现场气氛调节、接送车辆、活动后清理人员、合影、餐饮招待、后续联络等。婚礼策划师可以根据实际情况自行调节。

（6）经费预算 婚礼的各项费用在根据实际情况进行具体、周密的计算后，用清晰明了的形式列出。

（7）婚礼中应注意的问题及细节 内外环境的变化，不可避免地会给方案的执行带来一些不确定因素，如举办室外婚礼时的天气等。因此，当环境变化时是否有应

变措施，损失的概率是多少，造成的损失有多大以及应急措施等也应在策划书中加以说明。

（8）婚礼负责人及主要参与者　注明策划者、参与者姓名（如果是小组策划，应注小组名称、负责人）。

必须注意的是，本书提供的是策划书写作基本参考，小型策划书可以直接填充；大型策划书可以不拘泥于此例，自行设计，力求内容详尽、页面美观；婚礼策划书可以进行包装，可以专门给策划书制作封页，力求温馨、浪漫；用设计的徽标作页眉，图文并茂等；如有附件，可以附于策划书后面，也可以单独装订；策划书需从纸张的长边装订；一份大型策划书中，可以包含若干子策划书。

（十）婚礼策划的分类

一场好的婚礼是有灵魂的，是能让所有来宾共同参与、共同投入、共同欢乐、共同感动、共同祝福并难以忘怀的。而婚礼的灵魂是新人的爱情，婚礼策划就是展示新人的爱情。

婚礼策划可以从不同的角度进行分类。

1. 从婚礼策划书的设计内容来分

可以分为两个方面：场景设计策划和流程设计策划。婚礼场景设计策划就是婚礼布置、布景设计；婚礼流程设计策划就是婚礼仪式程序设计。婚礼场景设计要与婚礼流程设计互为推进、互为依托，婚礼策划师要做的就是将这两个部分完美结合，充分表达婚礼构想和婚礼主题。

2. 从婚庆公司营销和服务产品来分

婚礼策划可以包括婚庆公司前期的市场策划和婚礼庆典相关内容策划。婚庆公司前期的市场策划是婚庆公司对于婚庆市场的研究、营销、推介的策划，包括婚礼市场调查、婚礼成本策划、婚礼推进策略、婚礼策划报告。婚礼庆典相关内容策划就是婚庆公司为客户提供的专一性、独一性的婚礼策划产品，包括婚礼创意策划和婚礼要素策划。

婚庆公司前期的市场策划是婚礼策划的基础过程，强调的重点是婚庆市场前期的调研和准备的过程。婚礼庆典相关内容策划是在研究的基础上形成和设计出来的，是婚庆公司面对客户的商品推介过程，是婚庆公司盈利项目的推销过程。由于婚礼庆典相关内容策划较婚庆公司前期的市场策划更容易看到现实盈利效果，所以大部分规模较小的婚庆公司重视婚礼庆典相关内容策划，而轻视婚庆公司前期的市场策划。随着社会发展和婚庆公司品牌化规范化的建立，越来越多的婚庆公司也逐渐开始重视对前期市场策划的认识和研究。

（十一）婚礼策划的基本工作流程

婚礼策划中前期客户信息搜集是第一步，策划准备是第二步，撰写策划方案是第三步，具体执行方案是第四步，评估总结是最后一步。要使婚礼实现最佳的策划效果，每一步都是至关重要的。

一场完美的婚礼需要完美的开始和结尾，而期间更需要辛苦的努力和尽心的准备。从客户信息搜集、策划准备、策划操作到执行实施、评估总结这五个阶段，需要按照一些设定的步骤和过程来完成。一般来讲，主要包括如下十个步骤：婚礼环境分析→婚礼目标确定→婚礼效果确定→婚礼主题确定→婚礼创意确定→婚礼形式选择→婚礼意外备案→婚礼氛围营造→婚礼实施策略→婚礼效果评估。

（十二）婚礼策划书标准文本参考

婚礼策划书封面（略）

目录（略）

序言

尊敬的_____先生（新郎）、_____小姐（新娘）：

首先非常感谢英俊、靓丽的您选择我们为您二位量身定制独具创新的个性化婚礼，感谢您二位对我们公司的信任！

序言：公司介绍和新人介绍

一、公司介绍

二、新人介绍

三、婚礼的时间、地点

策划一：婚礼色彩策划

一、婚礼主色调

二、婚礼场地色彩

三、婚宴色彩

四、婚礼花艺色彩

策划二：婚礼场布策划

一、婚礼现场手绘图和电子平面图

二、舞台背景设计

三、花门、路引设计

四、指示牌、迎宾牌、合影墙、签到台（笔、轴）设计

策划三：婚礼花艺策划

一、婚礼现场背景布置及鲜花装饰设计

二、拱门装饰设计

三、婚礼花车装饰设计

四、婚礼花门装饰设计

五、婚礼人体用花设计

六、婚礼现场迎宾区、楼梯区、宴会区鲜花装饰设计

七、婚礼现场主桌、幸福路鲜花装饰设计

八、新娘手捧花（中式、西式）设计

九、椅背花装饰设计

十、地毯、桌布装饰设计

十一、其他装饰设计

策划四：婚礼道具和用品策划

一、签到台、签到笔

二、戒枕

三、交杯酒

四、蛋糕

五、香槟塔

六、烛台

七、桌卡、餐具

八、卡贴

九、请柬

十、回礼

十一、其他

策划五：婚礼流程策划

婚礼仪式一般流程如下。

婚 礼 仪 式 具 体 流 程

上 半 场

时 间	内 容	相关人员、设备	出场人	出场表现	相关配合
10:58	婚礼倒计时			主持人准备入场	全场安静
10:58	主持人开场	主持、音响、摄影、摄像、督导	新郎、新娘准备入场	主持人开场串词	全场安静，播放主持人入场音乐
11:02—11:04	介绍父母	主持、音响、摄影、摄像、督导	父母示意	新郎、新娘准备入场	周围清场，督导安排礼仪引导新娘准备入场
11:04—11:10	新郎出场	主持、音响、摄影、摄像、伴郎	新郎入场	新郎缓步出场 主持人主持配合 伴郎陪伴	督导安排放音乐
11:10—11:12	新娘出场	主持、音响、摄影、摄像、督导、伴娘	新娘入场	新娘由父亲牵着出场 主持人主持配合 伴娘配合	音乐
11:12—11:18	新娘在音乐中前行	主持、音响、摄影、摄像、督导、伴娘	新娘入场	父亲牵着新娘在音乐中向前走 主持人主持配合	音乐
11:18—11:22	新娘父亲将新娘交给新郎	主持、音响、摄影、摄像、督导、伴郎、伴娘	新娘、新娘父亲、新郎	新娘和父亲拥抱，父亲把新娘交给新郎	（1）督导安排礼仪引导父亲回主桌就座（2）音乐

（续）

婚 礼 仪 式 具 体 流 程					
上 半 场					
时 间	内 容	相关人员、设备	出场人	出场表现	相关配合
11:18—11:22	新郎迎新娘，献上手捧花	主持、音响、摄影、摄像、督导、伴娘、伴郎	新郎、新娘	新郎向新娘走去，单膝跪地，新娘扶起新郎，接过手捧花，新郎牵着新娘走向舞台	音乐
11:22—11:40	新人宣誓，戴戒指，拥吻	主持、音响、摄影、摄像、督导、伴娘、伴郎、小花童	新郎、新娘	新人宣誓，戴戒指，拥吻	督导安排两位小花童到位，准备好花篮、花瓣。音乐
11:40—11:45	倒香槟酒、切蛋糕	主持、音响、摄影、摄像、督导、伴娘、伴郎	新郎、新娘	新人倒香槟酒、切蛋糕、点燃烛光台	音乐
11:45—11:50	给女伴抛手捧花	主持、音响、摄影、摄像、督导、伴娘	新郎、新娘及女伴	给女伴抛手捧花	音乐
11:50	礼成	音响、摄影、摄像、督导、伴娘、伴郎	新郎、新娘	新人退场伴娘、伴郎陪伴	音乐
下 半 场					
时 间	内 容	相关人员、设备	出场人	出场表现	相关配合
12:00	新人换礼服出场与父母同写"家"字	音响、摄影、摄像、督导、伴娘、伴郎	新郎、新娘伴娘、伴郎	新人礼服出场与父母同写"家"字	（1）督导确认新人敬酒的托盘准备好（2）提前准备好"家"字裱框
12:00—12:10	新郎致辞	音响、摄影、摄像、督导、伴娘、伴郎	新郎、新娘	新郎致辞	礼仪端上两杯酒，端下空杯
12:10—12:30	游戏环节	音响、摄影、摄像、督导、伴娘、伴郎	新郎、新娘、来宾	主持人主持游戏环节	中奖嘉宾上台与新人互动
12:30—13:00	新人与嘉宾合影	音响、摄影、摄像、督导、伴娘、伴郎	新郎、新娘、来宾	新人与嘉宾合影	音乐
13:00	新人敬酒	音响、摄影、摄像、督导、伴娘、伴郎	新郎、新娘、来宾	新人敬酒	音乐
14:00婚礼结束	新人送客	音响、摄影、摄像、督导、伴娘、伴郎	新郎、新娘、来宾	新人送客	音乐

策划六：婚礼化妆策划

一、新娘妆型和服饰、配饰

二、新郎妆型和服饰、配饰

三、伴娘、伴郎妆型，配饰

四、新人家人化妆

五、跟妆化妆师的确定

策划七：婚礼主持、音乐、灯光策划

一、婚礼主持人风格、性别确定

二、婚礼音乐设计（婚礼音乐、音效单）

三、灯光设计、灯光布局设计

策划八：婚礼摄影、摄像策划

一、婚礼摄影重点画面确定

二、婚礼摄像确定（机位、起始时间）

三、婚礼 MV 作品设计

四、婚礼微电影作品脚本创作

策划九：婚礼游戏节目策划

一、节目数量

二、节目内容

策划十：婚礼后期产品策划

一、婚礼电子相册制作

二、婚礼光盘制作

三、婚礼庆典杂志制作

四、婚礼油画制作

策划十一：新人婚房、父母房间装饰策划

一、新人婚房及周边环境装饰设计

二、新人父母房间及周边环境装饰设计

策划十二：迎新花车策划

一、花车车型、数量

二、花车的使用时间、地点、路线

三、花车装饰

策划十三：婚宴策划

一、婚宴桌数

二、婚宴菜式

三、婚宴酒水

四、烟、酒包装设计装饰

策划十四：婚礼服务团队策划

一、伴娘与伴郎
二、花童与戒童
三、主婚人与证婚人
四、督导与礼仪

策划十五：婚礼彩排策划

一、彩排时间、地点
二、彩排要求
三、新人礼仪辅导

策划十六：婚礼蜜月旅行策划

一、旅行时间、地点
二、婚礼顾问服务、摄影跟拍

策划十七：婚礼费用策划

婚礼费用预算如下。

婚礼服务费用预算表

项　　　目	单价/元	总价/元	备注
婚礼总预算			
婚礼策划服务			
婚礼督导服务			
婚礼主持服务			
婚礼化妆师服务			
婚礼音乐调控师服务			
婚礼现场摄影师服务			
婚礼现场摄像师服务			
婚礼花艺服务（包括花材）			
婚礼场布服务（包括各种装饰材料）			
婚礼新人房间和父母房间及周边环境装饰服务			
婚礼道具、设备			
现场灯光服务			
婚礼花车服务及装饰			
婚礼后期产品			
婚宴服务			
蜜月服务			
其他延伸服务			
总计			

策划十八：婚礼延伸服务策划

一、婚礼闹洞房服务

二、新娘回门服务

三、新人结婚一周年庆典服务

四、婚后子女满月酒庆典服务

五、婚后子女周岁庆典服务

六、新人父母生日庆典服务

七、新人父母银婚（二十五年）、金婚（五十年）庆典服务

八、其他庆典服务

附件：

1. 婚礼筹划工作进度表（略）

2. 婚礼典礼当天流程表（略）

3. 婚礼创意策划文案（见第四节）

4. 婚礼服务人员任务分工表（略）

5. 婚礼物品需求及场地筹划表（略）

6. 婚礼经费预算表（略）

7. 婚礼手绘（3D）效果图（略）

8. 婚礼注意事项（略）

9. 祝酒词——新娘的父亲（略）

10. 证婚词——嘉宾（略）

11. 婚礼应急预案（略）

12. 婚庆服务标准合同文本（略）

子任务二　根据婚礼当事人的故事或要求确定婚礼主题

一、工作流程

（一）工作准备

1. 物品准备

序号	名称	单位	数量
1	笔记本	个	1
2	黑色中性笔	支	1
3	红色中性笔	支	1
4	笔记本电脑	台	1
5	投影仪	台	1
6	幕布	块	1
7	相关视频案例	个	若干
8	相关图片案例	个	若干

2. 环境与人员准备

序号	环境与人员	准备
1	环境	干净、整洁、温馨、空气清新、无异味
2	婚礼策划师	（1）着装整齐，端庄大方，面带微笑，举止得体，对人有礼，沉着自信，不卑不亢，守诺守时 （2）熟悉并掌握为婚礼当事人制作婚礼文案的技能要求和相关知识 （3）提前与婚礼当事人进行沟通
3	婚礼当事人	舒适就座，位置以可以和婚礼策划师面对面交流为宜

（二）确定婚礼主题

步骤	流程	技术操作要求
工作前准备	沟通与分析	（1）沟通。婚礼策划师引导婚礼当事人进入办公室或谈单区域，与婚礼当事人面对面就座，进行简单的自我介绍和寒暄问候。如"您好！我是你们的婚礼策划师阿美，今天我们主要帮您确定一下婚礼的主题，我们会问您一些问题的同时，也想听听二位对婚礼的愿景"
		（2）分析。通过与婚礼当事人的沟通，分析相关信息，找出可以生发的诉求点
步骤1	分析信息，初步拟定主题	（1）与婚礼当事人充分沟通后根据婚礼当事人的个人基本信息和爱情经过，做基本分析
		（2）分析后，在信息中寻找相互之间的关系，找出可以作为婚礼主题挖掘和生发的诉求点
		（3）找到婚礼诉求点之后，接下来要考虑能否将其转化为一些具体的东西加以体现。无论是通过婚礼现场的布置，还是通过婚礼仪式环节的设置
		（4）找到可以充分表现婚礼当事人诉求点的有效途径，将其初步拟定为婚礼主题
步骤2	评估可行性，初步确定主题	（1）婚礼主题初步确定之后，就需要综合考虑婚礼场地、婚礼预算等各方面的因素，对其进行可行性评估
		（2）可行性评估后，将其确定为婚礼主题
步骤3	向婚礼当事人阐明主题	（1）当婚礼主题确定之后，婚礼策划师就需要与婚礼当事人进一步沟通，向其阐明婚礼主题的含义
		（2）婚礼策划师向婚礼当事人介绍打算通过何种方式来表现主题，预计能达到何种效果，使婚礼当事人做到心中有数
步骤4	征求当事人意见，适当调整主题	（1）婚礼策划师向婚礼当事人阐明婚礼主题之后，需要征求婚礼当事人意见，如果婚礼当事人对婚礼主题不满意，应及时修改策划思路，重新寻找主题
		（2）婚礼策划师与婚礼当事人沟通后，婚礼当事人对婚礼主题基本满意，应询问其是否有修改和补充意见。只有当婚礼主题完全得到婚礼当事人的认可，婚礼策划工作才能继续
注意事项		（1）分析婚礼当事人基本信息的过程中，既要注意对婚礼当事人信息的挑选，也要注意思维的扩散和发掘
		（2）注意婚礼策划是在为婚礼当事人量体裁衣，一定要选择适合他们的婚礼主题，它是一项婚礼策划师与婚礼当事人共同参与、共同完成的工作

（三）实施效果

1. 通过为婚礼当事人确定主题，使相对模式化的婚礼充满主题色彩，使形式化的过程变得真正有意义，有值得婚礼当事人回味和珍藏的价值。

2. 通过帮助婚礼当事人确定主题，可以从不同的环节细化婚礼仪式的相关内容，增加婚礼气氛，同时也能够让现场的亲朋好友更好地感受到无处不在的浪漫气息。

二、相关知识

（一）婚礼主题的基本知识

1. 主题婚礼的含义

主题婚礼，顾名思义就是有特定的主题与含义的婚礼。婚礼策划的每一个细节都需要围绕特定的风格主题，从而体现婚礼当事人的个性特点和生活品位。

主题婚礼以婚礼主题为线索来设计婚礼流程、进行婚礼场布、展开婚礼故事情节，婚礼的灯光和音乐、婚礼当事人服饰妆容、婚礼主持也都围绕着婚礼主题而展开。

2. 主题婚礼的特征

（1）婚礼现场是婚礼当事人的舞台　爱是需要见证的，婚礼是需要祝福的，每个亲朋好友都希望在婚礼现场能感受到一对婚礼当事人至真至纯的爱，也能在这种气氛中给予婚礼当事人祝福。每对婚礼当事人都有不同的爱情经历，每个经历对于自己来说都是一辈子的珍藏、一辈子的甜蜜。婚礼主题可以从婚礼当事人共有的兴趣爱好、交往经历、爱情故事或任何一个有意义的细节来确立。将自己和所有的来宾都带到一个甜蜜、温馨的环境中，让婚礼当事人真正成为婚礼的主角，将婚礼现场真正变成婚礼当事人的舞台。

（2）婚礼现场布置多元化和个性化　传统的纯中式婚礼、纯西式婚礼或中西合璧式婚礼在内容和流程上都非常相似，很难有所创新，因此常常出现很多婚礼雷同的现象。在主题婚礼中，由于每对婚礼当事人的主题完全不同，所以，现场的布置、摆设和道具也都不尽相同。婚礼现场的设计装饰围绕主题，突出亮点，真正体现婚礼当事人自己的特点。婚礼现场布置多元化和个性化，让婚礼更加贴近婚礼当事人，为每一个婚礼参与者留下一辈子的回忆。图1-2展示的是森系主题婚礼。

3. 主题婚礼的要求

（1）贴合婚礼当事人特点，表现婚礼当事人个性　在婚礼主题的前期准备过程中，婚礼策划师应该如朋友般和婚礼当事人进行深入的沟通和交流，了解婚礼当事人的职业、兴趣爱好等个人信息，尤其要认真倾听婚礼当事人的爱情故事，注意他们爱情故事中的每个细节，在此基础上寻找婚礼创意的主题方向，婚礼的主题一定要贴合婚礼当事人特点，表现婚礼当事人个性。

（2）避免主题婚礼"有形无义"　主题婚礼是以主题为线索来牵引婚礼当事人有条理、有层次地表达出他们的真情实感。只有真实，来宾才会感动；只有真实，才有婚礼当事人之间的美满结合。所以主题婚礼的致命伤就是"有形无义"，即空有一些形式上的内容，

图1-2 森系主题（学生手绘作品）

而体现不出婚礼的内涵。

（二）常见的套餐主题婚礼划分

1. 按地点划分

海滩、庄园、酒店、草坪等。比如婚礼在海滩或者庄园举行，这是主题婚礼的一种形式。

2. 按颜色划分

白色圣洁、橙色温暖、绿色清新、紫色梦幻等，不难看出现在国内很多婚礼就以颜色确定婚礼主题，有的要突出清新自然的感觉，就可以选择绿色为婚礼主色调，有的想突出圣洁纯净的场面，则以白色为婚礼主色调等。

3. 按风格划分

冰雪奇缘、梦幻童话、秋日物语、盛世汉唐等。除了地点、颜色外，标准的主题婚礼则以某种特定节日或特殊意义的主题为婚礼基调，比如低碳环保、异域风情等，最终策划一场个性的婚礼盛典。

（三）如何确定婚礼主题

主题婚礼从婚礼当事人本身的特点出发，激发创意、寻找主题，从而表现出婚礼灵魂。一场主题婚礼的策划，可以根据沟通过程中对突破口的把握，分为音乐、色彩、花材、季节、故事、姓名等类型。婚礼的主题可以是一件物品，可以是一件事情，也可以是一种理念。具体说来，它可以是婚礼当事人的一个爱情信物，可以是婚礼当事人的恋爱方式，可以是一封情书的内容，可以是恋爱过程中最令人感动的一句话，可以是一个约会的地点，可以是婚礼当事人的一次情感转折，还可以是婚礼当事人的一个爱情目标，甚至可以是婚礼当事人的爱好、特长或者职业。因为每对恋人的故事不

尽相同，所以每对婚礼当事人的故事里都能挖掘出不一样的主题，没有统一固定的标准。例如：美国一对在超市工作的恋人就举行了一场超市主题婚礼，超市的购物通道就是他们成婚的礼堂；而电影《爱情终点站》中男主角的机场运输工朋友就和自己的恋人——同在机场工作的安检小姐举行了一场机场运输车主题婚礼，这就是以婚礼当事人的职业来确定婚礼主题。又如：如果婚礼当事人喜欢童话，那么就可以举行一场童话主题婚礼；如果婚礼当事人推崇环保理念，就可以举行一场以低碳环保为主题的婚礼；如果婚礼当事人是青梅竹马的一对，就可以举行一场以青梅竹马为主题的婚礼；如果婚礼当事人的特长或爱好是音乐，就可以举行一场音乐主题婚礼。总之，婚礼主题的选择可以从多个角度寻求突破。

婚礼当事人是婚礼的主角，整场婚礼围绕着两个人的故事而展开。所以挑选婚礼主题的关键在于婚礼策划师与婚礼当事人之间如朋友般亲切地交谈，充分沟通。一个优秀的婚礼策划师，能够凭借经验，从专业化的角度敏锐地觉察到婚礼当事人的故事中值得去做的"点"，很多时候这些"点"往往是婚礼当事人自己从未觉察到的。当然这个过程具有一定的难度，需要婚礼策划师具备一定的功力。值得一提的是，婚礼策划师一定要注意引导婚礼当事人尽量和自己分享他们的爱情故事或成长故事的细节，如第一次约会的地点、两人的童年故事、一次印象深刻的争吵。在沟通分享的过程中，婚礼当事人也回顾了他们在爱情之路上的成长足迹。在此基础上，婚礼策划师还可以适当引导婚礼当事人聊一聊他们对彼此所做的哪些事印象最深，最想要一种什么样的婚礼氛围，是否有某种东西让两人都牵挂不已，随着沟通的步步深入，婚礼主题就呼之欲出了。

（四）如何围绕婚礼主题展开策划

当婚礼主题确定下来之后，就需要以此为主线展开策划，以它为串接口，从环节、道具、布置等各方面寻求和主题相关的表现形式。

婚礼策划师发现值得做的"点"之后，接下来要考虑的就是如何将其转化为一些具体的东西去加以体现。在婚礼策划的过程中，很难明确地说婚礼项目中的哪一个方面对于主题婚礼是最重要的，因为不同的主题会有不同的表达方式，有些可能从会场布置上更容易表现，有些可能从婚礼仪式和节目上着重表现更加恰当，所以还要考虑找对侧重点。确定侧重点之后，根据已经确立的婚礼主题，放开思路设想，想法越多，主题婚礼出彩和吸引人的可能性也就越大。虽然在策划的前期，可以天马行空地想象，但是当有了一些具体的创意之后，就需要考虑其可行性。因为婚礼策划最终还是要落到执行层面，所以考虑想法和创意的可行性是必不可少的。这时候就要考虑到场地条件、资金预算、宾客喜好等实际因素，然后对所有的创意进行可行性分析和筛选。

主题婚礼要求婚礼细节围绕主题展开，那么如何让婚礼主题始终贯穿于整场婚礼呢？可以从两个方面来配合。首先，在道具制作上，需要一个核心的标志性图案，从而使所有的婚礼道具形成一种整体感来配合婚礼的主题；其次，在婚礼内容上，在每场仪式和节目中要有关键性的点题项目。

子任务三　构思婚礼仪式流程

一、工作流程

（一）工作准备

1. 物品准备

序号	名称	单位	数量
1	笔记本	个	1
2	黑色中性笔	支	1
3	红色中性笔	支	1
4	笔记本电脑	台	1
5	幕布投影仪	台	1
6	相关视频案例	个	若干

2. 环境与人员准备

序号	环境与人员	准备
1	环境	干净、整洁、温馨、空气清新、无异味
2	婚礼策划师	（1）着装整齐，端庄大方，面带微笑，举止得体，对人有礼，沉着自信，不卑不亢，守诺守时 （2）熟悉并掌握为婚礼当事人构思婚礼仪式流程的技能和相关知识 （3）提前与婚礼当事人进行沟通
3	婚礼当事人	舒适就座，以和婚礼策划师面对面交流为宜

（二）构思婚礼仪式流程

步骤	流程	技术操作要求
工作前准备	沟通与分析	（1）沟通。婚礼策划师引导婚礼当事人进入办公室或谈单区域，与婚礼当事人面对面就座，进行简单的自我介绍和寒暄问候。如"您好！我是你们的婚礼策划师阿美，今天我们主要帮您确定下您婚礼的仪式流程，我们会问您一些问题，同时，也想听听二位对婚礼仪式流程的诉求"
		（2）分析。通过前期接触了解和观察分析适合婚礼当事人的仪式流程
步骤1	了解婚礼当事人情况	（1）与婚礼当事人充分沟通后根据婚礼当事人的个人基本信息和爱情经过，做基本分析
		（2）分析后，在信息中寻找相互之间的关系，并询问婚礼当事人对婚礼流程的大致诉求，尤其是典礼流程的诉求
		（3）找到婚礼诉求点之后，接下来要考虑能否将其转化为一些具体的东西加以体现。无论是通过婚礼现场的布置，还是通过婚礼仪式环节的设置
		（4）找到可以充分表现婚礼当事人诉求点的有效途径，将其初步拟定为婚礼主题

步骤	流程	技术操作要求
步骤2	帮助婚礼当事人选择时间、地点	（1）在对婚礼当事人的基本情况有了初步了解之后，婚礼策划师需要向婚礼当事人确定婚礼时间与婚礼场地
		（2）如果婚礼当事人还无法确定婚礼时间和场地时，婚礼策划师可以就婚礼当事人的婚礼时间与婚礼场地给出专业意见
		（3）婚礼策划师可以为婚礼当事人介绍哪个酒店办婚礼效果最好，这些酒店的餐费，这些酒店的特色，甚至，还有很多除了传统酒店外的可以办婚礼的地方，比如网红餐厅、特色场地等
步骤3	向婚礼当事人介绍婚礼流程	（1）根据婚礼当事人的诉求，婚礼策划师向婚礼当事人介绍中式婚礼提亲、定亲、接亲的流程
		（2）根据婚礼当事人的诉求，婚礼策划师向婚礼当事人介绍西式婚礼的婚前准备流程
步骤4	向婚礼当事人介绍婚礼重点	（1）婚礼策划师向婚礼当事人重点介绍中式婚礼典礼流程以及古代传统中式婚俗的注意事项
		（2）婚礼策划师向婚礼当事人重点介绍西式婚礼典礼入场流程、婚礼仪式流程、婚礼宴会流程以及传统西式婚礼的注意事项
步骤5	根据婚礼情况设计婚礼预案	（1）婚礼当事人与婚礼策划师就婚礼仪式流程达成统一意见后，婚礼策划师根据婚礼当事人情况着手设计中式婚礼预案
		（2）婚礼当事人与婚礼策划师就婚礼仪式流程达成统一意见后，婚礼策划师根据婚礼当事人情况着手设计西式婚礼预案
注意事项		（1）分析婚礼当事人基本信息的过程中，既要注意对婚礼当事人信息的挑选，也要注意思维的扩散和发掘
		（2）当找到婚礼诉求点之后，接下来要考虑能否将其转化为一些具体的策划加以体现
		（3）注意婚礼策划是在为婚礼当事人量体裁衣，一定要选择适合他们的婚礼仪式，它是一项婚礼策划师与婚礼当事人共同参与、共同完成的工作

（三）实施效果

1. 通过为婚礼当事人构思婚礼仪式流程，使结婚变得更有的仪式感，更有纪念价值，更值得婚礼当事人回味和珍藏。

2. 通过为婚礼当事人构思婚礼仪式流程，能使婚礼有条不紊、环环相扣，将婚礼最好的一面展示给婚礼当事人和来宾。

二、相关知识

（一）中式婚礼流程实例

中式婚礼的风俗，全国各地不尽相同，差异很大，案例只能作为参考，仅为全国部分地区案例，具体仪式流程请大家根据当地风俗适当调整策划方案。

1. 中式婚礼提亲、定亲流程

当一对恋人决定结婚时，通常邀请双方长辈见面。由男方家长向女方提亲并赠送礼物，即旧时所称纳采和纳征。过大礼的礼品通常包括各种在中国文化中表示吉祥的食品、物品，如茶叶、发菜等。女家收下聘礼，婚约正式成立。双方家长讨论婚礼形式、日期及地点。双

11:20 进入洞房。

11:40 新娘更换服装，为来宾敬酒。

12:00 民俗表演。

13:30 婚宴结束。

（二）西式婚礼流程实例

西式婚礼是指符合西方主流文化的结婚仪式。

最常见的西式婚礼举行时间一般有两种：一种是在下午或傍晚举行婚礼仪式；另一种是在上午 11 点左右举行婚礼仪式，然后接着举行午餐宴会派对。晚上的婚宴通常在室内举行，更为正式。午餐婚宴则常常在花园、草坪等室外场合举行，轻松愉快。婚礼一般定在周末或公共假日，以方便宾客出席。

1. 婚礼前准备流程

（1）婚礼当事人的最后准备　婚礼仪式前的几个小时是婚礼当事人穿戴装扮的时刻。伴娘们早早地聚集到婚礼当事人的家中，帮助新娘换好婚纱。这时，化妆师也到场了，开始为新娘上妆及换发型。伴娘们则纷纷换上自己的伴娘服，并帮助新娘整理好要带到婚礼现场的物品。在新郎家中，新郎和伴郎们也换上礼服，做最后的准备。婚礼上使用的捧花、胸花及花童用的花篮和花瓣送到两家，分发给每个人。在一切打点妥当之后，婚礼团成员与新娘、新郎的父母便纷纷出发去婚礼仪式现场，新娘与父母通常是最后出发的，因为在仪式开始前不能让宾客看到新娘的打扮，所以赶在最后一分钟才到。

（2）宾客到场　婚礼正式开始前半个小时左右，宾客陆续到场。婚礼上的座位一般分为左右两排。左排按传统是女方家人与亲友的坐席，右排则为男方的家人与亲友。担任迎宾的婚礼团成员会在席位入口处邀请到达者签名，然后引导他们入席。宾客座位正对的前方是婚礼台。婚礼台一般是一个鲜花装饰的拱门。面对婚礼台最前方的靠中间走道第一排座位是为婚礼当事人父母留的座位。女方父母的座位在左边靠中间走道的两个位置，男方父母则在右边。随着时间的推进，座位上渐渐坐满了宾客。这时，弦乐四重奏乐队开始演奏舒缓抑扬的古典曲目，意味着婚礼即将开始。

2. 婚礼典礼入场流程

（1）主婚人进场　音乐停止后，主婚人是第一个从婚礼甬道走上婚礼台的人。他走到婚礼台的正中位置，面对宾客站定。

（2）新郎与父母入场　接下来进场的是新郎。传统习俗中，新郎的父母是在婚礼开始前就由迎宾员引导至事先留好的座位上。不过，越来越多的年轻人觉得这样的仪式不能突出父母的重要地位。所以，许多新郎会选择与父母一同在众人注视下走过婚礼的甬道，走到父母的座位处站定。然后新郎与母亲亲吻后，父母入座，新郎走到主婚人的左手边（即宾客的右边），面对宾客站定。

（3）伴郎、伴娘入场　伴郎、伴娘入场是在新郎入场以后，新娘入场之前。伴郎、伴娘们入场的方法有几种：伴郎先鱼贯而入，然后伴娘在音乐声中一个个走入婚礼甬道；主伴郎与新郎一同入场，其他伴郎与伴娘一对对并肩走入，最后主伴娘单独走入；伴郎与伴娘以一对一对的形式走过婚礼甬道。在婚礼台上的站立顺序则是：最先入场的伴郎、伴娘站在最尾端的两头，而主伴娘和主伴郎站在最靠近主婚人和新郎的地方。

（4）花童与戒童入场　花童与戒童入场是在伴郎、伴娘入场以后，新娘入场之前。在花童与戒童入场之前，迎宾员会将台前卷好的白色长条地毯展开至婚礼场地的最后端。花童手持装满花瓣的花篮，戒童则手持一个小戒指（通常，这里用的是假戒指，真的戒指藏在主伴郎的口袋里）。前行时，花童一路把花瓣撒在新娘将要经过的白地毯上。到了婚礼台前，女花童站到主伴娘身后，男戒童站到主伴郎身后。

（5）新娘与父母入场　婚礼入场式进行到这一刻，就意味着最激动人心的场面到了，新娘即将入场。传统习俗中，新娘是由父亲陪伴入场的。新娘的母亲则同新郎的父母一样，在入场式开始之前就由迎宾员送至座位坐下。不过现在的婚礼上，越来越多的新娘认为，母亲在她们生活中的意义与父亲一样重要。所以，由父母同时陪伴入场，成为一种新的时尚。当新娘与父母的身影在婚礼白地毯最尾端出现的时候，他们会稍作停顿。新娘双手持捧花，父亲站在新娘的右手边，母亲站在左手边，两人的手臂轻轻挽住新娘。乐队高奏《婚礼进行曲》，这时，所有的宾客都会起立，面向新娘，以表示对她的尊敬。在乐曲声中，新娘与父母缓步走至婚礼台前站定，新郎迎上前去。父亲撩开女儿的面纱，亲吻她的脸颊，然后新娘再转头，同母亲亲吻。新娘的面纱自此到婚礼结束为止都是掀开的。新娘上前一步，把捧花移到左手，将右手移进新郎的臂弯。新娘父母归座。新娘与新郎走到婚礼台正前方，以女左男右的形式面向主婚人站定，婚礼仪式即将开始。

3. 婚礼典礼仪式流程

（1）牧师致辞。

（2）宣召与祷告。

（3）众人合唱《恭行婚礼歌》。

（4）牧师劝勉。

（5）宣读婚约。

（6）交换誓约。

（7）交换戒指与点燃同心烛。

（8）牧师宣告二人为夫妻。

（9）亲人祝福。

（10）诗班唱诗。

（11）牧师祝福。

（12）新郎新娘亲吻。

（13）婚礼退场，顺序通常如下：新郎、新娘；伴郎、伴娘；新娘、新郎侍从，花童护戒侍从；引座员为来宾引路，护送他们退场；引座员可遣散来宾，要求他们有序退场。

4. 婚礼宴会流程

（1）婚礼转入宴会现场继续进行，客人们陆续走进客厅，乐队奏乐表示欢迎。各种饮料和餐前开胃小菜提前准备好供客人们享用，客人们挑选自己的座位卡。

（2）客人们入座，新郎新娘进入餐厅，先上第一道菜，侍者们给客人斟上香槟，伴郎祝词，然后是新郎、新娘祝词，灵活安排。

（3）开胃菜用完后，新郎新娘跳第一支舞，然后伴郎伴娘及其他客人进入舞池一起跳舞。

（4）每人重新入座等待主食。

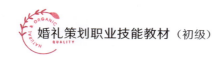

（5）主食用完后，舞会继续。

（6）新郎新娘一起切蛋糕，供客人们跳舞空闲时享用。

（7）新娘抛花束后，音乐继续，婚礼当事人在客人们间穿梭为他们的光临表示感谢。咖啡及各种餐后饮品可供客人享用，乐队为最后一轮舞演奏。

（8）音乐结束，客人们陆续离去，婚礼宴会结束。

子任务四　构思婚礼仪式环节

一、工作流程

（一）工作准备

1. 物品准备

序号	名称	单位	数量
1	笔记本	个	1
2	黑色中性笔	支	1
3	红色中性笔	支	1
4	笔记本电脑	台	1
5	投影幕布	台	1
6	相关视频案例	个	若干

2. 环境与人员准备

序号	环境与人员	准备
1	环境	干净、整洁、温馨、空气清新、无异味
2	婚礼策划师	（1）着装整齐，端庄大方，面带微笑，举止得体，对人有礼，沉着自信，不卑不亢，守诺守时 （2）熟悉并掌握为婚礼当事人设计婚礼环节的技能要求和相关知识 （3）提前与婚礼当事人进行沟通
3	婚礼当事人	舒适就座，以和婚礼策划师方便交流为宜

（二）构思婚礼环节

步骤	流程	技术操作要求
工作前准备	沟通与观察	（1）沟通。婚礼策划师进入会客谈单区，与婚礼当事人面对面就座，进行简单的寒暄问候。如"您好！我们今天主要来帮您构思下您婚礼的主要环节，首先，想听听您对您婚礼环节的想法"
		（2）分析。通过与婚礼当事人的沟通，分析婚礼当事人的对婚礼环节的喜好和想表达的情感，帮助婚礼当事人选择适合他们的婚礼环节，并制作可操作的婚礼环节文案
步骤1	与婚礼当事人沟通，确定婚礼环节性质范围	（1）与婚礼当事人进行充分沟通，提取可以用于婚礼环节的信息内容
		（2）分析内在规律，明确婚礼当事人对婚礼环节的大致想法和想通过婚礼环节表达的思想和情感范围

（续）

步骤	流程	技术操作要求
步骤2	引导婚礼当事人思考，提出意见和建议	综合分析婚礼当事人的婚礼环节，引导婚礼当事人思考，提出意见和建议
步骤3	初步确定婚礼环节	与婚礼当事人进行交流，初步构思，诞生婚礼环节
步骤4	完善婚礼环节，制作可操作的婚礼环节文案	（1）婚礼策划师对诞生的婚礼环节，进行进一步综合分析，对婚礼环节内容进行完善和扩充
		（2）婚礼策划师对婚礼环节进行综合评价，把婚礼环节构思方案具体化，制作可操作性的文案
注意事项		（1）首先一定要先和婚礼当事人确定婚礼时间和地点，然后才能考虑婚礼环节
		（2）当找到婚礼当事人对婚礼环节诉求点之后，注意接下来要考虑能否将其转化为一些具体的东西加以体现
		（3）注意婚礼策划是在为婚礼当事人量体裁衣，一定要选择适合他们的婚礼环节，它是一项策划师与婚礼当事人共同参与、共同完成的工作

（三）实施效果

1. 通过为婚礼当事人构思婚礼环节，使婚礼当事人和嘉宾亲友感受婚礼的真正意义，让婚礼有值得婚礼当事人回味和珍藏的价值。

2. 通过给婚礼当事人构思婚礼环节，使婚礼顺利进行，节约婚礼时间，避免婚礼出现各种突发问题，保证了婚礼当事人和来宾亲友的良好体验。

二、相关知识

（一）常见的婚礼环节以及寓意

婚礼是婚礼当事人一生中都很难忘的回忆。许多婚礼当事人都希望能将自己的婚礼做到最完美。正式结婚的常见婚礼环节还是很多的，比如迎亲、拜别、前往酒店、换装、新郎上台、新娘挽着父亲上台、证婚人致辞、婚礼当事人表白、交换戒指、改口、交杯酒、手捧花等相关环节，都是非常重要的，下面介绍一些常见的婚礼环节以及寓意。

1. 新娘进场

对于新娘入场环节，每场婚礼略有不同，有的是婚礼当事人一起进场，有的是新郎先进场，新娘后进场。无论是什么形式的进场，注定是一个能瞬间吸引全场目光的时刻。婚礼当事人进场的时候，会有很多的花瓣、拉花之类的东西营造气氛，从门口缓缓走到主舞台的短短几步路却会是非常具有仪式感的过程。

2. 交接仪式

在婚礼当事人入场的时候，新郎先进场，新娘挽着自己父亲的手后进场。新郎从新娘父亲手中接过新娘的手，这个交接的仪式，也就象征着父亲将自己的女儿委托给新郎照顾了。在婚礼现场背景音乐和婚礼司仪的渲染烘托下，这个环节会让不少人感动落泪。

3. 交换戒指

在婚礼中婚礼当事人交换戒指绝对是一个经典环节，也是影视作品常常出现大特写的场景。这个环节的仪式感绝对是非常足的。戒指对于新婚夫妻来说，就是一个象征性的首饰。戒指代表着承诺，这种含义可能大过了戒指本身的价值。婚礼当事人交换戒指，也就是在互相许下一份承诺，无论是婚礼当事人自己还是在场的宾客，都会被这一幕场景打动（图1-5）。

图1-5　交换戒指（课堂实训照片）

4. 喝交杯酒

这个仪式古代就已经有了，起源于秦朝，当时是用葫芦切成的瓢饮酒，其意是两人自此合二为一，夫妻间有相同的地位，代表新郎、新娘同甘共苦（图1-6）。

图1-6　喝交杯酒（课堂实训照片）

5. 共注香槟塔

香槟塔起源于西方，象征着甜蜜爱情的坚实巩固，更是美满姻缘的永恒纪念。婚礼当事人举办婚礼，香槟塔几乎成为保留环节，两位婚礼当事人打开香槟，缓缓倒入摆好的多

层杯塔内，寓意爱情源远流长。

6. 封酒

婚礼当事人封酒环节也是比较常见的一个婚礼环节（图1-7）。在婚礼之前，婚礼当事人亲手酿造一瓶酒，到了正式婚礼那天，两人一起将这瓶酒封存起来。时间越长，味道越醇厚，这就像是对未来婚姻生活的美好寄托一样，带有非常浪漫的仪式感。在未来生活中的某个时刻，和对方一起打开当初的这瓶酒品尝一下，可以重温当时的浪漫。新人也可以在婚礼前酿好酒并封存，在婚礼仪式时打开，让所有在场的亲友品尝他们的幸福。

图1-7 封酒（学生实训照片）

7. 宣读誓言

现在举行的婚礼，大多数都是中西结合式的婚礼。在婚礼仪式上，会有很多西方文化特色的环节，宣誓就是其中的一个。婚礼当事人互相看着对方的眼睛，在婚礼主持人的引导下，说出一生一世的誓言，这个仪式也是一个全场瞩目的时刻。誓言本身的内容可以是西方特色的，也可以是中国风的，婚礼当事人共同宣读誓言的氛围就已经足够打动人心了（图1-8）。

图1-8 宣读誓言（学生实训照片）

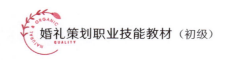
8. 新娘抛捧花

抛捧花本身是西方婚礼中一个很重要的环节，如今在中国大部分婚礼上也会设置这个环节。抛出去的捧花，就象征着幸福的祝福。新娘抛捧花的过程，其实就是一个非常具有仪式感的过程，将自己的祝福传递给身边的好友。而这个环节是婚礼当事人和宾客可以一起参与进来的过程，注定会有不少的欢笑声。无论最后是谁接到了那束捧花，这个过程都是值得体验一下的。

（二）创意婚礼环节介绍

在婚礼策划的过程中，婚礼环节中除了一些大家熟知的常规婚礼环节以外，还有许多婚礼现场创意环节，下面介绍一些成本小又让婚礼仪式有温暖感且有高级感的婚礼创意环节。

1. 拍立得合影

可以准备 1 部拍立得相机和足够的相纸，在婚礼的签到环节，婚礼当事人和每一位到场的亲友合影，照片成品可以在十几秒内打印出来，先不要急着把照片给亲友，在仪式开始前，先把照片钉在签到处的展示板上，仪式之后再把照片送给他们。

2. 拍照人形立牌

在婚礼现场制作创意人形合影道具，让现场的来宾和亲友们把头框进去拍照，可以增加婚礼现场的快乐画面。

3. 亲友 DIY 创意拱门

制造一个独特的拱门，先不必过多装饰。待亲友到来的时候，发给他们每人一朵鲜花，让他们用手中的鲜花，随心装饰拱门。也可以在仪式时，婚礼当事人手牵着手，从亲友装饰的拱门下通过，不仅满含亲友的祝福，还会让他们很有参与的成就感。

4. 用地名、花朵为桌子命名

目前很多婚礼的桌子都用数字编号，或者写明主宾席、同学席之类来区分不同的席位，难免缺乏创意，其实可以试试用其一些创意名称为婚礼桌卡命名。例如，婚礼当事人经常旅游，可以用喜欢的地名或浪漫的地名来为桌子命名，比如爱琴海、马尔代夫、大溪地、香格里拉等，亲友找座位的时候也会很欢乐。如果婚礼当事人喜欢花卉，也可以用花朵的名称来命名，如父母就座的主桌命名为"康乃馨"，朋友桌就命名为"百合"，等等，借用不同花朵的花语，为亲友送上祝福。

5. 亲友分享自己的婚礼誓词

婚礼仪式上，除了婚礼当事人彼此写给对方的誓词，感谢爸妈的誓词，还可以邀请一些在场的已婚亲友，分享他们在自己婚礼上讲的誓词。这个环节会让现场的来宾和好友感动万分，还能从别人的誓词里，看到更多美好的爱情。

任务二
婚礼策划文案的撰写

【任务情境】

　　婚礼策划师阿美，毕业于北京管理职业学院（民政部培训中心）婚庆服务与管理专业，今年是工作的第一年，一天一对婚礼当事人找到她，请阿美根据他们的背景和爱情故事进行婚礼策划并写出策划文案，同时提供相关的婚礼策划服务。

　　婚礼当事人新郎和新娘同为交响乐团的成员，新郎早进乐团 2 年，而新娘则是刚到乐团的新人。刚刚毕业的她对乐团的工作感到很忙碌，一时适应不了，在一次偶然的机会，新娘认识了新郎，在新郎细心的开导和照顾下两人从相识到相知。新郎与新娘相恋不久，就被派往维也纳深造学习 2 年，唯一能使他们的维系感情的是一种信念，是一个约定："我们要幸福"。就是这样一句话，新郎半年个月会坐飞机去新娘所在的城市探望她，新娘休假的时候也会坐飞机到异国去看望新郎，飞机便成了他们见面的唯一的交通工具。在俩人恋爱的期间，新娘最喜欢的曲子就是 G 大调弦乐小夜曲，这也是新郎最拿手的曲目，但是他从未为新娘演奏过，新娘几次恳求他演奏，新郎一直都不肯。2 年后，新郎回国，乐团为他举办了欢迎晚宴，在这个欢迎晚宴上，新郎为自己心爱的姑娘演奏了这首新娘期待已久的曲目。在所有观礼嘉宾的见证下，新郎单膝跪地向新娘求婚。之后，两人开始筹备婚礼，找到了婚礼策划师阿美为他们策划婚礼，阿美应该怎么为这对新人策划婚礼并写出符合新人要求的策划文案呢？

【任务分析】

一、婚礼策划文案撰写的主要内容

序号	主要内容
1	负责前期婚礼当事人资料与场地资料等信息的搜集与整理
2	负责婚礼策划方案的框架与流程设计
3	充分挖掘婚礼当事人的独特风格与需求特征
4	根据婚礼主题设计策划创意，使文案具有吸引力，达到说服消费者的目的

二、婚礼策划文案撰写的工作目标及措施

序号	主要工作目标	措施
1	使婚礼当事人了解婚礼意义、筹备的过程以及婚礼流程	采用沟通、搜集、描述、展现的方法，通过视觉、听觉、触觉、体验的形式实现

（续）

序号	主要工作目标	措施
2	满足婚礼当事人需求，策划婚礼当事人满意的婚礼	运用专业的知识与丰富的阅历、文案技能，分析婚礼目标客户的需求，结合实际条件，按照专业服务步骤实现
3	传递婚礼文化，增强文化自信感	婚礼文化是我国千百年的民族文化积淀，是我国民族代表性的传统和标志。婚礼作为载体传承中国文化，缔造现代人的文化自信感与家庭归属感

【任务实施】

子任务一　掌握婚礼策划文案的基本写作方法

一、工作流程

（一）工作准备

1. 物品准备

序号	名称	规格	单位	数量	备注
1	横线笔记本	143毫米×215毫米	本	1	主要用来记录信息
2	碳素笔	黑色、红色	支	2	记录信息
3	手机	智能手机	个	1	通讯
4	红外线测量器	100米，USB充电	个	1	用于现场考察场地
5	水杯	550毫升，保温	个	1	咖啡或茶

2. 环境与人员准备

序号	环境与人员	准备
1	环境	干净、整洁、温馨、舒缓
2	婚礼策划师	具备一定策划学理论知识、有创新能力、能独立开展策划项目
3	婚礼新人	与婚礼策划师交流，提出婚礼意愿和愿景

（二）婚礼策划文案写作

步骤	流程	技术操作要求
工作前准备	策划	具备一定策划学理论知识
步骤1	明确婚礼主题	帮助婚礼当事人明确主题，不同的婚礼主题有不同的表达方式，撰写婚礼策划文案前，最好有一个概念，同时带上婚礼场地的图片，让婚礼当事人大概了解布局、风格、色彩
步骤2	确定婚礼时间	文案需要考虑到婚礼当事人举办婚礼的季节、节气等时令性因素

（续）

步骤	流程	技术操作要求
步骤 3	确定婚礼地点	了解婚礼当事人第一次相遇的地方、确定情侣关系的地方、第一次约会的场景、从小长大的地方、在哪里发生了难忘的事情等，这些都是可以参考的细节，文案中可以根据婚礼场地，给出合适的装饰方案，并突出装饰重点
步骤 4	挖掘独特元素	可以积极引导婚礼当事人，以一个情节、一种颜色、一个标志、一个饰物甚至一首曲子和音乐作为这场婚礼的独特元素
步骤 5	与婚礼当事人找到共鸣	文案人员要清楚万变不离其宗的道理，从大的方面来说，与婚礼当事人产生共鸣要围绕爱情、亲情和友情展开
步骤 6	确定婚礼风格	了解婚礼当事人的爱情故事，通过婚礼当事人的家庭元素、职业、身份背景以及兴趣、才艺提取婚礼风格
步骤 7	安排婚礼流程	不同地区有不同风俗，需要提前了解婚礼当事人婚礼举办地的结婚风俗和流程
注意事项		掌握婚礼策划文案的基本写作方法和步骤，通过阅读大量的文学、艺术作品积累写作经验

（三）实施效果

1. 婚礼文案的写作使婚礼变得更有意义，能为婚礼策划公司实现更高的目标。

2. 通过掌握婚礼策划文案的写作方法，包装婚礼文案，营造画面感，辅助销售。

二、婚礼策划文案的内涵

许多亲身实践过策划文案写作的人，一提到要写策划文案就犯难，因为要将头脑中的创意与想法准确而又引人入胜地表现出来非常不容易。他们有时虽然选好了策划的主题，抓住了问题的核心，却不知道如何用书面形式表现出来，结果，原本很好的策划创意就烂在了肚子里；有时因不具备足够强的说服力，无法获得通过。

其实，策划文案的写作应遵循婚礼策划书基本的结构和写作规则，掌握策划文本最基本的写作方法，动笔的底气就能增添不少。

婚礼策划文案是指在策划提供的方向和概念基础上，使用文字将婚礼的流程、创意、婚礼当事人诉求等内容生动地表达出来。文案不同于画面或其他表现手法，是一个与婚礼策划师、设计师相得益彰的创意表现过程、发展过程和深化过程。

婚礼策划文案撰写的目的是表达明了，让接收者能够轻易解读信息。明了的信息可以减轻接收者的负担。不管是讲究咬文嚼字、遣词造句，还是追求逻辑清晰、通俗易懂、辞藻华丽，写作者都要把关注点放在接收者上。

文案撰写的核心是逻辑，文案撰写的目的是沟通。结构支撑形式，内容展现认知。婚礼策划文案有广义和狭义之分，广义的婚礼策划文案包括多种媒介的内容提供，如企业广告、海报、广告语、平面文案、视频文案、软文、公众号文章等各种创意性文字。狭义的婚礼策划文案包括婚礼主题、婚礼流程、策划方案等各种文字。作为初级婚礼策划文案，需要先从狭义的内容入手，有技巧的训练并熟练掌握撰写方法。

子任务二　根据婚礼主题撰写婚礼策划文案

一、工作流程

（一）工作准备

1. 物品准备

序号	名称	规格	单位	数量	备注
1	横线笔记本	143 毫米×215 毫米	本	1	主要用来记录信息
2	电脑笔记本	13 英寸①	个	1	展示以往照片及视频资料
3	碳素笔	黑色、红色	支	2	记录信息
4	手机	智能手机	个	1	通讯
5	录音笔	16GB	支	1	常用于现场沟通实时录制
6	红外线测量器	100 米，USB 充电	个	1	用于现场考察场地
7	水杯	550 毫升，保温	个	1	咖啡或茶
8	宣传资料	图文并茂	份	2	
9	名片	铜版纸	盒	1	
10	协议	A4	份	3	

2. 环境与人员准备

序号	环境与人员	准备
1	环境	干净、整洁、温馨、舒缓
2	婚礼策划师	具备一定策划学理论知识，有创新能力、文字功底，思想活跃、沟通能力强，能独立开展策划项目
3	婚礼新人	与婚礼策划师交流，提出婚礼意愿和愿景

（二）根据婚礼主题撰写婚礼策划文案

步骤	流程	技术操作要求
工作前准备	沟通与交流	（1）沟通。婚礼策划师引导婚礼当事人进入办公室或谈单区域，与婚礼当事人面对面就座，进行简单的自我介绍和寒暄问候。如"您好！我是你们的婚礼策划师阿美，今天我们将结合您婚礼主题撰写婚礼策划文案"
		（2）分析。通过与婚礼当事人的沟通，分析相关信息，做好文案写作准备
步骤 1	备单与确定主题	（1）在策划会召开前 10 分钟到达会议室
		（2）引导婚礼当事人充分介绍两人爱情故事、经历、爱好
		（3）场地情况分析
		（4）婚礼当事人基本信息（包括婚礼当事人姓名、婚礼时间、婚礼地点等）

---

① 英寸为非法定计量单位，1 英寸＝0.0254 米。——编者注

（续）

步骤	流程	技术操作要求
步骤2	确定婚礼策划文案基本内容	按照封面、目录场地、情况分析、婚礼当事人基本信息、场地具体信息、平面图及实景照片、色系参考、签到区设计展现、仪式区、宴会区设计展现、甜品区、茶歇区、合影区设计展现、桌花设计参考、新娘手捧花、胸花设计参考、椅背装饰设计参考、婚礼流程及筹备倒排的顺序撰写文案的基本内容
步骤3	将主题婚礼风格纳入文案中	（1）根据不同的地点、不同的色彩、不同的风格的来确定不同的主题
		（2）根据婚礼当事人的诉求和特点，可以将主题婚礼风格纳入文案中
步骤4	将主题婚礼场地特点、角色安排及优劣分析纳入文案中	将主题婚礼的场地特点、婚礼角色的安排纳入婚礼文案
		将不同场地的优劣分析纳入婚礼文案
步骤5	婚礼策划文案的基本内容	将封面、目录、场地情况分析、婚礼当事人基本信息、场地具体信息、平面图及实景照片、色系参考、签到区设计展现、仪式区、宴会区设计展现、甜品区、茶歇区、合影区设计展现、桌花设计参考等内容写入文案
步骤6	精心设计文案语言	熟练运用现代汉语语法，做到文字通顺
		要加强对文案策划语句的修饰，反复推敲和斟酌，可以采用修辞技巧表达情感，科学使用和设计文案语言，对文案中的语句进行精确修饰，在保证语言使用准确的前提下，使文案语言充满更多的情感色彩
步骤7	文案＋视觉设计	将视觉设计容易融入婚礼文案中，利用详细而具体的文案策划和丰富的视觉设计，实现婚礼策划文案与婚礼当事人的情感沟通
注意事项		（1）要使文案语言有感染力和吸引力
		（2）撰写时就要构思好文案语言
		（3）要有意识地克服口头禅
		（4）要多使用一些满足婚礼当事人特殊需求及偏好的语言

（三）实施效果

1. 能够全面了解婚礼当事人想法，帮助寻找最适合的婚礼主题。

2. 能够深度挖掘爱情故事，提供独一无二的婚礼方案。

二、相关知识

（一）不同婚礼场地特点及优劣对比和角色安排

1. 酒店婚礼

（1）主题分析　现在婚礼当事人普遍选择在酒店举办婚礼。

（2）角色安排　男女傧相、牵纱花童、摄影师、摄像师、接待人员、主持人督导、证婚人。

（3）婚礼特点

① 没有太多的形式及流程，简约简练是酒店婚礼最大的特点。但酒店婚礼只有通过

精心的策划、精美的布置才能体现其真正的精髓，达到闹而不俗的理想效果。

② 不一定能在心仪的日子订到满意的酒店。

2. 草坪婚礼

（1）主题分析　近年来流行的一种西式婚礼模式。

（2）角色安排　主持人、专业乐队、专业调酒师、摄像师、摄影师、化妆造型师。

（3）婚礼特点

① 婚礼在天然的环境下举行，浪漫而庄严，可以真正地把喜悦跟好朋友们分享，好友们只需要来见证，无需参加长辈们要求的传统摆酒婚宴。

② 天气是一个很重要的因素，需要把握好。

3. 特色场地婚礼

（1）主题分析　具有田园、浪漫色彩的特色场地婚礼是充满小资情调，追求轻奢小众、时尚潮流的婚礼形式，深受白领阶层的年轻人推崇。

（2）角色安排　主持人、证婚人、伴郎伴娘、摄影师、摄像师。

（3）婚礼特点　是最为浪漫、最为难忘的婚礼，在自然、艺术气息的笼罩下，其乐融融的温馨取代了嘈杂和喧闹。

4. 教堂婚礼

（1）主题分析　神圣，庄严，浪漫。

（2）角色安排　伴郎伴娘、神父或牧师、西式乐队、摄影摄像师、化妆造型师。

（3）婚礼特点　婚礼分为仪式和宴会两部分。仪式多在教堂举办，相对更为肃穆、庄严，被邀请的都是至亲。而宴会则在饭店举办，使用西方音乐，新郎和新娘跳第一支舞。

5. 中国式传统婚礼

（1）主题分析　中国传统文化习俗，开始越来越得到年轻人的推崇。

（2）角色安排　喜娘、主持人、摄影师、摄像师、轿队。

（3）婚礼特点

① 传统的中式婚礼以古朴、礼节周全、喜庆热烈的张扬气氛而受到人们的喜爱。

② 讲究甚多，礼仪繁多，懂得中式婚礼的婚庆主持人不多，一定要请专业中式主持人操办。

6. 旅行婚礼（目的地婚礼）

（1）主题分析　旅行结婚是许多情侣热衷的一种结婚方式，因为它不仅可以充分享受二人世界，而且可以欣赏到迷人的自然风光。

（2）角色安排　婚礼当事人、旅行社＋目的地酒店婚礼团队、摄影摄像师。

（3）婚礼特点　旅行婚礼方式更加轻松自由，不仅省心、省事、浪漫、新鲜，还能开阔视野、增长知识，在享受异地旅行乐趣的同时，在浪漫的美景中完成结婚的过程。但是建议婚礼当事人请专业一站式服务团队，减少婚礼当事人负担，并在文案中备注以下注意事项：

① 在出发之前要把证件准备齐全，例如身份证、结婚证等，如果要选择出国旅行结婚，那么还要提前准备好护照等。

② 最好能够提前半年就开始筹备旅行婚礼，因为景点路线选择、车票、住宿等事项

都要准备充分才能让这次婚礼没有遗憾。

③ 因为旅游的过程中会在各个景点奔波，所以婚纱礼服要选择一些耐折叠、防褶皱的面料。

④ 提前了解目的地天气以及突发因素。

（二）婚礼策划文案效果对比（表 2-1）

表 2-1　婚礼策划文案对比

文案 1	文案 2
最好的爱给最好的你	我知道你也在向我靠近，星河万顷都是我的见面礼
语言运用和技巧分析	

　　这两句婚礼策划文案中的开场白，哪一句更好？大多数新人显然会选择第二句。人们都爱把初次或久别重逢时见面互送的物品比喻成见面礼，其实此句中的"见面礼"并不是真正的"礼"，没法互相赠送。但是，文案却把它也归为"礼"的一种，还在标题的上下半句之间设计了一个浪漫的场景，整句连在一起读，就产生了意想不到的美好可视化的效果。另外，这句话里还藏着一个消费者洞察：在千篇一律的婚礼中，作为新人都希望有一场独一无二的婚礼，这句话作为婚礼策划文案的开场白，用不一样的方式告诉新人，在场景、流程、道具等服务中，也许会有与其他婚礼相同的内容，但通过对每一对新人的爱情故事的挖掘，其最终所呈现出来的婚礼就是为新人准备的独一无二的见面礼，所以会引发消费者强烈的共鸣。不管是修辞手法，还是心理洞察，这句文案都称得上精心设计

（三）婚礼策划文案的视觉表现技巧

1. 文案加美术，谁也挡不住

每份婚礼策划书，都是由语言符号和非语言符号共同构成的。用教科书式的定义来讲，婚礼策划文案，就是在婚礼策划书中用语言符号表现策划信息内容的形式。表现策划创意的内容主要分两种：文字和图像。相应地，在婚庆公司策划部里面，也就分为文案和美术两个工种。

这样的分工，是由美国 DDB（恒美广告）创始人比尔·伯恩巴克（Bill Bernbach）所提出。在他之前，策划案要先写出文字方案，然后将它交给美术编辑做视觉化表现。而伯恩巴克从根本上改变了这个系统，他设定了由两个职务组成的团队，一个文案，一个美术，在他们展开各自的工作之前要讨论出创意概念，之后再进行创意表现。

2. 文案加设计师，构成了一个最基本创意小组

他们之间的合作，是保证一份婚礼策划书得以成形的前提。这种文案加设计师的搭档组合，大大提升了策划效率。

（四）隐性文案和显性文案

凡是在婚礼策划文案中的文字，只要有助于达成策划目的，都需要运用文案思维来规划。在这些内容里，有些文案是显而易见的，像标题、正文之类，它们是婚礼策划书的主体文字，我们称之为显性文案。而有些文案不是那么明显，比如婚礼 logo、图片中的文字、婚礼当事人服装上的文字、蛋糕上的文字等，我们将它们称为隐性文案。它们很容易被忽略，但如果精心构思的话，显性文案和隐性文案，两者可以相辅相成，就像电影中的彩蛋，有趣又出彩，往往会有奇效。

子任务三　根据婚礼主题撰写婚礼仪式流程

一、工作流程

（一）工作准备

1. 物品准备

序号	名称	规格	单位	数量	备注
1	横线笔记本	143毫米×21毫米	本	1	主要用来记录信息
2	笔记本电脑	13英寸	个	1	展示以往照片及视频资料
3	碳素笔	黑色、红色	支	2	记录信息
4	手机	智能手机	个	1	通讯
5	录音笔	16GB	支	1	常用于现场沟通实时录制
6	重要事项清单	A4	份	1	帮助了解婚礼当事人需求
7	婚礼当事人甜蜜档案	A4	份	1	帮助挖掘婚礼元素

2. 环境与人员准备

序号	环境与人员	准备
1	环境	干净、整洁、温馨、舒缓
2	婚礼策划师	具备一定策划学理论知识、有创新能力、能独立开展策划项目
3	婚礼新人	与婚礼策划师交流，对自己的婚礼提出仪式流程方面的意见

（二）根据婚礼主题撰写婚礼仪式流程

步骤	流程	技术操作要求
工作前准备	分析思考	思考主题婚礼的两种模式：一种是模式化，类似于套餐的主题婚礼，主题和操作方式都是事先预定的；另一种是从婚礼当事人本身的特点出发激发创意、寻找主题，从而表现出婚礼的灵魂。分析哪种的效果更好，判断策划与实施的难度
步骤1	确定婚礼主题	根据婚礼当事人资料和重要事项清单确定婚礼主题
步骤2	编写提纲	婚礼策划师编写流程明细化、重点突出、结构起承转合、内容完整的婚礼文案提纲
步骤3	书写文案	婚礼策划师按照导入场景、导入时间、导入故事的顺序进行文案书写
步骤4	流程实施	婚礼策划师将展示图文影音效果、明确婚礼创意、明确婚礼流程中婚礼当事人方人员、梳理介绍婚礼流程、展现婚礼场景与效果、讨论反馈这6个步骤写入文案中
步骤5	统筹进度	制定工作倒排表（表格式）
注意事项		对于婚礼，不同时代的人有不同的想法，而现在，主题婚礼时代已经到来。婚礼策划不是简单地堆砌创意，而应是一种思想和情感的延伸。当婚礼有了内容，有了情感，有了交流和责任，那才是真正的婚礼，而不是演出。于是，婚礼需要一个主题。主题婚礼的主题必须贯穿始终

（三）实施效果

1. 通过为婚礼当事人撰写与婚礼主题一致的婚礼仪式流程，使婚礼策划文案更加规范化、体系化，同时也更利于操作执行。

2. 通过为婚礼当事人撰写与婚礼主题一致的婚礼仪式流程，使婚礼策划文案具有完整性、创新性、独特性、文化性。

婚礼策划书制作

二、婚礼仪式流程样例（表2-2）

表2-2　婚礼仪式流程样例

婚礼主题：爱的交响乐	
日期：2021年5月16日	时间：11:08
地点：某酒店宴会厅内	风格：室内、典雅、浪漫

| 婚礼当事人需求要点：
（1）婚礼当事人海外留学多年，希望办一场教堂般的神圣婚礼
（2）婚礼当事人均为天主教徒
（3）希望弹奏自己的曲目
（4）不喜欢常规的出场方式 | 主题背景：
　　婚礼当事人新郎和新娘同为交响乐团的成员，新郎早进乐团2年，而新娘则是刚到乐团的新人。刚刚毕业的她对乐团的工作感到很忙碌，一时适应不了，在一次偶然的机会，新娘认识了新郎，在新郎细心的开导和照顾下两人从相识到相知。新郎与新娘相恋不久，就被派往维也纳造学习2年，唯一能使他们的维系感情的是一种信念，是一个约定："我们要幸福"。就是这样一句话，新郎半年个月会坐飞机去新娘所在的城市探望她，新娘休假的时候也会坐飞机到异国去看望新郎，飞机便成了他们见面的唯一的交通工具。在两人恋爱的期间，新娘最喜欢的曲子就是G大调弦乐小夜曲，这也是新郎最拿手的曲目，但是他从未为新娘演奏过，新娘几次恳求他演奏，新郎一直都不肯！2年后，新郎回国，乐团为他举办了欢迎晚宴，在这个欢迎晚宴上，新郎为自己心爱的姑娘演奏了这首新娘期待已久的曲目！在所有观礼嘉宾的见证下，新郎单膝跪地向新娘求婚 |
| 婚礼主题创意点：
（1）舞台的布置抛弃了以往的花艺铁艺门等一些装饰，而采用弦乐中编队的人力在纱亭的两侧，并且为婚礼演奏所有环节背景配乐
（2）本场婚礼采用新娘先出场的方式，打破了所有婚礼新郎先出场的顺序，给新娘一个更为惊喜和感动的环节 | 婚礼流程：
11:08 仪式开始、新娘出场
　　弦乐组合移到舞台上，一首激昂的弦乐开场。在万众瞩目中，新娘同父亲走到花门下，期待新郎的出场
11:12 新郎惊喜出场
　　弦乐组合奏响G大调弦乐小夜曲，新郎在装有电磁滑道的圆形纱亭中出现（3米×3米亭子纱帘向上拉起），为新娘奏响爱的主旋律
11:16 交接仪式
　　新郎慢慢走向新娘，在花门下完成神圣的交接仪式，弦乐组合奏响婚礼进行曲，新郎新娘步入属于2人的神圣殿堂
11:20 誓言
　　在神父的见证下完成神圣而庄严的婚礼誓言
11:25 信物、亲吻礼
　　由神父在圣经上取下他们的爱情信物
11:35 爱河永驻
　　浇灌香槟酒塔，并为对方斟满爱的交杯美酒
11:45 音乐蛋糕、第一支舞
　　婚礼当事人邀请双方父母描绘蛋糕。首先由双方父母在洁白的蛋糕上画上一个五线谱，为两位婚礼当事人开启美妙的人生。接着由婚礼当事人共谱自编乐曲——爱的交响乐，让蛋糕的颜色丰富多彩。在自编乐曲的伴奏下，两人共同走向舞池表演第一支舞 |

子任务四　完善客户档案资料

一、工作流程

（一）工作准备

1. 物品准备

序号	名称	规格	单位	数量	备注
1	横线笔记本	143 毫米×21 毫米	本	1	主要用来记录信息
2	笔记本电脑	13 英寸	个	1	展示以往照片及视频资料
3	碳素笔	黑色、红色	支	2	记录信息
4	手机	智能手机	个	1	通讯
5	录音笔	16GB	支	1	常用于现场沟通实时录制
6	重要事项清单	A4	份	1	帮助了解婚礼当事人需求
7	婚礼当事人甜蜜档案	A4	份	1	帮助挖掘婚礼元素

2. 环境与人员准备

序号	环境与人员	准备
1	环境	干净、整洁、温馨、舒缓
2	婚礼策划师	具备一定策划学理论知识、有创新能力、独立开展策划项目

（二）完善客户档案资料

步骤	流程	技术操作要求
工作前准备	做足功课	准备婚礼当事人资料、重要事项清单、品牌案例、笔记本、纸、笔
步骤 1	沟通畅聊	（1）赢得婚礼当事人的信任，找到共同点
		（2）与婚礼当事人建立融洽的互动
		（3）鼓励婚礼当事人敞开心扉，表现出更好的回应
		（4）向婚礼当事人表达感谢，并约定下一次沟通见面的时间
步骤 2	搜集重要清单，查看婚礼当事人档案	完成对婚礼当事人婚礼中的重要清单的搜集工作，并在此查看婚礼当事人的档案，找出有价值的信息进行备份和储存
步骤 3	开始撰写	（1）工作进行到这个阶段，已经搜集了大量信息，也记下了关键内容。接下来的准备工作是用电脑将笔记做成电子文档。这个过程可以让自己对搜集来的信息越来越熟悉
		（2）在纸上写出所有出现在脑海的想法，让思绪自由流动，不要为了进一步发展某些想法而打断自己

（续）

步骤	流程	技术操作要求
步骤4	沟通修改	（1）删除赘字，重写不够好的词汇和句子。大声把文案念出来，确认它读起来够流畅
		（2）把自己的文案重新再看一遍，检查是否有错别字、是否有说服力，假如某一内容还不够符合标准，那么就重写一次，强化卖点。这个过程需要更多的客户信息、更好的思路与不同的视觉设计
步骤5	完成交付，进入实施环节	完成交付的婚礼策划文案必须做到以下3点：一是吸引注意力；二是达到沟通效果；三是说服消费者
注意事项		（1）每次与婚礼当事人沟通后，最好在24小时内完成资料更新
		（2）检查语法错误，确保用词精准，能读懂而无歧义
		（3）确保婚礼当事人信息的保存和传输的安全，保证婚礼当事人资料尤其是特殊事项不被泄露

（三）实施效果

1. 婚礼方案是创意设计过程与实施过程的展现。

2. 婚礼方案具有完整性、创新性、独特性、文化性。

二、完善客户档案资料的意义

在撰写婚礼策划文案前，需要做一些准备工作，要充分了解婚礼当事人，对婚礼当事人和他们内心真实需求的了解程度决定了文案的质量，搜集到更详细的资料可以让婚礼策划文案写作更加得心应手。

很多婚礼策划师写着写着就忘记了文案是为谁而写，忘记了哪些内容才是婚礼当事人最关心的。婚礼策划师在写作过程中，应该时刻在脑海中呈现出目标婚礼当事人的精准画像，婚礼当事人对婚礼的一切需求在婚礼策划师面前应该是更透明的、更具体的、更形象的。

婚礼策划师们开始利用工具来为撰写策划文案做前期准备。因此目标婚礼当事人画像，即婚礼当事人甜蜜档案这款工具应运而生，这是策划文案的基本准备工作，婚礼策划师需要充分了解目标婚礼当事人及其需求，因为婚礼策划师对婚礼当事人的了解程度直接决定了婚礼策划文案和婚礼的呈现水平和品质。

目标婚礼当事人画像可以使婚礼策划文案更加聚焦，更有针对性。如果一篇文案是适合每对婚礼当事人的，其实它是为最低的标准服务的，是一份套餐型婚礼策划文案。一篇能打动人心的婚礼策划文案，往往是针对一对婚礼当事人而撰写的，目标越具体，特征越明确，写出来的文案就越有针对性，能引起目标婚礼当事人的共鸣。

在撰写婚礼策划文案之前，婚礼策划师需请婚礼当事人填写重要事项清单（表2-3）和婚礼当事人甜蜜档案（表2-4）。表格上的信息并不需要写到文案中，仅帮助婚礼策划师了解婚礼当事人的真实特征与具体需求。

表 2-3 重要事项清单

重要事项清单	
理想婚期	☐1 月　☐2 月　☐3 月　☐4 月　☐5 月　☐6 月　☐7 月　☐8 月　☐9 月　☐10 月　☐11 月　☐12 月
您可以接受的婚礼日期	☐周一到周四　　☐周五　　☐周六　　☐周日
您婚宴的桌数范围	起订_____桌，最多_____桌
您目前考虑什么类型的婚礼场所	☐一站式婚礼堂　☐五星级酒店　☐社会餐饮
您比较关注婚宴的哪些部分	☐地段　☐品牌　☐菜品　☐布置　☐交通　☐私密性　☐仪式环节　☐配套空间　☐来宾体验感
您能接受的婚礼预算	☐10 万以内　☐10 万～15 万　☐15 万～20 万　☐20 万～25 万　☐25 万以上
您是否参加过由品牌团队策划的婚礼	☐参加过　☐未参加过
您通过哪个渠道了解品牌	☐朋友介绍　☐婚博会　☐大众点评　☐媒体　☐其他平台
感谢您参与配合，我们将根据您的需求提供最精准和优质的服务	

表 2-4 新人甜蜜档案

新人甜蜜档案	

尊敬的朋友：

无论您在何时何地以何种方式打开了这份甜蜜档案，都衷心祝愿您此刻的心情是美好的，也请您相信此刻的我们是真诚的。为了将完美婚礼进行到底，请您把心里最真实的渴望与想法告诉我们，我们将保守您爱的私密，珍视您对爱的言语，实现您爱的梦想，您的爱情档案将作为我们策划的参考，并尊重您的选择

个人资料			
新郎姓名		新娘姓名	
出生日期		出生日期	
职业		职业	
星座		星座	
喜欢的颜色或花材		喜欢的颜色或花材	
交往经历			
您二位相识于			
描述一下第一次见到他（她）的感受			
是否曾求过婚？请具体描述			
您二位怎么称呼对方			
婚礼中您希望展现什么，不希望出现什么			
父母给予您的记忆是什么			
您最想对对方说的一句话是什么			

（续）

新人甜蜜档案
场地要求
婚礼场地整体风路要求（欧式城堡/中国古典/西式花园/阳光棚房/华丽典雅）
感恩环节您希望怎样表达
您喜欢的婚礼气氛
您注重婚礼项目中哪一部分（场地布置、流程、婚礼音乐、主持、化妆、摄影、摄像、花艺）
您想对策划师特别交代什么
请在一周内传回，我们将会根据您提供的内容，提供专属的婚礼策划方案

任务三
婚礼策划 PPT 文案的设计与制作

【任务情境】

　　全先生与邵女士相识于邵女士在北京上大学期间校园外面的一个小吃店。这家小吃店由全先生及其父母三人共同经营。邵女士从小父母离异，跟着舅舅和舅妈长大，缺乏家庭关爱与温暖，久而久之养成了不爱说话、内向自闭、缺乏自信等性格。大学期间邵女士经常到校门口这家由全先生经营的小吃店就餐，使得两人从最初的顾客与服务的关系，慢慢地转变成了无话不谈的朋友关系，进而发展到恋人关系，最终决定牵手成婚。全先生一家是广东籍，是典型的南方人。而邵女士出生于东北辽宁，加上家庭原因，无依无靠在北京独自完成学业。二人决定在北京完成结婚典礼后，就关闭大学前的小吃店全家回到广东生活。由于二人戏剧化的邂逅与故事，邵女士希望在不花费太多经费的情况下，举办一场有特色、有故事的婚礼。邵女士在北京只身一人，因此她希望能够在自己上大学期间的宿舍内完成求婚和接亲。同时，邵女士和全先生要求"不要婚车车队"，取而代之改用外卖送餐的电瓶车作为自己的婚车。由于全先生热爱足球运动，因此他们希望结婚典礼当日，能够在邵女士所在大学的足球场内完成一场简约的校园草坪婚礼。邵女士已经毕业 1 年，目前与全先生共同经营这家小吃店。结婚当天主要以男方的亲朋好友及宾客为主，女方邵女士这边，只有舅舅舅妈及少量亲戚出席，父亲和母亲均表示不想参加邵女士的婚礼。

　　请针对以上情景，进行该项目的婚礼策划 PPT 文案的设计与制作。

【任务分析】

一、婚礼策划 PPT 制作的要点

序号	PPT 的设计制作要点
1	明确婚礼当事人双方基本信息与背景关系
2	明确婚礼当事人对本场婚礼的要求、诉求与期望
3	明确本场婚礼的流程制定
4	明确本场婚礼的预算与分配
5	强化本场婚礼的亮点与特色

二、婚礼策划 PPT 文案制作的工作目标及措施

序号	主要工作目标	措施
1	了解婚礼当事人基本信息和背景以及二人之间的爱情故事	通过和婚礼当事人线上沟通，或是线下面对面约谈，尽可能充分了解婚礼当事人基本信息及背景以及对于本次婚礼的要求、期望和预算设定
2	根据婚礼当事人提供的各种数据与信息，做出第一版 PPT	在和婚礼当事人进行完初步且相对详细的沟通之后，开始着手设计制作第一版婚礼策划 PPT 文案。在该版 PPT 中，要尽可能地将和婚礼当事人沟通的数据、信息，婚礼当事人的喜好、对于婚礼的诉求和期望等价值信息全部囊括其中。完成后交付婚礼当事人查阅。做好修改准备
3	针对婚礼当事人对策划 PPT 提出的修改意见和要求进行修改、提升与完善	（1）婚礼当事人会在第一稿的策划 PPT 中提出自己的见解、想法和不同意见，婚礼策划师需要根据婚礼当事人的这些想法，有效地和婚礼当事人进行沟通或是按照婚礼当事人思路对 PPT 进行修改及调整 （2）修改完善后，应再次交付婚礼当事人确认。直到婚礼当事人最终满意才能定稿。这个时间过程跨度较长，应做好充分的心理准备

【任务实施】

子任务一 掌握基本的婚礼策划 PPT 文案设计技能

一、工作流程

（一）工作准备
1. 物品准备

序号	名称	规格	单位	数量	备注
1	婚礼服务合同	A4 纸	份	1	公司要求的标准合同
2	笔记本电脑		台	1	可联网，同时用于制作 PPT
3	若干婚礼策划 PPT 案例		个	若干	用于学习参考

2. 环境与人员准备

序号	环境与人员	准备
1	环境	干净、整洁、温馨、温度适中、空气清新无异味
2	婚礼策划师或 PPT 设计制作人员	言谈有礼、举止文明，有一定的设计感，具备一定的计算机常识及常用办公软件的基础使用能力，自觉遵守社会基本道德规范，细微得体、恰到好处地提供服务
3	婚礼新人	与婚礼策划师进行交流，对婚礼策划师做出的婚礼策划 PPT 文案提出自己的意见和建议

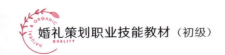

（二）设计制作婚礼策划 PPT 文案

步骤	流程	技术操作要求
设计前准备	与婚礼当事人沟通	（1）准备好销售合同一份（电子版也可），里面有婚礼当事人预算与基本信息记录
		（2）与婚礼当事人进行初步的沟通交流，明确婚礼策划主题，确定婚礼当事人基本背景及信息、婚礼当事人对婚礼的一些要求及诉求点、婚礼流程等基本内容
步骤1	完成 PPT 初稿	（1）依据前述已经完成的婚礼策划文案以及和婚礼当事人沟通对接后的数据信息，确定婚礼策划 PPT 文案制作的大致风格、目录、内容
		（2）对照必要信息，已经完成的婚礼策划文案，在婚礼策划 PPT 文案的目录完成后，详细对每个目录子模块展开设计和描述
		（3）婚礼策划 PPT 文案整体设计完毕后，继续对每页的 PPT 进行适当修饰及美化
		（4）将第一版设计的婚礼策划 PPT 文案交付婚礼当事人审阅，提出修改意见
步骤2	修改并完善 PPT	（1）婚礼当事人收到婚礼策划 PPT 文案后，提出自己的意见和建议
		（2）婚礼当事人在阅读 PPT 过程中，会产生一些其他的想法、修改意见，或是对 PPT 提出一些细节要求等。通过合适的方法（如 Word 文档，微信文字或语音等形式）进行问题描述和反馈
		（3）依据婚礼当事人的要求并结合双方有效的沟通，将婚礼当事人所罗列的问题和修改意见进行合理梳理，逐条修改，在此期间，建议随时和婚礼当事人保持联络与沟通，以防修改后仍然达不到婚礼当事人满意效果而做无用功。按照该方法逐步完善并最终确定婚礼策划 PPT 文案内容
注意事项		（1）最终的婚礼策划 PPT 文案设计内容一定要取得婚礼当事人认可而非设计方单方面认可
		（2）婚礼策划 PPT 文案修改及完善时间跨度大，周期长，一般情况下会持续数周甚至数月。对 PPT 设计、修改和制作的耐心是一个严峻的考验。每一次修改后，都需要及时保存文档，以防文件损坏、丢失等，造成不必要的麻烦
		（3）婚礼策划 PPT 文案每次修改时，应做时间记录，并且应当保留修改之前的文档，形成文件一目了然、清晰罗列的文档归档习惯。如此，该 PPT 修改了几次、每次修改间隔时间等，清晰明了。同时修改前及修改后也可以有一个很直接的对比体现

（三）实施效果

1. 婚礼策划 PPT 文案是创意设计过程与实施过程的视觉展现。
2. 婚礼策划 PPT 文案具有完整性、创新性、独特性、文化性的特点。

二、相关知识

（一）什么是 PPT

PPT 是 PowerPoint 的简称。PPT 是微软公司出品的 Office 软件系列重要组件之一，是功能强大的演示文稿制作软件，也有很多人称之为幻灯片。它增强了多媒体支持功能，利用 PPT 制作的文稿，可以通过不同的方式播放，也可将演示文稿打印成一页一页的幻灯片，使用幻灯片机或投影仪播放，也可以将演示文稿保存到光盘（优盘、移动硬盘）中

以进行分发，并可在幻灯片放映过程中播放音频或视频。一套完整的 PPT 体系一般包含片头动画、PPT 封面、前言、目录、过渡页、图表页、图片页、文字页、封底、片尾动画等。所采用的素材有文字、图片、图表、动画、声音、影片等。当然，每个项目设计的要求和演示的环境不同，PPT 的设计也会有所不同。近年来，我国大众 PPT 应用水平逐步提高，应用领域越来越广。PPT 已经成为人们工作生活的重要组成部分，在工作汇报、企业宣传、产品推介、婚礼庆典、项目竞标、管理咨询等领域发挥了重大的作用。

（二）什么是婚礼策划 PPT 文案

1. 何为婚礼策划 PPT 文案

婚礼策划 PPT 文案，主要以婚礼策划文本文案为基础，以新郎新娘为主要人物设定，以二人的婚庆典礼仪式为主题背景并围绕其展开设计的一系列的诸如婚礼基本信息交代、婚礼流程、婚礼特色、婚礼预算和婚礼注意事项等的演示文稿。婚礼策划 PPT 文案可以看作将详细的婚礼策划文字文案变成以一页页精美设计的图片文稿呈现出来的播放载体，同时配合符合主题的音乐背景及画面配色，让人看完后，能够留下深刻、直观的印象。

2. 婚礼策划 PPT 文案的特点与要点

（1）婚礼策划 PPT 文案的特点

婚礼策划 PPT 文案的服务对象是新郎新娘。因此，婚礼策划 PPT 文案在设计制作时，应当紧紧围绕一对婚礼新人的故事和背景以及他们的期望展开设计。切记在 PPT 设计制作中不要"假大空"，一定要让每一页的设计和想法体现出来的效果均能够落地并执行。婚礼策划 PPT 文案不一定华丽，看上去高大上，但一定要符合婚礼当事人新人的背景、性格和婚礼元素。每一个婚礼策划 PPT 文案的设计和制作，都应该是独一无二的，因为世上不可能有完全一样的新人故事和背景，也就不可能有完全一样的婚礼设计，每一场婚礼，都是新人独特的个性展现。

（2）婚礼策划 PPT 文案的设计要点

① 婚礼策划 PPT 文案要以策划书文字版文案为基础。

② 文案要简洁明了，排版要注意美观。

③ 尽可能地用图片和图形进行展示。

④ 婚礼关联的基本信息和内容不能缺漏，要完全体现。

⑤ 注意音乐及配色要与婚礼主题相呼应。

⑥ 预留出完善及修改的设计余地。

⑦ 切勿设计花里胡哨，喧宾夺主。

子任务二　建立婚礼策划 PPT 文案设计资料库

一、工作流程

（一）工作准备

1. 物品准备

序号	名称	单位	数量	备注
1	笔记本电脑	台	1	可联网，同时用于制作 PPT
2	互联网		1	用于上网搜集案例
3	文件夹		若干	对搜集到的案例进行归类

2. 环境与人员准备

序号	环境与人员	准备
1	环境	干净、整洁、温馨、温度适中、空气清新无异味。电脑可以连接互联网，网速有保障
2	婚礼策划师或 PPT 设计制作人员	言谈有礼、举止文明，有一定的设计感，具备一定的计算机常识及常用办公软件的基础使用能力，自觉遵守社会基本道德规范，细微得体、恰到好处地提供服务

（二）搜集并储备婚礼策划 PPT 文案

步骤	流程	技术操作要求
工作前准备		（1）保证电脑中安装了 PPT 软件，确保上网环境及网络速度无问题
		（2）提前建立好相应的分类文件夹，如中式婚礼 PPT 文案文件夹、草坪婚礼 PPT 文案文件夹、森系婚礼 PPT 文案文件夹、一般西式婚礼 PPT 文案文件夹等。或是按照预算进行分类，如 1 万～3 万元婚礼 PPT 文案文件夹、3 万～6 万元婚礼 PPT 文案文件夹、6 万～10 万元婚礼 PPT 文案文件夹、20 万～30 万元婚礼 PPT 文案文件夹
步骤 1	寻找相关案例	（1）浏览互联网上的各种已经公开展示的婚礼策划 PPT 文案案例
		（2）通过保存或是截屏的形式，将其下载到本地电脑硬盘文件夹中
		（3）每种类型案例尽可能多
步骤 2	同类案例比较	将已经下载到本地电脑硬盘中的婚礼策划 PPT 文案案例，逐一展开观摩，学习并分析，有必要的话，做一个记录说明文档，加深自己对于该案例的认知与理解
步骤 3	及时完善并更新案例	（1）对于新的公开案例要做到及时学习和下载保存
		（2）分类要不断细化与完善
注意事项		（1）有些网站或是论坛，能以会员购买或充值形式下载学习相关案例和资料。要注意其真实性等问题，以防被骗。充值也需根据自身及公司预算来进行，切勿盲目跟风充值
		（2）下载的资料及案例，非特殊情况下不做公开展示，只用于自己学习或公司内部讨论
		（3）除搜集婚礼策划 PPT 文案之外，一些和婚礼有关的设计元素和图片、音频等形式的素材，也可做分类保存，以便需要之时可随时调用

（三）实施效果

1. PPT 素材搜集是婚礼策划师学习制作婚礼策划 PPT 文案的重要基础和能力之一，有利于婚礼策划师能力的提高。

2. PPT 素材搜集、分类，建立自己的素材库，为做出专业的、精美的婚礼策划 PPT

文案奠定坚实的基础。

二、搜集并储备婚礼策划 PPT 素材的意义

搜集婚礼策划 PPT 文案及相关资料素材，是一项长期且艰巨的、细致的工作。不仅需要花时间、搭精力苦苦寻找，还需要认真学习分析，同时还要对素材和资料进行分类整理和管理。婚礼市场发展极其迅速，每天都有大量的新鲜案例被制造出来，因此，时刻保持善于学习和总结的心态尤为重要。

搜集案例和资料不是抄袭，是学习。婚礼策划师们总有一天要设计出属于自己的案例并执行。因此，大量地搜集 PPT 案例和相关资料，在学习发现的同时，也是一种自我境界升华和提高的过程。在这个过程中，审美感会被不知不觉地培养起来。因此，有了一定的案例积累后，在自主设计婚礼策划 PPT 文案时，将会非常得心应手。

子任务三　运用 PPT 技能设计制作婚礼策划 PPT

一、工作流程

（一）工作准备

1. 物品准备

序号	名称	单位	数量	备注
1	笔记本电脑	台	1	可联网，用于制作 PPT
2	互联网		1	用于上网搜集案例
3	文件夹		1	用于存放做好的 PPT

2. 环境与人员准备

序号	环境与人员	准备
1	环境	干净、整洁、温馨、温度适中、空气清新无异味。电脑可以连接互联网，网速有保障
2	婚礼策划师或 PPT 设计制作人员	言谈有礼、举止文明，有一定的设计感，具备一定的计算机常识及常用办公软件的基础使用能力，自觉遵守社会基本道德规范，细微得体、恰到好处地提供服务

（二）运用 PPT 技能设计制作婚礼策划 PPT

步骤	流程	技术操作要求
工作前准备		（1）保证电脑中安装了 PPT 软件，确保上网环境及网络速度无问题
		（2）提前建立好相应的分类文件夹
步骤1	初步制作	（1）根据婚礼策划文字文案的内容，确定 PPT 模板或风格后，按照与新人沟通的结果与信息内容，初步进行 PPT 的设计制作
		（2）保证将婚礼及婚礼当事人的必要内容和信息等写入 PPT 内。完成 PPT 制作的框架设计

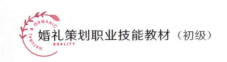
（续）

步骤	流程	技术操作要求
步骤2	检查修改	对已经初步完成的婚礼策划PPT文案进行检查和修改，确保必要信息无遗漏，确保无错别字等低级错误出现，如写错婚礼当事人姓名等，以及处理和修改部分细节等
步骤3	及时保存	对已经制作完成的PPT及时进行保存，以防数据丢失或损坏
注意事项		（1）注意PPT设计制作时整体风格的统一，不要花里胡哨的面子工程
		（2）注意对客户隐私的保密
		（3）注意PPT字体的设计及使用规范

（三）效果评估

1. 可以自我检查，也可以发送给同事或是上级领导进行效果评估和检查。

2. 发送给婚礼当事人获得最直接的效果评估。

二、相关知识

（一）PPT基本使用技巧的运用

1. 文字的出现与讲演同步

为使文字与旁白一起出现，可以采用"自定义动作"中按字母形式向右擦除。若是一大段文字，字的出现速度还是太快。这时可将这一段文字分成一行一行的文字块，甚至是几个字一个字块，再分别按顺序设置每个字块中字的动画形式为按字母向右擦除，并在时间项中设置与前一动作间隔1~3秒，就可使文字的出现速度和旁白一致了。

2. 长时间闪烁字体的制作

在PPT中也可以制作闪烁字，要做一个可吸引人注意的连续闪烁字，可以按以下步骤操作：在文本框中填入所需字，处理好字的格式和效果，并做成快速或中速闪烁的图画效果，复制这个文本框，根据想要闪烁的时间来确定粘贴的文本框个数，再将这些框的位置设为一致，处理这些文本框为每隔1秒动1次，设置文本框在动作后消失。

3. 目录式的跳转

利用字的跳转功能，可以建立一页漂亮的目录。设置跳转时，建议不要设置字体的动作，而要设置字所在的边框的动作。这样既可以避免字带有下划线，又可以使字色不受母板影响。具体操作为选中字框，单击右键，选"动作设置"项，链接到所要跳转的页面。

4. 复制幻灯片

要复制演示文稿中的幻灯片，要先在普通视图的"大纲"或"幻灯片"选项中，选择要复制的幻灯片。如果希望按顺序选取多张幻灯片，在单击时按"Shift"键；若不按顺序选取幻灯片，在单击时按"Ctrl"键。然后在"插入"菜单上，单击"幻灯片副本"，或者直接按下"Ctrl＋Shift＋D"组合键，则选中的幻灯片将直接以插入方式复制到选定的幻灯片之后。

5. 自动黑屏

在用 PPT 展示的时候，可以按一下"B"键，此时屏幕黑屏。再按一下"B"键即可恢复正常。按"W"键也会产生类似的效果。

6. 自动播放

要让 PPT 的幻灯片自动播放，只需要在播放时右键点击这个文稿，然后在弹出的菜单中执行"显示"命令即可，或者在打开文稿前将该文件的扩展名从"ppt"改为"pps"后再双击它即可。这样一来就避免了每次都要先打开这个文件才能进行播放所带来的不便和烦琐。

7. 添加公司 Logo

执行"视图—母版—幻灯片母版"命令，在"幻灯片母版视图"中，将 Logo 放在合适的位置上，关闭母版视图返回到普通视图后，就可以看到在每一页都加上了 logo，而且在普通视图上也无法改动它了。

8. 保存特殊字体

在 PPT 中，单击"工具"按钮，在下拉菜单中选择"保存选项"，在弹出其对话框中选中"嵌入 TrueType 字体"项，然后根据需要选择"只嵌入所用字符"或"嵌入所有字符"项，最后单击"确定"按钮保存该文件即可。

（二）制作婚礼策划 PPT 文案

1. 寻找并确定 PPT 模板

首先打开 PPT 软件，打开之后可以看到有很多的 PPT 模板可供使用。当然，也可以去一些 PPT 专业垂直类的网站去下载更为贴切和绚丽的 PPT 模板来制作。微软也在官方网站上提供了相当丰富的 PPT 模板可供选择。

2. 建立 PPT 封面和目录

根据婚礼策划文字版文案，将大致要表达和展示的内容以目录的形式罗列出来。如：第一章，婚礼当事人基本信息；第二章，婚礼基本信息；第三章，婚礼创意来源及阐述；第四章，婚礼流程及时间表；等等。在这里面，可以对已经下载和使用的模板进行再编辑，包括修改文字信息、文字颜色和位置，编辑图片等内容。

3. 仔细制作每页 PPT

根据婚礼策划文字版文案，添加相关文字及图片信息，要注意整体排版统一和色彩搭配的统一。尽可能地使用关键词和图片来表述，切忌大段文字复制粘贴，这样容易让婚礼当事人感到乏味，不想看下去，同时也缺乏了必要的设计感。

4. 完成婚礼策划 PPT 文稿初稿

经过一页又一页的用心制作之后，一个初步的婚礼策划 PPT 文稿就算是完成了。这个 PPT 文稿里面应该尽可能涵盖婚礼中所涉及的方方面面包括细节。同时需要注意，婚礼策划 PPT 文案的设计与制作，不是婚礼策划师自己的婚礼 PPT 的设计与制作。婚礼策划师所做的一切，都是为了获得婚礼当事人的满意与肯定。所以，一切要以婚礼当事人的喜好和期望为出发点展开设计，在这基础上，加入专业的设计灵感与知识表达，只有这样，才是一名优秀的婚礼策划 PPT 文案设计人员。

子任务四　根据客户的反馈意见修改完善婚礼策划 PPT 文案

一、工作流程

（一）工作准备

1. 物品准备

序号	名称	单位	数量	备注
1	笔记本电脑	台	1	可联网，用于制作 PPT
2	互联网		1	用于接受客户反馈意见

2. 环境与人员准备

序号	环境与人员	准备
1	环境	干净、整洁、温馨、温度适中、空气清新无异味。电脑可以连接互联网，网速有保障
2	婚礼策划师或 PPT 设计制作人员	言谈有礼、举止文明，有一定的设计感，具备一定的计算机常识及常用办公软件的基础使用能力，自觉遵守社会基本道德规范，细微得体、恰到好处地提供服务

（二）修改完善婚礼策划 PPT 文案流程

步骤	流程	技术操作要求
工作前准备		（1）有礼貌地向客户征求对设计完成的婚礼策划 PPT 文案初稿的建议，听取修改意见并做具体意见记录
		（2）与客户沟通交流，并做好记录，告知客户修改 PPT 所需要的时间和周期并让其耐心等待（要稍微留有富余的时间），保持沟通畅通
步骤 1	记录反馈意见	（1）将搜集或是记录下来的客户反馈的意见和建议进行分类罗列
		（2）不急于修改，先要把客户提出的问题弄清楚，形成清晰的修改思路
步骤 2	逐条修改	（1）先从大的问题入手修改，最后再修改小的细节和其他相关元素
		（2）在修改过程中，注意排版、文字和颜色的各自变化，力求做到整体风格统一，局部处理无问题
步骤 3	反馈客户	（1）将最新修改的 PPT 文稿，做好时间命名，然后及时发给客户征求意见
		（2）尽可能以邮件的方式来发送 PPT 文稿，并在发送后，第一时间告知客户，让其尽快下载确认
		（3）要注意保存之前的 PPT 文稿（可以标注"第一稿""第二稿"等），以便日后做对比和存档
注意事项		在修改过程中，由于对于婚礼的认知、学历背景、审美意识等差距，婚礼策划师即便按照客户的要求修改 PPT 文案，也不一定能够完全获得客户即婚礼当事人的认可。这种情况下，就需要反复修改。首先要保持服务和平静的心态来和客户对接，言语用词要注意礼节，同时，发生强烈的意见冲突时，切记要以服务客户和客户至上的原则来进行交流和后续修改，不可因为意见不一致而导致矛盾升级，造成不良后果

（三）实施效果

通过不断地征求客户意见和修改婚礼策划 PPT 文案，才能达到客户的要求，符合客户的意愿。

二、修改婚礼策划 PPT 文案应对策略

（一）婚礼策划 PPT 文案几乎不可能一次性获得客户认可，婚礼策划师要有心理准备

修改婚礼策划 PPT 文案，可以说几乎没有一次性通过的。大多婚礼策划师或是婚礼策划 PPT 文案设计人员，都要经历过与客户"斗智斗勇"的阶段后才能最终把 PPT 定下来。即便如此，也不乏临近婚礼大典之前，客户忽然全盘否定，要求婚礼策划师重新制作 PPT 的情况。

总之不管如何，通过多种方法对 PPT 进行完善修改，让婚礼当事人满意，是每一个婚礼策划师的终极目的。也只有这样，后续的一系列工作才得以高效展开。

（二）婚礼策划师要让客户看到自己的辛苦努力

拿到客户的修改意见，婚礼策划师一次次地对婚礼策划 PPT 文案进行修改和完善，客户方能更加清楚地看到婚礼策划师在辛勤地为自己设计婚礼，从而心中也更加有底，获得心灵上的满足与认可。

（三）婚礼策划师要向客户展示自己的专业能力

通过修改婚礼策划 PPT 文案，可以向客户展示婚礼策划师专业的技能和独特的审美。

总之，千万不要忘记，婚礼策划师服务的是谁，需要让谁满意，是在为谁而工作。弄明白这点后，原本复杂的工作，也许会变得轻松和愉悦。

任务四
婚礼服务项目的费用预算

【任务情境】

　　赵先生和范女士的婚礼定于 2022 年 5 月 1 日举办。赵先生目前从事影视拍摄制作类工作，2020 年从日本留学归来，性格开朗外向，热爱音乐与动漫，有自己的乐队并兼任主唱。范女士作为大学教师博学多才，端庄贤淑。两个人有一个共同的爱好——旅行。婚礼策划师小刘经过与二人的初步沟通交流，明确了二人希望举办一场草坪婚礼，并希望用最新的照片直播技术、视频直播及航拍技术来记录自己的婚礼。同时由于二位婚礼当事人性格爱好特点，希望在婚礼现场能够有乐队演出，有旅游和动漫展等元素的体现。婚礼举办地定在北京西六环外某五星级酒店的户外草坪。婚礼策划师小刘需要根据以上情境，尽可能详细地罗列出该场婚礼的预算。

【任务分析】

一、婚礼预算的主要内容

序号	主要内容
1	婚礼策划费用（含沟通、统筹、督导、设计等费用）
2	"四大金刚"费用：主持、摄影（含图片直播）、摄像（含航拍及视频直播）、化妆
3	喜字喜糖喜烟，饮料酒水等费用
4	婚车使用费用
5	酒店草坪使用费用
6	婚宴费用
7	甜品费用
8	现场场布、花艺、灯光、LED 大屏等使用租赁费用
9	请柬及相关印刷品费用
10	红包费用
11	其他杂项费用

二、婚礼预算的工作目标及措施

序号	主要工作目标	措施
1	根据婚礼当事人的要求罗列项目预算	大多婚礼当事人对于婚礼预算开支会"心中有一杆秤"。通过和婚礼当事人沟通，罗列出所有在婚礼前后需要婚礼当事人进行预算开支的项目

（续）

序号	主要工作目标	措施
2	对预算进行分类整理并做明细一览	沟通完，对已明确了的预算开支进行分类整理，先大后小，先粗后细
3	与婚礼当事人进行预算协商，调整并最终确认	为了使婚礼效果更好，往往会添置一些额外的项目来保证婚礼的正常进行或是效果渲染。这种情况下，超出预算是经常发生的事情。一定要站在婚礼当事人的立场上进行沟通，不要让婚礼当事人误以为加钱加码是为了获取更多利润，从而影响后续沟通和项目进行

【任务实施】

子任务一　根据客户需求制作婚礼服务项目明细

一、工作流程

（一）工作准备

1. 物品准备

序号	名称	单位	数量	备注
1	笔记本电脑	台	1	用于文档整理
2	手机	台	1	用于和婚礼当事人对接
3	打印机	台	1	用于打印制作好的预算清单

2. 环境与人员准备

序号	环境与人员	准备
1	婚礼策划师	信息收集，分类整理，制作预算清单等
2	婚礼当事人	提出预算要求和具体内容
3	网络办公环境	用于接收互联网上的信息

（二）建立婚礼服务项目预算清单

步骤	流程	技术操作要求
工作前准备		（1）与婚礼当事人建立良好的沟通，认真记录婚礼当事人的各种需求和期望
		（2）可以在沟通时，将已经明确的一些预算开支告知婚礼当事人，帮助婚礼当事人更好地制定预算计划
步骤1	信息分类整理	（1）对婚礼当事人提出的各种要求进行分类整理
		（2）对于一些模棱两可的要求，也要按照最终执行来制定预算

（续）

步骤	流程	技术操作要求
步骤2	制定预算表	（1）根据大类分类，制定预算表
		（2）大类中，做二级表格进行细分
		（3）一些特殊的要求和开支，可以用颜色进行标注以示提醒
步骤3	发送给婚礼当事人确认	（1）以前期沟通内容为依据，将做好的预算表发送至婚礼当事人确认
		（2）婚礼当事人会就某处进行预算增减或轻微调整
		（3）如果必要，则需要针对某个预算给婚礼当事人做出详细解释
		（4）如需要再次修改，则修改后务必再次让婚礼当事人确定最终预算
注意事项		（1）预算是一个相对敏感的话题，大部分的婚礼当事人都想"花最少的钱，办出最好的婚礼"。因此，在制作预算清单上有一些问题，特别是专业上的问题，需要给婚礼当事人解释清楚，以免引起不必要的纷争与麻烦
		（2）随着婚期的临近，很多婚礼当事人会有重新修改预算清单的可能。如由于一些原因去掉某些项目，或临时加上某些项目等。如此一来，必然要重新对预算进行梳理和罗列。无论如何修改预算，一个总的原则是必须要遵循的，就是预算一定要把控在婚礼当事人能承受的范围之内。删减得太多，婚礼效果和质量得不到好的保障；增添太多，经济上婚礼当事人无法承受。这一点，尤为需要注意

（三）效果评估

预算表做得好不好，是不是符合婚礼当事人要求等，可以通过以下几点进行评估：

1. 是否控制在婚礼当事人预算的范围内，一般以不超过10％为界限，如婚礼当事人预算是5万，最高预算制作不可超过5.5万元。

2. 预算表是否满足了婚礼当事人所有的诉求和期望点，有无未写进预算表的内容。

3. 整体上看，是否具有一定的专业性与良好的性价比。

在满足以上三个条件后，才可以说，这是一个符合婚礼当事人要求和期望的"好预算"。

二、相关知识

（一）婚礼成本预算

婚礼策划要顺利进行，成本预算必不可少。婚礼策划的成本预算有其特殊性，包含以下四个步骤：

1. 搜集和整理有关资料

在编制成本预算前，婚礼策划师要搜集和整理有关资料。对一个或几个项目的成本预算进行分析，总结之前的经验和存在的问题，提出改进措施，以便准确真实地编制好婚礼策划成本预算。

需要搜集和整理的资料主要包括策划费用情况、设计费用情况、道具费用情况和劳务费用情况等有关资料，本企业实际成本以及同行业同类服务的成本资料等。

2. 分项预测

将整个婚礼分为一系列不同的项目，结合当前的市场行情变化，对每一项可能的消耗进行预测，得到分项活动预算。

3. 总成本预测

根据之前婚礼服务项目的实际发生成本和各分项活动预测的结果，对本次策划的总体成本进行预测。

4. 编制成本预算表

表中应当附有项目明细、预算费用和实际费用等项目，以便对成本进行管理和控制。

（二）婚礼的类型、风格与服务内容

通过与婚礼当事人客户的沟通，婚礼策划师必须能够把握他们对于整个婚礼的基本需求。

1. 婚礼类型

当前常见的婚礼类型主要有中式婚礼、西式婚礼、主题婚礼、集体婚礼、海外婚礼、旅行婚礼等。应根据婚礼当事人的偏好进行选择。

2. 婚礼风格

根据婚礼当事人的需要，可选择婚礼的风格，如庄重高雅型、欢乐搞笑型、煽情催泪型等。

3. 服务内容

常见的服务内容主要有婚礼策划、主持督导、跟妆造型、摄影摄像、现场布置、婚礼用车、花艺设计、婚礼蛋糕、结婚喜品等。许多内容婚礼当事人双方的家庭可以自行解决，重点要把握那些不能自行完成或不愿自行完成的项目。

4. 服务时间、地点

策划时应当考虑服务的时间和地点，是 30 分钟、40 分钟、50 分钟，还是更长时间，是在酒店、家里、私人会所、广场、草坪或是海边。

5. 服务费用

要了解客户的心理价格承受区间，是 1 万～3 万元、5 万～8 万元还是 10 万元以上或更多。

6. 服务设备及人员

服务设备主要包括礼服、婚车、摄影机、照相机、音响设备、灯光设备、拱形门、电子签到设备、干冰机等。最核心的服务人员主要有：主持人、摄影师、摄像师、化妆师、花艺师、音乐编排 DJ、灯光师等。

子任务二　对个性化婚礼服务项目进行预算

一、工作流程

（一）工作准备

1. 物品准备

序号	名称	单位	数量	备注
1	笔记本电脑	台	1	用于文档制作和整理
2	手机	台	1	用于和婚礼当事人对接
3	打印机	台	1	用于打印制作好的预算清单

2. 环境与人员准备

序号	环境与人员	准备
1	婚礼策划师	信息收集，分类整理，制作预算清单等
2	婚礼当事人	提出个性化预算要求和个性化具体内容
3	网络办公环境	用于接收互联网上的信息

（二）建立个性化婚礼服务项目预算清单

步骤	流程	技术操作要求
工作前准备		（1）与婚礼当事人建立良好的沟通，认真记录婚礼当事人个性化需求和期望
		（2）可以在沟通时，将已经明确了的一些预算开支告知婚礼当事人，帮助婚礼当事人更好地制定预算计划
步骤1	信息分类整理	（1）对婚礼当事人提出的个性化要求进行分类整理
		（2）对于一些模棱两可的要求，需按照假设最终执行来制定预算
步骤2	制定预算表	（1）根据大类分类，制定预算表
		（2）大类中，做二级表格进行细分
		（3）个性化的、特殊的要求与开支，可以用颜色进行标注以示提醒
步骤3	发送给婚礼当事人确认	（1）以前期沟通内容为依据，将做好的预算表发送至婚礼当事人确认
		（2）婚礼当事人会就某处进行预算增减或轻微调整
		（3）如果必要，则需要针对某个预算给婚礼当事人做出详细解释
		（4）如需要再次修改，则修改后务必再次让婚礼当事人确定最终预算
注意事项		（1）预算是一个相对比较敏感的话题，大部分的婚礼当事人都想"花最少的钱，办出最好的婚礼"。因此在制作预算清单上，有一些问题，特别是专业上性的问题，需要给婚礼当事人解释清楚，以免引起不必要的纷争与麻烦。同时，个性化需求往往因人而异，与此对应的呈现效果和价格也是天壤之别。经常会有"婚礼当事人动动嘴，预算从头改"的现象出现，因此，保持良好的沟通，非常有必要
		（2）随着婚期的临近，很多婚礼当事人会有重新修改预算清单的可能。有些项目由于一些原因去掉，有些项目再临时加上等。如此一来，必然要重新对预算进行梳理和罗列。无论如何改预算，一个总的原则是必须要遵循的，就是预算一定要把控在婚礼当事人能承受的范围之内。删减得太多，婚礼效果和质量得不到好的保障；增添太多，经济上婚礼当事人无法承受。这一点，尤为需要注意

（三）效果评估

个性化预算表做得好不好，是不是符合婚礼当事人的个性化要求等，可以通过以下几点进行评估：

1. 是否控制在婚礼当事人个性化预算的范围内，一般以不超过 10％ 为界限，如婚礼当事人预算是 8 万，最高预算制作不可超过 8.8 万元。

2. 是否满足了婚礼当事人所有的诉求和期望点以及个性化的定制，有无未写进预算表的内容。

3. 整体上看，是否具有一定的专业性与良好的性价比。

在满足以上三个条件后，才可以说这是一个符合婚礼当事人要求和期望的，具有专业水准的个性化婚礼服务项目预算。

二、相关知识

（一）用专业知识，帮助婚礼当事人制定预算

婚礼策划师由于具备丰富的婚庆服务经验，对于婚礼当事人的婚礼花费一般会有一个大致的了解。在让客户接受公司提供服务的基础上，可以帮助婚礼当事人对婚礼进行预算。对于一些有着特殊需求的婚礼当事人，或是对婚礼能够提出自己想法的婚礼当事人，在肯定地告诉他们能够实现的基础上，也要尽可能明确地告知其大致花费。因为一些婚礼当事人在知道所花费的金额后，很有可能打消其原来想法。

（二）以任务情境为例，制作一套个性化婚礼服务项目预算

对于这场个性化的草坪婚礼，婚礼策划师预算如下：

1. 总预算

15 万元。

2. 分预算

（1）婚礼专业工作团队（总监级）

① 策划及当天督导：8 000 元。

② 主持：5 000 元。

③ 摄影＋直播：10 000 元。

④ 摄像＋直播：12 000 元。

⑤ 航拍：5 000 元。

⑥ 化妆：2 000 元。

小计：42 000 元。

（2）婚宴

① 宴席：46 000 元（以 3 800 元/桌，100 人计，酒店草坪租赁费用约 8 000 元）。

② 酒水：3 180 元［以 15 桌（备 5）计，每桌两瓶红酒，约 100 元/瓶，两大瓶饮料，约 6 元/瓶］。

③ 喜烟及喜糖：1 500 元。

小计：50 680 元。

（3）花艺及场地布置：15 000～20 000 元（按 20 000 元计）。

（4）蛋糕及甜品：3 000 元。

（5）车队：10 000 元。

（6）户外 LED 大屏：5 000 元。

小计：38 000 元。

（7）婚纱礼服及饰品

① 婚纱 3 000 元，礼服 2 件 4 000 元。

② 新郎无尾礼服、衬衫、领带、鞋子 5 000 元。

③ 伴娘服、伴郎领带（两对）1 000 元。

④ 头纱、饰品、衬裙、手套、鞋 1 000 元。

小计：14 000 元。

（8）婚礼小物（请柬及签到）：3 000 元。

（9）红包准备：1 000 元。

以上共计：42 000＋50 680＋38 000＋14 000＋3 000＋1 000＝148 680 元。

通过以上合理的设计，剩余 1 320 元，良好地控制在了婚礼当事人给出的 15 万预算以内，是一个相对来说较为成功的预算设计。

子任务三　制作婚礼费用预算表

一、工作流程

（一）工作准备

1. 物品准备

序号	名称	单位	数量	备注
1	笔记本电脑	台	1	用于文档制作和整理
2	手机	台	1	用于和婚礼当事人对接
3	打印机	台	1	用于打印制作好的预算清单

2. 环境与人员准备

序号	环境与人员	准备
1	网络办公环境	用于接收互联网上的信息
2	婚礼策划师	信息收集，分类整理，制作预算清单等
3	婚礼当事人	提出个性化预算要求和个性化具体内容

（二）制作婚礼费用预算表

步骤	流程	技术操作要求
工作前准备		（1）与婚礼当事人建立良好的沟通，认真记录婚礼当事人个性化需求和期望
		（2）可以在沟通时，将已经明确了的一些预算开支告知婚礼当事人，帮助婚礼当事人更好地制定预算计划
步骤1	信息分类整理	（1）对婚礼当事人提出的个性化要求进行分类整理
		（2）对于一些模棱两可的要求，需按照假设最终执行来制定预算
步骤2	制定预算表	（1）根据大类分类，制定预算表
		（2）大类中，做二级表格进行细分
		（3）个性化的、特殊的要求与开支，可以用颜色进行标注以示提醒

（续）

步骤	流程	技术操作要求
步骤3	发送给婚礼当事人确认	（1）以前期沟通内容为依据，将做好的预算表发送至婚礼当事人确认
		（2）婚礼当事人会就某处进行预算增减或轻微调整
		（3）如果必要，则需要针对某个预算给婚礼当事人做出详细解释
		（4）如需要再次修改，则修改后务必再次让婚礼当事人确定最终预算
注意事项		（1）预算是一个相对比较敏感的话题，大部分的婚礼当事人都想"花最少的钱，办出最好的婚礼"。因此在制作预算清单时，有一些问题，特别是专业上性的问题，需要给婚礼当事人解释清楚，以免引起不必要的纷争与麻烦。同时，个性化需求往往因人而异，与此对应的呈现效果和价格也是天壤之别。经常会有"婚礼当事人动动嘴，预算从头改"的现象出现，因此，保持良好的沟通，非常有必要
		（2）随着婚期的临近，很多婚礼当事人会有重新修改预算清单的可能。如有些项目由于一些原因去掉，有些项目再临时加上等。如此一来，必然要重新对预算进行梳理和罗列。无论如何修改预算，必须遵循的总的原则就是预算一定要把控在婚礼当事人能承受的范围之内。删减得太多，婚礼效果和质量得不到好的保障；增添太多，经济上婚礼当事人无法承受。这一点，尤为需要注意

（三）效果评估

预算表做得好不好，是不是符合婚礼当事人要求等，可以通过以下几点进行评估：

1. 是否控制在婚礼当事人预算的范围内，一般以不超过10％为界限，如婚礼当事人预算是5万，最高预算制作不可超过5.5万元。

2. 是否满足了婚礼当事人所有的诉求和期望点，有无未写进预算表的内容。

3. 整体上看，是否具有一定的专业性与良好的性价比。

在满足以上三个条件后，才可以说这是一个符合婚礼当事人要求和期望的"好预算"。

二、相关知识

（一）制作预算资金来源明细表

确定婚礼整体预算主要解决的是婚礼当事人花多少钱用于婚礼，或者说婚礼当事人所花的钱如何运用于婚礼服务过程。这里首先要确定预算资金的来源并制作预算资金来源明细表。

一般而言，一场婚礼的经费的主要来源包括新郎和新娘的自有经费、双方家庭所出经费、红包收入以及其他人出资（如亲戚、单位等）。

而婚礼策划师需要做的就是将这些经费列出并汇总，就可以得到整体预算，见表4-1。

表4-1　预算资金和收入明细

预算资金和收入明细			
新郎资金		新郎家出资	
新娘资金		新娘家出资	
红包收入		其他人出资	
收入合计			

（二）分项预算婚礼费用

控制婚礼预算的最好方法是帮助婚礼当事人在整体预算中分出每一类款项，然后控制在这个数字之内。分项预算有一个大致比例。这些估算根据每个人的情况而有所调整，无论预算多还是少，都可以作为一个参考。如果某一方面超出了预算，一定要在另一方面削减。大致的比例如下：

1. 婚宴（包括烟酒糖茶）：50％。
2. 婚纱照：5％～10％。
3. 礼服、头纱、饰品、鞋子：5％～10％。
4. 策划、主持、摄影、摄像、化妆：15％～20％。
5. 花艺及场地布置：15％～20％。
6. 请柬及其他印刷品、回礼：5％。
7. 其他杂项：5％。

最好的办法是将有关支出明细列成表格，以便一一对照，见表4-2。

表4-2　支出项目明细表

支出项目明细				
明细类	项目名称	预算金额	实际花费	备注
订婚	聘礼/聘金			
	订婚宴			
告别单身	兄弟酒			
	姐妹宴			
新娘	戒指			
	项链/吊坠			
	手镯			
	耳环			
	美容化妆			
	头发造型			
	化妆品			
	安瓶			
	婚纱、礼服			
	头纱			
	披肩			
	裙撑			
	手套			
	新鞋			
	内衣			
	婚纱配饰			
	包包			
	其他			

（续）

明细类	项目名称	预算金额	实际花费	备注
支出项目明细				
新郎	戒指			
	中式礼服			
	西装套装			
	礼帽			
	衬衫			
	领带/领结			
	手表			
	皮带			
	皮鞋/袜子			
	其他			
父母	礼服			
	父母礼物			
	其他			
伴娘	礼服			
	包包			
	伴娘礼物			
	其他			
伴郎	礼服			
	领带			
	衬衫			
	伴郎礼物			
	其他			
花童	花童礼服			
	其他			
亲友	亲友礼物			
	其他			
喜品	请柬/喜帖			
	喜字			
	签到簿			
	签到笔（多支）			
	座位卡			
	窗花			
	拉花			
	龙凤烛			
	大红伞			

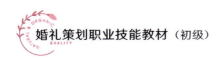

（续）

支出项目明细				
明细类	项目名称	预算金额	实际花费	备注
喜品	娃娃鞋			
	红包袋			
	气球			
	彩带			
	彩粉			
	礼花炮			
	喜糖袋			
	喜娃娃			
	回礼/谢礼			
	子孙桶			
	印泥			
	结婚证盒			
	戒枕			
	喜碗			
	印章			
	同心锁			
	长明灯			
	对联			
	灯笼			
	敬茶碗/杯			
	喜字毛巾			
	喜纸杯			
	婚纱台历			
	开瓶器			
	中国结			
	其他			
烟酒糖	喜烟			
	火柴/打火机			
	喜糖			
	喜酒			
	饮料			
	水果			
	香槟			
	礼饼			
	红枣			

（续）

明细类	项目名称	预算金额	实际花费	备注
	支出项目明细			
烟酒糖	花生			
	桂圆			
	莲子			
	喜蛋			
	蜂蜜			
	其他			
婚庆公司	策划			
	督导			
	布场			
	化妆造型			
	婚礼主持人			
	DJ 乐队或 DJ 师			
	音响师			
	摄影跟拍			
	摄像			
	胸花			
	手捧花			
	婚礼用花			
	装饰			
	道具			
	新房布置			
	婚礼微电影			
	其他			
影楼	婚纱照拍摄			
	放大制作			
	相框			
	相册			
	喷绘照片			
	其他			
酒店	婚宴费用			
	开瓶费			
	服务费			
	背景舞台布置			
	鲜花			
	LED 大屏			

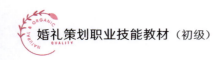

（续）

支出项目明细				
明细类	项目名称	预算金额	实际花费	备注
酒店	拱门			
	路引			
	烛台或蛋糕塔			
	杯塔或四季水爱情沙			
	T台地毯			
	礼宾花			
	罗马柱			
	干冰			
	喜庆鞭炮			
	追光灯			
	早到亲友食宿			
	留宿亲友房费			
	留宿亲友餐费			
	其他			
婚车租赁	头车			
	跟车			
	司机费用			
	头车装饰			
	跟车装饰			
	汽油费			
	过路桥费			
	其他			
红包	开门红			
	伴娘			
	伴郎			
	主持人			
	跟妆师			
	摄影师			
	摄像师			
	司机			
	花童			
	滚床儿童			
	零散			
	其他			

（续）

支出项目明细				
明细类	项目名称	预算金额	实际花费	备注
蜜月旅行	团费/机票			
	交通费			
	签证/护照费			
	旅行用品花费			
	旅行预算花费			
	礼品/赠礼手信			
交通费	一切交通费			
其他	婚庆增值服务项目			
不可预计	杂费			
费用总计				

子任务四　管理婚礼费用

一、工作流程

（一）工作准备

1. 物品准备

序号	名称	单位	数量	备注
1	笔记本电脑	台	1	用于文档制作和整理
2	手机	台	1	用于和婚礼当事人对接
3	打印机	台	1	用于打印必要文稿

2. 环境与人员准备

序号	环境与人员	准备
1	婚礼策划师	信息收集，分类整理，制作预算清单等
2	婚礼当事人	提出个性化预算要求和个性化具体内容
3	网络办公环境	用于接收互联网信息

（二）管理婚礼费用

步骤	流程	技术操作要求
工作前准备		（1）务必要清楚每一场婚礼的预算与实际执行成本
		（2）婚礼策划与执行周期内，要做到婚礼费用管理及时更新

（续）

步骤	流程	技术操作要求
步骤1	信息及时更新	（1）对已支付的款项，要做到及时更新数据
		（2）对仍未支付的款项，要做到心中有数，账目清晰
步骤2	定期管理核对	（1）根据项目的进度快慢，要进行定期的费用管理复检
		（2）无论是预算管理还是支出管理，都要做到认真仔细，不可出错
注意事项		婚礼费用管理，分为收入管理与支出管理两个部分，收入管理主要指婚礼当事人的费用支付部分；支出管理主要指用于婚礼执行和支付各大供应商的相关费用

（三）效果评估

婚礼费用管理的效果，主要从以下两方面来衡量：

1. 是否能够对婚礼当事人的支付款做到及时的后台管理数据更新。

2. 是否能够对已支出款项做到及时的后台管理数据更新。

二、相关知识

（一）婚礼费用管理的意义

做好婚礼费用管理，做到及时更新婚礼预算费用与支出，是一种能力，更是一种责任。每一位合格的婚礼策划师，都需要对婚礼预算进行良好的管理，做到心中有数。千万不能一问三不知，这个不清楚，那个不确定。不仅给婚礼当事人留下了极为不专业的印象，同时，也会给公司利润把控带来一定的风险和隐患。

（二）婚礼费用管理的基本模板

表4-3是一个简易的婚礼费用管理模板，根据每场婚礼的不同，可以适当增减些项目。如遇到婚礼当事人忽然要添加或是删减某些项目配置，要做到及时更正并标明修订日期；当婚礼当事人及时支付相应的款项后，也要自行更新表格，做到严谨周密。

表4-3　婚礼费用管理表

项目	项目明细	费用			备注
		应付	已付	待付	
婚礼策划					
会场布置					
新房布置					
现场督导					
婚车租赁					
婚礼摄像					
婚礼摄影					
音响设备租赁					
灯光设备租赁					
特效设备租赁					
婚礼道具租赁					

（续）

项目	项目明细	费用			备注
		应付	已付	待付	
婚礼化妆					
婚礼用花					
新娘捧花					
婚礼胸花					
婚礼摄影师					
婚礼摄像师					
婚礼化妆师					
婚礼花艺师					
婚礼音响师					
婚礼灯光师					
制作费用					
其他服务费					
其他费用					

（三）进行婚礼费用管理的技巧

由于当下结婚成本越来越高，婚礼策划师如何在帮助公司获得一定利润的同时，减少婚礼当事人不必要的开支，这是一个值得所有婚礼策划师和预算管理人员需要思考的问题。那么怎样才能做到很好地控制和管理婚礼预算呢？下面列出了一些方法可供参考。

1. 精心挑选宾客名单

每增加一位宾客就会增加一份婚礼的费用，除了人均的餐饮、礼品等费用外，更多的人就意味着租用更大的婚礼场地、增加更多的装饰品、增加更多不必要的人情开支。

2. 选择最适合的婚礼场地

在婚礼的场地选择中，放弃大型酒店、饭店等长期接待婚宴的场所，可以考虑一些比较冷门的场地，比如某个公园、海边、郊外、酒吧、特色餐厅等特别的场所作为婚礼地点，这样不仅可以节省婚礼场地的一大笔费用，还能彰显个性。同时，由于这些冷门场地举办婚礼较少，工作人员往往十分配合，为婚礼当事人提供尽可能多的服务。

3. 合理安排婚期

婚礼一般都有淡季与旺季之分，一般国内每年的5—10月都是婚礼的旺季，因为这段时间内天气良好，各种法定假期也比较多。在婚礼旺季中，常常会出现酒店爆满、婚礼服务公司价格提高、专业人员没有档期等情况。而在婚礼淡季中，很多婚礼会场、婚礼服务公司都会有优惠打折活动，预定起来也很随心所欲，由于法定的长假不多，还可以避免无法邀请到爱旅游的亲友。把婚期安排在婚礼淡季中，会使婚礼当事人节省一大笔婚礼开支。

4. 婚车租赁窍门

最环保的方式当然是放弃婚车这一环节，将婚车的费用用来租婚宴酒店的客房作为婚房，既可以节省婚车费用，还避免了早起、晚归给婚礼当事人带来的疲惫。如果婚车是必不可少的，可以联系各个车友会，进行婚车租赁活动。

用北京婚礼来举例，想要租赁大型婚车，如加长的卡迪拉克、林肯、悍马等，不妨联系天津的婚礼服务公司。因为天津和北京的风俗不同，北京婚宴一般为中午，而天津为晚宴，在接亲仪式上有时间差。天津的消费水平相对北京较低，北京的很多婚庆公司也是同天津合作，租赁婚车。直接同天津婚庆公司联系婚车租赁，也会比北京价格略低。

5.资源整合

充分发动婚礼当事人周围的人脉资源，比如召集其同事组建婚礼车队；邀请朋友帮忙摄影、摄像；让手巧的闺蜜为新娘化妆造型；请学设计的同学为新人策划会场布置等。这样的人际资源整合，不仅可以为新人节省大笔开销，还会拉近婚礼新人与朋友们之间的感情。

参 考 文 献

鲍黔明，廖向红，丁如如，2010. 导演学基础教程［M］. 北京：文化艺术出版社.

北京中民福祉教育科技有限责任公司，2021. 婚礼策划职业技能等级标准（2021 年 1.0 版）［EB/OL］.
（2021 - 01 - 26）. http://zmfz. bcsa. edu. cn/info/1019/2069. html.

褚丹，徐浩然，刘凌云，2019. PPT 课件制作有效性的思考［J］. 黑龙江科学（3）：34 - 35.

刘从水，2015. 婚礼仪式的多元向度研究［J］. 北方民族大学学报（哲学社会科学版）（5）：22 - 26.

王晓玫，李雅若，2016. 婚礼策划事务［M］. 北京：中国铁道出版社.

朱迪·艾伦，2006. 活动策划完全手册［M］. 北京：旅游教育出版社.

朱迪·艾伦，2010. 活动策划全攻略［M］. 北京：旅游教育出版社.

朱迪·艾伦，宿荣江，2006. 活动项目营销：全新的竞争制胜手段［M］. 北京：旅游教育出版社.

教育部第四批1+X证书制度试点

婚礼策划职业技能等级证书教材系列丛书

婚礼策划职业技能教材（初级）

婚礼现场布置方案设计

Hunli Xianchang ·初级· *Buzhi Fangan Sheji*

Chuji

北京中民福祉教育科技有限责任公司　组编

李倩一　王　楠　主　编

姚　刚　晨　风　副主编

中国农业出版社

农村读物出版社

北　京

图书在版编目（CIP）数据

婚礼策划职业技能教材：初级．婚礼现场布置方案设计／北京中民福祉教育科技有限责任公司组编；王晓玫等主编．—北京：中国农业出版社，2021.9
（教育部第四批1＋X证书制度试点婚礼策划职业技能等级证书教材系列丛书）
ISBN 978－7－109－28163－9

Ⅰ.①婚⋯　Ⅱ.①北⋯ ②王⋯　Ⅲ.①结婚－礼仪－职业技能－鉴定－教材　Ⅳ.①K891.22

中国版本图书馆CIP数据核字（2021）第074830号

中国农业出版社出版
地址：北京市朝阳区麦子店街18号楼
邮编：100125
策划编辑：李艳青
责任编辑：王庆宁　　文字编辑：戈晓伟
版式设计：王　晨　责任校对：刘丽香
印刷：三河市国英印务有限公司
版次：2021年9月第1版
印次：2021年9月河北第1次印刷
发行：新华书店北京发行所
开本：787mm×1092mm　1/16
总印张：25.75　　插页：8
总字数：703千字
总定价：88.00元（全8册）

前言

　　婚礼现场是见证新人婚姻的最神圣的地方，在人生最幸福的时刻，婚礼现场的出色布置会为新人的婚礼增添更多的亮点和惊喜。

　　婚礼策划师需要根据婚礼会场的实际环境、装修风格及策划方案，结合新人对婚礼的想法为新人量身定制婚礼花艺设计并进行现场布置。婚礼花艺师运用花艺和其他装饰材料及道具，精确执行和布置婚礼策划师的婚礼现场设计方案，将新人婚礼现场氛围的表象和定性展示出来。婚礼现场布置方案设计是婚礼策划的第三步，也是直接决定婚礼效果的至关重要的一步，婚礼策划服务人员必须熟练掌握此项专业知识和实操方法。

　　婚礼现场布置方案设计（初级）包括三项任务：一是婚礼现场的勘察；二是婚礼设计图的绘制；三是婚礼现场花艺和道具的设计。通过本项目的学习，首先，可以掌握婚礼现场勘察的方法，包括工具使用、测量内容和测量方法，甚至勘察标准和勘查细节等；其次，掌握婚礼设计图绘制的方法，包括工具使用、草图绘制和平面图绘制等；最后，掌握婚礼现场各区域的花艺和道具的设计方法，包括宴会区、仪式区、签到区，甚至其他区域的花艺与场景布置方法。

　　通过本项目的学习可以初步掌握婚礼策划师的初级技能，为学习中级、高级技能奠定基础。

　　本分册教材由李倩一负责统稿，王晓改、张仁民负责审稿，具体写作分工如下：

　　任务一、任务二：李倩一［北京社会管理职业学院（民政部培训中心）教师］、姚刚（北京俪庭文化发展有限公司总经理）、晨风［幸福摇篮（北京）文化发展有限公司创始人］。

　　任务三：王楠［北京社会管理职业学院（民政部培训中心）教师］。

目　　录

Project 3 项目三
婚礼现场布置方案设计

　　所谓婚礼现场布置，就是婚礼花艺师运用花艺和其他装饰材料及道具精确执行和布置婚礼策划师的现场设计方案，将新人婚礼现场氛围的表象和定性展示出来的过程。婚礼现场分为婚宴区、仪式区、迎宾签到区三大区域，从风格上看，有传统的、新中式的、西式的、时尚的等多种风格，主题则更是千变万化，但无论婚礼的策划思路和设计主题如何多变，都应该对婚礼现场的软硬件设施进行细致的了解和勘查，之后才可以开展有效、有序的设计和布置。

学 习 目 标

一、知识目标

1. 了解婚礼现场勘察需要使用的工具与测量方法。
2. 掌握婚礼现场勘察的内容与标准。
3. 掌握婚礼设计图的手绘工具及使用方法。
4. 掌握根据勘察测量的现场情况和婚礼策划方案，手绘婚礼设计展示草图的方法。
5. 掌握根据勘察测量的现场情况和婚礼策划方案，手绘婚礼设计平面图的方法。
6. 掌握婚礼现场各区域的花艺和道具的设计方法。

二、技能目标

1. 能够使用工具完成婚礼现场的测量与勘察。
2. 能够根据勘察测量的现场情况和婚礼策划方案，手绘婚礼设计的展示草图和平面图。
3. 能够完成婚礼现场各区域的花艺和道具的设计与布置。

三、素质目标

1. 树立精益求精的工作态度以及从客户角度考虑和设计的服务理念。
2. 培养理解、尊重、关心客户的专业价值观。

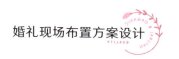

任务一
婚礼现场的勘察

【任务情境】

　　小玲毕业后到婚庆公司就业，成为婚礼策划师小张的助理。近日，小张接到世纪金源大酒店的婚礼订单。小玲将与小张一起进行婚礼现场勘察工作。但是刚步入婚礼策划岗位的小玲对婚礼酒店的位置、环境以及设备情况毫无了解，对婚礼现场勘察的步骤和内容也一概不知，那将如何进行现场勘察工作呢？婚礼策划师小张将一步一步给小玲进行讲解及指导。

【任务分析】

一、婚礼现场勘察的主要内容

序号	主要内容
1	婚礼现场勘察的前期资料搜集
2	婚礼现场勘察的具体方法和标准

二、婚礼现场勘察的工作目标及措施

序号	主要工作目标	措施
1	勘察婚礼现场，了解婚礼现场的状况	了解相关测量工具及使用方法
2	确定婚礼布局，制作婚礼布局效果图	勘察婚礼现场空间是否符合婚礼策划方案的要求；勘察婚礼现场条件和实际情况是否符合婚礼策划方案的要求

【任务实施】

子任务一　婚礼现场勘察的前期资料搜集

一、工作流程

（一）工作准备

1. 物品准备

序号	名称	单位	数量	备注
1	笔记本	本	1	用于汇总资料
2	笔	支	1	用于汇总资料
3	电脑	台	1	用于上网搜集信息
4	电话	部	1	用于电话咨询沟通
5	计算器	个	1	用于数据计算统计

2. 人员准备

序号	人员	准备
1	婚礼策划师	前期与酒店方做好沟通，约定好时间、地点
2	婚礼策划师助理	通过网络或宣传资料等，搜集会场基本信息

（二）婚礼现场勘察的前期资料搜集

步骤	流程	技术操作要求
工作前准备		（1）经过正规的基本婚礼策划培训
		（2）掌握一定的婚礼策划知识和婚礼策划服务专业技能
步骤1	收集信息	（1）判断标准。如果在意来宾的便利性，会场的地理位置就显得非常重要
		（2）搜集会场信息。先不要电话咨询以免耽误时间和浪费精力，可以先通过网络查询地理位置、可承接婚宴桌数、宴会厅是否有柱、有无户外场地、大致价格等
步骤2	电话咨询	（1）确认已知信息。确认通过各种渠道搜集的信息是否准确
		（2）咨询相关信息。更加详细地询问现场具体配置，如餐桌数量、宴会厅硬件配置、交通情况等
		（3）预定考察时间。如果都很合适，可以预订时间和对方的接待人员，以便实地考察
注意事项		在资料搜集的过程中，要尽可能地获得广泛的相关资料，以便做出准确的判断

（三）实施效果

1. 通过学习对婚礼现场的前期资料搜集，了解婚礼现场的风格、特色、场地与周边环境信息等。

2. 通过学习对婚礼现场的电话咨询内容，掌握婚礼现场的基本硬件条件与设备配置等信息。

二、相关知识

（一）根据婚礼主题确定婚礼会场

选择婚礼会场，要根据婚礼主题的因素来选定适合的场地，并综合考虑会场整体装潢风格。

1. 会场风格

会场风格包括中式、西式及其他。会场装饰风格奠定了婚礼的整体基调，清丽淡雅的白色会场适合打造成任何色系的西式婚礼，金碧辉煌的金色会场则会为婚礼增添豪华气息。

2. 会场类型

会场类型又分为餐厅、酒店、户外等。如果选择户外场地，也分花园、露台等不同种类。所以要根据新人的婚礼主题这个重要因素来选择适合的场地。

关于场地基本条件，还需考量空间层高是否够高，整体灯光效果及采光条件是否满意，是否有立柱隔挡视线，桌椅摆放和间距是否合理等。

（二）根据来宾人数考虑婚礼会场

来宾人数的多少是婚礼重要的考虑因素，毕竟室内婚宴的场地大小与参与人数是紧密关联的。一般酒店是按照每桌 10 人计算，可以先预估来宾数，然后将预估的来宾数除以10 得出酒席桌数，按这个桌数与会场的容纳人数匹配。

（三）根据地理位置考虑婚礼会场

会场的地理位置同样重要。要考虑到新人家的迎亲路线和居住位置、亲友聚居的区域、交通是否便利、会场涵盖地区是否合理、地理范围等诸多地理因素。还要注意离会场最近的地铁站、公交站的名称，出地铁站、公交站后徒步要多久；是否有停车场，车位有多少，是否能免费停车等诸多因素。

（四）考察配套设施确定婚礼会场

除场地面积、大厅挑高、装饰风格等硬件设施之外，婚宴配套设施也是必须要考虑的方面。

比如：现场是否有现成的舞台，或是否有空间搭设舞台；若无现成舞台，是否可由合作的婚庆公司搭建；音响、追光灯、话筒等设备是否齐备；投影和幕布的位置和大小及配置情况；幕布、音效、灯控人员是否进行现场服务；是否可提供红毯、香槟塔、婚礼蛋糕、新娘化妆间、新娘房，若提供新娘房能否置换成普通房供来宾住宿；如果是户外场地，是否有应对天气突变的方案等。

（五）考察婚礼会场的周边环境情况

1. 要考虑新人的居住位置和迎亲路线。

2. 会场是否靠近亲友聚居的区域。

3. 交通是否便利。注意离会场最近的地铁站、公交站的名称，出地铁站、公交站后徒步要走多久。

4. 是否有停车场，车位有多少，是否能免费停车。

5. 其余的收费情况如何，头车是否能到达正门，对场地周边的环境是否满意等。

子任务二　婚礼现场勘察的具体方法与标准

一、工作流程

（一）工作准备

1. 物品准备

序号	名称	规格	单位	数量	备注
1	绘图笔	黑色	支	1~3	铅笔、针管笔、勾线笔、签字笔等黑色类的记录和绘制用笔
2	笔记本	A4	个	1	绘图专用纸最好
3	计算器	普通型	个	1	具备计算功能的手机也可
4	卷尺	钢卷尺	个	2	
5	激光测距仪	手持型	台	1	
6	数码相机		台	1	高分辨率、带广角的手机也可

2. 环境与人员准备

序号	环境与人员	准备
1	婚礼现场（环境）	酒店、宴会厅等婚礼环境
2	婚礼策划师	前期与酒店方做好沟通，约定好时间、地点
3	婚礼策划师助理	将工具准备齐全，配合婚礼策划师做好工具准备与数据登记等

（二）婚礼现场勘察

步骤	流程	技术操作要求
工作前准备		（1）经过正规的基本婚礼策划培训
		（2）掌握一定的婚礼策划知识和婚礼策划服务专业技能
		（3）初步掌握婚礼现场勘查工具的使用
步骤1	勘查婚礼仪式场地	（1）仪式区最大容纳人数，是否能举行预想中的证婚仪式，地毯的长度及宽度是否合适
		（2）仪式台及观礼椅子是否符合要求
		（3）现场是否有现成的舞台，或是否有空间搭设舞台，若无现成舞台，是否可由合作的婚庆公司搭建
		（4）音响、追光灯、话筒等设备是否齐备
		（5）证婚区域的适用范围、收费标准，是否有时间限制
		（6）室内仪式区光线、音响条件是否合适，能否提供投影仪、投影和幕布的位置和大小及配置情况
		（7）幕布、音效、灯控人员是否进行现场服务
		（8）户外场地是否有应对天气突变的备选方案
步骤2	勘查婚宴场地	（1）宴会厅最大容纳人数
		（2）会场的整体装潢是否符合预期
		（3）空间的层高是否符合要求；整体灯光、音响效果是否满意
		（4）是否能够搭建主舞台
		（5）桌与桌之间的距离是否过近
		（6）如果色彩布置上有特别的要求，桌布、口布颜色及质地是否符合标准
		（7）对摆台有要求的可以仔细询问

（续）

步骤	流程	技术操作要求
步骤3	勘查其他配套设施	（1）是否提供菜肴试吃；能否定制菜单
		（2）是否提供新娘房；能否提供贵宾室或新娘化妆间
		（3）卫生间离仪式及宴会场地的距离
		（4）场地是否提供蛋糕及鲜花布置，如果是单请花艺师布置，确定插花位置及可进场的时间
		（5）如果有大型搭建设备需要注意什么
		（6）是否收取服务费
		（7）能否自带酒水
		（8）预备席费用如何收取
注意事项		在勘查婚礼现场过程中，要认真仔细学习相关勘查现场的技术

（三）实施效果

1. 通过学习婚礼现场勘察的具体内容，掌握婚礼现场勘察的基本方法，有助于婚礼策划师根据需要布置婚礼现场。

2. 通过学习婚礼现场勘察的步骤，掌握了婚礼策划师进行婚礼现场策划和设计的过程。

二、相关知识

（一）常见测量工具的选择与使用

1. 绘图笔

是婚礼现场最常用的工具之一，这里所说的绘图笔是一个统称，主要指铅笔、针管笔、勾线笔、签字笔等黑色类的记录和绘制用笔。

2. 绘图纸或笔记本

绘图纸是一种质地较厚的绘图专用纸，表面比较光滑平整。笔记本也是婚礼现场工作中的必要工具。

3. 卷尺

是日常生活中常用的工具，大家经常看到的是钢卷尺，建筑和装修常用，也是测量婚礼现场的必备工具之一。

4. 激光测距仪

随着科学技术的发展，婚礼现场的测量工具也在改进和提高。激光测距仪的使用可以让婚礼现场测量高效率、高精度。激光测距仪是利用激光对目标距离进行准确测定的仪器。激光测距仪在工作时向目标射出一束很细的激光，由光电元件接收目标反射的激光束，计时器测定激光束从发射到接收的时间，计算出从观测者到目标的距离。一般婚礼现场的测量用普通的手持型激光测距仪即可。

5. 数码相机或手机

用数码相机或手机可以大量拍摄现场的照片，清晰直观地获得有效信息。

6. 其他测量方法

没有工具，自然就得估算。可以用鞋子量，40码的鞋，鞋长就是25厘米；或者用步子量，正常男性步伐一般是一步 0.75 米。总之尽最大能力进行估算。

（二）婚礼重点区域的测量注意事项

在订下婚宴的场地后，则要测量场地及布置区块的尺寸大小。下面介绍几处重点的婚礼现场测量的区域。

1. 迎宾区

迎宾区会在婚礼中带给来宾第一印象，可以别出心裁地表现婚礼策划师的设计理念，从庄重高雅的大型花艺，到清新野趣的迎宾布置小品，配合不同的场地条件，都可以达到不同的视觉效果。婚礼策划师需要到婚礼迎宾区实地察看，测量整个场地的尺寸，还有签到台的尺寸，并且迎宾牌、引路牌摆放位置等小细节都要兼顾。

2. 仪式区

婚礼策划师需要到婚礼仪式现场实地察看，测量整个场地的尺寸及局部尺寸。宴会厅内的细节也要一一记录，例如顶棚、墙体及地面的颜色及材质等，婚礼现场如何布置，舞台布景的搭建及尺寸，新人进场是否有 T 台，所经过的路线等细节也要在现场确认清楚。

（三）填写婚礼现场勘察表

婚礼策划师根据现场勘察的明细填写婚礼现场勘察表（表 1-1），汇总测量的各项数据和收集的婚礼环境相关信息。

表 1-1　婚礼现场勘察表

	厅名称		楼层____		总厅高____	厅内最多桌数	
场地数据	场地	长____	宽____		灯下厅高____	本场桌数	
	舞台	进深____	宽____		台高____	舞台到顶高	需要包舞台
	自有灯光	新旧程度、质量（0~10）				总灯控/单控	亮度可调
	自有音响	新旧程度、质量（0~10）				音频线数量	麦克风__支
	自有 LED	新旧程度、质量（0~10）				规格尺寸	
	能否暗场	电压和电量（220V：1kw=4.5A；380V：1kw=2A）					
	柱子位置	原场地风格/颜色					可否撒花
	签到区	长____	宽____		高____	有否有茶歇区	
设备物品数据	提供物品	舞台□　功能桌□　新娘化妆间□　礼仪人员□　迎宾水牌□					
		蛋糕□　香槟塔□　香槟酒□　红地毯□　盖碗茶杯□					
	椅套颜色		桌布颜色			桌裙颜色	
	口布颜色		投影设备	升降□　支架□　尺寸　流明			
	销售/负责人			是否有驻点婚庆/合作婚庆			
布场时间			布场时限			布场押金	
乘车路线				从公司至酒店耗时			
沟通笔记							

注：此表格填写完成后，需与场布人员、督导人员等婚庆服务人员共享信息。

任务二
婚礼设计图的绘制

【任务情境】

　　小玲在婚礼策划师小张的帮助下完成了婚礼现场的勘查，并对婚礼酒店的内外环境以及设备情况有了详细的了解。婚礼策划师小张和客户多次交流沟通，根据客户的需求和婚礼现场的条件，确定了婚礼策划主题和设计思路。下一步将进行婚礼现场布置的初步设计，并绘制婚礼现场效果图，以供客户直观地感受和了解婚礼现场布置的情况。小玲在校期间学过了相应的婚礼手绘课程，对婚礼设计图的绘制有一定的了解和认识。由于是第一次为一场真实婚礼进行设计和设计图绘制，她信心不足，不知如何着手绘制。婚礼策划师小张耐心地对她进行指导和演示。

【任务分析】

一、婚礼设计图绘制的主要内容

序号	主要内容
1	手绘工具与使用
2	根据勘察测量的现场情况和婚礼策划方案，手绘婚礼设计的展示草图
3	根据勘察测量的现场情况和婚礼策划方案，手绘婚礼设计的平面图

二、婚礼设计图绘制的工作目标及措施

序号	主要工作目标	措施
1	使用手绘工具，掌握基本的绘制方法	准备齐全相应的手绘工具，了解各项工具的特点与使用方法，以及绘制手法和效果
2	能够根据勘察测量的现场情况和婚礼策划方案，绘制婚礼设计的手绘展示图	根据现场条件和婚礼策划方案，使用多种手绘方法，绘制婚礼现场设计的展示图
3	能够根据勘察测量现场的情况和婚礼策划方案，制作婚礼设计的手绘平面图	根据现场条件、婚礼策划方案和婚礼现场设计效果，绘制婚礼现场的平面图，注意各项数据信息、设备硬件等布局的准确性和严谨性

子任务一　婚礼设计图的手绘工具与使用方法

一、工作流程

（一）工作准备

1. 物品准备

种类	序号	名称	规格	数量	备注
笔类	1	绘图铅笔	2B 型	若干	各种铅笔 B、H 的数值不同，B 值越大笔芯越粗、越软，颜色越深；H 值越大笔芯越细、越硬，颜色越浅
	2	绘图笔	针管笔、勾线笔、签字笔等黑色碳素类笔	若干	笔的差别在于笔头的粗细，在实际练习和表现中通常选择 0.1 mm、0.3 mm、0.5 mm 绘图笔
	3	彩色铅笔		48 色左右	水溶性的彩色铅笔更好
	4	马克笔	水性马克笔	48 色左右	水性马克笔大约有 60 种颜色，可以单支选购
	5	水彩笔	水粉笔、毛笔都可以	若干	一般用于蘸取水粉、水彩等颜料进行上色
纸类	6	复印纸	A4、A3	若干	这种纸的质地适合铅笔和绘图笔等大多数画具
	7	绘图纸	绘图专用纸	若干	表面比较光滑平整，也是设计工作中常用的纸张类型。在手绘表现中可以用它来替代素描纸，进行黑白画、彩色铅笔画以及马克笔绘画等
颜料类	8	透明水色	24 色以上	若干	透明水色是一种特殊的浓缩颜料，常被应用于手绘表现中
	9	水彩颜料	24 色以上	若干	水彩是手绘表现中最有代表性也是最常见的一种着色技法
其他工具	10	尺规	常用的尺规工具有直尺、三角板、曲线板（或蛇尺）、圆规（或圆模板）等	若干	训练和表现中也时常需要一些尺规的辅助，在实际表现中尺规辅助可以在一定程度上提高工作效率
	11	调色盘		若干	
	12	盛水工具			用盆或小塑料桶等作为涮笔工具
	13	橡皮			
	14	画板		若干	以光滑无缝的夹板为最好
	15	胶带			用于裱纸等

2. 环境准备

序号	环境	备注
1	绘图桌	桌面可调整倾斜角度，有的可升降
2	光源	良好的绘画光源以保证色彩的真实
3	素材图集	可随时翻阅，提供素材和灵感

（二）婚礼设计图的手绘工具与使用方法

步骤	流程	技术操作要求
工作前准备		（1）经过正规的基本婚礼策划培训
		（2）掌握一定的婚礼策划知识和婚礼策划服务专业技能
		（3）初步掌握婚礼手绘工具的使用
步骤1	了解手绘工具	（1）了解婚礼设计图手绘笔类工具，如绘图铅笔、签字笔、马克笔、彩色铅笔、毛笔、水彩画笔等，以及各工具的常见用途，能够根据不同的手绘风格选择不同的画笔
		（2）了解婚礼设计图手绘仪器，如直尺、丁字尺、曲线尺、卷尺、放大尺、比例尺、三角板、槽尺、切割用的直尺、万能绘图仪、大圆规等，以及所适用领域与环境
		（3）了解婚礼设计图手绘其他用具，如调色盘、碟、笔洗、色标、描图台、制图桌、裁纸刀、刻模用的各种美工刀和刻刀、胶水、胶带等，以及使用领域与环境
		（4）了解各类绘图纸，如素描纸、复印纸的特点及适用环境，能够根据环境特点选择适合的纸张进行绘制
步骤2	掌握运笔技巧	（1）掌握钢笔的起落、排线、勾勒等运笔方法与技巧
		（2）掌握马克笔的点笔、线笔、排笔、叠笔、乱笔等运笔方法与技巧
		（3）掌握彩色铅笔的平涂排线法、叠彩法、水溶退晕法等运笔方法与技巧
步骤3	掌握上色方法	（1）掌握最常用的马克笔着色方法。先选择同类颜色中稍浅的颜色，在物体受光边缘处留白，然后再用同类稍微重一点的色彩画一部分叠加在浅色上
		（2）掌握彩色铅笔上色的基本画法。先结合素描的线条来进行塑造，在排线平涂的时候，要注意线条的方向，要有一定的规律，轻重也要适度
注意事项		作为初级婚礼策划师要经常练习绘图技术，掌握技巧

（三）实施效果

1. 通过学习婚礼效果图绘制工具的用法，能够做好设计图绘制前的准备工作。

2. 通过学习婚礼效果图绘制的步骤与技巧，了解婚礼策划师制作婚礼设计图的过程。

二、相关知识

（一）婚礼设计图手绘工具

1. 婚礼设计图手绘用具

包括绘图铅笔、签字笔、马克笔、彩色铅笔、毛笔、水彩画笔等。

绘图铅笔、自动铅笔、针管笔、签字笔是画设计初稿时，运用最普遍的工具。彩色水笔、马克笔、毛笔，主要用于描绘、着色。金银黑白笔、鸭嘴笔，主要用于细部描绘、勾勒和刻画，画物体的高光部位。排笔、喷笔，主要用于涂背景，大面积着色。

2. 婚礼设计图手绘仪器

绘图用的仪器宜求精密、优质、误差小。

绘图用的仪器主要包括直尺、丁字尺、曲线尺、卷尺、放大尺、比例尺、三角板、槽尺（自己制作，市面无售）、切割用的直尺、万能绘图仪、大圆规等。

3. 婚礼设计图手绘其他用具

主要调色用具包括调色盘、碟、笔洗、色标、描图台、制图桌、裁纸刀、刻模用的各种美工刀和刻刀以及胶水、胶带。

4. 纸类

（1）素描纸　这种纸的质地洁白、厚净，适合铅笔和炭笔等大多数画具。

（2）绘图纸　是一种质地较厚的绘图专用纸，表面比较光滑平整，也是设计工作中常用的纸张类型。在手绘表现中可以用来替代素描纸，进行黑白画、彩色铅笔画等形式的表现。

（3）复印纸　钢笔画需要这种较素描纸更为光滑的纸面。

（二）婚礼设计图的运笔技巧

1. 马克笔的运笔

一般分为点笔、线笔、排笔、叠笔、乱笔等。

（1）点笔　多用于一组笔触运用后的点睛之处，如餐桌的花卉装饰，迎宾区的纱幔流光的点缀等。

（2）线笔　可分为曲直、粗细、长短等变化，也用于对婚礼的景物的造型勾勒。

（3）排笔　指重复用笔的排列，多用于大面积色彩的平铺，如地面及婚礼大厅的顶棚。

（4）叠笔　指笔触的叠加，体现色彩的层次与变化，对婚礼大厅墙壁的笔法可以选择叠笔的方式。

2. 彩铅上色的方法

（1）彩色铅笔平涂排线法　运用彩色铅笔均匀排列出铅笔线条，达到色彩一致的效果。

（2）彩色铅笔叠彩法　运用彩色铅笔排列出不同色彩的铅笔线条，色彩可重叠使用，变化较丰富。

（3）水溶退晕法　利用水溶性彩铅溶于水的特点，将彩铅线条与水融合，达到退晕的效果。

图 2-1 至图 2-4 为手绘效果展示。

图 2-1 手绘钢笔效果图（一）　　图 2-2 手绘钢笔效果图（二）

图 2-3 手绘彩铅效果图（一）　　图 2-4 手绘彩铅效果图（二）

子任务二　手绘婚礼设计的展示图与平面图

一、工作流程

（一）工作准备

1. 物品准备

种类	序号	名称	规格	数量	备注
笔类	1	绘图铅笔	2B 型	若干	各种铅笔 B、H 的数值不同，B 值越大笔芯越粗、越软，颜色越深；H 值越大笔芯越细、越硬，颜色越浅
	2	绘图笔	针管笔、勾线笔、签字笔等黑色碳素类的笔	若干	笔的差别在于笔头的粗细，在实际练习和表现中通常选择 0.1、0.3、0.5 绘图笔
	3	彩色铅笔		48 色左右	水溶性的彩色铅笔更好
	4	马克笔	水性马克笔	48 色左右	水性马克笔大约有 60 种颜色，可以单支选购
	5	水彩笔	水粉笔、毛笔都可以	若干	一般用于蘸取水粉、水彩等颜料上色
纸类	6	复印纸	A4、A3	若干	这种纸的质地适合铅笔和绘图笔等大多数画具
	7	绘图纸	绘图专用纸	若干	表面比较光滑平整，也是设计工作中常用的纸张类型。在手绘表现中可以用来替代素描纸，进行黑白画、彩色铅笔画以及马克笔绘图等形式的表现
颜料类	8	透明水色	24 色以上	若干	透明水色是一种特殊的浓缩颜料，常被应用于手绘表现中
	9	水彩颜料	24 色以上	若干	水彩是手绘表现中最有代表性也是最常见的一种着色技法
其他工具	10	尺规	常用的尺规工具有直尺、三角板、曲线板（或蛇尺）、圆规（或圆模板）等	若干	训练和表现中也时常需要一些尺规的辅助，在实际表现中尺规辅助可以在一定程度上提高工作效率
	11	调色盘		若干	
	12	盛水工具			用盆或小塑料桶等作为涮笔工具
	13	橡皮			
	14	画板		若干	以光滑无缝的夹板为最好
	15	胶带			用于裱纸等

2. 环境准备

序号	环境	备注
1	绘图桌	桌面可调整倾斜角度，可升降
2	光源	良好的绘画光源以保证色彩的真实
3	素材图集	可随时翻阅，提供素材和灵感

（二）绘制婚礼设计图

1. 绘制婚礼设计展示图

步骤	流程	技术操作要求
工作前准备		（1）经过正规的、基本的婚礼策划培训
		（2）掌握一定的婚礼策划知识和婚礼策划服务专业技能
		（3）初步掌握婚礼设计图手绘的步骤和方法
步骤1	纸笔准备	（1）工具准备：准备好绘图用的图板、丁字尺、三角板、仪器及其他工具，铅笔削好备用
		（2）裱纸：把纸泡透；打湿板子；用毛巾吸一下纸边的水分；把乳胶均匀地涂在纸边上；将纸平整地粘到板子上；晾干备用
步骤2	绘制透视	（1）按室内的实际比例尺寸确定ABCD四点（即里面墙壁四个点）
		（2）确定视高，一般设在1.5～1.7米
		（3）确定灭点及中心点：就是画者眼睛正前方视平线上的一点。根据画面的构图任意确定
		（4）从中心点引到墙壁4个点的尺寸格的连线，交点为进深点，作垂线
		（5）利用灭点连接墙壁天井的尺寸分割线
		（6）根据平行法的原理求出透视方格，在此基础上求出室内透视
步骤3	绘制婚礼现场大环境	（1）设计并按照其透视画出婚礼现场的舞台背景、仪式主舞台等仪式区的设计思路和现场效果
		（2）设计并按照其透视画出婚礼现场的入口处、红毯区、迎宾区、楼梯、花门、路引、签到台、照片展示区、餐桌、桌花的设计思路和现场效果
步骤4	描绘细节	如花门、背景台要画得细致，木地板、地板砖的质地也要表现出来
步骤5	上色处理	根据设计的色彩搭配和物体的材质进行上色处理
步骤6	调整收尾	勾勒处理、高光处理、落款签名是整个效果图的收尾阶段
注意事项		作为初级婚礼策划师要经常练习绘图技术，掌握技巧

2. 绘制婚礼设计平面图

步骤	流程	技术操作要求
工作前准备		（1）经过正规的、基本的婚礼策划培训
		（2）掌握一定的婚礼策划知识和婚礼策划服务专业技能
		（3）初步掌握婚礼设计图手绘的步骤和方法
步骤1	纸笔准备	（1）工具准备：准备好绘图用的图板、丁字尺、三角板、仪器及其他工具，铅笔削好备用
		（2）裱纸：把纸泡透；打湿板子；用毛巾吸一下纸边的水分；把乳胶均匀地涂在纸边上；将纸平整地粘到板子上；晾干备用

（续）

步骤	流程	技术操作要求
步骤2	画基准线	按尺寸画出婚礼场所的横向定位轴线和纵向定位轴线，再根据平面图形的画图步骤绘制各平面图形
步骤3	画整体结构	画主要墙体和柱子的轮廓线及次要结构的轮廓线；按规定画门窗图例及细部构造
步骤4	画环境布局	用不同的代表性符号画出婚礼的舞台背景、证言仪式主舞台、入口处、红毯区、迎宾区、楼梯、花门、路引、签到台、照片展示区、餐桌、桌花、仪式区
步骤5	加深图形	加深图形之前应仔细检查全图，修正图中的错误，擦去多余的图线。先加深圆及圆弧，再从上到下加深水平线，从左到右加深竖直线、斜线。线型加深顺序为粗实线、虚线、点画线、细实线
步骤6	上色处理	加深图线并注写尺寸、标高和文字说明等
步骤7	标注尺寸	加深图形后，可按尺寸界线、尺寸线、箭头、尺寸数字顺序来标注图形尺寸
步骤8	调整收尾	勾勒处理、高光处理、落款签名是整个效果图的收尾阶段
注意事项		要认真仔细掌握绘图的步骤和技巧

（三）实施效果

通过学习婚礼效果图绘制步骤与注意事项，能够根据勘察测量现场的情况和婚礼策划方案，制作婚礼设计的手绘展示图。

二、相关知识

（一）一点透视及两点透视介绍

透视分一点透视（又称平行透视），两点透视（又称成角透视）及三点透视三类。下面介绍一点透视（又称平行透视）和两点透视（又称成角透视）。

1. 一点透视（平行透视）

如果被绘画的立方体有一个面与透明的画面平行，即与画面平行，立方体和画面所构成的透视关系透视就叫平行透视。它只有一个消失点。因此也称作一点透视。

就是说立方体放在一个水平面上，前方的面（正面）的四边分别与画纸四边平行，上部纵深的透视线消失成为一点（图2-5）。

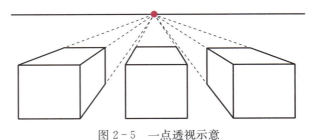

图2-5　一点透视示意

2.二点透视（成角透视）

成角透视就是把立方体画到画面上，立方体的四个面相对于画面倾斜成一定角度时，往纵深平行的直线产生了两个消失点。因此也称作两点透视（图2-6）。

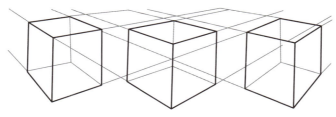

图2-6　二点透视示意

（二）圆面、圆柱体与圆球体的透视变化规律

1.圆面的透视变化规律

透视变形后的圆面形状为椭圆形，圆心在最长直径与最短直径的交点上。最长直径将椭圆形分成两部分，近部分略大，远部分略小，最短直径的近处半径略长。

圆面透视的画法为：先画一个立方体的透视形，正面画出两条对角线，再画两条对角线相交的四个点，共八个点，将八个点连接成圆。距离近的半圆大，远的半圆小，弧线要均匀自然，两端不能画得太尖或太圆（图2-7）。

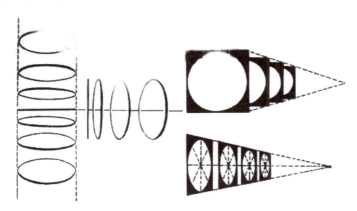

图2-7　圆面的透视变化规律

2.圆柱体的透视变化

圆柱体顶面和底面的变化与圆面的透视变化规律是一致的。圆柱体可以理解成是由许多圆面重叠组合而成。

3.圆球体的透视变化

圆球体的球心到体面任意一点距离都相等。因此圆球体的透视变化主要表现在明暗交界线。随着光源角度的变化，越接近轮廓线其弯曲越大。

（三）婚礼平面效果图的作用

很多新人并没有很丰富的美学设计知识，婚礼策划师口头描述策划方案，在新人头脑里形成不了一个完整的印象模型，而通过平面效果图可以引导新人了解婚礼策划师的设计

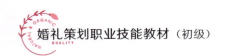

构思和各个区域的统筹安排，新人可以直观地理解平面布局，也可以帮助婚礼策划师更好地找到策划设计中自己不满意的部分。

手绘平面效果图比婚礼手绘展示图更加精细，更倾向于现场环境测量数据、空间布局、方位、设备位置等的准确性，以确保后期具体实施和制作的严谨无误。因此，条件允许的情况下，建议通过电脑软件进行婚礼平面图的制作，如 AutoCAD 或 Photoshop 等软件，不仅可以快速出图给客户看，还可以美观、合理地再现婚礼现场。

任务三
婚礼现场花艺和道具的设计

【任务情境】

　　小刘和小徐将在今年十月一日举行婚礼，婚礼地点选择在天津香格里拉酒店。婚礼策划师小张和新人多次交流沟通后，根据两位新人的需求和场地特点，最终确定了西式婚礼主题策划方案。婚礼策划师根据婚礼策划方案的思路，绘制完成了婚礼效果图，提交给新人后，得到新人的满意和认可。婚礼花艺师和场布师将根据婚礼策划文案、婚礼现场布置手绘效果图和婚礼花艺和道具设计图进行婚礼现场布置和花艺制作。现在问题来了，作为婚礼策划师的助理，如何完成婚礼策划师布置的完成婚礼花艺和道具设计的任务。

【任务分析】

一、婚礼现场花艺和道具设计的主要内容

序号	主要内容
1	婚礼主舞台的花艺布置和道具设计
2	婚礼路引的花艺布置和道具设计
3	婚礼宴会区的花艺布置和道具设计
4	其他婚礼场景相关的花艺布置和道具设计

二、婚礼现场花艺和道具设计的工作目标及措施

序号	主要工作目标	措施
1	主舞台的搭建及布置	舞台搭建，背景纱幔设计与制作
2	路引的花艺布置	路引的花艺设计与制作
3	宴会桌花的花艺布置	桌花的花艺设计与制作
4	其他婚礼场景相关的花艺和道具布置	迎宾区花艺设计与制作

【任务实施】

子任务一　婚礼主舞台的花艺布置和道具设计

一、工作流程

（一）工作准备

1. 物品准备

序号	名称	规格	单位	数量	备注
1	桁架	常规	组	因现场和设计图而定	经常使用的桁架主要是固定桁架和折叠桁架，应该结合婚礼场地和舞台设计选用合适的桁架
2	折叠桁架	常规	组	因现场和设计图而定	可以折叠的桁架，连接时需要使用与之相配的方头。其优点是方便运输；缺点是安装不方便，而且大跨度搭建时，中间有时会产生下垂现象
3	固定桁架	常规	组	因现场和设计图而定	结构固定不可折叠或调节的桁架，连接时直接用螺丝拧紧即可组装使用
4	舞台架	常规	组	因现场和设计图而定	常用的舞台架主要有拼装舞台架、折叠舞台架和拉网舞台架3种。拼装舞台架由单独组装的单位拼在一起形成一个整体舞台，其特点是结构灵活，可以根据舞台设计方案拼装成各种造型
5	折叠舞台架	常规	组	因现场和设计图而定	可以沿中间的轴折叠，搭建简单快捷，可以多组任意组合拼接，折叠后不占用仓储空间，缺点是容易产生部分台面不平整的问题
6	拉网舞台架	常规	组	因现场和设计图而定	是结构像网一样能够自由收缩和展开的架子，使用相当方便快捷，无需搭建和组装，上面铺上面板即可直接使用
7	雪纱	常规	片	因现场和设计图而定	是一种半透明的轻薄织物，质地柔软适中，可塑性强，色泽晶亮，可以塑造出梦幻的氛围
8	冰绸	常规	片	因现场和设计图而定	冰绸又叫冰丝，是一种粘胶人造丝。布面平整光洁，布身轻薄，具有较好的悬垂性，手感柔软、滑爽，抗皱性较强，成品较挺括，其化纤光泽在灯光的照射下若隐若现，是当今婚礼背景幔运用最广泛的材料
9	亮片布	常规	片	因现场和设计图而定	亮片布由底部网布加表面亮片构成，其颜色多种多样，在光线的照射下十分璀璨，因此在婚礼上也得到广泛使用。亮片布一般与其他布料搭配使用，不单独使用
10	丝绒	常规	片	因现场和设计图而定	丝绒是割绒丝织物的统称。表面有绒毛，且绒毛平行整齐，手感糯滑，垂感极好，并呈现出一种特有的光泽。丝绒价格较高，属于婚礼纱幔用料中的高档面料

2. 人员准备

序号	环境与人员	准备
1	场布安装工	提前准备设计图及必要物资
2	花艺师	提前准备设计图及必要物资

（二）婚礼主舞台花艺布置和道具设计

步骤	流程	技术操作要求
工作前准备		（1）准备好必要物品
		（2）准备好必要设计图和施工方案
步骤1	绘制设计图	绘制背景纱幔设计图或绘制LED背景大屏设计图
步骤2	提前缝制纱幔	（1）选择搭建背景纱幔的布料和搭建工具
		（2）将纱幔提前缝制好
步骤3	搭建背景	（1）搭建背景纱幔
		（2）背景纱幔在背景架上的固定一般采用穿杆和临时固定的方法 ① 穿杆：缝制纱幔时在顶部往后折一小块并缝死，使纱幔顶端形成一个空间穿进钢管 ② 临时固定一般针对第二或第三层纱幔，因为纱幔的布料面积较小，因此直接用大头针固定在底层纱幔上
		（3）按照前面讲的方法把缝制好的纱幔固定在管状背景架上即可
		（4）或搭建LED背景大屏
注意事项		（1）单层背景即只由一层纱幔构成的背景，其样式比较简单，一般运用于纱幔仅起打底作用、靠其他道具衬托舞台效果的婚礼
		（2）多层背景是指使用多层纱幔布置的背景，底层纱幔一般是打褶后直接置于底部，第二、三层纱幔则选择与底层纱幔同色或对比色的布料以局部悬挂的方式置于底层纱幔之上。第二、三层纱幔可打褶也可不打褶

（三）实施效果

1. 通过学习婚礼主舞台的花艺布置和道具设计，掌握主舞台的花艺布置基本内容，有助于婚礼花艺师根据需要布置婚礼现场。

2. 通过学习婚礼主舞台的花艺布置和道具设计的技巧，了解婚礼花艺师进行婚礼花艺服务和制作的过程。

二、相关知识

（一）婚礼的舞台布置与搭建概况

根据现代西式婚礼的主要环节设置，西式婚礼的舞台一般采用伸出式或中心式结构。

伸出式舞台的形式是舞台延伸至宴席区，宾客从三面围绕观看整个婚礼过程。舞台地面一般呈"T"字形，跟模特走秀的T台形状一样。"T"字上面一横的部分，紧靠酒店大厅一端的墙面，是宣誓和互换戒指的主仪式区域；"T"字下面一竖的部分，常称为"幸福路"，是新郎从岳父手里接过新娘后走向主仪式区域的一段路程。幸福路一端与主仪式区相接，另一端位于宴席区中间靠后的位置。

幸福路末端通常布置花亭或花门，两侧对称布置路引。这种伸出式舞台的布置，一般采用硬景软景相结合的方式，用木料、金属、幕布、帷幔、鲜花等打造浪漫唯美的场景。

中心式舞台是指宾客从四面围绕观看的舞台，它使宾客与新人的空间关系更加密切。中心式舞台可以布置幸福路，也可不布置，中心舞台区域通常设计为花亭。这种舞台布置一般不用大的布景，而以道具和低矮布景装置为主。

（二）婚礼舞台背景纱幔设计及搭建概况

1. 纱幔的基础处理

一般来讲，背景纱幔都需要打褶，经过打褶的布料在视觉上会更美观一些，形式上更丰富一些。打褶通常会增加用料，通常要在原背景宽度的基础上增加75％～100％用作打褶；有的甚至增加200％的材料用以打褶，称作三倍褶，这种做法会显得背景幔更加厚重。理想的做法是增加100％，即二倍褶。

由于布料的幅宽限制，制作背景纱幔的布料需要竖向接缝，使接缝藏在褶中间而不易被发现。

2. 背景纱幔的设计

背景纱幔的设计，按照其空间结构分为平面和立体两种。

平面背景是指整个背景纱幔布局在同一个平面上，置于舞台最深处。

立体背景是指将背景纱幔根据实际需要设计为有空间感的立体结构，这种结构往往给人以纵深感、层次感。

背景纱幔，按照纱幔的层数又将其分为单层背景和多层背景。

单层背景即只由一层纱幔构成的背景，其样式比较简单，一般运用于纱幔仅起打底作用，而靠其他道具衬托舞台效果的婚礼。

多层背景是指使用多层纱幔布置的背景，底层纱幔一般是打褶后直接置于底部，第二、三层纱幔则选择与底层纱幔同色或对比色的布料，以局部悬挂的方式置于底层纱幔之上。第二、三层纱幔可打褶也可不打褶。

子任务二　婚礼路引的花艺布置和道具设计

一、工作流程

（一）工作准备

1. 物品准备

序号	名称	规格	单位	数量	备注
1	花材	常规	支	根据设计而定	玫瑰、康乃馨、百合、马蹄莲、剑兰、泰国兰、红兰、白兰、蝴蝶兰、郁金香、扶郎花、龙胆、金鱼草、紫罗兰、红掌、天堂鸟、勿忘我、黄莺、情人草、满天星等

（续）

序号	名称	规格	单位	数量	备注
2	叶材	常规	支	根据设计而定	散尾、巴西木叶、八角金盘、春羽叶、水烛、高山羊齿、排草、龟背叶、栀子叶、常春藤、尤加利叶、剑叶、钢草等
3	装饰材料	常规	个	根据设计而定	缎带、珠链、贝壳、水晶、卡通玩偶、蜡烛等
4	工具材料	常规	个	根据设计而定	花器、玫瑰钳、剪刀、胶带、鲜花泥、玻璃纸、包装绳等
5	路引架子	常规	对	3对以上	

2. 人员准备

序号	人员	准备
1	花艺师	提前准备设计图及必要物资

（二）婚礼路引的花艺布置和道具设计

步骤	流程	技术操作要求
工作前准备		（1）准备好必要物品
		（2）准备好必要设计图和施工方案
步骤1	安放鲜花泥	（1）安放鲜花泥
		（2）准备水桶，将鲜花泥浸泡在深水中，不得按压，让其慢慢自然下沉充分吸水
		（3）在铁艺路引上的铁艺托盘中，垫入塑料纸以防止漏水，直接用鲜花泥固定，或者用针盘等花器安放并固定好花泥
		（4）花泥应高出花器3～4厘米，以方便鲜花插制
步骤2	定垂直轴	定垂直轴即是定高度。在花泥中间位置插制，确定其高度
步骤3	插水平轴	（1）定水平轴即是定宽度。与第一个骨架花即垂直轴成90度，前后左右对称
		（2）分别准备4枝水平轴骨架花插入花泥构成其水平轴
		（3）水平轴要插出所要的花形，如半圆形、水平形、圆锥形等
步骤4	塑造	（1）在两轴之间用花枝连接即得花形轮廓
		（2）填充配花、配草
步骤5	固定	把插制好的路引花艺固定在路引架子上
注意事项		值得注意的是步骤4中，在花形轮廓范围内均匀插入花朵，整个插花轮廓线应依循花形轮廓而没有明显的凹凸部分

（三）实施效果

1. 通过学习婚礼路引的花艺布置和道具设计，掌握主路引的花艺布置基本内容，有助于婚礼花艺师根据需要布置婚礼现场。

2. 通过学习婚礼路引的花艺布置和道具设计的技巧，了解婚礼花艺师进行婚礼花艺服务和制作的过程。

二、相关知识

婚礼路引是引导新人携手走向婚礼前台，并在幸福通道两旁成对伫立的装饰道具。

（一）路引的数量与距离

除了最基本的鲜花、绢花、绿植外，冷焰火、蜡烛、树枝、卡通玩偶、相框等各种各样的物品都可作为路引的用料。

1. 路引的常用数量

婚礼路引一般成对伫立于婚礼幸福通道两侧，婚礼路引的摆放数量一般选择双数或对新人有纪念意义的数字，常用数量在 6～12 个，即 3～6 对。具体说来则要根据会场面积大小、幸福通道的实际长度来定。

如果不是十分空旷的婚礼场地，路引高度不要超过 1.3 米，以免影响宾客观礼与摄影、摄像效果。

婚礼路引在使用形式上一般分为单层和双层两种。

2. 路引间的距离

婚礼路引是引导新人携手走向婚礼前台的幸福通道的两旁按照一定距离成对指引的相同装饰物，路引的距离也是有科学原则的。为保证新人顺利行走，两侧的摆放距离至少保持在 1.5 米左右，摆放密度可在不影响新人及来宾行走、站立的情况下自行设计。间距过大则会感觉孤立，不能由点连成线就起不到指引的作用，间距过小则会感觉拥挤，也会使来宾无法从路引空隙中完整地观看新人入场的风貌。

3. 路引架形式

路引架的形式一般有天鹅、凤尾铁艺路引，灯柱路引，水晶路引，发光树路引，罗马柱路引等。

天鹅、凤尾铁艺路引是市场上常见的路引铁艺架，高度有不同的规格。铁艺线条感强烈，形态上呈现天鹅、凤尾的造型，具有弯曲流线感。

水晶路引是一种新型、简单方便，可以重复利用的婚礼路引，它呈长圆桶状，最外层是亚克力铸成的，里边有水、水生植物、2～3 条金鱼，其内设一个气泡机并有一个简单的小线路板，可以控制内置 LED 灯发光，通上电源后七彩变色效果很独特。在最近两年的婚礼中，也慢慢被新人所喜爱。

（二）婚礼路引常用造型

1. 圆锥形花艺造型路引

（1）圆锥形花艺造型路引的特征　圆锥形花艺造型婚礼路引为四面观赏的对称造型。圆锥形设计在形状上类似圆形的金字塔，呈现圆锥形状，形态稳重、庄严。

（2）圆锥形花艺造型路引适用的婚礼　圆锥形花艺造型路引适用于哥特式教堂婚礼及婚礼空间高挑的场地，从颜色上看，适用于浓郁大气的颜色，如深红、深紫、深绿的搭配，使得婚礼更具神圣的气氛。

2. 半球形花艺造型路引

（1）半球形花艺造型路引的特征　半球形花艺造型路引是四面观赏对称构图的花形，其外形轮廓类似于半球形状，形态柔和轻盈。半球形路引可以是线状花材、团块状花材，可以是一层也可以是双层形态。

团状花材使其构成轮廓以团块的形式展现，如玫瑰、康乃馨、扶郎花等。它可细分为点状花材、块状花材、面状花材。线状花材也是构成花形轮廓基本构架的主要花材。各种木本植物的枝条，根、茎、长形叶、蔓状植物和具有长条形枝叶、花序的一些草花都是线状花材，如红白兰、紫罗兰、金鱼草、富贵竹、剑兰、常春藤等。

（2）半球形花艺造型路引适用的婚礼　半球形花艺造型路引适用于浪漫主题婚礼、海洋婚礼、草坪婚礼等；从颜色上看，适用于浪漫、轻松、舒适的明快颜色，如白色和绿色搭配的婚礼、白色和浅紫色搭配的婚礼、粉色婚礼等。

3. 球形花艺造型路引

（1）球形花艺造型路引的特征　球形花艺造型路引是均匀对称构图的四面观花形，其外形轮廓类似于球体形状，形态饱满。

（2）球形花艺造型路引适用的婚礼　球形花艺造型路引适用于中式、西式、中西合璧婚礼及各种主题婚礼；从颜色上看，也适用于各种单一颜色或两种色调搭配的婚礼。

4. 下垂形花艺造型路引

（1）下垂形花艺造型路引的特征　下垂形花艺造型路引为四面观赏的不对称造型。下垂形花艺造型路引设计在花形上呈下垂状，如水滴下垂形、倒三角下垂形、自然垂摆状等，是表现曲线美和流动感的造型。

（2）下垂形花艺造型路引适用的婚礼　下垂形花艺造型路引适用于浪漫主题婚礼，造型特点偏向曲线动态感的婚礼。色彩搭配不限，可以是黄、绿搭配，白、绿搭配，绿、粉搭配等。

子任务三　婚礼宴会区的花艺布置和道具设计

一、工作流程

（一）工作准备

1. 物品准备

序号	名称	规格	单位	数量	备注
1	花材	常规	支	根据设计而定	玫瑰、康乃馨、百合、马蹄莲、剑兰、泰国兰、红兰、白兰、蝴蝶兰、郁金香、扶郎花、龙胆、金鱼草、紫罗兰、红掌、天堂鸟、勿忘我、黄莺、情人草、满天星等
2	叶材	常规	支	根据设计而定	散尾、巴西木叶、八角金盘、春羽叶、水烛、高山羊齿、排草、龟背叶、栀子叶、常春藤、尤加利叶、剑叶、钢草等
3	装饰材料	常规	个	根据设计而定	缎带、珠链、贝壳、水晶、卡通玩偶、蜡烛等
4	工具材料	常规	个	根据设计而定	花器、玫瑰钳、剪刀、胶带、鲜花泥、玻璃纸、包装绳等
5	宴会容器	常规	个	根据设计而定	口布、餐桌、瓷器、玻璃器皿、刀叉等

2. 人员准备

序号	人员	准备
1	花艺师	提前准备设计图及必要物资
2	搭建工人	按照设计图搭建

（二）婚礼宴会区的花艺布置和道具设计

步骤	流程	技术操作要求
工作前准备		（1）准备好必要物品
		（2）准备好必要设计图和施工方案
步骤1	安放鲜花泥	（1）准备水桶，将鲜花泥浸泡在深水中，不得按压，让其慢慢自然下沉充分吸水
		（2）在铁艺路引上的铁艺托盘中，垫入塑料纸以防止漏水，直接用鲜花泥固定，或者用针盘等花器安放并固定好花泥
		（3）花泥应高出花器3～4厘米，以方便鲜花插制
步骤2	定垂直轴	定垂直轴即是定高度。在花泥中间位置插制，确定其高度
步骤3	插水平轴	（1）定水平轴即是定宽度。与第一个骨架花即垂直轴成90度，前后左右对称
		（2）分别准备4枝水平骨架花插入花泥构成其水平轴
		（3）水平轴要插出所要的花形，如半圆形、水平形、圆锥形等
步骤4	塑造	（1）在两轴之间用花枝连接即得花形轮廓
		（2）填充配花、配草
步骤5	固定	把插制好的宴会花艺固定在宴会器皿上
注意事项		值得注意的是步骤4中，在花形轮廓范围内均匀插入花朵，整个插花轮廓线应依循花形轮廓而没有明显的凹凸部分

（三）实施效果

1. 通过学习婚礼宴会的花艺布置和道具设计，掌握婚礼宴会的花艺布置基本内容，有助于婚礼花艺师根据需要布置婚礼现场。

2. 通过学习婚礼宴会的花艺布置和道具设计的技巧，了解婚礼花艺师进行婚礼花艺服务和制作的过程。

二、相关知识

宴会区花艺装饰主要包括宴厅大门门框装饰、餐桌和主桌装饰、椅背装饰、宴厅柱子装饰、宴厅墙体装饰、主婚人讲台布置等。

（一）婚宴厅大门门框的装饰

大门是宴厅的入口，其装饰决定了第一印象，至关重要。一般来说制作时先用泡沫胶或双面胶将包裹的花泥固定在墙体或木板上，然后插入单一品种或多个品种的花材、叶材，最后用碎小的花叶填充空隙处，并遮盖花泥。宽度根据入口的大小而定，一般在20～30厘米为宜。

（二）婚宴厅餐桌的装饰

1. 婚宴桌花概述

婚宴桌花是指位于婚宴中央或餐具与菜肴之间空隙处的插花。一般婚宴中央的桌花选取四面观的西方式插花，其构图形式多样，有圆形、球形、椭圆形等对称的几何构图，也有新月形、下垂形等各种灵活多变的不规则式构图，构图主要取决于桌子的形状、摆放的位置及需要营造的气氛。若在餐具与菜肴间空隙处装饰，用圆形或梅花形圆环布置为宜。常使用花钵作为容器，花钵有普通式和高脚式，因此桌花也可以做成低式桌花和高式桌花，桌花的高低取决于装饰的场合和需要营造的气氛。总之要根据餐桌的大小决定桌花的大小，以及盛花器的高矮；再根据婚礼主题，选择不同风格的艺术插花形式，起到凸显婚礼现场的层次感、展现婚礼主题和统一或点缀婚礼现场颜色的作用。

2. 婚宴桌花分类

婚宴桌花分为主桌花和客桌花两类。新人为表达对主桌长辈或来宾的重视，一般来说主桌与客桌的桌花是有所区别的。

主桌花一般要显得尊贵隆重。主桌花一般区别于客桌花，会选用较高级花材，并且空间造型上也高耸突出，可以分为上下两层进行鲜花插制。

客桌花的设计和装饰要点概括起来就是细节精致。造型和插制装饰上的细节会让会场更为精致，使宾客眼睛为之一亮，也让用餐气氛更为轻松。

3. 婚宴桌花艺术形式

婚宴桌花的艺术表现形式可分为以下几种：

（1）平铺式桌花　平铺式桌花所表现出来的是"平"，没有任何的高低层次，可使用各种不同的花材，只要看起来是一个平面即可。

（2）阶梯式桌花　每一朵花之间有一定的距离，有一阶一阶的感觉，好似楼梯。以点状的花材较适合，可在底部做阶梯的插法，也可挑高插成一组。每组至少由2朵组成，且盛开的置于最低，较小含苞的插在上边。

（3）重叠式桌花　只要表面形状是平面的叶或花，都可以用此技巧表现。它的插法通常是置于最底部，覆盖花泥，或者单独表现叶片重叠的美。

（4）堆积式桌花　堆积式桌花是指花与花之间有规则地堆积在一起，包括有规则的花的形状和有规则的造型形状，插枝时花梗短，花与花之间没有空隙；使用花材则以点状、块状为佳。堆积的特色是花材多或颜色多。

（5）焦点式桌花　焦点是指桌花设计里有最明显突出的点，以形状特殊、色彩、花朵较大者为佳；如果花朵小则量须多，才能形成焦点。

（6）组群式桌花　此种技巧适用于各种花形，将同种类同色系的花材分组分区域、有距离地组群在一起即可。以点状或线状花材较适合，花的长度可高可低，视造型而定。

（7）群聚式桌花　3朵以上的花或叶，以绑、捆的技巧集合成一束，表现出花梗集中所形成的强而有力的线条和花朵的团状之美。以花朵呈点状或雾状且花梗挺直的花材较适合。

（三）椅背纱、椅背花的装饰

要想打造一场完美又有品位的婚礼，细节之处不可马虎，椅背花就是其中之一，独具创意的椅背花绝对能为婚礼加分。

在国内，很多人选择用椅背纱来协调婚宴区与整个婚礼的色调，通常椅背纱会包裹在椅子的顶部，然后系上蝴蝶结，或打结后插上一朵鲜花或绢花；而在国外，几乎没有人使用椅背纱，取而代之的是用丝带、鲜花、花球等物品装饰宾客席，相比之下这种装饰方式让婚礼显得更加有品位。

椅背纱、椅背花的装饰主要有以下几种类型：

1. 单层纱幔

单层纱幔装饰的椅子给人以简简单单、清清爽爽的感觉。

2. 多层丝带

由多层薄纱加多层丝带装饰的椅子，显出其奢华、精致之感。

3. 垂直丝带系法

在户外婚礼中常用的木质折叠椅上，可根据婚礼主题用垂直丝带装饰椅背。可以用统一颜色的丝带，也可以用几款不同颜色的丝带间隔装饰。

4. 简约细丝带

用一根细丝带装饰椅背，简约而不简单，既有了细节，又有了精致的美。

5. 垂纱设计

与常规的纱幔蝴蝶结不同，宽阔的薄纱重叠在椅背上，不同层次地挽留从窗外照射的阳光，表现出悠闲和淡然的感觉。

6. 斜花束装饰

在椅背上斜插一个花束，这花束既可以由婚礼的主要花材组成，也可以与绿色的草地搭配。这种椅背装饰方法是最简单又经典的做法。

7. 特殊元素加入

在椅背上用主色系薄纱或丝带系一个小玻璃瓶，插入几只盛开的小花凸显其特殊元素。

8. 花束设计

垂下来的花束没有强大的张力，而是多了一份温柔和典雅。花束的长短可依花材的特点来设计，附加一点丝带或纱幔，都是不错的搭配。

9. 挂花球

在椅子的侧面垂挂花球算是比较普通的创意，但是花球要做得大小适中，丝带搭配得恰如其分，一定不要贪多贪大，恰到好处最美满。

10. 特殊材料

椅背的装饰在精而不在多，少量缎带珠链等特别材质的垂件再配合以精致卡片就能达到惊艳的效果。而使用羽毛或蕾丝等装饰椅背则能凸显婚礼浪漫气氛。

（四）婚宴厅柱体的装饰

一般来说，婚宴厅柱体布置的部位约在离地面 3/4 处。柱体装饰多种多样，可以裹纱装饰并在柱子一面即正面打上蝴蝶结；也可以将扁平的装入鲜花泥的花器固定在柱子上，再用下垂型的布置手法插入下垂的主花材和叶材，最后在主花材空隙内填充配花、配草，达到装饰柱体的效果。

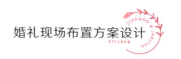

柱子上的装饰一般在迎宾的正面为宜，也可进行两面，甚至四面装饰。

（五）宴会厅墙体的装饰

与柱子鲜花装饰手法基本相似，但形式可以多种多样，直构图、横构图、规则的、不规则的均可，鲜花体量也可适当大点，数量根据环境大小而定，两支及以上不等。同时，如果条件允许，全部墙面用沙幔布置并用鲜花点缀，一定会带来恍如仙境的感觉。

子任务四　其他婚礼场景的花艺布置和道具设计

一、工作流程

（一）工作准备

1. 物品准备

序号	名称	规格	单位	数量	备注
1	花材	常规	支	根据设计而定	玫瑰、康乃馨、百合、马蹄莲、剑兰、泰国兰、红兰、白兰、蝴蝶兰、郁金香、扶郎花、龙胆、金鱼草、紫罗兰、红掌、天堂鸟、勿忘我、黄莺、情人草、满天星等
2	叶材	常规	支	根据设计而定	散尾、巴西木叶、八角金盘、春羽叶、水烛、高山羊齿、排草、龟背叶、栀子叶、常春藤、尤加利叶、剑叶、钢草等
3	装饰材料	常规	个	根据设计而定	缎带、珠链、贝壳、水晶、卡通玩偶、蜡烛等
4	工具材料	常规	个	根据设计而定	花器、玫瑰钳、剪刀、胶带、鲜花泥、玻璃纸、包装绳等
5	迎宾牌架子	常规	个	根据设计而定	木质或者铁艺
6	纱幔或线帘	常规	个	根据设计而定	蕾丝、雪纺、绸缎等材质
7	签到台花艺器皿	常规	个	根据设计而定	陶瓷、玻璃、铁艺等器皿

2. 人员准备

序号	人员	准备
1	花艺师	提前准备设计图及必要物资
2	搭建工人	根据设计图搭建

（二）其他婚礼场景的花艺布置和道具设计

步骤	流程	技术操作要求
工作前准备		（1）准备好必要物品
		（2）准备好必要设计图和施工方案，准备制作单面观三角形签到台插花

（续）

步骤	流程	技术操作要求
步骤 1	安放鲜花泥	（1）准备水桶，将鲜花泥浸泡在深水中，不得按压，让其慢慢自然下沉充分吸水
		（2）在铁艺路引上的铁艺托盘中，垫入塑料纸以防止漏水，直接用鲜花泥固定，或者用针盘等花器安放并固定好花泥
		（3）花泥应高出花器 3～4 厘米，以方便鲜花插制
步骤 2	插骨架花	（1）插骨架花将第一个挺拔直立花枝插于花泥正中偏后 2/3 处，如果花形较大，可稍向后倾斜（15 度），但不要超出花器之外
		（2）在花泥左右两侧偏前 1/3 处分别沿花器口水平插入两支长度为第一支的 1/2 左右骨架花枝
		（3）在花泥正面中心水平插入第四支骨架花，长度为第一支的 1/4。以上 4 支花基本构成三角形的外形轮廓，其余花枝长度应不超过轮廓线范围
步骤 3	插焦点花	焦点花位于中线靠下部 1/5～1/4 处，以 45 度角插入焦点花
步骤 4	插主体花	在第一支挺拔直立骨架花和左右两侧的第二、三支骨架花间插入其他花枝，使顶点连成三角形直线轮廓
步骤 5	插入其他花材	在第一支挺拔直立骨架花和向前的第四支骨架花间插入花枝形成一弧形轮廓。在上述轮廓范围内插入其他花材，完成三角形主体
步骤 6	插填配花、配草	在主花材空隙内插入填充配花、配草，完善丰富层次和遮盖花泥
注意事项		（1）三角形插花设计两侧轮廓线要直，不要外凸或内凹；侧视中部稍呈弧面，不能凸出太多 （2）花朵不要太密，要把花材均匀分散

（三）实施效果

1. 通过学习婚礼迎宾区的花艺布置和道具设计，掌握签到台的花艺布置基本内容，有助于婚礼花艺师根据需要布置婚礼现场。

2. 通过学习婚礼迎宾区的花艺布置和道具设计的技巧，了解婚礼花艺师进行婚礼花艺服务和制作的过程。

二、相关知识

（一）婚礼签到台花艺装饰种类概述

婚礼签到台是婚礼上第一个展示的区域，其布置及装饰的成功与否直接影响到宾客们对整场婚礼的第一感官评价（图 3-1）。

（1）婚礼签到台单面观三角形插花设计　签到台三角形插花设计为单面观对称构图的插花造型。花形轮廓为等边三角形或等腰三角形。三角形插花设计插花结构均衡、优美，给人以庄严肃穆之感。

（2）婚礼签到台倒 T 形插花设计　倒 T 形插花设计为单面观对称式构图的插花造型。造型犹如英文字母"T"倒过来。倒 T 形突出线性构图，体态挺拔且优美。

图 3-1　婚礼签到台

（3）婚礼签到台 L 形插花设计　L 形插花设计是不对称花形，形似英文字母"L"。适合摆放在签到台角的位置。

（4）婚礼签到台水平形的插花设计　水平形签到台桌花花形的特点是低矮、宽阔，为中央稍高、四周渐低的圆弧形插花造型。平放在签到台上则会有花团锦簇、豪华富丽的感官印象，适用于较长的签到台。

（二）照片展示区

婚礼照片展示区是展现新人甜蜜照片的区域，诉说他们的甜蜜故事，分享他们的幸福。可以是个人写真，可以是婚纱倩影，也可以是美好的生活留影。还可以把新人从小到大的照片都贴出来，这更是一个旅程，一个更全面的展示，也会吸引更多的来宾关注这些照片。

1. 照片展示区的组成部分

照片展示区主要由以下几个部分组成。

（1）纱幔或线帘　纱幔或线帘，作为照片展示区的背景，是挂照片的地方。用纱幔，是因为纱幔唯美、浪漫，能布置出浪漫的感觉来。而线帘，虽然没有纱幔大气，也很精致，带着简约而典雅的风格，同样也有浪漫的感觉。

（2）鲜花　鲜花是必不可少的装饰和点缀。小花瓣或点缀在纱幔上，或散落在地上。而大束的鲜花一定在照片展示区的某一角，以花为媒，用花来衬托人美。

（3）灯带　灯带一般是配合纱幔的，透过纱幔洒下星星点点的星光，如月色下情人的眼睛，唯美、浪漫。

（4）地灯　一般照片展示区都是放在签到区的，有的签到区面积大，很亮，也就不需要地灯。但很多签到区面积很小，而且比较暗淡。照片挂起来看不清楚，或者没有灯光效果，感觉不到照片区的魅力。而在照片展示区下用地灯往上打光，用余光照亮照片，照片区的整体感觉就出来了。

（5）白色木栅栏　白色木栅栏体现了欧式的田园风格，里面放上鲜花，挂上纱幔，撒上花瓣，可增加照片展示区的魅力。

2. 照片展示区的作用

照片展示区主要有以下 3 个作用。

（1）通过照片展现新人相遇相知相爱的过程，传达新人对于婚姻和未来的幸福期待　婚礼当天让所有来宾通过新人的生活留影、靓丽婚纱照，近距离地了解新人的爱情经历。瞬间的记忆锁定在这一张张甜蜜的照片里，跟随这张张照片带领宾客们走进新人的浪漫幸福时光。

（2）收获宾客们最诚挚真诚的祝福　照片展示区旁边都会有祝福墙，留下宾客们对新人未来幸福生活的美好祝愿。

（3）调整情绪　宾客们赶来参加婚礼，通过照片展示区将情绪过渡到结婚仪式的诚挚、宁静、幸福上来。

3. 照片展示区的展示原则

照片摆放要遵循错落有致的原则，注重大小、疏密、高矮的韵律变换，摆放出属于新人的艺术杰作。

（三）迎宾牌

1. 迎宾牌概述

婚礼迎宾牌又称为婚礼水牌，它说明这个场地现在举行的是什么样的婚礼，新人是谁，体现着婚礼主人的风格。它在整场婚礼布置中起到为来宾指示路线的作用。迎宾牌是一场婚礼中最先出现，代替新人迎接来宾的重要物品，也是最先映入来宾眼帘展现新人个人品位的作品。正因为此，婚礼花艺师帮助新人设计符合婚礼元素的富有创意的迎宾牌也非常重要。

迎宾牌一般由相框和鲜花构成，随着婚礼布置品位的提高，迎宾牌也有了很多创意，也有用装饰画当相框的。后来，随着十字绣的兴起，十字绣框也大量应用在迎宾牌上，比较细致，也很有意义。现在，又有很多人把结婚照放在了迎宾牌上，更让人感受到新人的甜蜜。鲜花起到充实和点缀迎宾牌的作用。用鲜花装饰迎宾牌，要运用色彩搭配和相应的花材以及花艺构造。品质好的鲜花和出色的花艺能够通过鲜花把迎宾牌的魅力展现出来。除了鲜花，有的还用到了纱幔，还有的是将纱幔和鲜花进行完美的组合，把迎宾牌的魅力无限扩大。

2. 迎宾牌的版面设计

现在越来越多的人讲究时尚，甚至学习了西方的文化礼仪，加之婚礼服务更加细致和有品位，对于迎宾牌的设计也越来越讲究、越来越细致。

迎宾牌的版面设计一般有以下几种：

（1）"英文＋背景"　迎宾牌的版面就是用一些简单的英文字母，清晰地写明新郎新娘的英文名字以及婚礼日期，加上淡雅干净的背景，这种形式在国外还是比较多见的。

（2）照片　有很多迎宾牌的版面直接采用婚纱照的形式。这种版面没有什么创意。虽然认识新人的来宾马上就能知道谁结婚，但是不认识新人的来宾则就有可能弄不清是谁结婚。

（3）漫画形式　这种迎宾牌版面设计也是最近比较流行的一种，是通过电脑软件将新人的照片做成漫画的形式。

（4）十字绣　它是用新娘自己做的十字绣来作为迎宾牌的版面，也是非常有意义的。不过完成它需要时间和心灵手巧的新娘。

（5）婚礼主题　很多人的婚礼都会有一个婚礼主题，例如"将爱情进行到底"，这可以作为迎宾牌的版面设计。

（6）标识（Logo）设计　部分新人的婚礼策划师会为他们的婚礼设计一个Logo，这个Logo可以用于婚礼上的很多地方，当然放在迎宾牌上是不可缺少的，也是制作迎宾牌很好的版式。

（7）个性设计　就是比较独特的个性设计，它是由婚礼策划师、婚礼花艺师或者新人根据婚礼创造出不同于他人的迎宾牌版式。

3. 迎宾牌的装饰物

迎宾牌除了版面设计之外，还缺少不了装饰物对其进行装饰，防止其显得过于单调。一般来讲，迎宾牌的装饰物主要有以下几种：

（1）鲜花　这是迎宾牌用得最多的一种装饰物，它可以在迎宾牌的顶部中央或两对角上配上婚礼的主花（如香槟玫瑰等）和绿叶，能让迎宾牌立刻鲜活起来。

（2）花瓣　一般采用花瓣围绕一个心形或者是围绕四边形成一个框，美化迎宾牌版面整体的设计，使迎宾牌更加凸显。

（3）玩偶　有很多新娘很喜欢可爱风，或者婚礼风格是童话婚礼，可以使用一些可爱的小玩偶装饰在迎宾牌上。

（4）纯绿色树叶　迎宾牌的四周用绿色的树叶装饰，显得很清新、高雅，同时，绿色的叶子也可以使用塑料材质的，体现了环保的理念。

（5）气球　婚礼上很多地方都会用到气球，其实用气球装饰迎宾牌也是一种简约、经济实惠的选择。

（6）羽毛　很多女生都偏爱羽毛，特别是白色的羽毛，很纯洁。所以，迎宾牌用羽毛装饰也非常漂亮，给人以纯洁之感。

（7）竹条或树枝　有些竹条、干花干枝也很漂亮，如果用得恰到好处还是很有魅力的。

实际上，用于迎宾牌上的装饰物还有很多种，如纱幔、珠子、花带等，使用这些装饰物的目的是使简单的迎宾牌变得丰富和美丽，所以这也是不可缺少的一部分。

4. 迎宾牌架子

迎宾牌的架子就是用于支撑迎宾牌的支架，一般来说，主要有以下两种：

（1）画板架　这是迎宾牌常用的支架，比较便宜和实惠，现在大部分婚庆公司都使用这种类型的支架。画板架价格一般在30～100元不等。

（2）铁艺架子　这种架子价格偏贵一些，一般都在100元以上。它的优势在于偏艺术性一点，会显得比较有档次，而且有很多不同的造型。

参 考 文 献

北京中民福祉教育科技有限责任公司，2021. 婚礼策划职业技能等级标准（2021 年 1.0 版）［EB/OL］.
　（2021 - 01 - 26）. http：//zmfz. bcsa. edu. cn/info/1019/2069. html.

胡草丽，2011. 圆面、圆柱体与圆球体的透视变化规律［EB/OL］.（2011 - 10 - 20）. http://wen-
　kubaidu. com/view/fbbb102c0066f5335a812177. html.

王楠，王晓玫，李倩一，2018. 婚礼手绘教程［M］. 北京：中国铁道出版社.

王晓玫，王楠，2019. 婚礼花艺与现场布置［M］. 2 版. 北京：中国铁道出版社.

教育部第四批1+X证书制度试点

婚礼策划职业技能等级证书教材系列丛书

婚礼策划职业技能教材（初级）

策划项目
营销与预算

Cehua Xiangmu ·初级· *Yingxiao yu Yusuan*

Chuji

北京中民福祉教育科技有限责任公司 组编

金雷宇 孙 可 主编

李周坚 王晓玫 郭 森 副主编
陈 坚 阔 达

中国农业出版社
农村读物出版社
北 京

图书在版编目（CIP）数据

婚礼策划职业技能教材：初级．策划项目营销与预算 / 北京中民福祉教育科技有限责任公司组编；王晓玫等主编 . —北京：中国农业出版社，2021.9

（教育部第四批 1＋X 证书制度试点婚礼策划职业技能等级证书教材系列丛书）

ISBN 978 - 7 - 109 - 28163 - 9

Ⅰ . ①婚⋯　Ⅱ . ①北⋯ ②王⋯　Ⅲ . ①结婚－礼仪－职业技能－鉴定－教材　Ⅳ . ①K891.22

中国版本图书馆 CIP 数据核字（2021）第 074829 号

中国农业出版社出版

地址：北京市朝阳区麦子店街 18 号楼
邮编：100125
策划编辑：李艳青
责任编辑：王庆宁　　文字编辑：戈晓伟
版式设计：王　晨　　责任校对：刘丽香
印刷：三河市国英印务有限公司
版次：2021 年 9 月第 1 版
印次：2021 年 9 月河北第 1 次印刷
发行：新华书店北京发行所
开本：787mm×1092mm　1/16
总印张：25.75　插页：8
总字数：703 千字
总定价：88.00 元（全 8 册）

前言

　　与一般市场的营销方法不同，婚庆市场的营销具备更多的行业特性，也有更多的特殊性，包含了大量的实践与操作技能。婚庆行业及其相关服务业，将营销的重点从实物产品逐步过渡到服务类产品，并尽量拓宽学习者的知识面，针对市场进行深入的细节分析，将工作任务分解到极为详细的程度，以利于其尽快开展实践工作。

　　婚礼项目预算是整个婚礼服务开始的重要环节，在了解策划项目、接触基本客户、推销项目服务并做出基础预算的前提下，整个婚礼策划的实际工作才能顺利开展。

　　婚礼策划项目营销与预算（初级）包含四个任务：任务一，婚礼策划服务项目咨询；任务二，婚礼服务项目营销；任务三，婚礼服务项目的费用预算；任务四，婚庆服务合同的签订。这四者是成系列、有逻辑联系的相关环节，学习者应循序渐进，反复操练并熟悉其逻辑关系，领会项目的工作思路和内容，为提升到中级和高级阶段做好准备。

　　本分册教材由金雷宇负责统稿，王晓玫、张仁民负责审稿，具体写作分工如下：

　　任务一：郭森［北京社会管理职业学院（民政部培训中心）教师］、孙可［可洛伊信息咨询（北京）有限公司总经理］、李周坚［匠联网络科技（嘉兴）有限责任公司总经理］、阔达（北京五月主持团队核心成员）。

　　任务二：陈坚［北京社会管理职业学院（民政部培训中心）教师］。

　　任务三、任务四：金雷宇［北京社会管理职业学院（民政部培训中心）教师］。

目　　录

策划项目营销与预算

婚礼策划服务项目咨询、婚礼服务项目营销以及婚礼服务项目预算这三个方面是婚礼策划整体与财务估算的主要内容与基础技能。婚礼策划服务人员必须掌握这几项重要技能，才能全方位理解婚礼策划的基本性质、服务对象、服务内容以及服务方针。同时，策划师与营销人员由此才能对婚礼项目的财务状况和对公司的经济贡献有一个清晰的估算，不至于做出对服务对象和公司都不利的行动。

婚礼策划服务项目咨询、婚礼服务项目营销、婚礼服务项目预算这三者是成系列、有逻辑联系的相关环节，营销人员首先必须掌握婚礼产品的构成要件，并根据消费者需求进行针对性的营销活动，最后，还要在营销活动达到某个指标的前提下，帮助消费者对项目进行预算，对项目的费用做出合理的说明，让消费者明明白白地消费，放心地做出购买决定。

项目预算不但对项目的营销具有重要意义，也是整个项目管理的关键点，可以帮助经营者对整个婚礼服务产品从市场需求、市场调研、服务产品设计、成本控制直至产品销售的全流程进行管理，是公司运营的根本。

学 习 目 标

一、知识目标

1. 理解产品的构成及其与项目营销之间的关联。
2. 理解项目促销的基本方法和包含的各种促销方式和流程。
3. 理解婚庆服务项目的预算方式和技巧。
4. 理解婚庆服务合同的内容和注意事项。

二、技能目标

1. 初步掌握分析婚礼策划的构成要素方法，并根据构成要件制作表单。
2. 初步掌握根据婚礼策划项目表单进行营销并形成预算的技能。
3. 初步掌握处理婚庆服务合同发生变更、不可抗力和终止的方式。

三、素质目标

1. 充分理解婚礼策划项目和分类，了解成本构成与市场状况。
2. 具备分析婚礼服务对象需求并解决问题的初步能力，具备健康的服务理念与正确的商业价值观。

任务一
婚礼策划服务项目咨询

【任务情境】

张先生和李女士准备在 10 月 1 日国庆节举办婚礼，他们找了几家婚庆公司，都不太满意。主要原因是他们对这几家婚庆公司的婚礼策划师的服务不满意，在谈单过程中有很多问题说不清楚，他们提出的疑问也没有得到满意的答复。作为一家婚庆公司的婚礼策划师，如何在为客户提供婚礼服务项目咨询的过程中，提供客户满意的服务并谈单成功，非常值得认真思考。

【任务分析】

一、婚礼策划服务项目咨询的主要内容

序号	主要内容
1	了解婚礼策划的各个具体服务项目
2	与客户进行基本沟通
3	确定目标群体，获取有效的客户信息
4	与客户建立联系，从客户的需求入手

二、婚礼策划服务的工作目标及措施

序号	主要工作目标	措施
1	初步了解婚礼策划的服务项目	学习相关书面知识，并实地了解具体项目
2	掌握目标群体的婚礼服务需求	通过问卷、电话等形式获取有效的客户信息
3	确定客户的婚礼服务需求和服务内容	通过电话、面谈、邮件等方式，与客户沟通具体的服务内容

【任务实施】

子任务一　了解婚礼策划的各个具体服务项目

一、工作流程

（一）工作准备

1. 物品准备

序号	名称	单位	数量	备注
1	婚礼服务项目单	份	1	为新人提供简单明晰的项目服务内容
2	签字笔	支	2	为新人和策划师记录要点时使用
3	婚礼服务流程图	份	1	让新人明白公司婚礼服务流程
4	电脑	台	1	婚礼策划文案和作品展示
5	茶水	杯	2	接待使用
6	婚礼服务项目报价单	份	1	为新人提供明晰的婚礼服务价格表

2. 人员准备

序号	人员	准备
1	婚礼策划师	熟记本公司的婚礼服务项目和价格以及优惠情况。熟练掌握服务礼仪，学会使用沟通技巧，准备好各种物品
2	婚礼服务对象	认真听取和记录新人的想法和意见，并提供帮助和答疑
3	其他客户	提出婚礼消费明细需求

（二）了解婚礼策划的各个具体服务项目

步骤	流程	技术操作要求
工作前准备		（1）经过正规的婚礼策划和营销培训
		（2）掌握一定的婚礼策划知识和婚礼营销技能
步骤1	熟悉婚庆机构基本情况	（1）熟悉所在婚庆机构开办的时间
		（2）熟悉所在婚庆机构的规模
		（3）熟悉所在婚庆的经营特色
		（4）熟悉所在婚庆机构的基本情况（营业时间、地点、电话、传真、网址、交通线路等）
步骤2	熟悉婚庆机构服务产品	（1）熟悉所在婚庆机构的服务产品定位
		（2）熟悉所在婚庆机构的婚庆服务流程
		（3）熟悉所在婚庆机构的婚庆服务项目
		（4）熟悉所在婚庆机构的收费标准
		（5）熟悉所在婚庆机构的服务信息传播系统
步骤3	了解客户基本需求	（1）认真听取和记录客户的想法和意见
		（2）提供帮助和答疑
注意事项		（1）在向客户介绍所在机构和服务产品的过程中，要真诚、自信，确信所提供的婚庆服务对客户有帮助，赢得对方信任
		（2）在了解客户基本需求信息的过程中，要讲究接待谈话技巧，亲切自然，切忌生硬提问

（三）实施效果

1. 通过提前准备，可以有针对性地接待客户。

2. 通过了解接待技巧，可以为客户提供优质服务。

二、相关知识

（一）婚礼策划服务的概念

婚礼策划服务是婚礼策划师为新人提供婚礼流程创意策划、组建婚礼执行团队、进行婚礼现场监督等，帮助新人完成婚礼庆典活动的服务。

（二）婚礼策划服务的主要内容和标准工作流程

1. 接待客户，提供婚礼的咨询服务。

2. 确定婚礼服务项目、服务人员和费用预算。

3. 根据婚礼主题，策划婚礼流程，进行场景布置、花艺、道具、化妆、音乐、影像等设计，制作婚礼策划书。

4. 根据婚礼风格和预算，安排婚礼主持人、音响师、摄影师、摄像师、花艺师、化妆师等，组建婚礼执行团队。

5. 组织实施婚礼彩排。

6. 现场调度婚礼庆典活动。

7. 策划影视后期制作的效果方案，提交影像作品。

8. 回访客户。

（三）婚礼策划与婚礼销售

一家婚礼服务企业做一场婚礼服务，其人员架构具体可分为：前端顾问（婚礼销售）、婚礼统筹、婚礼策划、婚礼设计和婚礼执行（婚礼督导）。当然，不同城市、不同规模的婚礼服务公司在人员分工上还是有差异的。婚礼销售又称为婚礼销售顾问，是婚礼服务企业中担任销售岗位的角色，有些婚礼服务公司（一般是小型婚庆公司）的婚礼销售与婚礼策划是一体的，也就是自己签单自己策划（还包括统筹）。也有的婚礼策划公司是前端婚礼销售签单完成之后直接交给婚礼策划师或婚礼设计师，由策划师或设计师来完成一系列的策划统筹、设计和执行；还有的公司是把几个岗位完全独立出来，各司其职。

在婚礼服务企业中，婚礼策划师可以承担四个角色：婚礼销售、婚礼策划、婚礼设计和婚礼督导。

从婚礼销售与婚礼策划师的岗位区别来看，婚礼销售的主要目的是将婚礼服务项目销售（推销）出去。婚礼策划师的主要目的是更好地策划这场婚礼，呈现出更好的现场效果。婚礼销售负责拉人到公司，婚礼策划负责服务这对新人，而婚礼设计负责根据新人的喜好制作效果图。

（四）婚礼销售的特点

1. 婚礼服务的非实体性决定了婚礼销售属于无形产品销售

在许多有形产品销售行业里，销售角色尤其是门店销售的功能定位相对单一，因为有形销售是实体性产品销售，产品功能具备市场认知标准也具备一般消费者的认知标准。但上包含了婚礼服务公司在为新人策划婚礼的过程中的员工成本、时间成本、技术成本和其他经营成本等开支，公司所提供的婚礼服务产品是成熟的商品和解决方案。所以，报价单中的喷绘、KT板、鲜花实际上只是说明产品的材质，而不是作为一件成熟的商品。比如因婚礼来宾人数较多，为了有序指引嘉宾入座，提供更好的观礼体验，设计了指引路标的迎宾牌，它的主要功能是给现场来宾指引路线。如果新人有较高的预算，可以使用价格较高的全鲜花制作；如果预算不充足，就可以考虑使用价格便宜的KT板制作。

（2）流程道具　除了布置道具之外，还有在婚礼仪式环节中使用的道具，称为流程道具。常见的主要包括香槟酒塔、烛台、蛋糕、婚戒等。婚礼本身属于一种仪式，流程道具虽然经过行业的变迁，由起初五花八门的创意道具，发展到现在的化繁为简，但终究不能取代婚礼庄严承诺的仪式感。

营销要点为创造价值，制造需求。主题宴会设计是目前婚礼服务产品的主要内容，流程道具所能创造的价值看似薄弱，但倘若能给仪式道具创造更加有效的附加值，不仅能够带来不可小觑的收益，还能为婚礼的创意策划增添不寻常的亮点。

【例1-1】婚礼策划师为一对新人策划婚礼的时候，问新娘，婚礼蛋糕是否要六层，新娘感到迷惑不解。新娘的第一反应是："为什么需要四层？有什么寓意或者说法吗？"随之新娘的第二反应是："蛋糕只是履行仪式过场的一个道具，一般双层的就已经很浪费了，为什么要增加无谓的开支？"然后第三反应可能是："能省就省点吧。"这时，婚礼策划师可以这样对新娘解释："婚礼是两个人人生中最为幸福的时刻，作为见证这一幸福时刻的到场的亲友长辈们，一定是最为你们祝福、贺喜和开心的人，如果能把这份甜蜜与现场亲友长辈分享，以伴手礼的形式送给每人一块切好的并做好包装的蛋糕，既能表达你们感恩、真诚的心意，又能让亲友长辈品尝一份甜蜜和喜气，岂不两全其美？"新娘听后频频点头。之后又补充道："蛋糕具体做几层，可以根据到场的直系亲友长辈的数量来定，做到人人有份，既传递真情，又不浪费。"新娘听后当即决定选用六层蛋糕。

2. 婚礼服务团队的构成和分类

（1）婚礼策划师　相比于婚礼服务行业所说的"四大金刚"，婚礼策划师虽然不是婚礼上最容易让人熟知的角色，却是婚礼中真正的核心。从编排到呈现，婚礼策划师相当于一个大型演出的导演，根据客户的要求统筹、设计、编排、执行。

早期的婚礼庆典公司形态中并没有婚礼策划师的说法，然而这一概念的推出，也就标志着定制型的婚礼策划业态的诞生。

婚礼策划师的主要工作内容有三点：销售、策划与执行。

① 销售。负责阐明公司优势、产品优势，沟通需求，解决客户疑惑从而促成交易。

② 策划。根据新人的要求策划婚礼仪式流程、设计婚礼庆典方案、统筹人员和执行安排。

③ 执行。搭建布置婚礼现场，以及执行婚礼仪式上的流程。

这三点工作内容基本涵盖了操作一场婚礼的所有要素。不过，当一个角色身上的任务过于繁重，并且不能集中精力的时候，各个环节中就容易出现纰漏和不够专业的情况。开始注意到这一点，婚庆公司需要部门细分的时候便到来了。

根据这三个工作内容，还可以细分出三个不同的角色：新娘顾问、宴会设计师和执行督导。

① 新娘顾问。即是销售顾问。将擅长与人打交道的人安排到专职沟通谈判的职位，既能发挥出销售类型人才的优势，也能够弥补这类人在策划设计上的短板。

② 宴会设计师。同理，多数设计型人才拥有天马行空的想象力并付诸设计，但婚礼必须由新人进行决策，免不了沟通与协调。然而此类人多数并不具备妥善处理沟通中所出现的一些想法冲突的能力，语言能力也相对薄弱。此职位尽可能规避令人烦恼的沟通，使其成为一名"艺术创作者"，用全部精力最大限度发挥出设计优势。当然，宴会设计师这一概念也不局限于婚礼现场方案的设计，整个婚礼的主题流程方案也是其工作内容。

③ 执行督导。将婚礼策划师所确定的策划方案，从执行人员的安排、物料的采购、筹备阶段新人的跟踪，到婚礼现场的搭建监工，与婚礼流程的监督工作融为一体。这是一个对管理执行能力要求较高的角色，也是确保新人婚礼顺利进行的重要安全保障。

(2) 婚礼主持人　在婚礼发展的初期阶段，婚礼主持人（俗称婚礼司仪）基本上是来宾评价一场婚礼最直观的衡量标准。直至今天，一场婚礼进行下来，带给人们非凡感觉的主持人也是有婚礼需求的来宾们预约的首选目标。婚礼仪式流程呈现的效果好坏同样与婚礼主持人有着密不可分的联系。婚礼主持人是整个婚礼流程的感觉表达者，不同的年龄、阅历、性格、专业度会造就不同的主持风格。比如给人感觉沉稳、声音浑厚、成熟的偏向于庄重感；对语言掌控力强，极具感染力的偏重浪漫及亲情感；妙语连珠，幽默活泼，能够带动现场热闹气氛的则偏重喜悦感。

也正因如此，婚礼主持人有时在消费者心里有着比婚礼策划师还要重要的地位。但婚礼主持人毕竟是整个婚礼策划中的一部分，同时又并非一个公司的"专属产品"。所以，营销人员必须学会包装属于自己的产品并进行合理化的推荐，才能够展现核心竞争力。

【例 1 - 2】婚礼策划师小张，遇到过这样一个情况：距离举办婚礼的日子还有三个月，婚礼策划师小张正在安排婚礼上工作人员。在一切较为顺利时却在选择婚礼主持人上犯了难，一名年龄偏长，风格庄严沉稳，给人大气豪迈之感；另一位则年龄稍小，活泼开朗，幽默但不失儒雅。这两位都是新娘心仪的婚礼主持人，同时两位主持人恰好空闲。这时，小张根据二位新人性格外向活泼擅表达的特征，向他们推荐了第二位主持人。既可以让他们与主持人之间有更好的互动，也能强化整场婚礼浪漫的氛围，还与小张所设计的婚礼仪式流程相匹配。新娘听取了小张的意见当即做出了决定，而在婚礼当天主持人所呈现的效果同样没让新人失望。

作为婚庆公司，虽然并不具备选择主持人的决定权，但围绕着婚礼仪式这个核心前提，婚礼策划师可以进行客观的推荐，从而体现出作为导演的专业性，更多地获取新人的信赖。同时还有一个重要的作用，有时新人可能为了节约开销，会让自己的亲戚朋友或通过其他渠道联络婚礼主持人，这样不仅损害了公司的利益，更重要的是增加了无谓的沟通成本，增加了许多不可控的风险，而一旦出现问题，婚庆公司难辞其咎。所以，让主持人变成公司的"专属产品"，不仅对企业经营有益处，也同样是对新人的婚礼负责。

（3）影像团队　如今婚礼的产业之所以能够迅猛发展，与婚礼所留存下来的影像有巨大的关系。影像既可以记录当下最美妙的时刻，刻画出真实的人物，完美地保存记忆。更推动了婚礼宴会设计的发展，新人投入高昂的费用让婚礼现场如梦幻仙境，影像不仅可以记录，更让婚礼全过程焕发无穷魅力，上升到艺术美学供人们欣赏。

不过成熟的合作产品对于婚庆公司来说也带来了一些挑战，很多新人会自己选择心仪的品牌，逐渐成为品牌的影像团队，变成了客资的流量入口。与婚礼主持人的有关问题一样，这样不仅会压缩公司的利润，也会在沟通协作上出现难题。其实与主持人同理，如果能够将影像团队这项服务产品合理运用，依然可以打造属于公司自己的核心竞争力。

（4）化妆师　虽然说结婚是两个人，或者是两个家族的事，但有时会开玩笑地说，婚礼更像是女性消费行业。婚礼现场越来越绚丽，仪式越来越有创意，很大程度上是为了实现女孩们的公主梦。通过筹备阶段，女性投入大量时间并进行决策，女性是这个"造梦行动"中真正的主角。既然是主角中的主角，那么形象问题自然不能马虎。也就渐渐给化妆师们开辟了一条道路。

美的重要性对于女性自然不必多说，不过婚礼的化妆师不仅要将新娘打扮得美丽动人，同时还是在婚礼这天与新娘接触时间最长、联系最紧密的贴身秘书，起到把控新娘的情绪，及时进行心理疏导的作用。

总而言之，婚礼服务团队是婚礼策划师密不可分的合作伙伴，双方一同为婚礼策划提供专业技术，从而完成一场婚礼。但婚礼服务团队又是与婚礼策划师相互独立的团体，如果双方在合作上没有更深度地理解婚礼服务产品，就会大幅降低婚礼策划服务的竞争力。

（七）婚礼策划服务的基本服务项目

从婚庆公司的服务内容来看，一般来讲，婚礼策划服务的基本项目见表1-1。

表1-1　婚礼策划服务基本项目

序号	婚礼服务项目
1	确定举办婚礼的场所
2	拍摄婚纱照片
3	进行婚礼策划
4	确定婚礼主持人
5	确定婚礼摄影摄像团队
6	进行婚礼化妆造型设计
7	进行婚礼场地布置和舞美设计
8	确定婚礼花车和车队
9	其他相关服务

"1"

子任务二　与客户进行基本沟通

一、工作流程

（一）工作准备

1. 物品准备

序号	名称	单位	数量	备注
1	婚礼策划方案	份	3	为新人提供多份婚礼策划方案，新人可进行挑选
2	婚礼服务手册	份	1	为新人提供详细的服务信息
3	电脑	台	1	婚礼文案和作品展示
4	签字笔	支	2	用于记录
5	茶水	杯	2	用于接待
6	其他物品			

2. 人员准备

序号	人员	准备
1	婚礼策划师	熟记各个服务项目和及其价格，熟练使用沟通技巧，为客户提供策划方案和服务合同等
2	婚礼服务对象	提出婚礼服务消费需求
3	其他客户	提供满意的婚礼服务咨询

（二）与客户进行基本沟通

步骤	流程	技术操作要求
工作前准备		（1）经过正规的婚礼策划和营销培训
		（2）掌握一定的婚礼策划知识和婚礼营销技能
步骤 1	熟悉婚庆机构基本情况	（1）熟悉所在婚庆机构开办的时间
		（2）熟悉所在婚庆机构的规模
		（3）熟悉所在婚庆机构的经营特色
		（4）熟悉所在婚庆机构的基本情况（营业时间、地点、电话、传真、网址、交通线路等）
步骤 2	熟悉婚庆机构服务产品	（1）熟悉所在婚庆机构的服务产品定位
		（2）熟悉所在婚庆机构的婚庆服务流程
		（3）熟悉所在婚庆机构的婚庆服务项目
		（4）熟悉所在婚庆机构的收费标准
		（5）熟悉所在婚庆机构的服务信息传播系统
步骤 3	熟悉沟通技巧	（1）熟悉服务礼仪要求
		（2）熟悉各阶段的客户沟通技巧
		（3）熟悉客户抱怨和投诉的沟通技巧

婚礼策划职业技能教材（初级）

（续）

步骤	流程	技术操作要求
注意事项		（1）在向客户介绍所在机构和服务产品的过程中，要真诚、自信，确信所提供的婚庆服务对征婚人有帮助，赢得对方信任
		（2）在了解客户基本需求信息的过程中，要讲究接待谈话技巧，亲切自然，切忌生硬提问

（三）实施效果

1. 通过准备，可以更加自信地与客户沟通，提高客户的认可度。

2. 通过了解沟通技巧，可以提高客户满意度，大大提高谈单的成功率。

二、相关知识

（一）沟通的概念

沟通是指两个或两个以上的人或群体，通过一定的信息传播渠道或媒介，交换各自意见、观点、思想、愿望等，表达情感，从而达到相互了解、认知的过程。良好的沟通既是相互传递信息的有效方式，也是消除疑虑或隔阂、促进相互了解、增进友谊和情感的有效方式。

（二）婚礼策划师的电话沟通与话术

1. 电话沟通销售的基本要求

（1）通过电话沟通，婚礼策划师可以将婚庆公司优势传递给客户，让客户充分全面地了解婚庆公司的优势及产品活动，在促进成交的同时对客户提出的问题给予耐心回答并及时将客户信息录入 EC 系统[①]。

（2）使用规范的、标准的、专业的语言开展电话营销，在每次通话前要做好充足的准备。

（3）积极配合公司领导安排的工作，并按时完成下达的销售目标任务。

（4）在进行电话交流时，必须做到同面谈一样，要微笑服务、要用真诚、热情、周到、谦虚、尊重的口气进行交流。

（5）婚礼策划师在电话交流过程中，需要良好的心态，以积极热情的态度、坚定的信心投入电话交流。

（6）一名优秀的婚礼策划师要不断挑战自我，要有突破、创新。遇到困难或难缠的客户要及时调整自己的心态，不要让情绪影响自己的语言和工作。

（7）对未成交客户，根据跟踪标准做到及时跟踪，及时更新 EC 系统。

（8）与客户成交后，婚礼策划师要及时邀约客户到店面谈。

2. 电话沟通销售的准备工作

（1）专业形象 良好的职业形象可以增加竞争实力，增加自信心，增强团队凝聚力。

---

① EC 系统又称为 EC 呼叫系统，可实现传统座机与管理软件的无缝连接，可对导入系统的客户信息实现一键拨号、一键发送 QQ、一键发送短信，极大提升电话销售团队的工作效率。

科学研究发现，销售人员身穿正装电话沟通明显比穿便装更具有说服力，在销售过程中能有效提升成交率。

（2）专业知识　客户心理千变万化，客户问题多种多样，婚礼策划师只有具备充足、完整的专业知识，才能在与客户沟通时游刃有余地解决客户所遇到的各种问题，增强客户的信服度，也是客户确定成交的前提条件之一。

（3）专业态度　态度决定成败，态度决定客户成交的速度，作为一名优秀的婚礼策划师，必须随时保持专业、热情、耐心的服务态度。无论遇到多难缠的客户，都必须控制自己的情绪，不让情绪干扰自己的专业能力。

3. 电话销售的秘诀

（1）整合资源　学会整合所有能达成目的的资源。

（2）快速　获得客户资源后，应该第一时间打电话追销，客户不等人，千万不能拖。

（3）坚持　凡事贵在坚持，大部分成交都在至少三次电话沟通后。

4. 电话沟通销售的技巧

（1）信任　不信任是成交的最大障碍，特别是电话营销，有了信任，成交水到渠成。建立信任的基本技巧包括：一是聆听，要用心听，用笔记，不打断，不插嘴；二是认同，没有人会喜欢跟自己唱反调的人，即使对他的观点有异议，也要学会先赞同观点，表示理解对方的感受，再提出不同建议，比如"对，是的，我非常理解你的感受，如果是我，我也会……但是如果……也许会更好……"；三是赞美，赞美要具体、及时，经典的赞美句式有"我就喜欢你这样的人……"。

（2）专业　婚礼策划师的专业体现在：熟知公司发展历程；完全掌握婚庆服务产品专业知识；能够及时给予正确并无损利益的中肯建议；语速不快不慢，不会犹豫不决或模糊不清。

（3）让对方记住　销售产品从销售自己开始，婚礼策划师要做到：即使客户不在本公司成交，也要让他记住自己。这里的技巧包括：一次通话中至少要三次提到自己的名字；之后每次对话中永远不要吝啬介绍自己，哪怕他已经记住你了。

5. 电话沟通的话术范本

沟通前的准备：心态调整（轻松，欢快）；收集客户资料（重点是渠道来源和酒店场地）；工具（笔、纸、话术等）。

【话术1-1】营销话术

婚礼策划师问：您好，我是一站式婚礼预定平台××网的婚礼顾问××，看到您××时间，在大众点评（或某渠道）上留下电话（预约到店），请问您是有筹备婚礼计划还是有办宴会计划呢？

如客户答：是的，筹备婚礼。

（如果否认，策划师可以问：您是不是通过其他公司的婚礼活动页面或渠道）（如果再次否认，策划师可以问：是不是您的朋友筹备婚礼呢？或者策划师直接问：这个不是您本人留的信息吗？会不会是您爱人的呢？）

（如果回答是肯定的）

婚礼策划师问：请问您的婚期定在什么时候呢？

——如客户答：×月×号。（策划师不要再确认时间）说：那先恭喜两位了（语气要亲切自然）

——如客户答：还没有。

婚礼策划师问：计划什么时候摆酒啊？

客户答：年底。

婚礼策划师说：嗯嗯，也需要开始了解婚庆了。

——如客户答：有，定在×月。

婚礼策划师说：嗯嗯，那个月结婚的人比较多，您定的是哪一天呢？

婚礼策划师说：嗯嗯，这个日子蛮好的。基本上×月结婚的新人都集中在这几个日子了。

婚礼策划师问：那您酒店看好了吗？

——如客户答：嗯，定好了，××酒店。

婚礼策划师说：好的，先跟您简单介绍一下，我们是××地区最大的婚宴平台××网旗下的自营婚庆，可以提供婚礼策划、婚礼主持、婚礼影像等婚礼服务人员，提供婚车租赁等一站式的婚礼服务。您有任何和婚礼相关的需求，我们都能够满足您喔。（然后听客户需求）

——如客户答：还没有。

婚礼策划师说：好的，我们××网是个一站式的婚礼服务平台，跟××（市）各大酒店基本上都有合作，可以帮您免费推荐酒店，您看酒店这块需要我们给您一些建议吗？

——如客户答：需要。客户说，大概多少桌、餐标、大概区域。

婚礼策划师说：好的，请您稍等一下。马上为您查询××附近大概××桌，餐标××元左右的酒店，稍后我加您微信，查询到×月×号有档期的酒店我会直接微信推送酒店信息给您。大概5分钟内回复您（最长30分钟）。

【话术1-2】回复客户话术

婚礼策划师说：您好，××先生（女士），我是××一站式服务平台的婚礼策划师××，刚刚和您联系过，按您的需求已经帮您查询到A（酒店）、B（酒店）、C（酒店）都是有场地的，哈哈，您选的日子真的太好了，特别多人选择。您这两天抽时间过去看看场地是否合适，稍后我会让酒店把您作为专属客户接待您，酒店经理会回复您的电话的。

客户答：嗯。好。

婚礼策划师说：感谢您选择我们为您服务，祝您一切顺利！

【话术1-3】客户预订成功后回复

婚礼策划师说：您好，我是××一站式服务平台的婚礼策划师××，您是××先生（女士）吗？我前天帮您推荐的酒店，场地您还满意吗？

（如回答满意）

婚礼策划师说：我们这边不仅有婚宴预订，还有婚礼布置、婚车、酒水、喜品等服务。婚庆服务这块您开始了解了吗？我们旗下有直营的婚礼公司，可以帮您详细地推荐一下哟。

（注意：网上预订的婚庆服务，当天的要完成对接。晚上预订的婚庆服务，第二天上班必须第一时间回访；要确认一下客户是否先前去看过酒店，是否已经预订，是否有在酒店留过相关信息，如果有预留就不能通过××网预订；婚宴周期长的，要持续联系，经常询问情况，婚礼准备得怎么样了，可以推荐下载"婚礼服务"App）

（三）婚礼策划师与客户面谈沟通技巧

1. 婚礼策划师和客户第一次见面的沟通

婚礼策划师与客户第一次见面，一定要做一个很好的聆听者，适当地给予新人反馈，用心地观察新人的风格、喜好、细节等。客户第一次见面本来就有许多困惑，如果婚礼策划师一味地说，新人根本不能给予反馈，因为他对婚礼还没有概念，没有思路，这样的沟通只能叫"审问"。

2. 采取 2/8 沟通法则

婚礼策划师与新人沟通时要符合 2/8 法则，即在开始沟通的初期，新人说话要占80%，婚礼策划师只占20%。开始的聆听可以给予新人一种说话的空间，使他们自愿地把所有想法说出来。沟通中期，新人和策划师的沟通比例应该为50%和50%。沟通后期到确定方案谈报价的时候，则婚礼策划师占80%，新人占20%。采取这样的沟通法则，才会使双方的沟通更加的顺畅。

3. 提取可行性信息

在新人完全没有思路和想法的情况下，开始沟通时，给予策划师的信息基本都是碎片式的。这时，策划师需要记录、聆听和汇总，并快速分析哪些要求是可以实现的，哪些要求是不切实际的，但是这时候策划师一定不要反驳，细心聆听就好。

4. 清晰讲述婚礼流程

在听取了新人大量的信息后，婚礼策划师就要向新人介绍婚礼的基本流程。有很多新人会说婚礼办得越简单越好，但是，婚礼策划师一定要说明，婚礼有基本的组成部分，再简单的婚礼，这些流程也是必须要有的，包括：迎亲，闹门，婚礼仪式开始，主持人上台，介绍新郎，迎娶新娘，新娘闪亮登场，共同迈向幸福之路，新人誓言，交换信物，喝交杯酒，主婚人、证婚人讲话，敬茶，改口，传递幸福（如抛手捧花），合影，礼成。一个再简单的婚礼，基本流程也需要 10～13 个环节，所以在这些环节里，婚礼策划师要对新人刚刚提出来的所有要求进行整理，合理并巧妙地安排在每个环节中。

5. 介绍分析类似案例

在婚礼策划师介绍婚礼流程的过程中，最好找一个和新人描述类似的婚礼案例，并对每个环节逐个讲解，告诉新人举办一场婚礼具体的流程和场景。

6. 介绍阅览专门的婚礼元素文件夹

在新人了解婚礼的基本流程后，婚礼策划师最好有一个收集优秀婚礼元素（包括布置场景、花艺、化妆、色彩、摄影等）的文件夹，把婚礼流程的每个环节的注意事项，通过图片库进行讲解。经过这样的沟通，第一次见面后新人对婚礼就有了大体思路。

7. 给新人布置作业

最后，婚礼策划师要给新人布置一个作业，通过前期的沟通，要求新人回去整理一下思路和要求。并要求第二次见面时，新人必须确定婚礼的色系、基本环节要求、去酒店看场地的时间、现场测量的要求等。这些事情完成后，就可以把婚礼交给婚礼策划师落实了。

8. 对婚礼仪式提出自己的特殊要求

婚礼策划师可以要求新人回忆他们参加过的婚礼，哪些环节是他们想要的，自己有什么爱情故事可以在婚礼中表达等，婚礼策划师在这个基础上，帮助新人发挥、整理，完善所有流程，设计出新人想要的婚礼。

9. 与新人进行分工

婚礼策划师还可以给新人一个分工细则，在所有方案报价都确定后，按照分工细则去准备双方应该准备的东西和物品。

当然，婚礼策划师在婚礼策划过程中，要考虑非常多的细节，需要随时和新人进行沟通，大到灯光、花艺、桌花和路引的花艺设计，小到桌牌、水牌放置的位置等。

（四）与客户沟通中常见问题回复方式和技巧

1. 客户就婚庆服务常见提问及回复

（1）什么是"四大金刚"　婚庆服务常说的"四大金刚"包括：婚礼主持人（司仪）、婚礼摄影师、婚礼摄像师、婚礼化妆（跟妆）师。

（2）提供哪些服务？怎么收费　我们提供婚礼策划、婚礼布置、"四大金刚"、礼服、车队等一条龙服务，按您所需的项目来收费。具体的收费要根据您的需求确定。

（3）如果都需要的话，一条龙服务怎么收费　这个没有硬性规定，因为每个新人对自己婚礼的要求不一样。用婚车来举例，不同车型报价也是不一样的。一条龙服务的费用，具体要看您想实现什么样的婚礼效果。再根据您各个项目的选择，来综合计算费用。

（4）××套系包含什么　这是联合很多位资深的策划师设计出来的特惠套餐，只需要花几千元（或几万元）就可以让你们的婚礼达到一两万元（或几十万元）的效果。最适合××面积的宴会厅使用。套餐包含了全场区域的布置（迎宾区、签到区、仪式亭、通道区、主舞台）以及灯光、婚礼搭建团队。另外电子请柬、婚礼策划服务、仪式流程设计、婚礼统筹等服务，也都包括在里面了。

（5）包含司仪、化妆师吗　"四大金刚"，我们也提供或推荐。但是这些人员，都是行业里共享的资源。根据从业的资历不同，价格也是有区别的。所以需要您到实体店来看样片挑选。

（6）人员怎么收费　根据他们的从业经历、专业技能、使用的器材以及服务水平确定价位，有几百至几千元价位不等的人员。建议您看过这些人员的作品和价位后，再来权衡。

（7）这个价格还可以优惠吗　我们公司婚庆套餐包含的人员和布置物品的价格，在官网上具体标明，各项内容是透明化、无隐形消费的，而且我只是线上客服，具体的报价，需要您到店直接跟策划师详细沟通。

（8）现场会一模一样吗　这个您放心，每场婚礼都会实地测量。虽然宴会厅也会对布

置有些影响，但是我们承诺，还原度保证在 90% 以上。

（9）调整算定制吗？要加钱吗　其实可以增添您自己的想法。虽然我们公司的套餐已规定好内容。不过在婚礼设计方面，在不影响大型物料的情况下，可以为您的婚礼添加更多属于你们的婚礼元素，进行微调。比如主题板、您喜欢的小装饰品、照片摆件等。

我们会优先为您在价格不变动的情况下进行调整。当然，如果您需要增加在先前预算中没有的项目，比如增加甜品区，那费用肯定是要增加的。

（10）你们提供礼服吗　我们有专门合作的礼服馆，可以为您提供礼服租赁或者定制服务。

（11）酒店的入场费是你们交吗　不是。婚庆入场费是部分酒店不成文的收费。所有婚庆公司给客户的报价只是布置和人员费用，是不包括这些酒店的收费的。所以交定金前，一定要和酒店经理确定好有没有这项收费。争取能免则免。

酒店已入驻的婚庆公司虽然不用交入场费，但是他们前期已经一次性向酒店缴纳婚庆入驻费，酒店的入驻费用是比较高的。所以入驻婚庆在布置性价比上并不具备很强的竞争力。而且道具也不会实时更新，在同一个酒店经常反复使用同一个场景。

2. 客户就婚宴服务常见提问及回复

（1）一般婚宴是什么价位　长沙一般 4 星级酒店 1 000～2 000 元；5 星级酒店至少 2 000 元，甚至四五千。还有一些特色餐饮也有专门办婚宴的宴会厅，价格比较实惠。大概一千元左右可以订到。

（2）你们是中介吗？通过你们定会额外加钱吗　不是。我们可以帮新人免费查询酒店档期，推荐合适的酒店。对新人朋友们是不收费的。

（3）通过你们预定有优惠吗　因为我们经常给酒店推荐新人，所以通过我们预定比您自己去有更大的议价权。

（4）已经看过酒店可以享受活动吗　不可以。因为已经在酒店预留了，酒店不会承认是平台推荐的。

（5）一般酒店除了宴席费用，还有什么收费　部分酒店会有开瓶费、服务费、婚庆入场费等，这些费用您一定要在交定金前，和酒店沟通的时候都谈妥，确定到合同里面。

（6）酒水是酒店提供吗　酒店一般都有，但是比外面的报价要贵，建议您自备。

（7）价格是你们官网上的价格吗　我们官网上的报价都是酒店自己真实上传的。但是根据不同的宴会厅，还有不同的时间，酒店的起价标准是不一样的。价格会有浮动，这个您只能作为参考。还是要以酒店菜单为准的。

（8）这个价格还有优惠吗　具体的优惠要根据您的桌数和日期来定。稍后我让合作酒店的婚宴负责人加您微信给您介绍一下。

（五）婚礼策划师在服务不同阶段与新人的沟通技巧（表 1-2）

表 1-2　婚礼策划师不同阶段与新人沟通技巧

序号	阶段名称	沟通技巧
1	咨询阶段	引起新人注意，引起新人兴趣，激发购买欲望
2	策划阶段	确定主题，以新人为主

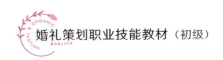

（续）

序号	阶段名称	沟通技巧
3	婚礼前期准备阶段	婚礼服务的成果最终还是要落到执行层面，所以考虑想法、创意的可行性是必不可少的。这时就要与新人充分沟通场地条件、资金预算、宾客喜好以及新人已有的人力和物力资源等实际因素，然后对所有的创意进行可行性分析和筛选。同时，在这一阶段，还应不断深入激发新人的表达欲望，帮助新人厘清诉求，准确全面地选择服务配套
4	婚礼进行阶段	这一阶段，婚礼策划师与新人沟通的机会不多。但仍要在紧张的婚礼环节中与新人保持联系。最重要的是有效应对突发事件，保证婚礼顺利圆满
5	婚礼后期阶段	后期服务是一个经常让人遗忘的环节，但对于公司树立良好口碑至关重要。这一阶段，婚礼策划师要主动与新人联系，询问他们对于影像资料等后期制作项目的要求。有条件的可以进行回访，了解新人对公司发展的意见和建议

（六）客户抱怨和投诉的沟通技巧（表1-3）

表1-3　客户抱怨和投诉的沟通技巧

流程	内容
步骤1	从倾听开始
步骤2	认同客户的感受
步骤3	解决问题：为客户提供选择，诚实地向客户承诺，适当给客户一些补偿

子任务三　获取、管理有效的客户信息

一、工作流程

（一）工作准备

1. 物品准备

序号	名称	单位	数量	备注
1	客户需求调查表	份	2	客户填写资料使用
2	婚庆公司宣传折页	份	2	给客户做宣传使用
3	签字笔	支	2	客户填表使用
4	水杯	个	2	客户饮水使用
5	其他物品			

2. 环境与人员准备

序号	环境与人员	准备
1	环境	干净、整洁、舒适、安静
2	婚礼销售	举止文明，言谈大方，亲和力强，语言表达清晰，沟通能力强，专业知识技能过硬
3	婚礼服务对象	来访人员或客户

（二）获取、管理有效的客户信息

步骤	流程	技术操作要求
工作前准备	准备资料	（1）婚礼销售提前准备客户需求调查表、宣传折页和相关资料
		（2）一般资料都要多备几份，以备不时之需
步骤1	发现目标客户	（1）到店访问、咨询的人可以成为目标客户
		（2）来电咨询的人可以成为目标客户
		（3）通过分析来访客户的信息资料，从中筛选出目标客户
步骤2	与目标客户建立联系	（1）建立联系是向客户进行下一步销售的前提与基础
		（2）通过电话沟通与电话来访客户建立联系
		（3）通过现场面对面交流与到店咨询客户建立联系
步骤3	获取目标客户信息	（1）获取客户信息是了解客户需求的有效途径
		（2）让客户填写客户需求调查表或者客户信息表
		（3）在获得的客户信息中，分类筛选出不同客户类型，为接下来更具有针对性的营销提供基础信息
注意事项		（1）在与客户沟通的过程中，一定注意沟通技巧，营造轻松愉悦的氛围，从聊天中快速了解客户的需求，顺着客户说
		（2）用服务和诚意打动客户，建立良好、有效的沟通和联系

（三）实施效果

通过多种方式与客户建立联系，在建立良好联系的过程中，通过有效的沟通，获取了有效的目标客户信息。

二、相关知识

（一）婚礼服务营销

通过与目标群体建立联系，向目标群体介绍婚礼服务产品，双方达成服务需求匹配，并签订服务协议，完成营销。

（二）客户的特点

1. 多样性

婚庆消费者在需求总量、结构和层次上存在变化和不同，同时婚庆消费者都有自己的需求、预期、兴趣等。

2. 一次性

婚礼对于绝大多数婚庆消费者来说只有一次，所以，婚庆消费者希望通过婚庆公司，有一个完美、理想的婚礼，记录人生美好的时刻。

3. 可诱导性

由于婚庆消费的一次性，绝大多数婚庆消费者的行为具有可诱导性，受婚庆公司营销和其他宣传的影响较大。

4. 时尚性

随着人们生活水平的提高，婚庆的直接消费也在不断增加。婚庆行业的发展，为新人提供了更多样化的选择，消费趋于理性。随着社会的多元素发展，客户的个性化、特性化需求也越来越多。

（三）制作客户需求调查表

在进行客户营销前，通过对客户信息整理分析，获取有效的客户信息，锁定目标群体。应先制定客户需求调查表（表1-4），掌握客户需求，才能有的放矢地进行客户营销。

表1-4　客户需求调查表

客户需求调查表			
1. 您的性别	□男	□女		
2. 您的年龄	□20~25 岁	□26~30 岁	□31~40 岁	□40 岁以上
3. 您的受教育程度	□初中	□高中	□大专	□本科
	□研究生	□博士生		
4. 您计划在哪个年龄段结婚	□20~25 岁	□26~30 岁	□31~35 岁	□35 岁以上
5. 您的月收入	□1 000~2 500 元	□2 500~4 000 元	□4 000~5 500 元	□5 500~7 000 元
	□7 000~8 500 元	□8 500~10 000 元	□10 000 元以上	
6. 您愿意在婚礼消费中花费的金额	□1 万以下	□1 万~2 万	□2 万~3 万	□3 万~4 万
	□4 万~5 万	□5 万以上		
7. 你希望自己的婚礼在什么季节举办	□春季	□夏季	□秋季	□冬季
8. 您愿意在哪里举办婚礼	□酒店	□礼堂	□公园	□海滩
	□草坪	□校园	□岛屿	□其他
9. 您喜欢什么样的婚礼现场气氛	□热烈	□温馨浪漫	□简约	□个性时尚
10. 你希望自己的婚礼是什么样的形式	□中式	□西式	□中西结合	□民族风情
	□集体婚礼	□个性	□其他	
11. 您会通过哪种方式寻找婚庆公司	□网络	□报纸杂志	□朋友介绍	□实体店
	□电视	□宣传广告	□其他（注明）	
12. 影响您选择婚庆公司的因素	□店面装修	□服务态度	□品牌	□价格
	□口碑	□婚礼现场情况	□服务质量	□其他
13. 您对目前的婚庆公司有什么好的建议或意见				

（四）获取、管理有效的客户信息的方式

1. 广撒网

广撒网就是打广告。打出去的广告，总会有一定的概率被目标客户看到，通过线上和线下的打广告形式，最大范围地把广告打出去。

2. 调查问卷

调查问卷可以采用线上线下相结合的形式，最大范围地把调查问卷发出去，让更多的群体参与调查问卷。

3. 让客户主动来访

通过制造客户感兴趣的内容，让客户主动来访。

子任务四　填写来电、来访客户资料表

一、工作流程

（一）工作准备

1. 物品准备

序号	名称	单位	数量	备注
1	客户来电记录表	份	2	接线客户人员登记来电客户的信息使用
2	客户来访登记表	份	5	登记来访客户信息使用
3	宣传资料	份	5	向来访客户宣传使用
4	签字笔	支	3	客户、服务人员填写资料使用
5	水杯	个	2	客户饮水使用
6	其他物品			

2. 环境与人员准备

序号	环境与人员	准备
1	环境	干净、整洁、有序
2	婚礼销售	举止文明，言谈大方，亲和力强，语言表达清晰，沟通能力强，专业知识技能过硬
3	婚礼服务人员1	接听电话来访人员的电话并记录信息
4	婚礼服务人员2	接待到店来访客户并登记信息

（二）填写来电、来访客户资料表

步骤	流程	技术操作要求
工作前准备	准备信息表	（1）婚礼服务人员要提前准备好客户登记使用的客户来电记录表和客户来访登记表
		（2）登记使用的表格和签字笔可以多准备几份，以免来访人员较多时，资料和物品不够用
		（3）来访人员流动性比较大，可以准备一些小瓶装的矿泉水，供客户饮用
步骤1	接待来访人员	（1）接待工作是在婚礼服务活动中对来访者所进行的迎送、招待、接谈、联系、咨询等工作，是婚礼销售的一项经常性工作
		（2）来访人员是有服务需求或其他需求的人员
		（3）接待人员要具有敏锐的观察力，会察言观色
步骤2	填写来访人员信息资料	（1）填写来访人员信息是获得有效客户信息的重要途径
		（2）填写信息时，要避免出现错误的信息
		（3）内容完整，尽量详细地记录客户信息
		（4）联系方式一定要正确

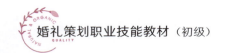
（续）

步骤	流程	技术操作要求
步骤3	整理资料	（1）整理资料是对来访客户的信息进行分类整理
		（2）可以根据客户的需求、资金预算、预计的婚期等条件进行分类整理
		（3）资料的整理，对筛选出不同的目标客户群体有着重要的意义，为进一步销售工作打下基础和提供有效的信息资料
注意事项		（1）接待时一定要服务好客户，态度谦和，语言温和，给客户留下一个好的印象
		（2）在与客户交谈过程中，要快速获悉客户的来访意图和需求
		（3）避免与客户发生言语上的冲突，意见不同时，也要语气缓和，注意沟通方法

（三）实施效果

1. 对来电、来访客户登记的信息进行分类整理、分析，筛选出有效的客户群体。

2. 通过电话访问来评估客户信息的有效性。

二、相关知识

（一）电话营销

电话营销是以电话为主要沟通手段的一种销售模式，同时借助网络、短信等辅助方式。许多客户是通过电话沟通的方式来了解服务内容、价格等信息的。

（二）电话营销的技巧

1. 目的明确

目的就是通过电话让目标客户更多地了解公司婚礼服务的内容，根据这一目的设计出简明的婚礼服务内容和介绍语言，然后再根据对方的需求介绍产品和价格，以达成营销的目的。

2. 语气平稳，吐字清晰，语言简洁

有很多销售人员害怕被拒绝，拿起电话就紧张，说话慌里慌张，语无伦次，语速快，这样会让客户产生厌烦的情绪。在电话销售时，一定要语气平稳，让客户听得清楚所说内容。语言要简洁明了，说到重点内容要加强语气，引起客户的注意。

3. 必须清楚电话是打给谁的或者是谁打来的

在介绍产品之前，一定要自报家门，让对方知道你是谁。如果是对方打过来的，一定要询问清楚，对方的相关信息，知道对方是谁。

4. 在1分钟之内介绍清楚自己和用意

一开始一定要介绍清楚公司名称和自己的姓名，不要用简称。用精练的语言介绍清楚你的用意。

5. 做好电话记录工作，及时跟进

在接听电话过程中，要做好记录，电话结束后，要对记录进行分类整理，分析电话接听情况，以便后续，根据电话沟通的情况进行回访等。

（三）制作客户来电记录表

婚礼服务人员在接听客户来电访问、咨询时，要耐心细致。应先制作客户来电记录表

（表 1-5），做好来电客户信息的记录，尽量详细，为婚礼服务销售获取有效的客户信息打好基础。

表 1-5　客户来电记录表

客户来电记录表		
项目	来电记录内容	备注
来电日期和时间		
来电电话		
姓名		
性别		
婚期		
来电咨询内容		

（四）制作客户来访登记表

　　婚礼服务人员在接待随机来访人员时，要热情大方，举止文明，给来访人员留下好的印象。应先制作客户来访登记表（表 1-6），做好接待和客户信息登记工作，为婚礼服务销售提供有效的客户信息，以便婚礼服务销售人员了解客户信息，更好地开展婚礼服务销售人员工作。

表 1-6　客户来访登记表

客户来访登记表							
日期	来访人姓名	性别	电话	访客数	被访人	来访事由	备注

任务二
婚礼服务项目营销

【任务情境】

小王是某家婚庆公司新入职的销售人员，刚入职不久，就接到一对新人的销售任务，在与新人的几次沟通过程中，小王很快地了解了新人的需求，双方在明确了服务内容和价格之后，很快便签订了婚庆服务合同。由于新人工作比较忙，也基于对小王和婚庆公司的信任，很多事情都是由婚庆公司在逐步推进，但由于小王的工作疏忽，在婚礼策划方案实施过程中，小王没有把婚礼花艺布置的细节和新人的特殊要求告知场布人员，没有严格按照婚礼策划方案中要求执行，使得婚礼现场花艺布置的数量、颜色、高度都不符合新人的要求，还好小王发现得及时，进行了更换和调整，才没有造成过大的损失。

【任务分析】

一、婚礼服务项目营销的主要内容

序号	主要内容
1	用适当的方式向客户发出邀请
2	建立客户服务档案资料
3	与客户面谈服务内容，确定服务方案
4	完成签单并跟踪服务过程

二、婚礼服务项目营销的工作目标及措施

序号	主要工作目标	措施
1	向客户介绍项目并尝试推销	学会整个流程的基本沟通技能
2	建立和完善客户婚礼服务档案资料	在与客服联系、面谈、回访、签订单等环节，留存客户过程性资料，收集汇总成册
3	与客户签订婚礼服务合同，完成销售任务	与客户当面签订服务合同

【任务实施】

子任务一　邀请客户来访面谈

一、工作流程

（一）工作准备

1. 物品准备

序号	名称	单位	数量	备注
1	婚庆公司简介	份	3	向客户介绍公司使用
2	婚庆服务手册	份	3	向客户介绍服务和产品使用
3	平板电脑	台	1	向客户展示服务和产品使用
4	签字笔	支	2	用于记录
5	水杯	个	2	客户饮水使用
6	其他物品			

2. 环境与人员准备

序号	环境与人员	准备
1	环境	干净、整洁、独立空间、温度适宜
2	婚礼销售	着装得体、言谈举止大方、业务熟练、服务细致

（二）邀请客户来访面谈

步骤	流程	技术操作要求
工作前准备		（1）面谈前期准备一般包括自我准备、客户准备和营销准备三个方面
		①自我准备：婚礼销售面谈前的资料及自身的相关准备工作
		②客户准备：婚礼销售提前与客户确定面谈的时间、地点
		③营销准备：婚礼销售准备好面谈时的资料及营销策略
		（2）各方面的准备越充分，越有利于提升面谈的效果，促成签单，完成销售
步骤1	面谈前的接待	（1）接待是客户来面谈的第一印象，很重要，接待服务直接影响着客户后面的面谈效果
		（2）按照约定的时间，婚礼销售和服务人员要提前做好接待和面谈的准备
		（3）婚礼服务人员引导客户至面谈会客室，确保环境安静，无人打扰
		（4）面谈资料摆放整齐有序，展示使用的平板电脑提前打开并调试好
		（5）茶水准备好，一旁可以备些矿泉水，若客户有不同的需求，可以按需提供
步骤2	面谈	（1）面谈是婚礼销售与受邀客户之间的面对面交流，是婚礼销售服务中一个重要的过程
		（2）向客户问好，简单寒暄问候一下，建立起语言沟通联系
		（3）在交谈中了解客户的需求，抓住重点内容，抓住客户的兴趣点，与客户交流

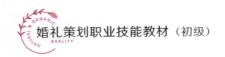

（续）

步骤	流程	技术操作要求
步骤2	面谈	（4）为客户提供可参考的服务方案，供客服选择，尽量向客户推选具有优势的方案
		（5）为客户展示服务产品，可以是图片、文字、视频等形式的资料，让客户直观地感受到提供的服务产品和内容
		（6）听取客户的意见，完善服务方案，尽量按照客户的要求修改完善方案，以达到客户的要求和预期
		（7）商谈具体服务内容和细节，确定服务方案和价格
步骤3	完成面谈	（1）面谈结束时要与客户确定服务方案、价格等事项
		（2）签订服务协议或合同，建立合法的服务关系，保障双方的合法权益
		（3）服务内容、特殊要求、服务产品标准、金额等事项要在服务协议或合同中写清楚
		（4）服务协议或合同一般一式两份，婚礼销售公司一份，客户一份
注意事项		（1）面谈的环境和氛围很重要，要营造一个舒适、温馨的谈话环境，避免他人打扰和环境嘈杂
		（2）面谈过程避免针锋相对，语气态度要缓和，顺着客户的意思来，引导客户向着计划的方向走，多听取客户的意见
		（3）面谈确定的事项要落在纸上，落在服务协议或合同里
		（4）签订单时，服务协议或合同里要明确服务内容和双方的权利义务等内容，尽量详细

（三）实施效果

1. 通过面谈，与客户建立良好的关系，确定婚礼服务内容和相关服务细节，初步形成婚礼服务方案。

2. 通过出色的销售，完成签单，完成销售任务。

二、相关知识

（一）面谈的概念

面谈是指婚礼销售有计划地和受邀请的客户进行有目的的，并且在进行过程中互有听和说的谈话。

（二）面谈的过程

面谈的过程如图 2-1 所示。

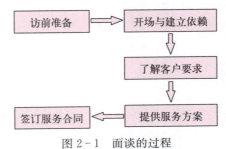

图 2-1　面谈的过程

（三）面谈对话的一般步骤

1. 简单寒暄

消除陌生感，产生熟悉感。作为婚礼服务销售人员，要表现得大方、开朗、热情。进行简单的自我介绍，推销自己。

2. 进入主题

打开婚礼服务销售的话题。先针对客户的购买需求开诚布公地谈，引起客户的注意和兴趣点。

3. 展示说明

展示说明的内容主要是介绍婚礼风格、服务内容、优惠价格，并注意适时解除客户心中的疑惑点。

4. 敲定签单

收定金、签订单、商讨婚礼细节等。

（四）客户的类型

1. 沉默型。

2. 骄傲型。

3. 经济困难型。

4. 吹毛求疵型。

5. 杀价型。

（五）面谈的要点

1. 成功地推销自己，树立个人品牌。

2. 借助婚庆公司的品牌力量，借力使力。

3. 理想的服务产品，量身打造才是最优。

（六）谈单的要点总结

谈单，跟面谈的基本意思是一样的，本质上就是销售过程或者说是营销过程，只不过谈单的聚焦点在于婚庆服务合同文本。对于婚礼这种无实物的销售来说，针对不同客户群体，采取的谈单方式也是截然不同的。婚礼策划师的谈单要点见表2-1。

表2-1　谈单的要点总结

序号	要点
1	语气肯定
2	热情适度
3	了解客户
4	不要争论
5	客户参与
6	资料齐全
7	介绍亮点
8	讲述故事

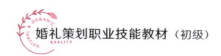

（续）

序号	要点
9	关注旁人
10	少用术语
11	适度优惠
12	及时成交

三、素质要求

（一）婚礼营销人员的仪表

仪表虽不能绝对反映一个人的内心世界，但作为一个推销员，仪表是留给客户的第一印象。任何时候，客户都会更加喜欢仪表优雅、风度翩翩的推销员，而不喜欢不修边幅、形象拖沓的推销员。推销员的衣着以稳重大方、整齐清爽、干净利落为首要标准。尽管每个具体行业对着装有不同的要求和特色，但是有些规则是通用的，例如：

1. 正统西服或轻便西式上装，或与行业风格匹配的服装。

2. 干净、整洁、平整。

3. 全身衣服颜色要慎重选择搭配，尽量保持大方、稳重。

4. 尽可能不佩戴代表个人身份或宗教信仰的标志，除非确知推销对象与自己的身份或信仰相同。

5. 不要戴墨镜或者有色眼镜，因为只有眼神才能给客户以可信赖感。

6. 首饰不要佩戴过多，以免使人觉得俗不可耐。

7. 可适当佩戴公司标志或与婚庆服务相符的饰物，使客户加深印象并产生联想。

8. 每次工作前都仔细检查自身仪表。

谈单人员的穿着要反映时代气息，朝气蓬勃、健康活泼、进取向上、庄重大方的衣着可增强推销员的自尊心和自信心。

（二）婚礼营销人员的言谈

谈单人员在言谈方面应做到语言表达准确，避免措辞含糊不清；注意使用规范语言，除特殊场合外，一般应讲普通话；使用礼貌语言，杜绝粗野语言；注意讲话的语音语调，速度适中，避免病句和错别字；讲话不应声嘶力竭或有气无力。总之，讲话要准确规范，富于表现力。条件允许的情况下，谈单人员最好经过一定时长的普通话和语言表达技巧培训。

（三）婚礼营销人员的举止

婚礼策划师在举止方面，应注意遵守一些基本的准则，如：

1. 正确迎接客户进店。

2. 招呼客户时应后于客户落座，切忌乱动客户的东西。

谈话时态度关切、温和，坐姿端正并稍向前倾，认真、用心倾听，切忌东张西望、心

不在焉。

3. 回答问题时不要直接顶撞，需要否定对方意见时可用委婉语气。

4. 谈话时应不慌不忙，动作适度，站立时切忌双手背后。

5. 交换名片时应双手呈递和双手接受，以示对对方的尊重，切忌一边访谈一边摆弄客户的名片。

6. 注意务必要克服吸烟、频繁眨眼、皱眉、掰手、咬嘴唇、搔头、挖耳朵、吐舌头、耸肩膀、抖腿、踏地板、不停地看表、东张西望、慌慌张张、假笑等一切引起客户不适的坏习惯。

（四）婚礼营销人员的谈单艺术

销售也需要语言的艺术。过人的销售技巧其实就是过人的语言艺术，它不仅要有洞悉人心的敏锐，也要有动摇客户心旌的表达能力。成功的推销员，往往能凭借三寸不烂之舌取得骄人战绩，他们的语言就像一双温暖的手，能抚摸到客户心灵最柔软的地方。

1. 正确认识销售语言

语言艺术不是骗术，这是每个销售员必须首先牢记的。由于商业法规和管理机制不够完善，近些年来在社会上出现大量的销售人员使用一些不正当的销售手段，尤其在保险、直销商品、保健品等商品领域屡屡发生欺诈事件，才使得"销售的语言技巧"蒙受污名。优秀的推销员必须能够分清语言艺术与语言骗术的区别：

（1）语言艺术是选择信息，骗术是编造信息　选择信息可以对自己有利，但不能对客户有害，因为总有一天客户会知道真相。语言欺诈是典型的短视行为，对销售员本身和对提供婚礼服务的公司都是有害的。一家短视的公司会提供类似的培训，这对销售人员的职业生涯很不利。

（2）语言艺术的目的是双赢，骗术的目的是骗钱　销售的语言无论多么精妙，最终在达成交易后，推销者总希望客户也获得了良好的服务和感受，在服务之后没有对产品和服务产生疑虑。而骗术是只要收到钱就行，或者这次生意做成就行。

（3）语言艺术的方法是引导，骗术则是欺瞒　销售语言虽然也使用技巧，并且可能也会利用人性的弱点，但目的是引导客户达成对公司最有利且不损害客户利益的结果；骗术则是利用心理战和虚假信息，蒙蔽消费者。

2. 婚庆市场的销售语言艺术

婚庆公司一般都有自己的销售语言培训方法，根据公司情况，可能有些小差异，但是基本原理都差不多。对新人服务是一件喜悦的工作，不能因过于追逐眼前利益而使工作堕入低端行列。

根据使用场景，销售语言可以适当分类练习。比如在陪客户看图片或者视频的时候，边察言观色，边选择语言，这时候说话的目的是试探各种客户不会主动提供的信息。因为消费者虽然不会有意隐瞒外在信息，比如他们的车、着装、首饰等，但是有些隐藏的信息是只能说出来的，比如真实的婚礼想法和购买意图，甚至有时候是预订酒店的规模和婚礼的预算等。而这些信息对于婚礼的推销极为关键。这时候，恰当的语言技巧会起到关键作用。

子任务二　完善客户档案资料

一、工作流程

（一）工作准备

1. 物品准备

序号	名称	单位	数量	备注
1	新人信息登记表	份	1	建立客户服务资料册使用
2	婚礼策划方案	份	1	建立客户服务资料册使用
3	客户追踪表	份	1	建立客户服务资料册使用
4	客户跟进表	份	1	建立客户服务资料册使用
5	客户订单表	份	1	建立客户服务资料册使用
6	婚庆服务合同	份	1	建立客户服务资料册使用
7	其他资料	份	1	建立客户服务资料册使用
8	档案袋	个	1	装客户服务资料使用
9	签字笔	支	1	填写信息使用

2. 环境与人员准备

序号	环境与人员	准备
1	环境	干净、整洁、独立空间、温度适宜，具有私密性
2	婚礼销售	业务熟练，工作细致，对服务客户的信息、资料都非常了解

（二）完善客户档案资料

步骤	流程	技术操作要求
工作前准备	资料准备	（1）客户服务资料是在客户服务过程中形成的各种资料文件，包括信息表、协议、问卷等
		（2）客户的资料尽量全，服务中的所有资料内容都尽量完整
步骤1	资料确认核实	（1）资料核实是建立客户资料册的重要步骤
		（2）核实每一项资料是否都是同一对新人客户的，避免客户资料出现张冠李戴的情况
		（3）核实资料信息的完整性
步骤2	资料整理	（1）资料整理是婚礼销售对服务客户的资料进行汇总的一个过程
		（2）按照客户服务时间顺序依次核对资料，查找翻阅时更方便
		（3）客户资料要尽量全面，按此顺序整理：新人信息登记表、婚礼策划方案、客户追踪表、客户跟进表、客户订单表、婚庆服务合同及其他资料
		（4）整理资料时，避免遗失客户资料，泄露客户个人信息

（续）

步骤	流程	技术操作要求
步骤3	装订成册	（1）资料装订是完成客户资料资料整理的最后一个步骤
		（2）客户资料按顺序整理，码放整齐，压实
		（3）制作资料册封面并编号，方便记录和查找
		（4）装订资料册，装订完装入档案袋内，填写信息，存入档案柜，完成客户资料整理
注意事项		（1）客户资料册整理过程要注意保密，完成整理装订，及时存入资料保存柜，避免泄露客户个人信息
		（2）客户资料册要按照年份编号，存放时也要按照年份、编号顺序存放，方便查阅

（三）实施效果

通过客户婚礼服务档案的建立，可以分析服务客户的特点，从而为客户提供更多更好的服务产品、符合客户需求的方案，促进婚庆公司发展。

二、相关知识

（一）客户档案

1. 客户档案是婚庆公司在客户服务过程中所形成的客户资料。

2. 客户档案管理原则

（1）集中管理。

（2）保密性。

（3）分类管理。

（二）婚礼策划方案与预算

根据婚礼策划方案敲定基本预算，包括：

1. 婚礼流程。

2. 婚礼主持。

3. 婚礼音乐。

4. 婚礼现场布置。

5. 婚礼现场督导。

6. 婚礼花艺。

7. 婚礼化妆。

8. 婚礼摄像。

9. 其他事项。

（三）婚庆服务合同

婚庆服务合同是婚庆公司在为客户正式提供服务前，双方签订的包括服务内容、订单金额、结款时间等内容的服务协议。

（四）签订婚庆服务合同的注意事项

1. 明确双方的权利和义务。

2. 服务内容要明确地落在纸上，服务内容可以以附件的形式体现在合同里。

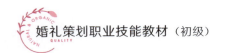

婚礼策划职业技能教材（初级）

3. 明确结款时间，首款、尾款比例。

（五）制定新人信息登记表

在进行客户营销时，与客户确立服务关系后，要及时做好客户信息登记工作。应先制定新人信息登记表（表2-2），掌握新人的信息，更好地为新人提供服务。

表2-2　新人信息登记表

新人信息登记表						
婚礼形式	□偏中式	□偏西式	□中西合璧	□主题婚礼	婚礼日期	
婚礼风格	□庄重高雅	□欢乐搞笑	□兼具		婚礼时间	
酒店名称：				楼层及宴会厅名称：		
来宾概况	桌数：	青老比例：	城乡比例：	文化层面：	单位来宾：	
开场	开场MV	是否需要				
	开场白	□共同入场	□分开入场			
爱情篇	新郎上场	是否需要幽默问答				
	新娘入场	□父亲陪伴	□直接入场			
	交接	父亲是否要嘱咐讲话				
	誓言	□问答式	□自述式	□跟读式		
	信物	□戒指	□手表	□其他		
	拥吻	是否接受热吻				
	证婚人讲话	是否需要				
感恩篇	父母上场	父母双方是否上台				
	感恩	□煽情	□一般	□欢快		
	敬改口茶	是否全跪	是否给红包	父母都给吗		
道具分享篇	蛋糕	是否需要				
	香槟塔	是否需要				
	交杯酒	是否需要				
	捧花	□抛	□送	□其他		
新郎信息	姓名		出生日期	年龄	职业	
	手机号		可联系时间	老家城市		
	欣赏新娘的哪些优点					
	新娘做过最让你感动的事情					
	个人才艺如何，是否考虑上场展示					
	对婚礼现场音乐等内容的要求					
新娘信息	姓名		出生日期	年龄	职业	
	手机号		可联系时间	老家城市		
	欣赏新郎的哪些优点					
	新郎做过最让你感动的事情					
	个人才艺如何，是否考虑上场展示					
	对婚礼现场音乐等内容的要求					

（续）

新人信息登记表							
新郎父母	父亲姓名		年龄		职业		
	母亲姓名		年龄		职业		
新娘父母	父亲姓名		年龄		职业		
	母亲姓名		年龄		职业		
伴郎伴娘	伴郎1姓名		手机号		伴娘1姓名		手机号
	伴郎2姓名		手机号		伴娘2姓名		手机号
	伴郎3姓名		手机号		伴娘3姓名		手机号
证婚人	姓名		工作单位			职务	
主婚人	姓名		工作单位			职务	
恋爱经历	开始恋爱的时间，彼此的第一印象，第一次牵手的时间、地点，彼此给对方制造的浪漫和惊喜						
	恋爱经历、爱情故事						
	让彼此感动的事情，最难忘、最感动的一件事						
彩排时间			参与人员	□新郎新娘	□伴郎伴娘	□新人父母	

（六）制定婚庆服务合同

在营销结束、提供服务之前，要与客户签订婚庆服务合同，明确双方的责任。应先制定婚庆服务合同，建立合法的服务关系，保障双方的合法权益。婚庆服务合同示例如下。

婚庆服务合同

委托人（甲方）：_____

委托人（乙方）：_____

根据《中华人民共和国合同法》等法律、法规的相关规定。双方在自愿、平等、公平、诚实信用的基础上就婚礼服务有关事宜达成如下协议：

一、服务内容：甲方委托乙方为_____（新郎）和_____（新娘）的婚礼仪式提供相关服务。

二、婚礼仪式开始时间：_____年_____月_____日_____时_____分

三、婚礼仪式举行地点：_____市_____区_____路（街）

四、婚礼服务项目

□策划服务　　　　□司仪服务　　　　□摄像服务　　　　□摄影服务

□化妆服务　　　　□鲜花服务　　　　□乐队服务　　　　□场地服务

□演出服务　　　　□婚车服务　　　　□_____　　　　□_____

各个服务项目的具体内容、要求和费用标准由双方以附件形式约定。

五、服务费用及支付

1. 各项服务费用合计为_____元，大写_____元（不含酒店场地费、电费、管理费、电梯费等）。

2. 本合同签订后当日，甲方应按照服务费用总额的10%即_____元向乙方支付定金，定金可抵作服务费用。

3. 余款_____元，应在庆典活动结束当天一次性付清。

4. 本合同签订后双方约定新增加服务项目的，相应费用应计入服务费用总额。

5. 乙方收到钱款，应即时向甲方开具收款凭证。

六、双方主要权利义务

甲方应积极配合乙方完成合同约定的各项服务。

乙方提供的各项服务以及服务中所使用的各种产品，均应符合国家有关规定或行业有关规范确定的标准。

七、双方主要违约责任

1. 因自身原因，任何一方于婚礼仪式7日之前（不含7日）要求取消服务的，应以总服务费的10%作为违约金；于婚礼仪式7日之内（含7日）要求取消服务的，应以服务费的30%作为违约金。

2. 由于一方原因给另一方或第三方造成人身伤害或财产损失的，应承担赔偿责任。

八、合同的解除

1. 甲、乙双方可协商一致解除本合同。

2. 服务结束，甲方足额支付乙方约定的总服务费用，本合同自动解除。

九、不可抗力

任何一方当事人因不可抗力不能履行合同的，根据不可抗力的影响，可以部分或者全部免除责任，但应及时通知另一方并在合理期限内提供有关证明。

十、合同争议的解决办法

本合同项下发生的争议，由双方协商解决或申请调解解决。协商、调解解决不成的，可向属地仲裁委员会申请仲裁解决。

十一、其他约定事项：_____

本合同经双方签字、盖章后生效。双方对合同内容的变更或补充应采用书面形式，作为本合同的附件。附件与本合同具有同等的法律效力。

甲方（签章）：　　　　　　　　　　　乙方（签章）：

委托代理人：　　　　　　　　　　　　委托代理人：

住　所：（新郎）

　　　　（新娘）

电话：　　　　　　　　　　　　　　　电话：

日期：　　　　　　　　　　　　　　　日期：

策划项目营销与预算

（七）制作客户信息资料册

在与客户确定了服务关系之后，要及时建立客户信息资料。应先制作客户信息资料册（表2-3），为客户建立服务资料册，更好地掌握客户信息和需求。

表2-3　客户信息资料册

客户信息资料册		
时间：		资料编号：
序号	档案资料内容	备注
1	新人信息登记表	
2	婚礼策划方案	
3	客户追踪表	
4	客户跟进表	
5	客户订单表	
6	婚庆服务合同	

子任务三　跟单、追单、签单完成销售工作任务

一、工作流程

（一）工作准备

1. 物品准备

序号	名称	单位	数量	备注
1	客户追踪表	份	5	追踪客户服务时使用
2	客户跟进表	份	5	跟进客户时使用
3	客户订单表	份	5	与客户签订单时使用
4	签字笔	支	5	填写资料使用
5	水杯	个	2	客户饮水使用
6	其他物品			

2. 环境与人员准备

序号	环境与人员	准备
1	环境	干净、整洁、独立空间、温度适宜
2	婚礼销售	着装得体、言谈举止大方、业务熟练、服务细致

（二）跟单、追单、签单完成销售工作任务

步骤	流程	技术操作要求
工作前准备		（1）准备好需要的各项资料和用品
		（2）资料可以多备一点，以防有填错、签错的情况，避免需要时手头没有富余的资料和物品

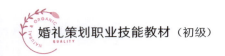

（续）

步骤	流程	技术操作要求
步骤1	跟单	（1）跟单贯穿服务的整个过程
		（2）跟单要细心、认真，发现问题，及时调整
		（3）服务过程中，多与客户沟通，多听取客户意见，遇到问题及时与客户沟通协商
		（4）时常查检，事事多上心，让客户有一个良好的服务体验，做好跟单记录
步骤2	追单	（1）追单时要有计划性，不紧不慢地跟进客户服务
		（2）追单时不可操之过急，避免让客户产生厌烦的情绪
		（3）做好追单记录，及时查缺补漏
步骤3	签单完成销售工作任务	（1）签单是婚礼服务中最重要的一个步骤
		（2）签单时，订单中要明确服务内容、金额，明确服务形式、服务细节，避免出现推诿扯皮的情况
		（3）签单结束后，按照订单的时间、步骤有计划地执行
		（4）签单完成，就意味着销售过程结束，完成销售工作任务
注意事项		（1）跟单过程中，切忌私自做主、更改服务内容
		（2）追单要有耐心，多从客户的角度出发，为客户多考虑一点
		（3）签单时要保证协议内容一致，注意落款处双方签字以及签订时间

（三）实施效果

1.通过一系列的销售工作，与客户达成服务方面的一致，与客户签订服务协议或合同，完成销售工作任务。

2.完成销售任务后，要继续跟进客户服务过程，做好客户的回访与满意度调查工作。

二、相关知识

（一）跟单

跟单是婚礼销售从提供服务开始一直到服务结束的整个过程。在服务过程中，以客户服务订单为依据，跟踪服务的整个过程。

（二）追单

追单是婚礼销售有计划有目的地与客户建立联系，在销售过程中，及时地追踪客户，以达到与客户签单的目的。

（三）签单

签单是婚礼销售与客户之间达成服务内容、金额等事项的协商，签订服务协议或合同，完成销售工作任务。

（四）婚礼销售的工作职责

1.负责婚庆公司的婚礼咨询、客户接待、客户约访、婚礼服务协议签订等工作。

2.负责客户婚礼策划过程的实施及客户关系维护。

3.负责做好潜在客户的回访、跟踪，提高客户满意度。

（五）制定客户追踪表（完单前）

在与客户建立了服务关系后，要及时与客户沟通。应先制定客户追踪表（完单前）（表2-4），在服务过程中，做好服务跟踪记录，跟进服务的进度和阶段性任务完成情况，及时跟进，查缺补漏。

表2-4　客户追踪表（完单前）

客户追踪表（完单前）						
来访日期时间	访客姓名	访客电话	是否新人本人	与新人关系	婚期	酒店

第一次来访记录：

半小时内发短信或微信	第三天打电话	一星期后打电话	两星期内发短信或微信
婚前半个月	婚前一个星期（试装等）	确定日期（入场、彩排等）	备注（新人详细资料）

（六）制定客户跟进表

在与客户建立联系后，要及时与客户沟通，了解需求。应先制定客户跟进表（表2-5），这样在服务过程中，就能更好地了解和掌握服务内容的进度及各项任务的执行情况、完成进度。

表2-5　客户跟进表

客户跟进表													
来访日	客户姓名	预定婚期	婚宴地址	费用预算	跟进日及结果								
					初次接触			二次接触			三次接触		
					时间	地点	沟通事项	时间	地点	沟通事项	时间	地点	沟通事项

（七）制定客户订单表

在达成服务协议时，要及时与客户签订单，完成销售工作任务。应先制定客户订单表（表2-6），确立服务关系，明确服务内容。

表2-6　客户订单表

客户订单表		
客户订单号：		

	姓名	联系方式	联系地址
新郎			
新娘			

婚礼酒店		婚礼日期	
婚礼地址			

服务内容	

合计费用		预付定金	
特别事项			

客户须知	经双方协商对上述服务内容达成以下协议： 1. 本公司按照服务内容，向客户提供热情周到的服务，不得向客户索要小费，不得向客户提出无理要求。在服务过程中，客户应给予本公司人员相应协助 2. 本公司提供的摄影、摄像服务若因设备故障所造成的无影、音时，公司负责对客户进行所收取该项服务费用一倍的赔偿。如有特殊拍摄要求请提前书面告知本公司，否则按本公司规定处理。摄像车费用另计 3. 客户接受本公司的婚庆车辆服务为市内50千米、6小时内，服务到酒店结束。如超出时间及千米数，费用另计。客户用车所产生的停、过等费用由客户自理。若因车辆故障或意外情况不能完成服务时，公司负责对客户进行所收取该项服务费用一倍的赔偿或提供同等档次的车辆 4. 为保证客户项目能按时正常顺利进行，请客户按约定时间到公司接工作人员 5. 所提供的服务若遇天气、环境、不可预见、不可抗力等因素而不能完成时，本公司不承担责任 6. 婚礼当天所用全部道具，均为租赁，不予赠送 7. 本协议一式两份，双方签字生效。所有承诺以书面形式为准 8. 酒店如收电费，客人自理

客户签字：	接单人：	年　月　日

（八）制定婚庆服务客户回访表

在完成营销和婚庆服务之后，做好客户回访工作。应先制定婚庆服务客户回访表（表2-7），了解客户对服务的满意度和意见建议。

表 2 - 7　客户回访表

客户回访表			
您的婚礼酒店			
您的婚礼日期			
您是新郎还是新娘	□新郎	□新娘	□亲朋好友	
您对婚礼策划的满意程度	□非常满意	□满意	□一般	□不满意
您对婚礼布场的满意程度	□非常满意	□满意	□一般	□不满意
您对主持人的满意程度	□非常满意	□满意	□一般	□不满意
您对摄影师的满意程度	□非常满意	□满意	□一般	□不满意
如果您身边的亲朋好友结婚，您愿意向他们推荐我们公司吗	□愿意	□不愿意		
回访日期：		回访人员：		

任务三
婚礼服务项目的费用预算

【任务情境】

小郭刚从学校毕业不久，第一份工作为婚礼服务产品的营销。某天她接待了一对新人及其父母，客户对婚礼的费用非常关注，希望根据每一项服务计算支出。与此同时，店长也要求小郭将几款新产品的成本和收益根据近段时间的销售情况进行汇总，以提供给公司经营会议作为重要参考。

【任务分析】

一、婚礼费用预算的主要内容

序号	主要内容
1	明确婚礼服务项目的构成
2	了解一般的个性化婚礼服务项目
3	对各项产品的构成要件进行询价
4	配合相关经营部门进行婚礼费用管理

二、婚礼费用预算的工作目标及措施

序号	主要工作目标	措施
1	项目明细设置基本合理，个性化项目有单独的表单	根据服务项目的服务包的知识点，设置不同的服务包，据此进行表单的分类设计
2	根据经营目标和销售目标，进行表格化操作	了解获取成本信息的渠道，了解如何配合相关经营部门达成经营目标

【任务实施】

子任务一　制作婚礼服务项目明细

一、工作流程

（一）工作准备

1. 物品准备

序号	名称	备注
1	办公用品	用于婚礼构成项目的汇集
2	电话	用于婚礼构成项目的汇集
3	计算机	用于婚礼构成项目的汇集
4	档案盒	用于婚礼构成项目的汇集
5	档案袋	用于婚礼构成项目的汇集
6	打印机	用于婚礼构成项目的汇集
7	打印纸	用于婚礼构成项目的汇集
8	其他	用于婚礼构成项目的汇集

2. 环境与人员准备

序号	环境与人员	准备
1	策划师或营销人员	确定具体婚礼策划项目，跟踪项目进度与构成要件
2	婚礼客户（消费者）	提出婚礼消费需求
3	婚礼需求相关人员	提出婚礼消费明细需求
4	环境	网络办公环境

（二）搜集婚礼策划明细信息

步骤	流程	技术操作要求
工作前准备		（1）了解掌握婚礼明细收集的方式
		（2）了解掌握婚礼明细收集的技巧
步骤1	确定咨询对象	（1）策划师提供的婚礼项目是预算的原始依据
		（2）营销人员要主动向婚礼策划师咨询
		（3）是婚礼项目明细信息搜集工作的开始，也是婚礼产品销售的工作开始
步骤2	咨询项目明细	（1）婚礼项目明细是指组成婚礼的各种要件，必须心里有数
		（2）与策划师咨询项目明细要进行对照
		（3）对项目明细中不理解的部分要反复求证
		（4）对策划师的问题要仔细了解并予以准确的回应
步骤3	对项目明细列表	（1）初步列表越详细越好
		（2）对所有分类进行检查核实
		（3）对没有必要过细分列的部分进行合并处理
		（4）作为基础性项目分类固定好

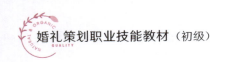

（续）

步骤	流程	技术操作要求
步骤 4	对表单进行完善	（1）与上级对婚礼策划项目构成明细进行核对
		（2）对不符合产品设计初衷以及不符合公司利益的部分进行修订
		（3）与客户讨论，搜集参考意见
		（4）形成综合意见体现此项子任务的完整度
		（5）项目明细的合理程度体现此项子任务的完成质量
步骤 5	效果评估	视客户对明细表的接受度确定项目明细分列的质量

二、相关知识

（一）婚礼市场营销调查的类型和内容

市场营销调研必须有周密的计划和安排，使调研工作有条理地开展下去。对所有信息资料，调研人员必须以公正和中立的态度记录、整理和分析处理，应尽量减少偏见和错误。此外，调研所得的信息以及根据信息分析所得出的结论，只能作为市场营销管理人员决策的参考依据，而不能代替他们去做出决策。

1. 营销调查的类型

按调查范围分，有普查、重点调查、典型调查、抽样调查、固定样本调查。按调研的目的分类，可以分为：

（1）探测性调查　利用现成资料，或者对专家、产品设计者、技术人员和用户、客户做调查，或者参考以往类似案例，从中找出一些有关因素，从而探测到市场中未被广泛知晓的有用信息。

（2）描述性调查　描述某个有关群体的特征，估计某个群体中某种行为方式的发生几率，测量有关产品的知识、偏好与满意度，确定不同营销变量之间的关系等。

（3）因果性调查　因果性调查的目的是找出关联现象或变量之间的因果关系。描述性调研可以说明某些现象或变量之间相互关联，但要说明某个变量是否引起或决定其他变量的变化，就用到因果性调查。因果性调查就是寻找足够的证据来验证假设。

2. 营销调查的内容

市场调查的内容也就是市场调研的对象，是关于企业外部内部环境、企业经营行为的一系列问题。

（1）企业环境调查　企业的营销环境包括微观环境和宏观环境，通过直接和间接的方式给企业的营销活动带来影响和制约。微观环境包括企业内部、营销渠道、客户、竞争者和社会公众等；宏观环境包括人口、经济、自然、技术、政治法律以及社会文化环境等。

（2）消费者调查　消费者调查是对消费者的消费行为进行的调查，是针对消费者的使用习惯和态度的调查，又称 U&A 研究，主要包括消费者的需求量调查、消费结构调查和消费行为研究。广泛应用于家电、食品、饮料、化妆品、洗涤品、日用品等快消品行业。

（3）产品调查　产品调查涉及范围较广，一般包括产品生产能力、实体、包装、产品生命周期、产品价格等方面的调查。

（4）市场营销活动调查　市场营销活动调查主要包括对竞争对手的调查、分销渠道调查、服务调查和促销活动及其效果调查。

（二）婚礼市场营销调查的步骤

市场营销调研可以分为以下五个主要步骤：

1. 确定调研目的

市场调研的目的是通过各种方法搜集必要的资料，并加以分析和整理，得出一定的结论，为企业决策者提供决策依据。调研第一步必须认真确定调研目的和调研内容。

2. 确定搜集资料的来源和方法

企业可以利用和主动寻找许多资料来源。资料可分为：第一手资料，即企业为调查某问题而搜集的原始资料；第二手资料，即已存在且为调查某问题而搜集的资料，如统计年鉴、行业资料统计等。

3. 搜集资料

主要是搜集各种与婚礼相关的资料，随着科学技术尤其是电子技术的突飞猛进，许多传统的信息搜集方法已被先进、迅速、准确、及时的电子方法所代替。

4. 分析资料

企业运用市场营销分析系统中的统计方法和模型方法对搜集的信息加以编辑、计算、加工、整理。去伪存真，删繁就简，最后用文字、图表、公式将资料中潜在的各种关系、变化趋势表达出来。

（三）婚礼市场营销调查的方法

作为市场营销活动的重要环节，市场调研给消费者提供一个表达意见的机会，使他们能够把自己对产品或服务的意见、想法及时反馈给企业或供应商。企业为了获得上述信息，需要设计恰当的方案，采用科学的方法。

1. 观察法

（1）直接观察法　是最简单直观的方法，一名销售或谈单人员直接置身于某一场婚礼现场，观察婚礼的设计效果、流程合理性、人员的配置、场地布置等关键经营要素，这个方法的成本也是比较低的。

（2）痕迹观察法　是指消费后的痕迹调研，在某些情况下会有意想不到的效果。

（3）行为记录法　这种方法是利用观察到的人的活动，利用逻辑推理获得背后看不见的信息。该方法还可以利用仪器设备来记录。

2. 询问法

询问法和观察法一样，其实都是实地调查方法的一种类型。询问法是用询问的方法搜集市场信息资料，是调查和分析消费者的购买行为和意向的最常用的方法，其优点是能够在较短的时间内获得比较及时、可靠的调查资料。

（1）面谈法　针对所调查事项，派出访问人员直接向被调查对象当面询问以获得所需资料的一种最常见的调查方式。这种方式具有回答率高、能深入了解情况、可以直接观察被调查者的反应等优点。

（2）电话询问法　通过电话和被调查者交谈以搜集资料的方法。这种方法的主要优点是收集资料快、成本低、电话簿有利于分类。其主要缺点是：只限于简单的问题，难以深入交谈；被调查人的年龄、收入、身份、家庭情况等不便询问；无法利用视频图像，这与访问法相比有隔靴搔痒之感；由于临时占用受访者的时间，容易引起反感。

（3）问卷调查法　问卷调查法是目前广泛使用的一种方法。

3. 文献法

在市场调查中，文献调查方式有着特殊的重要作用，常被作为搜集资料的首选方式，或者说，所有的市场调查都始于搜集现有文献资料，只有当现存资料不能提供足够的依据时，才考虑实地调查。

子任务二　对个性化婚礼服务项目进行预算

一、工作流程

（一）工作准备

1. 物品准备

序号	名称	单位	数量	备注
1	婚礼项目明细表	份	3	提前制定
2	签字笔	支	2	用于记录协商内容
3	婚礼策划图示	个	1	让客户随时翻阅
4	水杯	个	3	接待所用
5	其他物品			

2. 环境与人员准备

序号	环境与人员	准备
1	环境	干净、整洁、温馨、空气清新、无异味
2	营销人员	言谈有礼、举止文明，自觉遵守社会基本道德规范，细微得体、恰到好处地提供服务；材料准备齐全

（二）明细项目协商

步骤	流程	技术操作要求
工作前准备	准备资料	（1）营销人员提前准备好婚礼项目明细表及其他各项物品
		（2）提前预备可能出现的信息咨询渠道，比如客户突然提出想了解某项明细的价格比较资料等
步骤1	婚礼项目个性化明细	（1）对于客户所提出的个性化明细服务要有充分的准备，不能听到任何要求都没有预先准备
		（2）详细记录个性化明细项目的要求
		（3）对明显不合理的要求先记录，再讨论
		（4）对客户提出的价格要求，要记录完整，并明确协商的时间
		（5）每一项项目明细要求都必须有回复

（续）

步骤	流程	技术操作要求
步骤2	价格协商	（1）标准项目明细表中已经列明的项目尽量依照既定价格进行协商
		（2）标准项目之外的个性化项目按照市场价和经营目标报价
		（3）注意掌握总体价格，留有余地
注意事项		（1）费用统筹预算，注意每一项项目明细均需符合总体价格所提供的大概质量层次，不能明显低于既定的想象层次
		（2）造成上述这种情况的原因在于营销人员可能并没有在策划的开始阶段进行有效的费用预算统筹。应在掌握客户的心理预算后，继续与其沟通有关各环节内容的投入比例情况，这样既可以一直遵循客户的偏好找准制作方向，更能够理性地让客户了解到花费的合理性，尽可能地获得支持与配合

二、报价方式

报价方式一直是婚礼从业者们最大的困扰，因为客户消费需求存在多种情况，经营者所习惯的报价方式变通性较差，经常出现只要一报价，各式各样不被客户接受的问题便浮出了水面。以下为综合分析各种情况后较为合理有效的报价方式。

（一）套餐式报价

通常也称之为套系，即营销理论中的"产品服务包"。通过打包单项产品而形成的整套解决方案。这种方式是标准化的重要特征，在一些传统行业如餐饮或婚纱摄影中，套系可以为消费者提供高性价比的购买方案。但对于婚礼行业而言，不同的消费者具有不同的消费需求，套餐的方式始终会在这方面造成一些冲突。虽然有这种现象的存在，但是套餐的重要性也是毋庸置疑的，面对心理需求较低的大众消费群体，套餐会是一个具备性价比的方式，而在展会活动这种快节奏的销售环境下，套餐同样也是最佳的解决方法。

传统的套餐报价存在的主要问题是，套餐中所陈列的物品明细繁杂，消费者并没有准确的概念，价格之间的区别也仅体现在所提供物品的多与少，容易忽略婚礼策划中的技术价值和所提供的服务价值。从而降低了从业者的价值，无论多么低的价格，在客户眼中始终过于昂贵和不值。

1. 针对性

根据消费者不同的消费需求着重加强某些内容。比如当新人注重仪式感，那么在套餐的设计中放大流程道具或执行团队的人员安排；如果新人更在乎来宾体验，那么在套餐中根据区域的功能划分，提供完整的区域方案；或者营销人员并不知道客户的心理需求，也可以分析过去策划的婚礼中哪些部分是更受客户青睐的，以此来制作适合自己的标准套餐。

2. 质感

婚礼的整体花销通常上万元，对于消费者而言，属于高消费范畴。相应地，套餐无论在精美的制作还是精细且严谨的态度上，都要呈现出厚重的质感，让消费者更加直观地感受到产品与高昂的花费所匹配。

3. 讲解技巧

在许多销售人员看来，为客户提供的套餐就是非常详细的解决方案，从而忽视了讲解的重要性。事实上，套餐只是物品的陈列清单，务必让客户在这份项目明细表背后能够了解到项目体现的具体价值。

（二）个性化统筹式报价

从婚礼策划的角度来说，定制方案的报价其实是更为合理的方法，但同样也会存在一些较为棘手的问题。比如定制化的报价方案会对所使用的物品进行详细的罗列，精确到某项物品的数量及单价，这会造成一种情况的出现，就是消费者对某项单品的价格存在异议时，会出现自行购买或是更改的想法，不仅会破坏方案设计的完整度也会造成部分利润的损失。针对这种情况，经营者在定制方案的报价上需注意以下内容：

最初获得的客户预算，很有可能只是口头上的预算，并不一定是真实的心理预算。因为在最初达成交易时，客户在当时很有可能带有一种较为冲动的消费心理，但随着筹备过程的深入以及实际资金的支出，会逐渐回归理性，同时，客户开始提出各种个性化的项目要求，而有些要求是营销人员不得不接受的。这就需要对整个项目构成进行统筹预算。

对于费用预算的统筹，可以建立一个各项内容在总费用中的比例模型，为客户提供建议（图 3-1），最后双方协调确定专属的比例分配。

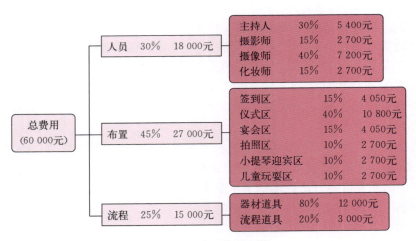

图 3-1　费用统筹预算

提供的参考模型可根据企业上一年度的案例的平均分配比例进行设定。

同时为了规避客户提出单项产品的价格问题，在后续设计的报价中可按费用统筹预算表中的分类进行区域化的整体报价方式。

（三）特殊群体报价方式

在从事婚礼服务工作的时候，经常会遇见亲属、朋友或是特别关系介绍来的新人，面对这样以情感为纽带的群体，商业化的报价方式有时难以照顾到双方之间的情面诉求，但作为经营者又不得不考虑企业经营的成本，如果处理不当便会出现相互猜疑，本来较为亲

密的关系也可能因此而破裂。所以，面对此类特殊群体，需用特别的报价方式处理。

这种特殊的客户，更希望得到更加透明和最高性价比的消费。一种方式是可以将婚礼上所涉及的一次性损耗物品以及司仪、影像等服务执行人员资源提供给他们，由他们直接与其进行交易，而公司只收取一定比例的基本费用，包括员工的成本、公司水电、车马费、搭建的工人费、花艺师手工费等。

子任务三　制作婚礼费用预算表

一、工作流程

（一）工作准备

1. 物品准备

序号	名称	单位	数量	备注
1	个性化服务项目记录	份	1	提前制定
2	电脑等办公工具	台	1	用于制作表单
3	通讯工具	个	1	用于随时内外联络
4	标准化套餐价目单	个	1	参考依据
5	其他物品			

2. 环境与人员准备

序号	环境与人员	准备
1	网络化办公室	适合专注工作的场所
2	营销人员	可以成组，也可以单独
3	其他人员	必要的时候，可以要求相关部门人员参与

（二）制作费用预算表

步骤	流程	技术操作要求
工作前准备	准备材料	（1）材料的准备务必有助于预算表的制作
		（2）过多的材料反而会引起不必要的干扰，应尽量适中
步骤1	制作预算表	（1）婚礼服务预算表单可以按照一般的工程预算清单排列，也可以按照婚庆服务行业的特殊格式排列
		（2）预算表应包含协商涉及的所有项目
		（3）预算表是未来正式服务合同的一部分，不需要合同式的一般条款内容，将作为一个附件安排在标准合同之中
		（4）预算表应包括项目完成的必要手段，列明完成项目预算的具体工作内容和工作方式及相应标准（可另附表）
		（5）每一个明细项目都先单独报价

（续）

步骤	流程	技术操作要求
步骤2	统筹预算	（1）根据每一个明细项目加总后的价格，对照推算出合理的报价
		（2）在总的成本收益方针指导下，重新设定每一项报价与总报价
		（3）给上级预留一定的议价空间
注意事项		（1）预算表的制定过程是不断合议和协商的过程，有一定的调整空间
		（2）如某一方对实现协商的项目与价格提出变更，则应重新开始协商
		（3）婚礼预算表的制作宗旨是公司与客户双赢

二、婚礼服务项目预算表示例（表3-1）

表3-1　婚礼服务项目预算表

序号	各项服务内容说明	服务报酬
1	总体策划 （1）策划人员 人数_____名　姓名_____ 联系方式_____ （2）策划项目 □婚礼前　□婚礼当天　□其他_____ （3）乙方应于_____年_____月_____日前将策划方案交于甲方 （4）具体策划方案（另附页）	
2	婚礼主持 （1）主持人 人数_____名　姓名_____ 级别_____　　联系方式_____ 特别要求_____ （2）主持项目 □全程　□半程　□其他_____ （3）主持人服务时间 _____年_____月_____日_____时_____分起至_____时_____分止 服务地点_____ 到达时间_____ （4）主持流程和注意事项（另附页）	
3	婚事顾问、督导及其他	
4	婚纱及礼服 （1）尺寸 （2）取还时间	
5	喜帖及请柬 型号及数量	

（续）

序号	各项服务内容说明	服务报酬
6	喜糖 （1）品种及数量 （2）送货方式 （3）送货地点 （4）送货时间 （5）其他	
7	代定婚礼场地	
8	婚礼场地背景装饰	
9	鲜花 （1）婚礼场内 （2）车花 （3）手捧花 （4）其他	
10	舞台烛台 宴席烛台	
11	舞台灯光及效果	
12	香槟塔及香槟酒	
13	蛋糕 （1）品牌 （2）式样 （3）其他	
14	乐队	
15	婚房布置	
16	宴席酒水	

其他服务项目服务报酬小计：_____（大写）

甲方（签字）： 乙方（签章）：

日期_____年_____月_____日 日期_____年_____月_____日

任务四
婚庆服务合同的签订

【任务情境】

　　小王和小张准备年底结婚，到某婚庆公司咨询，婚礼营销顾问小黄接待了他们，经过小黄的热情和专业的介绍，小王和小张准备委托小黄的婚庆公司为他们筹办婚礼，并签订婚庆服务委托合同。在签订婚庆服务合同的时候，小黄应该向小王和小张交代什么？签订合同应该注意哪些事项呢？

【任务分析】

一、婚庆签约的主要内容

序号	主要内容
1	明确婚庆服务的内容
2	明确婚庆服务合同的有效期限
3	明确婚庆服务合同当事人双方享受的权利和承担的义务
4	明确婚庆服务费的收取数额和收费方式
5	明确违约责任和争议处理的方式

二、婚庆签约的工作目标及措施

序号	主要工作目标	措施
1	婚礼营销顾问或婚礼策划师与客户按照双方商议的服务内容，用合同明确下来	通过婚礼营销顾问或婚礼策划师提供的咨询服务
2	婚礼营销顾问或婚礼策划师与客户签订婚礼服务合同	通过双方协商达成一致

【任务实施】

子任务一　签订婚庆服务合同

一、工作流程

（一）工作准备

1. 物品准备

序号	名称	单位	数量	备注
1	婚庆服务合同格式文本	份	3	婚庆服务机构制定统一标准合同
2	签字笔	支	2	用于签订合同
3	公章	个	1	婚庆机构的公章
4	水杯	个	2	客户饮水所用
5	其他物品			

2. 环境与人员准备

序号	环境与人员	准备
1	环境	干净、整洁、温馨、空气清新、无异味
2	婚礼营销顾问或婚礼策划师	言谈有礼、举止文明，自觉遵守社会基本道德规范，细微得体、恰到好处地提供服务
3	客户	必须是符合结婚条件的未婚、离异、丧偶人士或他们的委托人

（二）签订婚庆服务合同

步骤	流程	技术操作要求
工作前准备	准备合同文本	（1）婚礼营销顾问或婚礼策划师提前准备好婚庆机构统一制定的格式合同
		（2）一般准备一式三份，婚庆机构一份、婚礼营销顾问或婚礼策划师一份、客户一份
步骤1	要约阶段	（1）要约是一方当事人向另一方当事人提出订立合同的条件。希望对方能完全接受此条件的意思表示
		（2）发出要约的一方称为要约人，受领要约的一方称为受约人
		（3）婚庆服务合同中，客户是要约人，婚庆机构是受约人
		（4）客户在提出要约时，要考虑清楚自己需要哪些婚庆服务项目
		（5）婚礼营销顾问或婚礼策划师与客户反复协商合同过程就是"要约—新要约—再要约"的过程
步骤2	承诺阶段	（1）承诺是指受约人同意要约的意思表达
		（2）在婚庆服务合同中，婚庆机构在接受客户的签名并在合同上盖章后，即视为承诺
		（3）承诺成立，婚庆服务合同成立
注意事项		（1）婚庆服务合同一经签订，立刻具备法律效力，双方当事人应认真履行
		（2）如其中一方确实要变更婚庆服务合同的内容，必须经过双方同意
		（3）最大诚信原则是婚庆服务合同双方应当遵守的基本原则。敬业精神和服务意识是婚礼策划人员的基本职业道德

（三）实施效果

1. 通过学习婚庆服务合同的签订内容，了解婚庆服务合同签订的基本要点，避免出现婚庆服务合同不能履行的情况。

2. 通过掌握婚庆服务合同的订立程序，有助于婚礼营销顾问或婚礼策划师清楚婚庆

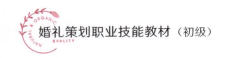

服务的起始和终止时间。

二、相关知识

（一）婚庆服务合同的定义

服务合同指的是合同订立双方或多方基于某项特定服务行为的设立、变更、终止而签订的规定合同当事人权利义务关系的协议。婚庆服务合同属于服务合同中的一种，婚庆服务是一种商业行为，这种商业行为的基础是订立婚庆服务合同。所谓婚庆服务合同，是婚庆客户和婚庆机构，为实现婚庆服务目的，明确相互之间权利义务关系的一种具有法律约束力的书面协议。

1. 婚庆服务合同的特点

（1）民事合同的共性特征　由婚庆服务合同产生的婚庆机构与婚庆客户之间的权利义务关系，属民事法律关系的范畴，婚庆服务合同一经签订，便受到法律的约束和保护。婚庆服务合同具有民事合同的一般法律特点。

① 合同是双方以上当事人的意思表示一致的民事法律行为。婚庆服务合同是双方的法律行为，只有双方当事人意见表示一致时才能成立，如果双方的意见不一致，则合同不能成立。

② 合同的双方当事人处于平等地位，是双方在平等、自愿的基础上产生的民事法律行为。婚庆服务合同双方当事人，在签订合同时，任何一方不得把自己的意志强加给对方。婚庆服务合同是以双方当事人公平、自愿表达意志为前提，双方当事人权利、义务对等是签约的基础。

③ 合同是以设立、变更、终止权利义务关系为目的的民事法律行为。婚庆服务合同是合法的法律行为，即婚庆服务合同必须合法，必须遵守国家法律、法规。合同的主体、内容、订立程序等都必须符合国家有关法律、法规的要求，从而获得国家承认和保护。

（2）婚庆服务合同自身的特点　婚庆服务合同除具有民事合同的一般性质以外，还具有其自身的特点。

① 婚庆服务合同是双务合同。所谓双务合同，是指当事人双方相互享有权利、承担义务的合同。在双务合同中，合同双方承担的义务和享有的权利相互关联、互为因果，而且承担的义务有等价关系。婚庆机构收取客户支付的婚庆服务费用后，在婚庆服务合同有效期内就必须承担为对方提供婚礼庆典相关服务的责任；客户支付一定的婚庆服务费用后，就有权要求婚庆机构提供所要求的婚礼庆典服务，从而弥补自身在办理婚礼庆典过程中的相关专业欠缺。

② 婚庆服务合同是非要式合同。根据合同是否需要特定的形式和手续划分，凡要求具备特定形式和履行一定手续才能成立的合同，称为要式合同。在我国，所谓特定的形式主要指书面形式；特定的手续主要指经过公证、鉴证或有关国家机关的核准。而非要式合同，是指不需要特定形式和手续为成立要件的合同。婚庆服务合同就属于非要式合同，只要合同双方当事人签字或盖章，合同就生效，双方都应该按照合同内容履行自己的义务。

③ 婚庆服务合同是诺成合同。诺成合同又称不要物合同。是指仅以当事人意思表示一致为成立要件的合同。诺成合同自当事人双方意思表示一致时（双方签字或盖章）即可成立，不以一方交付一定的标的物为合同的成立要件，当事人交付标的物属于履行合同，而与合同的成立无关。婚礼服务合同是诺成合同，也就是委托方与受委托方签订了婚庆服务合同后，合同即成立，双方都要按照合同规定的义务履行自己的义务，享受自己的权利。

2. 婚庆服务合同的主体和客体

（1）婚庆服务合同的主体　合同的主体是指在合同中享有权利和承担义务的人。按与合同关系的密切程度区分，合同的主体又分为当事人和当事人的委托人。当事人是指直接参与签订合同的双方；当事人委托人是虽然不直接参与签订合同，但享有合同中规定权利和承担义务的人。任何合同都是双方的法律行为，都是缔约双方当事人。

在婚庆服务合同中，享有权利、承担义务的人有三类：婚庆机构、婚礼新人（新郎新娘）和代理人。

婚庆服务合同由婚礼新人（新郎新娘）本人亲自与婚庆机构直接签订，婚礼新人（新郎新娘）与婚庆机构是订立婚庆服务合同的双方当事人或称为缔约人。

婚礼新人（新郎新娘）委托其父母或亲友与婚庆机构订立婚庆服务合同，缔约人是婚礼新人（新郎新娘）的父母或亲友（代理人）与婚庆机构。这种情况的婚礼新人（新郎新娘）只享有法律和婚庆合同规定的由婚庆机提供的婚庆服务的权利和义务，但他们不是婚庆服务合同的订立当事人，只是婚庆服务合同的关系人。如果发生争议，只能由婚礼新人（新郎新娘）的代理人与婚庆机构协商，婚礼新人（新郎新娘）作为关系人参与。

① 婚庆机构。是指经国家有关职能部门注册登记，由经过婚礼服务专业教育和行业培训的婚礼服务人员为婚礼新人（新郎新娘）提供婚庆服务的经营组织。它作为婚庆合同主体的一方享有按婚庆服务合同约定收取婚庆服务费用的权利，同时在约定的婚庆服务合同有效期内，负责承担提供婚姻庆典礼仪服务的义务。

我国经营婚庆服务业务的是各类婚礼策划公司、婚庆公司等。国家对婚庆公司市场准入没有限制性规定，成立婚庆公司需到工商管理部门登记注册。

② 婚礼新人（新郎新娘）。是指婚庆服务合同当事人的另一方，也是婚礼服务的享受方，是订立婚庆服务合同并负有缴纳婚庆服务费义务的主体。按照《婚姻法》规定，征婚人必须是达到结婚年龄的人。

大多数情况下，婚礼新人（新郎新娘）是直接与婚庆机构订立婚庆服务合同的当事人。但是，如果与婚庆机构订立婚庆服务合同的不是婚礼新人（新郎新娘）本人，而是婚礼新人（新郎新娘）的父母或亲友，这种情况下的婚礼新人（新郎新娘）就不是婚庆服务合同的当事人，而成为婚庆服务合同的关系人。

③ 代理人。是指代替婚礼新人（新郎新娘）与婚庆机构订立婚庆服务合同的人。代理人只承担缴纳婚庆服务费用、提供婚礼新人（新郎新娘）真实信息的义务，不享受婚庆服务的权利。代理人，可以是婚礼新人（新郎新娘）的父母，也可以是婚礼新人（新郎新娘）的亲友，只要是符合我国法律规定的具有完全的民事权利能力和民事行为能力的人，

都可以担任代理人。为了符合婚礼新人（新郎新娘）的结婚意愿和幸福愿景，也为了提高婚庆服务行业的服务质量，在由代理人代为签订婚庆服务合同时，应出示代理签约委托书。否则婚庆机构不予接待。

（2）婚庆服务合同的客体　是指婚庆机构和客户双方权利与义务所共同指向的对象。在婚庆服务合同中，合同客体指婚礼庆典服务。这种服务有可能是婚礼庆典的全部服务，也可能是婚礼庆典的部分服务，比如提供婚礼主持人、婚礼化妆师、婚礼摄影摄像师和布置场地的其中一项或几项服务。

（二）婚庆服务合同的主要事项

婚庆服务合同的主要事项是指婚庆服务合同中所包括的主要内容，是婚庆服务合同主体之间享有权利、承担义务的基础。一般来讲，婚庆服务合同主要有下列事项：

1. 委托方（婚礼新人或者代理人）和受托方（婚庆机构）的名称

他们是婚庆服务合同的主体。

2. 婚庆服务合同标的

即婚庆服务合同载明的婚礼服务项目。婚礼服务项目主要包括策划服务、主持服务、摄像服务、摄影服务、化妆服务、鲜花服务、乐队服务、场地服务、推荐婚车服务、代租婚车服务、其他服务等。

3. 婚庆服务合同的时间和地点

婚庆服务合同的时间包括婚庆合同的有效期限，还包括婚礼仪式的开始时间。婚庆服务合同的有效期限，是合同双方当事人享受权利和履行义务的起止时间，从双方签订合同时起至婚礼仪式结束时止。婚礼仪式开始时间要精确到年月日时分。婚礼仪式举行地点也应该写得越详细越好。

4. 权利和义务

指婚庆服务合同当事人双方享受的权利和承担的义务。

（1）委托方（婚礼新人或者代理人）的权利和义务

① 获得受托方（婚庆机构）按照本合同约定提供的各项婚礼庆典服务。

② 确认受托方各类服务创意、流程、内容等策划，包括但不限于初始、变更、取消。

③ 向受托方提供婚礼服务所需的基本信息，包括婚礼日期、婚礼场地、恋爱故事、婚礼要求、喜欢的颜色、私人禁忌等。

④ 按照约定的数额、方式和期限支付服务费。

⑤ 委托方提供服务场地的，为受托方提供必要的辅助条件，包括但不限于服务所需的场所、空间、电源。

⑥ 按照约定的时间、内容和方式，配合受托方完成各项目服务。

⑦ 联系第三人提供婚礼服务的，包括但不限于酒店、安保及其他非受托方提供的服务相关事项，由委托方统筹安排。

（2）受托方（婚庆机构）的权利和义务

① 按时、足额收取婚礼庆典服务费。

② 及时完成与服务相关的创意、流程、内容等策划及准备工作。

③ 按照国家或者地方相关服务质量标准，按约定完成各项服务。

④ 因不可控制因素的影响，包括但不限于天气、电力、政府禁止令，不能按约定的项目、内容、方式及质量标准等提供服务的，及时与委托方沟通，协商调整婚礼庆典服务方案。紧急情况下，受托方应当采取合理的补救措施，并及时向委托方说明理由，提供证明。

⑤ 对委托方统筹安排的内容提供必要的建议和协助。

⑥ 尊重委托方的人格尊严、民族风俗、宗教信仰、私人禁忌，保护委托人的个人隐私。

⑦ 确保服务中使用的设备、器材、用品等安全、可靠、正常。

⑧ 收取服务费后，向委托方出具合法的收费凭据等。

5. 婚庆服务收费

婚庆服务费是委托方（婚礼新人或者代理人）为获得婚庆服务而缴纳给婚庆机构的费用。

（1）婚庆服务费支付方式和期限 委托方（婚礼新人或者代理人）向婚庆机构支付婚庆服务费的支付方式，一般有两种：一种是一次性现金或转账支付；另一种是在合同履行期间分几次现金或转账支付。

（2）定金或者预付款 按照惯例，婚庆服务从合同订立日起或几日内，委托方应当向受托方支付一定数额的定金或预付款。必须注意定金和预付款的性质是不同的。按照法律规定，如果支付定金的一方违约，无权要求返还定金；如果收取定金的一方违约则必须双倍返还定金。而支付预付款的，可以抵服务费，没有定金的约束力，委托方在第一次支付服务费时可以扣除已经支付的预付款数额。

6. 违约责任和争议处理

违约责任是指婚庆服务合同当事人因其过错致合同不能履行或不能完全履行时，或违反婚庆服务合同规定的义务而应承担的法律后果。婚庆服务合同订立后，即产生相应的法律效力，双方当事人应按照合同规定的内容，完全地、不折不扣地予以履行。否则，违约方将承担相应的法律后果和违约责任。比如可以约定如下违约责任：

（1）履行中任何一方不履行或者不按约定履行义务，应向对方支付服务费总额的百分之几的违约金。造成对方损失，违约金不足以弥补的，应承担相应的赔偿责任。

（2）履行中任何一方迟延履行义务，逾期每日按服务费总额的百分之几或者依专项协议的约定向对方支付迟延履行违约金，并继续履行合同义务。一方迟延履行约定义务致使本合同目的不能实现，对方解除合同的，违约方按约定承担违约责任。

（3）交付定金的，委托方违约，定金不予返还；受托方违约，双倍返还定金。

（4）受托方提供服务或者商品有欺诈行为的，应按照《中华人民共和国消费者权益保护法》第五十五条等规定承担赔偿责任。

争议处理是指用以解决婚庆服务合同纠纷的办法在合同中的体现。发生婚庆服务合同争议时，首先应通过友好协商解决。协商不成时，通过仲裁、诉讼方式解决。

7. 订立合同的年月日

指婚庆合同的签约时间。

8. 双方签字，婚庆机构加盖机构公章

（三）婚庆合同的订立程序

合同（Contract），又称为契约、协议，是平等的当事人之间设立、变更、终止民事权利义务关系的协议。合同作为一种民事法律行为，是当事人协商一致的产物，是两个以上的意思表示相一致的协议。只有当事人所作的意思表示合法，合同才具有国家法律约束力。依法成立的合同从成立之日起生效，具有国家法律约束力。婚庆服务合同的订立是指签订婚庆合同。合同订立的过程，是双方当事人就合同内容通过协商达成协议的过程。任何合同的订立，都必须经过要约和承诺两个阶段。

1. 要约

要约是一方当事人向另一方当事人提出订立合同的条件。希望对方能完全接受此条件的意思表示。发出要约的一方称为要约人，受领要约的一方称为受约人。

婚庆服务合同中，委托方（婚礼新人或者代理人）是要约人，婚庆机构是受约人。委托方在提出要约时，要考虑清楚自己需要哪些婚庆服务，需要婚庆服务的一般质量要求等。

2. 承诺

承诺是指受约人同意要约的意思表达。在婚庆服务合同中，婚庆机构在接受委托方的签名并在合同上盖章后，即视为承诺，婚庆合同成立。任何一方都不能任意变更或解除合同。

子任务二　婚庆服务合同的变更、中止、解除和终止的处理

一、工作流程

（一）工作准备

1. 物品准备

序号	名称	单位	数量	备注
1	已签订的婚庆服务合同	份	3	生效合同
2	签字笔	支	2	用于签订合同
3	公章	个	1	婚庆机构的公章
4	水杯	个	2	客户饮水所用
5	其他物品			

2. 环境与人员准备

序号	环境与人员	准备
1	环境	干净、整洁、温馨、空气清新、无异味
2	婚礼营销顾问或婚礼策划师	言谈有礼、举止文明，自觉遵守社会基本道德规范，细微得体、恰到好处地提供服务
3	客户（合同当事人）	必须是符合结婚条件的未婚、离异、丧偶人士或他们的委托人

（二）婚庆服务合同的变更、中止和终止的实施

步骤	流程	技术操作要求
工作前准备	准备合同文本	（1）婚礼营销顾问或婚礼策划师提前准备好已经签订生效的合同
		（2）一般是一式三份，婚庆机构一份、婚礼营销顾问或婚礼策划师一份、客户一份
步骤1	合同变更	（1）合同变更是指在不改变主体而使权利义务发生变化的现象
		（2）合同变更有依法律行为变更、依裁判变更以及依法律规定变更三种方式
		（3）依法律行为变更又包括依双方法律行为变更和依单方法律行为变更
步骤2	不可抗力条款	（1）不可抗力是指不能预见、不能避免和不能克服的客观情况
		（2）不可抗力的情形：自然灾害，如台风、洪水、冰雹；政府行为，如征收、征用、停止营业；社会异常事件，如罢工、骚乱
		（3）不可抗力的法律后果：一是解除合同；二是延迟履行
步骤3	合同解除	（1）合同解除是指合同当事人一方或者双方依照法律规定或者当事人的约定，依法解除合同效力的行为
		（2）合同解除分为法定解除、协议（合意）解除和单方解除三种情况
步骤4	合同终止	（1）按照婚庆服务合同，双方权利义务全部履行完毕，合同终止
注意事项		（1）婚庆服务合同一经签订，立刻具备法律效力，双方当事人应认真履行
		（2）如其中一方确实要变更婚庆服务合同的内容，必须经过双方同意
		（3）最大诚信原则是婚庆服务合同双方应当遵守的基本原则。敬业精神和服务意识是婚礼策划人员的基本职业道德

（三）实施效果

1. 通过学习婚庆服务合同的签订内容，了解婚庆服务合同签订的基本要点，避免出现婚庆服务合同不能履行的情况。

2. 通过掌握婚庆服务合同的订立程序，有助于婚礼营销顾问或婚礼策划师了解婚庆服务的起始和终止时间。

二、相关知识

（一）婚庆服务合同的变更

合同变更是指不改变主体而使权利义务发生变化的现象。合同变更不仅在实践中司空见惯，也是合同制度的重要内容。合同变更并非消灭原合同、设立新合同，而仅仅是在原合同继续存续的基础上对原合同某些权利义务的内容做出修改。合同变更有依法律行为变更、依裁判变更以及依法律规定变更三种方式。

依法律行为变更又包括依双方法律行为变更和依单方法律行为变更。

从依双方法律行为变更合同来看，合同变更遵循意思自治的原则，当事人双方可以依双方意愿签订合同，当然也可以依双方协商一致变更合同内容。

从依双方法律行为变更合同来看，合同当事人不得擅自变更或解除合同，但有两种例外情形。

其一，一方依据合同约定变更合同内容无需承担法律责任或不利后果，如双方在原合同中约定了"在疫情期间当出现了政府规定不能举办婚礼情形时，一方可以提出变更合同规定的举办时间"，故当此情形出现时，一方可直接依据合同约定单方变更合同条款而无需承担法律责任。

其二，一方提出变更合同虽无法律支持，但在其执意变更时须承担相应法律责任，例如在婚庆服务合同中，因委托人变更婚礼举办计划，未按照期限提供必需的婚礼设计要求而造成婚礼策划师的返工、停工或者修改设计婚礼策划方案，委托人应当按照婚礼策划师实际消耗的工作量增付费用。一般来说，在婚庆服务合同中可以规定以下变更条款：

1. 履行中任何一方请求变更本合同的，应当在请求变更部分的约定履行日期前书面向对方提出。协商一致的，订立变更协议。

2. 委托人就服务时间请求变更的，受托人应当同意，因变更导致受托人费用增加或者损失的，委托人相应增加服务费或者赔偿损失。

3. 委托人就服务项目、内容请求变更，受托人同意的，因变更导致受托人费用变化或者损失的，应当相应调整服务费或者赔偿损失。

4. 受托人请求变更，委托人同意的，因变更导致受托人服务减少或者委托人遭受损失的，应当相应减少服务费或者赔偿损失。

5. 因变更导致服务费增加的，委托人可以在婚庆服务完成后即时清结，也可以在合同约定的下一次付款时一并支付；服务费减少的，委托人可以在合同约定的下一次付款时扣除。无下次付款的，双方在婚庆服务完成后即时清结。

（二）不可抗力条款

不可抗力是指"不能预见、不能避免和不能克服的客观情况"。不可抗力条款是指合同中订明如果当事人一方因不可抗力不能履行合同的全部或部分义务的，免除其全部或部分责任的条款。另一方当事人不得对此要求损害赔偿。因此，不可抗力条款是一种免责条款。

1. 不可抗力的主要情形

根据法律规定，不可抗力主要包括以下几种情形：

（1）自然灾害　如台风、洪水、冰雹。

（2）政府行为　如征收、征用、停止营业。

（3）社会异常事件　如罢工、骚乱。

2. 适用不可抗力条款的条件

适用不可抗力条款，必须符合以下条件：

（1）意外事件是在签订合同以后发生的。

（2）意外事件是当事人所不能预见、不能避免和不可控制的。不可抗力的事故主要包括两种情况，一种是由自然力量引起的，如水灾、风灾、旱灾、地震等；另一种是社会原因引起的，如战争、封锁、政府禁令等。

（3）意外事件的引起不存在当事人疏忽或过失等主观因素。

3. 不可抗力的法律后果

依法律规定，遭受不可抗力的一方可解除合同或延迟履行而不承担责任。只有在不可

抗力因素与当事人的过失同时存在的情况下，当事人才承担相应的赔偿责任。否则无需承担赔偿责任，遭受不可抗力后，合同的结果主要为以下情况：

（1）解除合同　一般来说，如果不可抗力事故使合同的履行成为不可能，则可解除合同。

（2）延迟履行　如不可抗力只是暂时阻碍合同的履行，则只能延迟履行。例如，由于不可抗力——发生疫情，政府要求所有婚宴一律停办，就可以延迟履行，等疫情过后再履行，按照合同约定举办婚礼庆典。

（三）婚庆服务合同的解除

合同解除，是指合同当事人一方或者双方依照法律规定或者当事人的约定，依法解除合同效力的行为。合同一旦签约，即受国家法律保护。合同解除分为法定解除和协议（合意）解除两种情况。

1. 法定解除

《民法典》规定，有下列情形之一的，当事人可以解除合同：

（1）因不可抗力致使不能实现合同目的　不可抗力致使合同目的不能实现，该合同失去意义，应归于消灭。在此情况下，我国合同法允许当事人通过行使解除权的方式消灭合同关系。比如准备举办婚礼的结婚新人一方或双方死亡。

（2）义务人拒绝履行　也称毁约，即在履行期限届满之前，当事人一方明确表示或者以自己的行为表明不履行主要义务，包括明示毁约和默示毁约。合同解除条件有：一是义务人有过错，二是拒绝行为违法（无合法理由），三是有履行能力。

（3）义务人延迟履行　当事人一方迟延履行主要义务，经催告后在合理期限内仍未履行。比如：签订婚庆服务合同后，婚礼策划师没有任何合法理由，经委托方多次催促迟迟不按要求时间提交婚礼策划方案，有可能导致婚礼无法按时举办，这时，委托方可以向婚庆机构提出解除合同。

（4）致使不能实现合同目的　当事人一方迟延履行义务或者有其他违约行为致使不能实现合同目的。对婚庆服务合同而言，履行期限至关重要，如义务人不按期履行，签订婚礼服务合同目的即不能实现，对于此情形，委托方有权解除婚庆服务合同。

（5）法律规定的其他情形　法律针对某些具体合同规定了特别法定解除条件的，从其规定。

2. 协议（合意）解除

协议（合意）解除合同的条件，是双方当事人协商一致解除原合同关系。其实质是在原合同当事人之间重新成立了一个合同，其主要内容为废弃双方原合同关系，使双方基于原合同发生的权利义务归于消灭。

协议解除合同方式应具备的有效要件包括：当事人具有相应的行为能力；意思表示真实；内容不违反强制性法律规范和社会公共利益；采取适当的形式。

按照《民法典》规定，合同解除后，尚未履行的，终止履行；已经履行的，根据履行情况和合同性质，当事人可以请求恢复原状或者采取其他补救措施，并有权要求赔偿损失。

3. 单方解除

单方解除合同有以下几种情况：

（1）委托人付款期限届满无正当理由未支付服务费，经受托人书面请求支付之日起一定时间内仍未支付的，受托人可以单方解除合同。

（2）受托人明确表示或者以自己的行为表明不履行全部或者部分服务义务的，委托人可以单方解除本合同。

（3）受托人履行义务不符合合同约定，经委托人书面请求后履行仍不符合约定的，委托人可以单方解除合同。

（4）一方迟延履行约定义务导致合同目的不能实现的，对方可以单方解除合同。

双方可通过约定的书面形式，如传真、网络通讯等行使单方解除权，通知送达对方之日起生效。

（四）婚庆服务合同的终止

按照婚庆服务合同，双方权利义务全部履行完毕，合同终止。

参 考 文 献

北京中民福祉教育科技有限责任公司，2021. 婚礼策划职业技能等级标准（2021年1.0版）[EB/OL].
　　（2021-01-26）. http://zmfz. bcsa. edu. cn/info/1019/2069. html.

菲利普·科特勒，2003. 市场营销 [M]. 北京：华夏出版社.

加里·阿姆斯特朗，菲利普·科特勒，2000. 科特勒市场营销教程（第4版）[M]. 俞利军，译. 北京：
　　华夏出版社.

金雷宇，2019. 婚庆市场营销与谈单技巧 [M]. 北京：铁道出版社.

王晓玫，史康宁，2010. 婚礼庆典服务概论 [M]. 北京：中国社会出版社.

佚名，2021. 婚礼策划师沟通技巧方法 [EB/OL].（2021-01-26）. http://www. oh 100. com/peixun/
　　hunqing/253357. html.

JACKSON R W，HISRICH R D，1996. Sales and sales management [M]. Englewood：Prentice Hall.

教育部第四批1+X证书制度试点

婚礼策划职业技能等级证书教材系列丛书

婚礼策划职业技能教材（初级）

婚姻介绍 及 顾问支持

Hunyin Jieshao ·初级· *ji Guwen Zhichi*

Chuji

北京中民福祉教育科技有限责任公司 组编

王晓玫 崔 杰 主编

赵 莲 周钰珉 副主编

中国农业出版社

农村读物出版社

北 京

图书在版编目（CIP）数据

婚礼策划职业技能教材：初级．婚姻介绍及顾问支持／北京中民福祉教育科技有限责任公司组编；王晓玫等主编．—北京：中国农业出版社，2021.9
（教育部第四批1＋X证书制度试点婚礼策划职业技能等级证书教材系列丛书）
ISBN 978-7-109-28163-9

Ⅰ．①婚…　Ⅱ．①北…　②王…　Ⅲ．①结婚－礼仪－职业技能－鉴定－教材　Ⅳ．①K891.22

中国版本图书馆 CIP 数据核字（2021）第 074828 号

中国农业出版社出版
地址：北京市朝阳区麦子店街 18 号楼
邮编：100125
策划编辑：李艳青
责任编辑：王庆宁　　文字编辑：戈晓伟
版式设计：王　晨　　责任校对：刘丽香
印刷：三河市国英印务有限公司
版次：2021 年 9 月第 1 版
印次：2021 年 9 月河北第 1 次印刷
发行：新华书店北京发行所
开本：787mm×1092mm　1/16
总印张：25.75　　插页：8
总字数：703 千字
总定价：88.00 元（全 8 册）

版权所有·侵权必究
凡购买本社图书，如有印装质量问题，我社负责调换。
服务电话：010 - 59195115　010 - 59194918

教材编审委员会

总 主 编 杨根来　邹文开　王胜三　赵红岗

主 　 审 张仁民

主 　 编 王晓玫　曹仲华　李子俊

副 主 编 崔　杰

编 　 委 王晓玫　崔　杰　赵　莲　金雷宇　孙　可　王　楠
　　　　　李倩一　黄晓强　梧　桐　赵淑巧　张克柱　贾丽彬
　　　　　徐媛媛　万俊杰　金　毅　章　林　孙慕梓　张平芳
　　　　　杨　飏　周钰珉　李周坚　郭　森　陈　坚　阔　达
　　　　　姚　刚　晨　风　赵　天　商　祺　范晨晨　赵佳佳
　　　　　罗　昱　陈　霞　刘　湜　王福存　赵　丹　张西林
　　　　　海　风　童　峰　曾　刚　盛　夏　黄思佳　黄继红
　　　　　李立四　曲海峰　张卫东　郑　琳　夏　峰　李文娟
　　　　　程　佳　张　新　杨　靖　杨博裕　魏　彬　石明刚
　　　　　蒋良娇　万江洪　向　前　杨云哲　张炜玮　赵美玉
　　　　　曾　烛　刘　佳　刘　洁　牛　犇　彭艳君　黄　丹
　　　　　吴　惠　刘程程　秦　越　魏一民　王　静　冯翠平
　　　　　金静伟　杨彩霞　刘存存　帅一鸣

总序

实施"学历证书＋若干职业技能等级证书"制度试点工作，是《国家职业教育改革实施方案》的重要改革项目之一，也是两年多来职业教育领域的"高频词"和亮点内容之一。根据教育部等四部门《关于在院校实施"学历证书＋若干职业技能等级证书"制度试点方案》，教育部办公厅、国家发展和改革委员会办公厅、财政部办公厅《关于推进1＋X证书制度试点工作的指导意见》等要求，北京中民福祉教育科技有限责任公司作为职业教育改革大潮中的第二批"职业教育培训评价组织"，理应不辱使命，勇立潮头，引领方向，有所作为！从第二批的失智老年人照护，到第四批的老年康体指导、社区治理、婚礼策划、殡仪服务、遗体防腐整容等5个证书获批，我们由此完成了从婚姻家庭、社区治理、养老服务到殡葬服务的职业技能等级证书的规划，在全国拥有6个证书的职业教育培训评价组织中名列前四。尽管这些证书的数量不是很多，但是有一定的社会影响力，这些证书包含的服务在人们的生活中不可或缺，在国家公共管理与社会服务领域占据重要的位置。

婚庆服务行业的发展需要职业与专业的引领

婚姻是家庭的基础，家庭是社会的细胞，是社会最基本的单元。"天下之本在国，国之本在家"。家文化在中国文化传统中是以婚姻为载体的。所谓婚姻，是指婚龄男女以夫妻名义共同生产生活并组成家庭的一种社会现象，是男女双方在平等自愿的基础上建立的长期契约关系，并取得医学、伦理、政治、民法等层面的认可。关于爱情、婚姻、家庭、社会之间的关系，不同的人从不同的视角可以有不同的解读，可以肯定的是，美好真挚的爱情是组成婚姻家庭的前提。著名作家列夫·托尔斯泰说"婚姻的全部含义蕴藏在家庭生活中"。戏剧家莎士比亚说，"不如意的婚姻好比是座地狱，一辈子鸡争鹅斗，不得安生，相反的，选到一个称心如意的配偶，就能百年谐和，幸福无穷"。幸福的婚姻与家庭，需要男女双方的经营，而第三方的婚姻介绍、婚姻登记、婚礼策划以及婚姻家庭服务的全程化、个性化、定制化的服务则助力有情人开启一段幸福美满的婚姻。

近年来，我国婚姻相关数据呈现出结婚对数和结婚率持续下降，离婚率持续上升的趋势。据《2019年民政事业统计公报》数据：2019年，全国有婚姻登记机构和场所5 594个，其中婚姻登记机构1 068个，全年依法办理结婚登记927.3万对。结婚登记对数自2015年起，5年间由1 224.7万对、1 142.8万对、1 063.1万对、1 013.9万对下滑到2019年的947.1万对。结婚率自2015年起，5年间由9.0‰、8.3‰、7.7‰、7.3‰下滑到2019年的6.6‰。2019年全国依法办理离婚手续470.1万对，比上年增长5.4%，其中民政部门登记离婚404.7万对，法院判决、调解离婚65.3万对。而离婚率在2015年以来的5年间，由2.8‰、3.0‰、3.2‰、3.2‰上升到3.4‰。

家庭规模日益小型化。根据国家统计局、国务院第七次全国人口普查领导小组办公室2021年5月11日发布的《第七次全国人口普查公报》数据：截至2020年年底，全国人口中，0～14岁人口为2.53亿人，占17.95%；15～59岁人口为8.94亿人，占63.35%；60岁及以上人口为2.64亿人，占18.70%，其中65岁及以上人口为1.906亿人，占13.50%。全国共有家庭户4.94亿户，集体户2.85亿户。平均每个家庭户的人口为2.62人，比2010年第六次全国人口普查的3.10人减少0.48人。

我国结婚对数规模仍然庞大，婚庆市场需求持续旺盛，结婚消费逐年增加。数据显示，25～29岁的结婚登记对数最多，占比为36%；其次是20～24岁年龄段登记对数，占比为21%。"90后"已纷纷步入适婚年龄。2019年，平均每对新人结婚消费22.3万元，是2015年的3.5倍。2017年中国婚庆行业市场规模达到了1.46万亿元，2018年1.82万亿元，2019年2.27万亿元，2020年2.8万亿元，2021年预计达到3.36万亿元。

婚庆服务产业催生了婚姻职业。在婚姻职业建设方面，2010年2月10日，人力资源和社会保障部办公厅发布《关于调查行业典型企事业单位相关职业（工种）及岗位（职位）基本情况的函》。同年12月16日，国家职业分类大典修订工作启动会暨首次工作委员会和专家委员会全体会议在北京举行，标志着新一版《国家职业分类大典》的正式启动。当时我刚到组建不久的北京社会管理职业学院职业能力建设处任处长，作为民政部职业技能鉴定指导中心的副主任兼办公室主任，同时兼任民政部《国家职业分类大典》修订工作领导小组办公室主任，具体负责包括婚姻家庭咨询师职业在内共20个民政行业《国家职业分类大典》修订，还有婚介师、婚礼策划师等12个新职业的开发工作。

2015 年 10 月，《中华人民共和国职业分类大典（2015 年版)》出版发行。前后进行了 6 年的大典修订工作终于尘埃落定，大功告成。在第 4 大类（社会生产服务和社会服务人员 GBM40000）的第 10 中类（居民服务人员 GBM41000）第 5 小类（婚姻服务人员 GBM41005）之下有 3 个职业小类，婚介师（4－10－05－01)、婚礼策划师（4－10－05－02)、婚姻家庭咨询师（4－10－05－03)，3 个职业被正式纳入《国家职业分类大典》。王晓玫教授作为婚姻方面的行业专家，全程参与了这方面的论证与研究工作，为大典修订工作做出了贡献！

婚姻职业同样促进了婚庆产业的发展。婚庆服务产业属于现代服务业，是为人们提供婚庆礼仪和相关典礼服务的产业。据统计，在高等职业学校中，全国目前开设高职婚庆服务与管理专业（590304）的只有 16 所院校，年毕业近千人，婚庆行业专业人才缺口巨大。目前，全国从事婚庆服务的专业机构有 20 多万家，从业人员 400 万人，按照每个婚庆公司每年需要婚庆从业人员 2 人计算，每年至少需要 40 万的婚庆专业从业人员。

院校与行业企业都需要一个新的职业技能等级证书。《国家职业教育改革实施方案》规定，"鼓励职业院校学生在获得学历证书的同时，积极取得多类职业技能等级证书，拓展就业创业本领，缓解结构性就业矛盾"，"院校内培训可面向社会人群，院校外培训也可面向在校学生。各类职业技能等级证书具有同等效力，持有证书人员享受同等待遇"。我们一方面希望除了婚庆服务与管理专业之外，还有更多的专业如播音与主持、会展策划与管理、旅游管理、社区管理与服务、社会工作、民政服务与管理、公共关系等专业的学生参加婚礼策划职业技能等级证书考试。另一方面更希望各级各类婚庆协会、婚庆企业以及婚介等机构的广大从业人员能参与到这些工作中来。因为这是行业唯一的职业技能等级证书，最终需要得到行业和企业的认可。

标准与教材开发工作充分彰显了组织和个人的责任与担当

开发婚姻领域职业技能培训及颁发等级证书是我们的阶段性目标；推进婚庆专业教育教学的改革与发展，为婚姻服务行业培养技术技能型人才，是包括全国 16 所开设婚庆专业的高等职业学校的共同梦想。民政部所属事业单位——民政部培训中心发挥主导作用，于 2019 年 5 月 15 日成立北京中民福祉教育科技有限责任公司，2019 年 7 月成功申报并积极做好失智老年人照护职业技能等级证书工作，成为教育部遴选认定的第二批职业教育培训评价组织之后，我们在推进"失

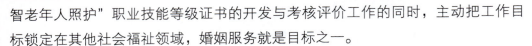
智老年人照护"职业技能等级证书的开发与考核评价工作的同时，主动把工作目标锁定在其他社会福祉领域，婚姻服务就是目标之一。

研制婚礼策划标准与开发职业技能教材是一群人的共同追求。2019 年下半年开始，特别是 2020 年 6 月 19 日《关于招募第四批职业教育培训评价组织的公告》(教职所〔2020〕145 号）发布之后，在北京社会管理职业学院（民政部培训中心）党委书记邹文开教授以及党委委员、副院长赵红岗教授的支持下，我们先后组织了全国优秀教师和行业专家开发了"婚礼策划"等 8 个证书。2020 年 12 月 31 日，《关于受权发布参与 1＋X 证书制度试点的第四批职业教育培训评价组织及职业技能等级证书名单的通知》(教职所〔2020〕257 号）发布，"婚礼策划"名列其中，标志着婚礼策划职业技能等级证书的正式诞生，这是王晓玫教授团队一年多来孜孜以求、不懈努力的结果，可喜可贺！

婚礼策划职业技能等级证书填补了婚姻职业领域的空白。婚礼策划职业技能等级证书作为国家职业教育改革和技能人才评价制度改革的产物，填补了婚姻服务领域职业技能等级证书的空白。婚庆公司最主要岗位为婚礼策划师以及由婚礼策划师衍生出来的其他相关服务人员，如婚礼督导师、婚礼统筹师、婚礼营销师、婚礼设计师等岗位群。婚礼策划职业技能等级认证的实施，对于婚庆行业从业人员专业能力和专业素质提升和规范，必将产生积极的促进作用。按照 1＋X 证书工作计划，我们在 2020 年 9 月教育部职教所公示[*]之后，立即启动技能教材的编写工作，标准开发的主要负责人王晓玫教授再次领衔主持开发教材工作。经过 10 个月持续不断的努力、坚守、奉献和付出，终于有了本教材这个难得成果。这一丰硕成果彰显了一大批婚庆职业教育领域和婚庆服务行业有识之士的责任与担当，我谨代表培训评价组织对王晓玫教授团队表示崇高的敬意！

技能教材遵循职业技能标准，突出了职教特色

《婚礼策划职业技能教材》突出了职业技能特点。按等级，分模块进行编写。按照婚礼策划职业技能等级标准，婚礼策划职业技能分为三级（初级、中级、高级），本教材则按照初级、中级、高级分为三册。同时，本教材按照新的手册式教材编写模式，采取一个工作项目一个分册的编写方法，初级包括婚姻介绍及顾问支持、策划项目营销与预算、婚礼现场布置方案设计、婚礼策划书制作、婚礼

---

   * 教育职业技术教育中心研究所《关于参与 1＋X 证书制度试点第四批职业教育培训评价组织和职业技能等级证书的公示》，2020 年 9 月 23 日。

执行团队组建、婚礼前指导和婚礼彩排、婚礼庆典调度执行、婚礼策划服务评估8个技能模块（工作领域），而中级和高级则增加了婚礼策划的管理和培训成为9个技能模块。

《婚礼策划职业技能教材》形态创新。该套教材采用能力为本、技能为先的教学理念和基于工作过程的"项目＋任务"的设计思想。内容严格按照《婚礼策划职业技能标准》进行编写，充分反映了当前从事婚礼策划职业活动所需要的最新核心的知识和技能，较好地体现了科学性、先进性、超前性、系统性、规范性和可操作性。

《婚礼策划职业技能教材》定位明晰。《婚礼策划职业技能教材》是《婚礼策划职业技能等级证书》作为开设婚庆专业院校的教学用书、规划教材，适用于婚礼策划1＋X证书的教学培训、评价考核。婚姻服务领域实务工作和科学研究的重要参考资料，还可作为婚庆机构员工岗前培训教材。通过学习和培训，本教材不仅有助于系统学习本职业领域的知识与技能，掌握本职业的实用技术和操作技能，也有利于培训、考核和评价，更有利于本行业整体水平的提升，从而满足人们对美好幸福生活的向往与追求。

技能教材突出了产教融合、校企合作的职教理念

《婚礼策划职业技能教材》突出现代职教理念。职业教育作为一种不同于普通教育、高等教育的"类型教育"，如何突出产教融合、校企合作的职教理念，如何实现教师、教材、教法"三教改革"，是本轮职业教育改革的亮点内容。开发与编写团队除了相关院校教师外，还聘请了婚庆服务行业一线的专家参与了标准、教材的编写、评审工作，保证了标准、教材与题库建设、考核评价工作的紧密衔接、有序进展。

《婚礼策划职业技能教材》荟萃教育与行业精英。值此《婚礼策划职业技能教材》付梓之际，特向本项目主要负责人北京社会管理职业学院婚庆与传媒艺术学院创始院长王晓玫教授、副院长崔杰讲师，参与标准开发和教材编写的其他主编、副主编和所有作者表示祝贺！向为本书编校工作付出心血的张仁民编审等表示感谢！他们在标准与教材研制开发中，参阅了大量的相关资料，汲取了婚介服务、婚礼庆典服务、民俗学、策划学、营销学、美学、色彩学等方面的研究成果，保证了教材顺利出版。

向关心、支持、帮助婚姻服务的有关机构，特别是教育部职业教育与成人教

育司、职业技术教育中心研究所，有关试点院校领导、老师、实务工作者，向关心婚庆专业人才培养、培训工作的所有人士表示衷心的感谢！

向选择婚礼策划1＋X证书的院校师生以及广大婚庆、婚介和婚姻服务机构工作人员等社会考生表示敬意，因为他们选择了婚庆服务和婚礼策划，就等于选择了一份幸福事业，爱心、责任与担当将永远相伴。

向为本书编辑、出版、发行工作做出贡献的中国农业出版社副社长、副总经理、编审刘爱芳，大众读物出版分社社长、副编审王庆宁等老师致以衷心谢忱！

《婚礼策划职业技能教材》需要不断优化。标准开发与教材编写工作对婚庆行业而言，是一项具有探索性、开创性的工作。由于编写时间紧迫，加之著者能力所限，不足之处甚至疏漏在所难免。恳请读者不吝赐教，将宝贵的意见建议和要求及时反馈给我们（网址：http://zmfz.bcsa.edu.cn/；邮箱：457962581@qq.com），以便再版时予以修订、补充和完善。

北京中民福祉教育科技有限责任公司创始人　执行董事　法定代表人　总经理

北京社会管理职业学院（民政部培训中心）教授　乐龄研究院院长

2021年7月　于北京东燕郊

前言

　　根据《婚介师国家职业标准》，婚介师是指以《中华人民共和国民法典》为原则，遵循以人为本的服务理念，运用婚介服务专业方法，以帮助征婚人解决婚姻问题为目的的专业工作者。沟通能力、观察能力、理解能力、判断能力、辅导能力和亲和力是婚介服务工作者需要具备的最基本的工作能力。

　　婚介作为婚姻家庭服务前端，为婚姻的缔结奠定了基础。因此，作为婚礼策划服务的专业人员，婚介服务的基本方法和技巧是必须掌握的一项专业技能。

　　婚姻介绍及顾问支持（初级）包括四项任务：任务一，婚介接待；任务二，婚介咨询；任务三，婚介签约；任务四，婚介信息与匹配排选。通过本项目的学习可以初步掌握婚介师的初级技能，为学习婚介师中级、高级技能奠定基础。

　　本教材由王晓玫负责统稿，王晓玫、张仁民负责审稿，具体写作分工如下：

　　任务一：赵莲［北京社会管理职业学院（民政部培训中心）教师］。

　　任务二：崔杰［北京社会管理职业学院（民政部培训中心）教师］。

　　任务三、任务四：王晓玫［北京社会管理职业学院（民政部培训中心）教师］、周钰珉（上海婚介协会会长）。

目　　录

Project 1 项目一
婚姻介绍及顾问支持

婚姻是人类社会得以稳定发展的基础，从原始社会的群婚、杂婚到后来的一夫多妻（中国为一夫一妻多妾制）、一夫一妻，婚姻形态的不断发展体现出人类文明的发展，而婚介则是婚姻家庭产生过程中一个重要的环节。

婚介行业、婚介服务和婚介师这三个主要因素直接影响婚介的效果和婚介行业的发展。婚介服务的专业化，婚介师专业素质和技能，是决定婚介成功率以及婚介行业是否能够持续发展的关键。所以，要确保婚介行业健康发展、保证婚介服务质量不断提高，婚介师专业素质和技能的培养应当成为首要任务。

学 习 目 标

一、知识目标

1. 掌握客户接待的准备工作。
2. 掌握客户接待的方式和内容。
3. 掌握了解收集客户的交友目的和要求的技巧。
4. 掌握审核认证客户所提供的个人背景资料的方式。
5. 掌握推荐婚介服务项目的技巧。
6. 掌握婚介合同的主要内容和签订婚介合同的工作流程。
7. 了解婚介合同的变更、终止及异议处理的方式。
8. 掌握婚介信息搜集技巧。
9. 了解婚介对象推荐的工作流程和技巧。

二、技能目标

1. 能够通过婚介客户接待，赢得征婚人信任，初步了解征婚人的基本信息。

2. 能够通过了解收集客户的交友目的和要求，初步审核认证客户所提供的个人背景资料，选择合适的婚介服务项目。

3. 能够掌握婚介合同的主要内容和签订婚介合同的工作流程，签订符合法律规定的婚介服务合同。

4. 能够掌握婚介信息搜集技巧，初步进行婚介推荐。

三、素质目标

1. 积极关注征婚人的择偶需求，严格保护征婚人的信息，树立正确的服务理念。

2. 具备分析征婚人需求和满足需求的能力，培养理解、尊重、关心服务对象的专业价值观。

任务一
婚 介 接 待

【任务情境】

　　小张大学毕业后，因为对"红"事比较热衷，故没找其他工作，就到婚介机构应聘，当上了"小红娘"。就职后，婚介机构对她进行了短期的专业知识和技能培训，小张就正式上岗了。小张上岗后接待的第一个征婚人是李先生。这位李先生是某大学教师，年龄35岁，性格比较内向，在与小张交流过程中，每说一句话，都要想一下，还喜欢反问小张，问小张的意见，自己始终没有一个明确的需求，体现了其优柔寡断的性格。对于这样的征婚人，小张应该如何有效地把握时机，取得征婚人的信任，完成婚介工作呢？

【任务分析】

一、婚介接待的主要内容

序号	主要内容
1	客户接待的准备
2	客户接待的方式和内容

二、婚介接待的工作目标及措施

序号	主要工作目标	措施
1	赢得征婚人信任	通过自我介绍和介绍所在婚介机构的基本情况，赢得征婚人信任
2	了解征婚人基本情况	通过热情接待和有技巧的交谈，了解征婚人的基本情况

【任务实施】

子任务一　客户接待的准备

一、工作流程

（一）工作准备

1. 物品准备

序号	名称	单位	数量	备注
1	手机	部	1	用于留存征婚人联络方式、互加微信
2	名片	盒	1	用于向征婚人介绍自己
3	笔记本电脑	台	1	用于记录征婚人电子信息资料
4	征婚人资料本	个	1	用于记录征婚人纸质信息资料
5	婚介机构广告宣传资料	册	1	用于向征婚人介绍婚介机构的基本情况和服务产品
6	婚介服务记录本	个	1	用于记录和征婚人的谈话要点
7	签字笔	支	1	用于记录和征婚人的谈话要点
8	水杯	个	1	征婚人饮水所用

2. 环境与人员准备

序号	环境与人员	准备
1	环境	干净、整洁、温馨、空气清新、无异味
2	婚介师	言谈有礼、举止文明、细微得体、积极热忱、恰到好处地提供服务
3	征婚人	必须是具有完全的民事权利能力和民事行为能力的单身人士

（二）客户接待的实施

步骤	流程	技术操作要求
工作前准备		（1）经过正规的婚介培训
		（2）掌握一定的婚介知识和婚介服务专业技能
步骤1	熟悉婚介机构基本情况	（1）熟悉婚介机构开办的时间
		（2）熟悉婚介机构的规模
		（3）熟悉婚介机构的经营特色
		（4）熟悉婚介机构的基本情况（营业时间、地点、电话、传真、网址、交通线路等）
步骤2	熟悉婚介机构服务产品	（1）熟悉所在婚介机构的服务产品定位
		（2）熟悉所在婚介机构的婚介服务流程
		（3）熟悉所在婚介机构的婚介服务项目
		（4）熟悉所在婚介机构的收费标准
		（5）熟悉所在婚介机构的服务信息传播系统
步骤3	了解客户基本情况	（1）了解征婚人的婚姻状况和婚恋背景
		（2）了解征婚人的年龄、职业、收入、房产状况等
		（3）了解征婚人的家庭背景
		（4）了解征婚人的教育背景
		（5）了解征婚人的征婚交友动机和服务需求
注意事项		（1）在向征婚人介绍所在机构和服务产品的过程中，要真诚、自信，确信所提供的婚介服务对征婚人有帮助，赢得对方信任
		（2）在了解征婚人基本信息的过程中，要讲究接待谈话技巧，亲切自然，切忌生硬提问

（三）实施效果

1. 通过接待准备，可以有针对性地接待征婚人。

2. 通过了解接待技巧，可以为征婚人提供优质服务。

二、相关知识

（一）婚介的概念

婚介又称为婚姻介绍服务，是现代社会人们对婚介机构从事的婚介服务工作的统称，是指征婚人与婚介机构签订婚介合同并支付一定费用后，由婚介机构按照合同约定，为征婚人提供择偶和婚恋咨询服务的一种商业行为。

婚介服务包括三个要素，即婚介机构、婚介合同和婚介服务。一是婚介机构，是在国家有关职能部门注册登记，由经过专业和行业培训的服务人员为征婚人提供婚介服务的中介组织。二是婚介合同，是婚介机构和征婚人为实现婚介服务目的，明确相互之间权利义务关系的一种具有法律约束力的书面协议。三是婚介服务，是婚介机构为征婚人解决择偶、交友和婚恋咨询方面的需求，所进行的一系列的服务工作的总称。

（二）我国婚介的历史起源

婚介作为现代社会中的一种特殊商业行为，有其产生和发展的前提与基础。人们生活上的需要是婚介产生的前提，现代社会人们快节奏的生活是婚介发展的基础。在我国，现代的婚介概念是从传统的"媒"发展而来的。现代的婚介服务在传统意义上称为"做媒"，现代的婚介师习俗上则被称为"媒人""月老"或"红娘"。至今部分婚介机构的婚介师仍然沿用传统的称谓，叫做"红娘老师"。

媒妁在我国有着悠久的历史，几千年民间传统婚姻的缔结原则上由媒人传言，男女双方当事人对自己的婚姻没有直接表示意见的权利。一桩婚事的成功与否，媒人起到了十分关键的作用。民间礼仪风俗一再强调"天上无云不下雨，地上无媒不成亲"，必须经过媒人撮合才能够结为夫妻。在古代社会，男女自由恋爱是不可能的，未经媒人参与的婚姻是为世俗礼仪所不容的，会受到家人及亲友的指责。媒人为单身男女牵线搭桥，可以自己主动揽活，也可以受人之托、忠人之事。成功撮合一对男女的婚姻之后，媒人当然会得到一些钱财，这笔钱财被称为"谢媒礼"，一般由男方家支付，如果是男方入赘到女方家，则由女方家支付。成亲的前一天，媒人收受"谢媒礼"和鞋袜、衣料等。媒人第二天引导接亲，叫做"圆媒"或"完媒"。媒礼的钱数由主人家的经济状况决定，没有具体要求，但钱必须用红纸或红包封好。

民间婚姻程序中，从说媒、相亲、过礼、择期、铺房、开脸、戴绒花、穿凤衣戴凤冠、吃和合饭、障面、撒谷豆、迎亲、拜堂、婚宴、喝交杯酒、洞房花烛夜，媒人都全程参与，并在整个过程中起着不可替代的穿针引线和指导作用。洞房花烛夜之后，媒人才算完完整整地成就了一桩婚姻。

媒妁作为古代人们婚姻的桥梁，有不同的表现形式，包括神话传说中描述的神媒、负责管理百姓婚姻生活的官媒以及至今仍存在的民间的热心媒人。不论哪种形式，在我国几千年的婚姻文化中都扮演着极为重要的角色。

（三）传统婚介与现代婚介的区别

现代婚介是在传统婚介基础上发展完善而来的，二者既有相同点，又有区别。相同的是它们都是为男女婚恋服务的，都要收取一定的费用作为服务的酬劳，在男女双方的婚恋活动中都起着穿针引线和指导的作用。不同的是传统婚介是单兵作战的个体行为，现代婚介则是集体化运作、专业性和科学性相结合的团队组织；传统婚介在男女婚姻活动中，从提出结亲意向到洞房花烛夜的婚事成功，始终参与并起到不可或缺的重要作用，而现代婚介只是负责帮助单身男女相互认识，起着牵线和介绍的作用，而后续的一系列活动原则上是不参与的；传统婚介只是通过媒人介绍的单一方式，现代婚介不仅有传统的口头介绍，还可以通过手机短信、微信、互联网等现代科技手段帮助联络，婚介服务方式呈多样化发展态势。

传统婚介与现代婚介的区别见表1-1。

表1-1　传统婚介与现代婚介的区别

项目	传统婚介	现代婚介
行为方式	个人形式	集体化、团队化、专业化
服务范围	负责从提亲到婚事成功全过程	只负责介绍双方认识，不参与婚姻活动
服务方式	媒人介绍	婚介师介绍，通过短信息、互联网等方式
见面方式	双方约定或与媒人商定	多种形式

（四）婚介服务概念与婚介服务的宗旨

1. 婚介服务概念

现代社会里，服务和被服务是人们日常生活中非常普遍的行为方式，它时时处处伴随着每个人的生活。每个人都在享受着他人提供的服务，同时也在不停地为他人提供服务。大千世界里各种各样的服务构成了丰富多彩的生活世界。

服务就是工作，就是劳动，就是为他人提供所需。不同的岗位、不同的职业，为人们提供不同的服务。警察提供维护社会治安服务，商贩提供商品交易服务，农民提供种植粮食服务，教师提供培养人才服务，而婚介师则是提供为征婚男女推介适当的交友对象的服务。

婚介服务是社会各种服务中的一种，是婚介机构为了保障征婚人的利益，满足征婚人的需求，为征婚人解决择偶和婚恋咨询问题所进行的一系列服务工作的总称。全国各地的婚介机构提供最多的服务是择偶介绍。各阶层、各年龄段的单身男女，由于种种原因无法解决自己的择偶问题，于是委托婚介机构，利用其专业的服务，挑选自己的终身伴侣。婚介机构根据每个征婚人不同的个性需求，选择并向其推送与之匹配的交友对象。

经常有婚介工作者对婚介工作有错误的理解，认为婚介工作就是对征婚人口若悬河地解释服务功能和服务项目，就是想方设法说服征婚人签订婚介服务合同，全然不顾是否能提供相应的婚介服务、征婚人的状况以及有哪些个性化的需求，结果常常是欲速则不达。即使勉强说服征婚人签下婚介服务合同，婚介服务的成功率也不高，反而损害了婚介机构在征婚人心中的形象。所以，只有认真领悟婚介服务的内涵，时刻怀有一份爱心，才能为征婚人提供优质、专业的婚介服务。

2. 婚介服务的宗旨

近年来，随着婚介行业的蓬勃发展，行业竞争不断加剧，婚介服务出现的一些诚信问题影响了大众对婚介行业的看法，也阻碍了婚介行业的健康发展。为了规范婚介机构的服务，保护征婚人的合法权益，弘扬健康的婚介文化，促使婚介从业者恪守职业道德，提倡"诚信为荣，失信为耻"，努力维护婚介行业形象，确保婚介行业健康、有序地发展，中国社会工作协会婚介行业委员会制定了会员自律公约：

（1）严格遵守有关法律、法规及中国社会工作协会婚介行业委员会制定的行规，合法地从事婚介服务。

（2）坚持以人为本的婚介服务理念，弘扬中华民族传统美德和社会主义核心价值观，积极推动婚介行业职业道德建设。

（3）自觉遵守国家和地方有关婚介行业管理的法规和政策，自觉服从政府有关部门及中国社会工作协会婚介行业委员会的领导和监督。

（4）提倡充满人性化，热情、真情提供服务，坚持社会效益优先的婚介服务原则。

（5）坚持诚信原则，提倡公平竞争。不以任何形式制造、发布和传播虚假婚介信息，不利用欺骗手段牟利，自觉抵制各类不正之风，杜绝违法行为，共同维护婚介行业的声誉。

（6）坚持规范婚介服务，亮证经营。婚介服务项目和收费标准公开，婚介师持证上岗。

（7）努力学习婚介相关法律、法规和政策，熟悉婚介服务特点，不断提高婚介师自身素质和婚介服务品位。

（8）婚介经营办公环境整洁，待客文明礼貌，婚介资料管理有序。

（9）维护征婚人的合法权益，保护征婚人的个人隐私，不利用征婚人提供的信息从事任何与婚介服务无关的活动。

（10）遵纪守法，依法纳税。

在此基础上，中国社会工作协会婚介行业委员会又推出了行业服务公约，要求所有会员单位严格遵守。

"全国婚姻介绍行业服务公约"如下：

遵纪守法，弘扬诚信，规范操作。

爱岗敬业，专注研究，热心工作。

尊重客户，礼貌待人，热情大方。

服务项目，有问必答，百问不厌。

办理业务，耐心细致，准确无误。

积极探索，不断创新，与时俱进。

（五）婚介师的定义与婚介师的整体要求及职业道德素质

1. 婚介师的定义

以前，我国对婚介师没有一个明确定义，也没有一个正式的称呼，统称"红娘"或"老师"。2006 年，《婚介师国家职业标准》在上海试运行，才对婚介师正式定义，给婚介师职业设立了四个等级，即婚介师五级（婚介员、国家职业资格五级）、婚介师四级（助理婚介师、国家职业资格四级）、婚介师三级（婚介师、国家职业资格三级）、婚介师二级

（高级婚介师、国家职业资格二级）。自此，婚介师职业被政府正式认定。

根据《婚介师国家职业标准》，婚介师是指以婚姻家庭法为原则，遵循以人为本的服务理念，运用婚介服务专业方法，以帮助征婚人解决婚姻问题为目的的专业工作者。沟通能力、观察能力、理解能力、判断能力、辅导能力和亲和力是婚介服务工作者需要具备的最基本的能力。

2. 婚介师的素质要求

婚介师必须是综合性人才，不仅要有良好的文化修养，还需要熟悉婚介服务的专业技能和相关专业知识，比如人际关系学、心理学、家庭社会学、企业管理学和计算机知识等。婚介师特别需要有一颗热爱婚介职业、积极健康的心，要有热心助人的内在激情，要有洞察他人情态的逻辑思辨能力，要有处理纠纷的灵活机智，要有安排组织的管理水平，要有对婚姻爱情的正确认识，要有对社会人生的通达经验。只有这样，婚介师才能坦然面对社会上形形色色的征婚人，给予他们正确的婚恋指导，为他们提供合理有效的婚介服务。也只有这样，婚介师才能在未来的婚介行业竞争中不断取得胜利。

婚介师是征婚男女情感生活的导师，既要懂得适时地介入，为征婚人加油鼓劲；又要学会适时地避开，让征婚人的爱情之花自行发芽结果。婚介师既要当好助燃剂，让征婚人的爱情之火熊熊燃烧；还要做好消防员，把征婚人的爱情火焰控制在安全的范围内，以免出现不必要的意外伤害。

婚介机构的服务人员要监督、应用以及改进机构的工作程序，做到认真记录征婚人员的个人资料信息，完整存档、妥善保管、科学管理，并且严格保护征婚人的个人隐私（走漏个人隐私是违法行为，会涉及法律责任）。

新时代的婚介师要用正确的心态和理念对待婚介工作。婚介机构只能向征婚人收取有限的费用，作为服务酬劳；婚介师只能从所服务的婚介机构获取服务工资，不允许婚介机构和婚介师利用诈骗和诱惑等非法手段向征婚人收取费用和财物。婚介机构向征婚人收取服务费，必须出具正规的收据或发票。

婚介机构信誉的好坏，往往体现在婚介师工作是否称职上。有时，征婚人信任某家婚介机构，是因为信任某个婚介师的服务。因此，一家婚介机构的工作成败，常常取决于其婚介师的职业素养。

3. 婚介师的职业道德

任何行业都有其职业规范，任何行业对其从业者都有职业道德的要求，婚介行业也不例外。中国社会工作协会婚介行业委员会一经成立，就确立了我国婚介行业的自律公约和婚介师的职业道德守则。

征婚人把寻找能与自己相守相伴、幸福一生的伴侣的艰巨任务托付给婚介机构和婚介师，是对婚介机构和婚介师的最大信任。婚介机构和婚介师要对这份重大信任高度负责。在介绍、撮合的全过程中，婚介机构和婚介师要做到知法守法。比如，未到法定结婚年龄的人群不为其提供服务，要协助保护军婚，机构经营要文明合法，要严格保护征婚人的信息，做到以人为本，整个婚介过程对征婚人本人保持透明等。在服务过程中要做到认真负责，不能收了征婚人的服务费之后，随便敷衍，只求在合同期内完成承诺的介绍人数，不求质量。

子任务二　客户接待的方式和内容

一、客户接待的方式

（一）电话接待

电话接待是婚介接待中最常见的方式。一般情况下征婚人或征婚代理人会首先通过电话获取有关婚介机构的基本信息，例如婚介机构的营业时间、办公地点、交通路线、会员概况及服务项目等，从而决定是否前往该婚介机构做进一步了解，以至建立婚介服务关系。来电咨询的征婚人都是婚介机构潜在的客户，婚介接待的重要任务就是把这些潜在的客户变成真正的婚介客户。婚介师要说服征婚人上门面谈，做进一步沟通，加深对婚介机构和婚介服务的了解。

1. 接听电话的标准流程

婚介师代表着婚介机构的形象，接听婚介电话，不仅要注意婚业业务的内容，也要注意电话礼仪。接听婚介电话的流程是：问候语—主动报婚介机构名称—询问征婚人需要什么婚介服务—询问征婚人个人信息—确定上门面谈时间—结束语。

2. 接听婚介咨询电话规则

（1）做好准备工作　接听电话前，应准备好记录用的纸和笔，调节好自己的心态，以积极愉快的心情、面带微笑接听电话。对方可从电话里感受到婚介师亲切、友善的态度，有利于与征婚人的沟通，使接待工作顺利进行。

（2）做好电话记录　电话记录有"3W"原则，即 when（什么时间）、who（谁来电话）、what（何种事项）。婚介师接听电话时，要尽可能多地记录下征婚信息，尽可能详细地记录征婚人询问的事项和征婚要求，尽可能通过电话促成征婚。

（3）邀请到婚介机构进一步面谈，并约定好时间　接听电话后，一定要记录来电时间，填好电话接待记录表（表1-2）。

表1-2　电话接待记录表

电话接待时间	年　月　日　时　分	接待员	
征婚人姓名		性别	
征婚人联系方式			
征婚人咨询内容			
征婚人个人信息			
安排的约见时间			
有无特殊要求			

（4）及时接听电话　何时拿起电话接听有一定的讲究，接听太快显得草率鲁莽，一定要把握好合适的时间，表现得礼貌、得体，打消征婚人对婚介服务机构的戒心。

正确接听电话的时间应该在电话铃响两声后。如果电话铃刚响一声就接听，一方面容易断线，另一方面会使对方觉得你急躁、冲动；如果电话铃响四声以上才接听，会让征婚者产生烦躁不安的感觉。一个训练有素的婚介师在接听铃响两声的电话时会说："您好！

这是某某婚介公司。"在接听铃响了三至五声的电话时，则说："您好！对不起，让您久等了！"这样的说法会让征婚人感到婚介师的诚意和婚介机构的规范。

婚介师接听完电话，不要匆忙挂断，应该示意征婚人先挂电话，以示尊重。在确认对方挂断电话后再放下话筒。切忌没说结束语就挂断电话。

3. 接听婚介电话的技巧

（1）接听婚介咨询电话

① 重复称呼征婚人姓名。得知来电人姓名后，电话中要不断重复来电人姓名。这种做法备受欢迎，因为它满足了需要别人尊重和关注的心理需求。

② 不要让征婚人重复诉说某个内容。让客户复述，不仅浪费时间，也让客户感觉接听人不认真。电话线路有问题或对方声音太小时例外。

③ 使用电话敬语。婚介师接听电话时使用敬语是基本礼仪和基本要求。

④ 避免噪声或其他多余的声音。婚介师接听电话时要注意自己的举止，避免不必要的动作、发出多余的响声，以免给征婚人带来不舒服的感觉。

⑤ 多用肯定语。肯定语句让人增加信心。婚介师接听电话应多使用肯定语，让征婚人感觉亲切和愉悦，为进一步约见征婚人面谈创造条件。

⑥ 让征婚人选择。接听婚介电话的目的是让征婚人上门面谈，进而建立婚介服务关系。婚介师与征婚人约定面谈时间时，要充分尊重客户，让征婚人选择时间和方式，或提出几个方案让对方选择。

⑦ 使用恰当的结束语。以"再见""祝您有个愉快的周末"等恰当的结束语，暗示对方电话可以结束，也带给对方温馨的感受。

（2）正确处理接听电话时客人来访　婚介师对待所有的客人都应该一视同仁。事情有大小之分，但重要程度无分别。婚介师绝不能将客人划分等级。正确的做法应该是：

① 请电话中的征婚人稍等片刻。

② 快速请客人进门，说明自己在接电话，请他稍等。

③ 请其他婚介师协助接待。

④ 以恰当的方式，尽快结束电话。根据电话内容的重要程度，设法将其告一段落，或与电话中的征婚人商议是否可以过一会儿再回电。

⑤ 回到来访客人身边，以适当的措辞表示歉意，如图 1-1 所示。

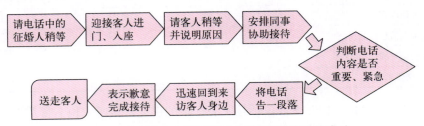

图 1-1　接听婚介电话时恰好有客人拜访的处理办法

（3）接听征婚人投诉电话

① 必须仔细倾听征婚人的诉说。征婚人对得到的婚介服务不满，感到委屈时，才会

投诉，婚介师应该先让投诉者将不满情绪宣泄出来，一方面表现对投诉者的尊重，另一方面也有机会了解投诉原因及投诉要求。千万不要没搞清楚原因就与投诉者争辩。即使客户有些情绪，说了一些偏激的话，婚介师也要控制好自己，不要与其争吵。

② 感谢征婚人的反馈意见，并用适当的语言安慰投诉者，要用平静的语气进一步询问，了解清楚事情真相。

③ 如果是简单的问题，婚介师可以及时以恰当的方式和语气作合理的解释。如果情况复杂，应该将投诉者的投诉信息详细记录下来，并承诺将求助于主管领导，在某个时间内，尽快给予答复，或者邀请投诉者到婚介机构来，面谈解决纠纷问题。

对于客户的投诉电话，婚介师要格外热情地回应，以免激怒对方，把矛盾扩大。

【例 1-1】婚介师小杨接到刘女士投诉，诉说另一位婚介师小张不负责任，没有给她介绍合适的对象。原来，约见当晚，男方在等了一个半小时还未见到人的情况下，就自己先叫餐吃饭了。刘女士到达见面地点后，发现男方没有等她一起吃饭，认为男方不礼貌。小杨听后先顺着刘女士的话责怪男方不对，又转而分析说，人与人的交往要讲究诚信，双方初次约见应守时。刘女士在小杨的劝说下，意识到自己的过失，承认不该把错误强加给婚介师小张。

（二）上门接待

上门接待是婚介接待中非常重要的一环。婚介师通过面谈，使征婚人与婚介机构建立服务关系，因此，第一次面谈十分关键。据统计，50%的上门征婚人能够在咨询之后，成功与婚介机构签署婚介合同。婚介师一定要练好基本功，掌握婚介接待面谈技巧，把握机会，将婚介接待面谈工作做好。

1. 上门接待的类别

上门接待通常有两种情况：已经过婚介电话接待和未经过婚介电话接待。

（1）已经过婚介电话的接待　这类征婚人对婚介机构和婚介服务已经有了简单的认识，来到婚介机构的目的相对比较明确，或是对某项婚介服务想做进一步了解，以及申请婚介服务、办理婚介服务合同等。针对这类征婚者，婚介师要把握好谈话的技巧，让已经有了良好开端的婚介接待工作有一个圆满的结果。

（2）未经过婚介电话的接待　对于这类征婚人，婚介师首先要仔细了解他们的来意和需求，针对他们的提问给出明确简练的回答，并努力提高他们对婚介服务的认识。如果征婚人并不想马上和婚介机构建立婚介服务关系，婚介师一定要充分予以理解，千万不能操之过急。同时，也不能为了与客户套近乎说自己熟悉客户的同事或朋友，避免客户担心其他人知道自己征婚。

【例 1-2】一日，某婚介机构前来咨询的客人络绎不绝，婚介师小张接待前来征婚的徐女士。徐女士非常坦率地告诉小张，自己在某金融公司上班。小张听说后，不假思索地说出该公司的领导是她的好朋友，目的是想借此拉近关系，让徐女士对自己更加信任。可是，徐女士听小张这么说后，却找借口走了。事后，小张突然意识到自己犯了婚介服务中的大忌。徐女士之所以找借口离开，是怕自己单位领导知道自己征婚而觉得没面子。小张为此懊悔不已。

2. 上门接待的注意要点

婚介师通过第一次面谈，应该了解征婚人目前的婚姻状况和婚恋背景，熟悉征婚人的性格、脾气爱好、特长等，掌握征婚人的择偶要求，清楚征婚人征婚的背景和原因。婚介师必须一边倾听征婚人的诉说，一边认真地做好面谈要点记录，面谈后详细地整理。做好的记录对下一阶段的婚介推荐、约见、跟进服务有着重要的参考价值。

征婚人上门，是婚介师展示自己以及婚介机构的好机会。婚介师了解征婚人的信息及需求后，应适时地介绍婚介机构以及婚介服务内容，重点推荐适合征婚人的服务项目，激发征婚人的兴趣，使征婚人成为自己的客户。

（三）网络接待

婚介网络接待是一种新兴的接待方代，是指婚介师在互联网上对登录或注册的征婚人提供的婚介接待服务。婚介网络接待和婚介上门接待所提供的婚介接待服务实质一样，只是手段不同。要做好婚介网络接待工作，婚介师不仅要具备婚介接待技能，还要具备一定的计算机操作技能和文字写作能力。

（四）电话、上门、网络三种不同接待方式的比较（表1-3）

表1-3　电话、上门、网络三种不同接待方式的直观比较

项目	电话接待	上门接待	网络接待
信息记录	征婚人口述，婚介师登记	征婚人自行填写	征婚人自行录入
信息真实性	可能存在隐瞒信息	隐瞒问题较其他两种接待而言，相对较少	真假难辨，而且用户名多以昵称为主
证件核实	口头核实	证件对照核实，较准确	网上核实，存在漏洞
咨询项目	营业状况、服务项目、成功案例等可能都会涉及	是电话接待的补充，将索要的信息细化	涉及咨询较少，自行交友偏多
婚介师技能要求	交流技能，能准确把握初次面谈技巧，引导客户上门	面谈技巧，能让大部分上门客户成为签约客户	除交流技巧，还需要掌握一定的计算机操作技能
其他要求	电话礼仪	接待礼仪，待人接物	后期转为上门接待
备注	多数是上门接待的基础，要准确存档备案	上门客户基本都是有意向的，随时可能转变为正式客户	前期婚介师几乎没有任务，但是后期要转其他接待类型

（五）婚介接待内容

婚介师每天面临许多征婚人的电话，面对许多征婚人的上门咨询，简单又准确地回答征婚人的询问，引导征婚人树立正确的择偶观念，促成征婚人选择合适的婚介服务项目，最终达成建立婚介服务关系、签订婚介合同的目的，这是婚介接待的内容，也是整个婚介服务的基础。婚介师一定要全力以赴，首先把婚介接待工作做好。

二、相关知识

（一）客户接待的谈话技巧

1. 消除紧张气氛

进入婚介机构的，都是有婚介服务需求的。婚介师接待他们，要热情、诚恳。最好从

漫不经心的寒暄开始，问问对方来时交通是否顺畅，日常工作是否很忙等，以此来解除征婚人的紧张戒备心理。

2. 谈话中倾听的方法

（1）学会耐心倾听　婚介师要耐心倾听征婚人的诉说，排除各种杂念，学会控制自己的情绪，使自己完全投入到与征婚人的谈话中去，不仅用耳听，还要运用眼神，注视对方。

（2）让倾听充满活力　任何人都不喜欢面对一个无动于衷、面无表情、毫无反应的倾听者。因此，婚介师在聆听征婚人诉说时，一定要面带微笑，让倾听充满热情，赢得征婚人的认可。

（3）成为一个高明的倾听者　倾听有主动和被动之分。被动的倾听只是机械地听人说话；主动的倾听则是积极地参与到谈话中去，不时地提出自己的想法和意见，让对方也从谈话中有所收获。

（4）听出对方真实的意思　有时征婚人不愿完全表达出他的真实想法。此时，婚介师应认真揣摩征婚人谈话的真实含义，然后给予恰当的回答。

（5）避免破坏性的谈话　倾听中最忌讳的情况是：不该提问的时候提出问题，该提问的时候又不知问什么，导致谈话被破坏。因此，婚介师应努力避免破坏性的谈话。

3. 谈话中讲话的技巧

（1）想好再说　理清思路，想好再说，是婚介师清楚地表达思想和意见的前提。

（2）力求简明　太过复杂的谈话，费时无益。但是，说话过于简单，又不可能将意思完整表达出来。所以，婚介师的谈话要力求简明。

（3）讲话清楚　为了让听话者听懂讲话人的真正意思，一是要尽量选用通俗语言；二是在使用专业术语或特定字眼时，要确定听者是否能够听懂。

（4）用肢体语言配合　讲话的声调、脸部的表情、身体的动作，都应相互配合，使谈话更成功。

4. 与陌生人的沟通

（1）判断陌生人的性格倾向　婚介师首先向陌生人介绍自己，如果陌生征婚人的反应沉默，表示征婚人可能是一个内向的人，主观性强，对别人的举动和谈话很有主见。遇到这种情况，婚介师要尽量慢慢地讲话，努力找到对方感兴趣的话题。

（2）判断陌生人的知识层面　判定对方的知识层面是为了用双方都认可的语言交谈，拉近距离，建立友谊。知识水准高的人，喜欢谈话对象与自己具有同等知识水平，如果婚介师文化水平与之相当，与征婚人的交谈可能相对比较容易；否则，应该选择先听后说，从征婚人的谈话中学习知识，或虚心向对方请教。

（3）判断陌生人的意志

① 有侵略性意志的征婚人。有侵略性意志的征婚人喜欢以主宰者自居，支配谈话。婚介师与这种人谈话时，不要过分强调自己的意见而与征婚人产生争执。

② 犹豫不决的征婚人。对犹豫不决的征婚人，婚介师需要进行加强式的引导。告诉征婚人你的建议，并向征婚人说明你的建议能给他带来哪些利益。

③ 意志坚强的征婚人。征婚人有强烈的自信心，对于婚介师的建议有明晰的判断，

乐意听婚介师谈话，但坚持自己做决定。婚介师应尽量劝说对方采取你的建议。

（4）判断征婚人的现实性　只要和征婚人谈上几分钟，婚介师就能够洞察对方的生活态度。判断征婚人是爱幻想的理想主义者，还是讲究实际的现实主义者。

同理想主义者谈话的最佳方法是：轻松地与对方交谈，紧紧抓住令人愉快的话题，尽量不要触及生活中苦涩的一面，否则对方会中止谈话。

同现实主义者谈话，婚介师不能用固定的千篇一律的方法，要运用最好的谈话技巧，避免理论化。

（5）正确面对征婚人的自我意识　对自我意识较低的征婚人，婚介师应给予对方正常的关注，对其看法给予尊重，使自己被对方接纳。如果是一位自我意识很强的征婚人，要多听少说，只谈论令对方感兴趣的话题，并且不时地赞美对方。

（6）判断征婚人思想开通程度　婚介师凭个人经验判断征婚人思想开通或闭塞。心理闭塞的征婚人的共同点是以情绪而非事实表述意见，思想相对狭窄。这种征婚人受情绪支配，固执己见，心理封闭，听不进不同意见，婚介师与这类征婚人应只谈安全的话题，不要反对他的意见，不要试图短时间内改变他闭塞的心理。

心理开通的征婚人为人客观，婚介师只要给对方足够的理由与事实，保持客观的态度，对方会很容易地改变自己的意见。

上述一些方法，只是针对个性极端的征婚人。实际上，大多数征婚人比较理性，比较容易理解。上述方法能帮助婚介师更快地了解陌生征婚人的个性，找到对方的兴趣点，尽快消除对方的陌生感，达到结交新朋友和享受有结果的谈话的目的。

【例1－3】　一日，婚介师张某发现有一女士在自己的机构门前探望、徘徊，于是，张某迎出门外，热情说道："外面挺凉的，进屋里喝口茶吧。"进屋之后，张某观察该女子的各种举动，细细揣摩她的语言，初步判断她是一个比较谨慎、慢热，却能对朋友、亲人敞开心扉的人。于是张某越发诚恳地与之交流。一杯茶的工夫，小张已基本掌握了该女士的相关信息。

（二）客户接待的服务礼仪

1. 仪容礼仪

仪容指的是人的相貌和面容，特别要注意头部、肢体等暴露在外的部分。对婚介服务人员来说，服务仪容的要求主要集中在发型、面部和肢体修饰等方面。例如不留奇异发型、不浓妆艳抹、女士穿裙时要穿长丝袜等。

2. 仪表礼仪

仪表指的是人的外表，包括人的穿着、举止、风度等。服务人员着装主要有制服、套裙、工装、帽子、领花、工牌、鞋袜等，着装的用色为中和色，中和色给人以平和、稳重、可靠的感觉。婚介服务人员的仪表要与年龄、体形、气质和所在的场合相吻合，体现出和谐，给人以美感。

3. 仪态礼仪

仪态指的是人的各种姿态，如站姿、坐姿、行姿、表情以及各种肢体动作。仪态在人的日常生活中，无所不在，时刻体现着一个人的素质与修养。但是，一个人的仪态举止，

不是做几个肤浅的动作就可以表现出来的，它是发自一个人内在的素质和涵养。过于做作的肢体动作，会令人反感，甚至闹出笑话。对于服务人员服务仪态的要求，不但要有"站如松、坐如钟"的姿势，更要有发自内心的微笑、和善和友好，只有与顾客进行真挚的情感交流，才能体现服务人员的高雅气质和涵养，才能把服务做得更细致周到，让顾客产生宾至如归的感觉。

任务二
婚 介 咨 询

【任务情境】

　　一位离异女性，身高 1.71 米，大学本科毕业，相貌姣好，期望找到收入高、行业好的男士。婚介师给女方做咨询的时候，引导该女以健康、善良、有学问等为主要条件，经济收入是相对的，可以两个人一起创造。女士本人个子高，不容易找到合适的对象，况且还经历过失败的婚姻，对男方的要求不能太苛刻。女方觉得婚介师说得有道理，愉快地接受了。

【任务分析】

一、婚介咨询的主要内容

序号	主要内容
1	了解收集客户的交友目的和要求
2	审核认证客户所提供的个人背景资料
3	选择婚介服务项目

二、婚介咨询的工作目标及措施

序号	主要工作目标	措施
1	为征婚人解决婚恋咨询和择偶问题	充分了解并满足征婚人的需求，合理引导预期
2	为征婚人提供多个选择，帮助其快速、有效地找到意中人	一次择偶服务、婚介委托婚介服务、半年期婚介服务、全年期婚介服务

【任务实施】

子任务一　了解客户的交友目的和要求

一、工作流程

（一）工作准备

1. 物品准备

序号	名称	单位	数量	备注
1	水杯	个	2	供征婚人选用
2	热水			供征婚人选用
3	咖啡			供征婚人选用
4	茶			供征婚人选用

2. 环境与人员准备

序号	环境与人员	准备
1	环境	干净舒适、温馨整洁、空气清新无异味
2	婚介师	言谈有礼、举止文明，自觉遵守社会基本道德规范，细微得体、恰到好处地提供服务
3	征婚人	必须是具有完全的民事权利能力和民事行为能力的单身人士

（二）了解客户基本情况

步骤	流程	技术操作要求
工作前准备		（1）经过正规的婚介培训
		（2）掌握一定的婚介知识和婚介服务专业技能
步骤1	了解客户的个人条件和婚恋史	（1）需要了解客户的基本信息，包括面貌体型、社会地位、经济基础、文化修养、家庭条件等
		（2）婚介师不仅要了解客户的个人条件，还要了解客户的情感状况，是否谈过恋爱，为什么分手等情感经历
		（3）征婚人比较注重婚介师推荐的对象的个人条件。如果彼此条件相差悬殊，婚介推荐的成功概率就会比较低
步骤2	了解客户的交友要求	（1）有人注重经济实力，有人注重性格，有人注重外貌
		（2）有些征婚人往往羞于将自己注重的要求和标准直言表达，这就要求婚介师通过察言观色面谈技巧，洞察其内心真实的想法
		（3）只有在既知婚介推荐对象的个人条件和个人情况，又知他们的婚恋心理需求的情形下，婚介师才能有的放矢地为征婚人提供有效的婚介推荐，从而为接下来的婚介服务最终获得成功奠定基础
注意事项		（1）每个人都有自己独特的择偶要求和标准，即使条件相仿的人，其择偶要求和标准也有可能大不一样
		（2）在了解征婚人基本信息的过程中，要讲究接待谈话技巧，亲切自然，切忌生硬提问

（三）实施效果

1. 通过了解客户的个人条件和婚恋史，可以有针对性地进行推介。

2. 通过了解客户的交友目的及要求，可以为征婚人提供优质服务。

二、了解客户需求的要点

（一）年龄范围要求

这是征婚人最基本的征婚要求。

（二）相貌要求

有些征婚人对相貌要求较高，但大多数本身条件一般者相貌要求均可以灵活调整。

（三）性格匹配程度

性格要求固然重要，但在其他条件合适的情况下，可以对性格相对分析。

（四）志趣爱好

有共同的爱好，就不难找到共同的话题，这有益于婚恋关系的快速建立和顺利发展。

（五）经济条件

经济条件对于大龄青年或二次以上婚姻者，尤其重要。有些征婚人把它作为必须条件，对对方的经济收入要求很严格。

（六）家庭环境要求

有些征婚人，可能对对方曾结过婚或有孩子非常介意；有些习惯独立生活的征婚人，对于将来是否与父母同住十分挑剔。

（七）其他特殊要求

有些征婚人对征婚对象有其他特殊要求，期望值较高，例如行业要求、身高要求、家庭背景以及其他比较难达到的要求。针对这类征婚人，首先要尊重他的想法，但要做适当的辅导，使其面对现实。

子任务二　审核认证客户所提供的个人背景资料

一、工作流程

（一）审核证件

婚介服务是一项原则性很强的工作，每个征婚人办理婚介服务时，必须提交证件，由婚介师审核、登记、复印和存档。

征婚人需要提交的证件包括：

1. 户口簿、身份证，离异者须出具离婚调解书或离婚证。

2. 学历证明。

3. 一套照片。包括征婚人各种生活照、艺术照（如征婚人无合适照片，婚介机构可提供摄影服务）。

4. 其他培训证书或专业资格证书。

所有出示证件或证书必须是原件，提交复印件的，婚介师必须确保征婚人的身份准确无误、婚姻状况真实可靠，对征婚人的身份证、结婚证或离婚证以及户口簿进行仔细核实和查验。

（二）填写登记表

证件审核后，征婚人填写婚介服务登记表。婚介服务登记表是婚介合同的基础，要求

本人亲自填写，每个栏目的内容必须真实可靠，不能虚假和夸大，以免发生不必要的误会和问题。如果因为征婚人填写不真实引起婚介纠纷，造成各项经济损失，征婚人须承担相应责任。婚介师应指导征婚人，认真仔细地填写登记表，逐项认真核对，正确无误后存档保存。

婚介师应该在登记表格的设计上多下些工夫，尽量让征婚人留下详细个人资料和征婚要求，以便在活动中及活动后做有效跟踪。具体表格设计可参考表2-1。

表 2-1　活动登记表

姓名		性别		年龄	
出生日期		身高		籍贯	
专业		学历		婚姻状况	
职业		职务		电话	
家庭成员					
家庭住址					
本人性格描述					
业余爱好、特长及特殊才艺					
其他个人资料					

二、相关知识

（一）婚介信息登记的内容

婚介信息登记的内容包括征婚人的个人情况和择偶要求。

1. 征婚人的个人情况

（1）征婚人的自然条件，包括：年龄、性别、民族、籍贯、身高、体重、健康状态、容貌等。

（2）征婚人的社会条件，包括：工作单位、职业、职位、政治面貌、信仰等。

（3）征婚人的受教育状况，包括：学历、毕业院校、有无出国留学经历等。

（4）征婚人的经济条件，包括：经济收入、住房条件、财产状况。

（5）征婚人的家庭背景及状况，包括：父母的年龄、职业、收入、健康状况，是否与其同住等。

（6）征婚人的婚恋状况，包括：个人情感经历、以往婚姻史、是否有孩子等。

（7）征婚人的习惯、爱好及特长。

（8）征婚人的性格特征。

2. 征婚人的择偶要求

征婚人的择偶要求主要是指征婚人对意中人的大致描述，其涵盖的内容与征婚人个人情况涵盖的要求基本相似。

因征婚人的个人情况在不断变化，因此，择偶要求也会不断变化。

子任务三　选择婚介服务项目

一、工作流程

（一）选择婚介服务项目

婚介师需要帮助征婚人挑选适合自己的婚介服务项目。婚介师可以根据自己的工作经验，向征婚人推荐一项婚介服务，解释推荐理由，婚介服务项目往往是根据服务对象而定，最终选择应该由征婚人自己决定。

（二）婚介服务项目分类

1. 一次性婚介服务

是指婚介机构只为征婚人提供一次择偶婚介服务。选择一次性婚介服务的征婚人，往往是看见婚介广告上某位征婚人的个人条件和征婚要求与自己心目中寻求的婚恋对象比较吻合，才要求提供这类服务。婚介机构安排好双方约见，并进行必要的跟进服务，一次性婚介服务即结束。

2. 期限性婚介服务是以时间期限为主要限定条件提供的婚介服务，有委托婚介服务、半年期婚介服务、全年期婚介服务 3 种。每种服务提供的择偶数不同，各个婚介机构就同种服务提供的择偶次数也不同。

二、相关知识

目前国内婚介机构普遍提供的婚介服务类别见表 2-2。

表 2-2　常见婚介服务类别比较

服务项目	服务时间	服务次数	适合群体
一次性婚介服务	随时	1 次	具有特定目标
委托婚介服务	3 个月	3～4 次	征婚条件适中，符合大众人群
半年期婚介服务	半年	不少于 6 次	征婚条件有一定难度
全年期婚介服务	1 年	不计次数	征婚条件差或征婚要求高

期限性婚介服务与一次性婚介服务比较，服务内涵相同，只是增加了婚介服务次数。期限性婚介服务不仅是多次参加一次性约见，更多的是提供多人约见的机会，成功机会增加。不同地区婚介服务的名称不尽相同。比如把全年婚介服务称为 VIP 婚介服务或者钻石婚介服务，把半年期婚介服务称为金牌婚介服务，把 3 个月婚介服务称为银牌婚介服务等。

另外，一些婚介机构，为了吸引征婚人，提高服务效益，推出特别婚介服务。所谓特别婚介服务，第一是高收费，提供贵宾服务；第二是增加附加服务项目，比如免费参加婚介机构举办的各种线下活动，拓展选择范围，优先获得约见指定人士的机会等。这些特别服务，是对新的婚介服务模式的探索，为婚介服务行业注入新的活力，以求行业的创新、突破和进步。

任务三
婚 介 签 约

【任务情境】

　　王先生是某婚介机构的签约征婚人，由于自卑心理，感觉个人条件不佳，在订立服务合约时选择了一年期的服务。签约后不久，就有好几个条件不错的姑娘有意和王先生交往。王先生担心错过良机，要求变更合同，将原来的一年期服务变为三个月服务，并且要求婚介机构退还部分服务费。婚介师问明缘由，觉得此要求属于人之常情，于是同意变更合同服务期限并且退回了差额费用。这种情况就是合同签约后遇到的合同变更问题。

【任务分析】

一、婚介签约的主要内容

序号	主要内容
1	签订婚介服务合同
2	婚介服务合同的变更、终止及异议处理

二、婚介签约的工作目标及措施

序号	主要工作目标	措施
1	婚介师与征婚人将双方商议的服务内容，用合同明确下来	通过婚介师提供的咨询服务
2	婚介师与征婚人签订婚介服务合同	通过双方协商达成一致

【任务实施】

子任务一　签订婚介合同

一、工作流程

（一）工作准备

1. 物品准备

序号	名称	单位	数量	备注
1	婚介服务合同格式文本	份	3	婚介机构制定统一标准合同
2	签字笔	个	2	用于签订合同
3	公章	个	1	婚介机构的公章
4	水杯	个	2	征婚人饮水所用
5	其他物品			

2. 环境与人员准备

序号	环境与人员	准备
1	环境	干净、整洁、温馨、空气清新、无异味
2	婚介师	言谈有礼、举止文明，自觉遵守社会基本道德规范，细微得体、恰到好处地提供服务
3	征婚人	必须是具有完全的民事权利能力和民事行为能力的单身人士

（二）签订婚介合同

步骤	流程	技术操作要求
工作前准备	准备合同文本	（1）婚介师提前准备好婚介机构统一制定的格式合同
		（2）一般准备一式三份，婚介机构一份、婚介师一份、征婚人一份
步骤1	要约阶段	（1）要约是一方当事人向另一方当事人提出订立合同的条件。希望对方能完全接受此条件的意思表示
		（2）发出要约的一方称为要约人，受领要约的一方称为受约人
		（3）婚介合同中，征婚人是要约人，婚介机构是受约人
		（4）征婚人在提出要约时，要考虑清楚自己需要哪种婚介服务，需要多长的婚介服务期限等
		（5）婚介师与征婚人反复协商合同过程就是"要约—新要约—再要约"过程
步骤2	承诺阶段	（1）承诺是指受约人同意要约的意思表达
		（2）在婚介合同中，婚介机构在接受征婚人的签名并在合同上盖章后，即视为承诺
		（3）承诺成立，婚介合同成立
注意事项		（1）婚介合同一经签订，立刻具备法律效力，双方当事人应认真履行
		（2）如其中一方确实要变更婚介合同，必须经过双方同意
		（3）最大诚信原则是婚介双方应当遵守的基本原则。婚介机构是以征婚人申报和保证的个人信息为依据，提供婚介服务。征婚人是以如实申报个人信息为前提，要求提供婚介服务。因此，婚介当事人订立和履行婚介合同都必须遵守最大诚信原则

（三）实施效果

1. 通过学习婚介合同的签订内容，了解婚介合同签订的基本要点，避免出现婚介合同不能履行的情况。

2. 通过掌握婚介合同的订立程序，有助于婚介师清楚婚介服务的起始时间。

二、相关知识

（一）婚介合同的定义

服务合同指的是合同订立双方或多方基于某项特定服务行为的设立、变更、终止而签订的规定合同当事人权利义务关系的协议。婚介合同属于服务合同中的一种，婚介是一种商业行为，这种商业行为的基础是订立婚介合同。所谓婚介合同，是征婚人和婚介机构，为实现婚介服务目的，明确相互之间权利义务关系的一种具有法律约束力的书面协议。

1. 婚介合同的特点

（1）一般法律特点　由婚介合同产生的婚介机构与征婚人之间的权利义务关系，属民事法律关系的范畴，婚介合同一经签订，便受到法律的约束和保护。婚介合同具有民事合同的一般法律特点。

① 合同是两方以上当事人的意见表示一致的民事法律行为。婚介合同是双方的法律行为，在双方当事人意见表示一致时才能成立，如果双方的意见不一致，则合同不能成立。

② 合同的双方当事人处于平等地位，是双方在平等、自愿的基础上产生的民事法律行为。婚介合同双方当事人，在签婚介合同时，任何一方不得把自己的意志强加给对方。婚介合同是以双方当事人公平、自愿表达意志为前提，是双方当事人权利、义务对等的基础。

③ 合同是以设立、变更、终止权利义务关系为目的的民事法律行为。婚介合同是合法的法律行为，即婚介合同必须合法，必须遵守国家法律、法规。合同的主题、内容、订立程序等都必须符合国家有关法律、法规的要求，从而被国家承认和保护。

（2）婚介合同自身的特点　婚介合同除具有民事合同的一般特点以外，还具有其自身的特点。

① 婚介合同是双务合同。双务合同，是指当事人双方相互享有权利、承担义务的合同。在双务合同中，合同双方承担的义务和享有的权利相互关联，互为因果，而且承担的义务要有等价关系。婚介机构收取征婚人支付的婚介服务费，在婚介合同有效期内承担提供婚介服务的责任；征婚人支付一定的婚介服务费用以获取婚介机构提供的婚介服务，从而解决自身的婚姻问题。

② 婚介合同是协商合同。协商合同是由缔约双方经过充分的协商，在意愿一致的基础上订立的合同。婚介合同属于协商性合同，是经过当事人双方充分协商一致后，选择指定的服务内容后签订的。

③ 婚介合同是非要式合同。根据合同是否需要特定的形式和手续划分，凡要求具备特定形式和履行一定手续的合同，称为要式合同。在我国，所谓"特定的形式"主要指书面形式；"特定的手续"主要指经过公证、鉴证或有关国家机关的核准。而非要式合同，是指不需要特定形式和手续为成立要件的合同。婚介合同属于非要式合同。

2. 婚介合同的主体和客体

（1）婚介合同的主体。合同的主体是指在合同中享有权利和承担义务的人。按与合同关系的密切程度区分，合同的主体又分为当事人和关系人。当事人是指直接参与签订合同的双方；关系人是虽然不直接参与签订合同，但在合同中规定享有权利和承担义务的人。任何合同都是双方的法律行为，都是缔约双方当事人。

在婚介合同中，享有权利、承担义务的人有三种：机构、征婚人和代理征婚人。

婚介合同由征婚人本人亲自与婚介机构直接签订，征婚人与婚介机构是订立婚介合同的双方当事人或称为缔约人，即婚介合同的当事人。

征婚人委托其父母或亲友与婚介机构订立婚介合同，缔约人是征婚人的父母或亲友（代理征婚人）与婚介机构。这种情况的征婚人只享有法律和婚介合同规定的由婚介机构提供的婚介服务的权利和义务，但征婚人不是婚介合同的订立者，只是婚介合同的关系人。

① 婚介机构。婚介机构是经国家有关职能部门注册登记，由经过专业和行业培训的服务人员为征婚人提供婚介服务的经营组织。它作为婚介合同主体的一方享有按约定收取婚介服务费的权利，同时在约定的婚介合同有效期内，负责承担提供婚介服务的义务。

我国经营婚介业务的是婚介公司。国家对婚介公司市场准入有明确的规定，对注册资本、营业场所和设施、人员配备等方面有具体要求。成立婚介公司需到工商管理部门注册。

② 征婚人。是指婚介合同当事人的另一方，是申请订立婚介合同并负有缴纳婚介服务费义务的主体。按照《婚姻法》规定，征婚人必须是具有完全的民事权利能力和民事行为能力的单身人士。

大多数情况下，征婚人是直接与婚介机构订立婚介合同的当事人。但是，如果与机构订立婚介合同的不是征婚人本人，而是征婚人的父母或亲友，这种情况下的征婚人就不是婚介合同的当事人，而是婚介合同的关系人。

③ 代理征婚人。是指代替征婚人与婚介机构订立婚介合同的人。代理征婚人只承担缴纳婚介服务费、提供当事人真实信息的义务，不享受婚介服务的权利。

代理征婚人，可以是征婚人的父母，也可以是征婚人的亲友，只要是符合我国法律规定的具有完全的民事权利能力和民事行为能力的人，都可以担任代理征婚人。为了征婚人的个人幸福，也为了提高整个婚介服务行业的服务质量，应要求代理征婚人为征婚人征婚时出示代理征婚委托书，否则婚介机构不予接待。

（2）婚介合同的客体　婚介合同的客体，是指婚介机构和征婚人双方权利与义务所共同指向的对象。在婚介合同中，合同客体指的是婚介服务。在民事法律关系中，客体是主体享有权利和履行义务的目标，没有客体，权利和义务就没有标的，合同就无法成立。就婚介合同而言，如果没有客体，就不存在婚介当事人双方的权利和义务，也不可能成立婚介关系。

（二）婚介合同的主要事项

婚介合同的主要事项是指婚介合同中所包括的主要内容，是婚介合同主体之间享有权利、承担义务的基础。婚介合同主要有下列事项：

1. 甲方（征婚人）和乙方（婚介机构）的名称

他们是婚介合同的主体。

2. 婚介标的

即婚介合同载明的婚介服务内容。

3. 婚介合同期限

指婚介合同的有效期限，是合同双方当事人享受权利和履行义务的起止时间。

4. 权利和义务

指婚介合同当事人双方享受的权利和承担的义务。

5. 婚介费

指征婚人为取得婚介服务缴纳给婚介机构的费用。

6. 违约责任和争议处理

违约责任是指婚介合同当事人因其过错致合同不能履行或不能完全履行时，或违反婚介合同规定的义务而应承担的法律后果。婚介合同订立后，即产生相应的法律效力，双方当事人应按照合同规定的内容，完全地、不折不扣地予以履行。否则，违约方将承担相应的法律后果和违约责任。

争议处理是指用以解决婚介合同纠纷的办法在合同中的体现。发生婚介合同争议时，首先应通过友好协商解决。协商不成时，通过仲裁、诉讼方式解决。

7. 订立合同的年月日

指婚介合同的签约时间。

8. 双方签字、婚介机构加盖机构公章

（三）婚介合同的订立

婚介合同的订立是指签订婚介合同。合同订立的过程，是双方当事人就合同内容通过协商达成协议的过程。任何合同的订立，都必须经过要约和承诺两个阶段。

子任务二 婚介合同的变更、终止及异议处理

一、婚介合同的变更、终止及异议处理

婚介合同一经签订，立刻具备法律效力，双方当事人应认真履行。如其中一方确实要变更婚介合同，必须经过双方同意。

（一）婚介合同的变更

婚介合同的变更是指双方当事人根据情况变化，按照规定的程序，对原婚介合同某些内容进行修改或补充。

婚介合同的变更一般是指婚介合同内容变更。如婚介服务时间，婚介服务内容的变更等，一般由一方当事人提出要求，经与另一方协商达成一致后，由当事人在婚介合同加以批注，其法律效力对双方均有约束力。

（二）婚介合同的终止

婚介合同的终止是指婚介合同成立后，由于某些原因，合同的权利义务关系不再具有法律效力。下列情况可以使婚介合同终止，见表 3-1。

表 3-1 婚介合同终止的情况

序号	婚介合同终止的情况	内涵	备注
1	自然终止	婚介合同一般都订明合同期限，如婚介合同期满，婚介机构责任即告消失，合同因此终止	包括两种情况：一是因婚介合同期限届满而终止；二是征婚人找到自己的伴侣，婚介服务因而结束，合同终止

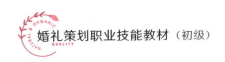

（续）

序号	婚介合同终止的情况	内涵	备注
2	协议终止	婚介合同的双方当事人在签订婚介合同时约定，在合同有效期内，当某种情况出现时，合同一方当事人可行使终止权，解除合同	
3	违约终止	婚介双方当事人中的一方违约时，另一方可终止婚介合同	

（三）婚介合同的异议处理

任何民事活动都会有争议产生，婚介服务同样如此。婚介合同争议是指婚介合同订立以后，双方当事人在履行合同过程中，围绕婚介服务好坏等问题产生的意见分歧或纠纷。因此，采用适当方式，公平合理地处理婚介合同争议问题，对征婚人和婚介机构，都十分重要，处理不好会直接影响到双方的权益。

婚介合同中出现的争议，常采用协商和解及法律诉讼两种方式来处理，见图3-1。

1. 协商和解

是指争议出现时，婚介机构和征婚人进行磋商，在彼此都认为可以接受的基础上，求大同存小异，达成和解协议，消除纠纷。协商和解分为两类：

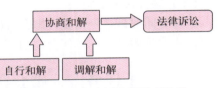

图3-1　婚介合同争议处理途径

（1）自行和解　即双方当事人直接自行协商，达成和解，没有第三方介入。这是解决婚介服务工作实务争议最可行，也是最基本的一种办法。协商过程中，双方一定要注意心平气和，在自愿、平等、相互谅解的原则下，实事求是地分析矛盾，做出一定让步，找到双方都能认可的方案，达成协议，结束争议。

（2）调解和解　是指婚介合同当事人双方在第三方的调解下，充分交换意见，相互磋商与理解，对所争议的问题达成一致意见的解决方式。调解人应为争议双方当事人所信任，比如婚介机构主管部门或司法部门。

通过协商和解的方式解决争议，能使争议双方在比较友好的氛围中，不伤和气地解决纠纷，省时、省力、省钱，而且争议能够很快解决。这是解决婚介服务争议的最佳途径。

只有当争议双方经协商不能达成一致时，才向人民法院提起诉讼。

2. 诉讼

婚介诉讼是指婚介合同争议双方当事人通过人民法院解决争议、进行判决的办法。当事人应按照法律程序，向当地人民法院提起诉讼，履行法律程序，服从法律判决。

二、相关知识

（一）婚介合同的诚信原则

婚介服务是关系到人们的社会生活和社会秩序的重要商业行为。婚介能否规范正常地运行，将影响到人们的家庭生活是否幸福安定，社会生活是否稳定和谐。为了使婚介能够正常发展，充分发挥其服务社会、服务大众的作用，婚介经营必须遵循一定的基本原则。

婚介在其发展的历史过程中，形成了人们公认的基本原则——最大诚信原则，这是婚介活动的准则，应始终贯串于整个婚介服务过程，婚介合同双方都必须严格遵守。坚持和贯彻婚介合同的基本原则，有利于维护婚介双方的合法权益，更好地发挥婚介的功能和作用，保证婚介行业健康有序地发展，保障人们家庭生活的稳定。

1. 最大诚信原则的定义

诚信是指诚实和信用。诚实是指一方对另一方坦诚公开、不隐瞒和欺骗；信用是指双方都应如实全面地履行自己的义务。各种民事活动中，都要求当事人遵循诚信原则，各国法律也把诚信原则作为民事活动的基本准则。由于婚介服务的特殊性，婚介合同需要当事人最大的诚信，即婚介双方当事人应该自愿地向对方充分而准确地告知有关婚介服务的所有事实，不得欺骗和隐瞒。否则婚介合同无效。

坚持最大诚信原则的目的，是维护征婚人的权益。由于婚介机构是根据征婚人申报的个人信息资料开展婚介服务，若征婚人陈述不实或有意欺骗，就可能损害婚介机构的权益，特别是损害其他征婚人的权益。为了保护婚介双方当事人的利益，婚介合同中必须坚持最大诚信原则。同时，婚介机构也应向征婚人如实承诺服务内容和过程，保证提供的所有资料和服务真实可靠。

2. 最大诚信原则的内容

最大诚信原则的内容主要有两点：

（1）告知　告知有狭义与广义之分。狭义的告知是指合同当事人双方在订约前与订约时，互相据实申报、陈述。广义的告知指合同订立前、订立时和订立之后的有效期内，双方当事人均应如实申报、陈述。婚介合同采用广义告知。婚介合同签订之前、之时和之后，征婚人应对已知或应知的与中介服务有关的重要事实向婚介机构作口头或书面的申报，婚介机构也应将与征婚人利益相关的重要事实如实通告征婚人。

所谓重要事实，对于婚介机构是指那些影响婚介服务好坏的事实；对于征婚人指的是婚介服务内容、条款、费用及其他相关事实。在实际婚介工作中，哪些属于重要事实必须申报，哪些信息无须申报，很难有统一明确的标准，婚介师只能根据具体情况把握。

（2）保证　指婚介合同双方保证做或保证不做某事。保证在婚介合同的订立过程中有着重要的意义，是构成婚介合同的重要条款之一。经婚介双方同意写进合同中的条款即为保证条款，任何一方违反保证条款，另一方都有权解除合同。在婚介合同中，征婚人保证申报的信息准确无误，婚介机构保证提供的婚介服务货真价实。

（二）婚姻介绍机构的收费情况

根据 2020 年的市场价格，婚介机构根据不同的服务标准有不同收费标准，一般在 800～10 000 元，如果是定制服务，价格会更高一些。

1. 收费模式

各种相亲组织及婚恋网站等主流收费模式有两种：一种是通过提供会员信息收费，另一种是通过为会员提供全套的相亲服务收费。

（1）提供会员信息收费　一般大型婚介网站会采用这种收费模式，会员在网站上看见合适的会员，然后支付相应的会费，就可以看见对方的信息资料以及对方允许展示的联系方式。如在某些婚恋网，通过购买邮票方式查询对方信息，每张邮票 2 元，可查看一次。这种方式适合具有相亲经验但是缺乏资源的人。因为这种服务比较简单，收费一般在几十元到几百元不等。

（2）提供全套的相亲服务收费　一般提供线下婚介服务的机构都提供这种服务。会员入会后，婚介机构不但提供会员的信息资料还会将双方约见到机构进行面对面私密相亲，并在双方相亲过程中提供全程协助。这种方式适合平时工作忙，但又想找到靠谱的相亲对象的人士。虽然收费高一点，但是推荐的相亲对象比较靠谱，牵手成功率高，受到很多都市白领热捧。

2. 婚姻介绍机构的收费标准

（1）个人的条件　在相亲过程中不只是容貌，很多的方面都决定收费的高低，征婚人的学历、征婚人的工作、征婚人的财务状况、征婚人的家庭背景、征婚人的厨艺、征婚人的才艺等综合起来就形成了一个判定标准。征婚人的综合价值越大，婚介机构为征婚人配对的成本越低，收费自然下降。

（2）提出的要求　如想找貌美如花的，想找貌似潘安的，想找有钱的，想找有才的等。可以概括为：个人价值＋交的会员费＝看见的异性。

（3）服务周期的长短　服务周期越长，费用越高：婚介机构提供的服务一般是半年期和一年期，最短也要三个月。对于比较挑剔的征婚者一般会选择一年期的，这样会有较多的时间来筛选自己满意的对象。

任务四
婚介信息与匹配排选

【任务情境】

本品纯中国长沙制造，长 180 厘米，净重 75 千克，采用人工智能，产于 20 世纪 80 年代末。各部分零件齐全，运转稳定，经 30 余年运行证明，属信得过产品。产品手续齐全，无限期包退包换。现因发展需要，诚招志同道合者（仅限女性）共同开发第二代产品，有意者请联系本人 QQ×××！

此征婚广告诙谐幽默，没有明确的征婚文字表达，但是，婚介师可以从字里行间获得征婚人的一些基本信息：男士、三十一二岁、身高 1.8 米、体重 75 千克、中国人、籍贯长沙、身体状况良好、无不良嗜好，要求对方最好能同他一样开朗、幽默。

【任务分析】

一、婚介信息与匹配排选的主要内容

序号	主要内容
1	婚介信息的搜集
2	提供婚介推荐

二、婚介信息与匹配排选的工作目标及措施

序号	主要工作目标	措施
1	对婚介信息进行搜集管理	把握信息搜集、信息内容、信息分析、信息处理、信息管理五要素
2	提供婚介推荐	三原则： 以征婚人的主要征婚要求为切入点 讲究策略，合理疏导 巧妙运用语言技巧

【任务实施】

子任务一　婚介信息搜集

一、工作流程

（一）工作准备

1. 物品准备

序号	名称	备注
1	办公用品	用于婚介信息的搜集与管理
2	电话	用于婚介信息的搜集与管理
3	计算机	用于婚介信息的搜集与管理
4	档案盒	用于婚介信息的搜集与管理
5	档案袋	用于婚介信息的搜集与管理
6	打印机	用于婚介信息的搜集与管理
7	打印纸	用于婚介信息的搜集与管理
8	其他	用于婚介信息的搜集与管理

2. 环境与人员准备

序号	环境与人员	准备
1	婚介师	信息收集、信息内容、信息分析、信息处理、信息管理
2	征婚人	提出征婚需求
3	其他征婚委托人	提出征婚需求
4	网络办公环境	用于信息搜集与管理

（二）婚介信息的搜集与管理

步骤	流程	技术操作要求
工作前准备		（1）了解掌握婚介信息搜集的方式
		（2）了解掌握婚介信息搜集的技巧
步骤1	婚介信息的搜集	（1）婚介信息是婚介师进行婚介服务的原始依据
		（2）婚介信息的搜集是婚介师主动开发客户市场的过程
		（3）婚介信息的搜集是婚介服务资信的搜集过程
		（4）婚介信息的搜集是婚介服务销售的过程
步骤2	婚介信息内容	（1）婚介信息内容是指征婚人的个人情况和择偶要求
		（2）理解婚介信息
		（3）分析婚介信息
		（4）检验婚介师对征婚人的个人情况及征婚要求是否理解

（续）

步骤	流程	技术操作要求
步骤3	婚介信息的分析	（1）分析个人喜好和选择对象侧重点，有选择性、有目标性地为征婚人进行婚介服务
		（2）验证婚介信息是否真实
		（3）验证婚介信息是否详细
		（4）体现了婚介服务的质量
注意事项		（1）婚介信息包括信息搜集、信息内容、信息分析、信息处理、信息管理五要素
		（2）婚介信息的搜集实际上是婚介服务销售的过程；婚介信息内容是否真实、是否详细，检验婚介师对征婚人的个人情况及其征婚要求是否理解；婚介信息的分析、处理和管理体现了婚介服务的质量
		（3）婚介信息是婚介服务的基础，只有建立丰富的信息资源库，婚介服务才有目标，婚介服务才能卓有成效
		（4）丰富的婚介信息可以显示婚介机构的实力；有序、有条理的婚介信息可以体现婚介机构的服务质量；合理、巧妙的信息处理体现婚介机构服务是否到位；婚介信息有效的管理和保护体现了婚介机构的专业化水平
		（5）不论是婚介机构，还是婚介师，都要严肃、认真地对待婚介信息的搜集、分析、处理和管理

（三）实施效果

1. 通过学习婚介信息搜集的方式，了解婚介信息的基本内容，有助于婚介师主动开发客户市场。

2. 通过学习婚介信息搜集的技巧，掌握了婚介师销售婚介服务的过程。

二、相关知识

（一）婚介信息的搜集

婚介信息是婚介师进行婚介服务的原始依据，也是婚介机构的实力象征。拥有婚介服务信息越丰富的婚介机构，在婚介市场上就越具有竞争力，提供的婚介服务效率也就越高。婚介师在婚介服务过程中，要注意不断搜集各种婚介服务信息。

搜集信息的过程就是婚介师主动开发客户市场的过程，没有客户，服务也就不能存在。婚介信息搜集渠道有如下几种（表4-1）。

表4-1　婚介信息搜集渠道

序号	搜集渠道	优劣
1	婚介电话咨询	信息获取快捷，但不够详细，真实性也不够强
2	婚介上门咨询	征婚人留下的信息的真实性强，资料比较详尽
3	活动信息备案	征婚人留下详细个人资料，征婚要求有详有略
4	网络交友注册	信息来源的真实性欠缺，婚介师要对信息资料进行有效分析和筛选
5	采集个人广告信息	存在真实性欠缺问题，婚介师需要对信息做有效分析和筛选

1. 婚介电话咨询

通过婚介机构的各种广告宣传，征婚人通常会主动打电话到婚介机构咨询相关事宜，并留下初步的个人信息。此类信息获取快捷，但不够详细，真实性也不够强。婚介师应很好地利用电话咨询的机会，尽量详细询问征婚人信息，给咨询者留下好印象，争取让他们直接上门面对面地交流。

2. 婚介上门咨询

有些征婚人会采取直接上门咨询的办法。由于是直接上门咨询，征婚人留下的信息真实性强，资料比较详尽。婚介师要把握机会，让征婚人留下详尽的个人信息及征婚要求，并设法将征婚人转为签约客户。据统计，50%上门咨询的征婚人都可以成功转为签约客户。

3. 活动信息备案

很多婚介机构都定期组织各种婚介活动，例如：联谊会、八分钟交友、大型交友会、假期旅游等。每次活动，征婚人都会登记个人信息，婚介师应该在登记表格的设计上多下些工夫，尽量让征婚人留下详细个人资料和征婚要求，以便在活动中及活动后做有效跟踪。具体表格设计可参考表 2-1。

4. 网络交友注册

随着网络征婚的兴起，很多征婚人将个人信息在网络上注册登记，从而为婚介公司留下了大量的个人信息资料。但是，网络注册信息来源的真实性欠缺，婚介师要对信息资料进行有效分析和筛选，核准后录入。

5. 采集个人广告信息

一些勇敢的征婚人以个人名义刊登征婚广告，这是婚介机构个人资料信息库的部分资源。此类信息与网络信息注册相同，存在真实性欠缺问题，婚介师需要对信息做有效分析和筛选。

（二）婚介信息的内容

婚介信息内容是指征婚人的个人情况和择偶要求。

1. 征婚人的个人情况

（1）征婚人的自然条件，包括：年龄、民族、身高、体重、健康状态、容貌等。

（2）征婚人的社会条件，包括：工作单位、职业、职位等。

（3）征婚人的受教育状况，包括：学历、毕业院校、有无出国留学经历等。

（4）征婚人的经济条件，包括：经济收入、住房条件、财产状况。

（5）征婚人的家庭背景及状况，包括：父母的年龄、职业、收入、健康状况，是否与其同住等。

（6）征婚人的婚恋状况，包括：个人情感经历、以往婚姻史、是否有孩子等。

（7）征婚人的习惯、爱好及特长。

（8）征婚人的性格特征。

2. 征婚人的择偶要求

征婚人的择偶要求主要是指征婚人对意中人的大致描述，其涵盖的内容与征婚人个人情况涵盖的要求基本相似。

征婚人的个人情况在不断变化，因此，择偶要求也会不断变化。

子任务二　提供婚介推荐

一、工作流程

（一）工作准备

1. 物品准备

序号	名称
1	办公用品
2	电话
3	计算机
4	档案盒
5	档案袋
6	打印机
7	打印纸
8	其他

2. 环境与人员准备

序号	环境与人员	准备
1	婚介师	研究征婚人的个人信息资料，根据征婚人的个人情况和择偶要求，为他物色婚介对象
2	征婚人	提出征婚要求
3	其他征婚委托人	提出征婚要求
4	网络办公环境	

（二）提供婚介推荐

步骤	流程	技术操作要求
工作前准备	准备各类婚介信息	（1）研究征婚人的个人信息资料
		（2）匹配其他征婚人
步骤1	婚介对象的选择	（1）了解推荐对象，研究征婚人的个人信息资料
		（2）根据征婚人的个人情况和择偶要求物色婚介对象
		（3）既了解婚介推荐对象的个人条件和个人情况，又了解他们的婚恋心理需求
		（4）选择婚介推荐对象

（续）

步骤	流程	技术操作要求
步骤2	婚介对象的推荐	（1）认真调查征婚对象实际状况
		（2）与征婚人达成共识后，再进行婚介推荐
		（3）对征婚男女做多角度的客观分析，直到确认双方条件基本相符，才正式向征婚人予以推荐
		（4）耐心对待，多次推荐，不怕失败
注意事项		婚介推荐服务是一项很有挑战性的工作，婚介师不仅要努力学习，掌握理论上的婚介推荐服务技巧，还要从婚介服务实践中积累经验，提高婚介服务技能

（三）实施效果

1. 通过研究征婚人的个人信息资料，可以根据征婚人的个人情况和择偶要求为其物色合适的婚介对象。

2. 通过学习婚介推荐的技巧，进行合适的婚介推荐。

二、相关知识

（一）婚介推荐的定义

征婚人签订婚介合同与婚介机构建立婚介服务关系时，婚介师应同步认真研究该征婚人的个人信息资料，根据该征婚人的个人情况和择偶要求，为他物色婚介对象，这就是婚介推荐服务的主要工作内容。婚介推荐包括两个环节：挑选和推荐。

（二）婚介推荐的重要性

1. 帮助指导征婚人树立成功婚恋的信心。

2. 检验婚介师的服务质量和从业经验。

3. 检验婚介机构的资源规模和诚信度。

（三）婚介推荐对象的选择

1. 了解推荐对象

（1）了解推荐对象的个人条件和婚恋史　婚介对象的个人条件包括面貌体型、社会地位、经济基础、文化修养、家庭条件等。征婚人比较注重婚介师推荐的婚介对象的个人条件。如果彼此条件相差悬殊，婚介推荐的成功概率就会比较低。

婚介师不仅要了解婚介推荐对象的个人条件，还要了解他们的情感状况：是否谈过恋爱，为什么分手等个人情感经历。

掌握婚介推荐对象的个人条件和情感历史，为婚介师以后的跟进和辅导工作做相应的准备。

（2）了解推荐对象的婚恋心理需求　每个人都有自己独特的择偶要求和标准，即使条件相仿的人，其择偶要求和标准也极有可能大不一样。有人注重经济，有人注重品德，有人注重才能，有人注重外貌。而有些征婚人又往往羞于将自己注重的要求和标

准直言表达，这就要求婚介师通过察言观色的面谈技巧，洞察其内心真实的想法。只有在既知婚介推荐对象的个人条件和个人情况，又知他们的婚恋心理需求的情形下，婚介师才能有的放矢地为征婚人提供有效的婚介推荐，从而为婚介服务最终获得成功奠定基础。

2. 选择推荐对象

选择推荐对象通常要注意以下几点：

（1）年龄要求相仿　这是征婚人最基本的征婚要求。

（2）志趣爱好相仿　有共同的爱好，就不难找到共同的话题，这有益于婚恋关系的快速建立和顺利发展。

（3）经济条件符合双方要求　经济条件对于大龄青年或二次以上婚姻者，尤其重要。有些征婚人把它作为必须条件，对对方的经济收入要求很严格。

（4）排除对于家庭环境的要求　有些征婚人，可能对对方曾结过婚或有孩子非常介意；有些习惯独立生活的征婚人，对于将来是否与父母同住十分挑剔。

（5）对于其他硬指标的排除　家庭问题除对于曾经有婚史的征婚人比较敏感外，其他被征婚人视为硬指标的条件，也需要做适当排除，以免造成今后不必要的麻烦。

（6）相貌要求　有些征婚人对相貌要求较高，但大多数本身条件一般者相貌要求均可以灵活调整。

（7）性格匹配程度　性格要求固然重要，但在其他条件合适的情况下，可以对性格相对分析。

（8）特殊要求　有些征婚人对征婚对象有特殊要求，例如行业要求、身高要求、海外背景以及其他本人条件难以达到的要求。针对这类征婚人，首先要尊重他的想法，但要做适当的辅导，使其面对现实。选择推荐对象的流程如图4-1所示。

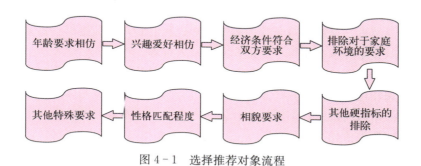

图4-1　选择推荐对象流程

（四）婚介推荐的原则和技巧

1. 婚介推荐服务的原则

（1）为征婚人的幸福着想　全心全意为征婚人的幸福着想，绝不可以敷衍了事，这是一个优秀婚介师必备的最基本的服务素质。有些婚介师急于求成，为了尽快完成任务，在没有认真调查征婚对象实际状况的情况下，就贸然推荐，导致征婚人向婚介机构投诉。

【例4-1】一位大龄未婚女子，性格内向，为人本分，经婚介服务工作人员推荐，不到一个月就匆忙与一位私营企业老板组成了家庭。但没过多久，这位新婚女子却跑到婚介机构来哭诉，"他是个钱多心眼坏的男人，整日花天酒地，夜不归宿。而且，他接触的一些朋友都是一些不三不四的人。我真是被你们害苦了……"

一名合格的婚介师必须具有强烈的工作责任心，怀着真正为征婚人做好事的态度，遵循"全心全意为征婚男女终身幸福着想"的服务原则，绝不能敷衍了事。

（2）充分尊重征婚人的要求和选择　某些婚介师自以为在婚介方面是权威，对待征婚人的实际要求，主观地认为不合理要求是造成征婚人婚恋陷入困境的原因，结果导致征婚人不满意。

婚介师要谨记：婚介推荐服务不是"乱点鸳鸯谱"，必须尊重征婚人自己的选择。对征婚人的要求进行分析，合理的，给予充分的尊重；不合理的，进行适当的辅导，与征婚人达成共识后，再进行婚介推荐。

【例4-2】一位离婚的女士，因自己有住房，有成功的事业，容貌和其他条件也不错，一心想找一位局级干部或企业家为配偶。婚介师针对她的择偶心理进行了诚恳的劝导：根据婚介师的工作经验，离过婚的局长、企业家往往喜欢找一位条件一般的普通女士，而不是职业型女士，组成家庭后也往往以男士为中心。职业型的征婚女士，对男方的职业要求不能太高。该女士在婚介师的劝导下，用正常的心态接受婚介师为其安排的约见对象，而且效果不错，很快找到了合适的对象。

（3）对征婚对象双方做深入细致的调查　本着对征婚人负责的态度，对征婚对象双方做深入细致的调查。婚介师在为征婚人进行婚介推荐服务时一定不要急于求成，欲速则不达。要做好深入细致的调查工作，不但对征婚男女双方的相貌、身高、职业、住房、经济能力等外在条件要知之甚详，更重要的是，对征婚男女的个性、品行、爱好等内在素质，要有充分了解。然后，再结合婚介服务的专业知识和经验，对征婚男女做多角度的客观分析，直到确认双方条件基本相符，才正式向征婚人推荐。

（4）耐心对待，不怕失败　婚介服务不是一个简单的过程。征婚人对自己的终身大事一定会认真考虑和比较，与婚介师意见不同或否定婚介师的意见是常有的事。婚介师一方面要耐心对待征婚人的挑选，不厌其烦；另一方面要对征婚人的要求深入了解，绝不能被拒绝了几次，就失去信心。

2. 婚介推荐服务的技巧

当婚介师确定了婚介推荐对象，在向征婚人介绍婚介推荐对象情况并试探征婚人意向时，如何表达清楚，如何有效地说服征婚人，很有讲究。婚介师既要实事求是、不弄虚作假，又要有技巧、有方法，精心策划，认真准备，选择适当的时机和场合，进行婚介推荐。

婚介师在进行婚介推荐时，应把握以下三个原则。

（1）以征婚人的主要征婚要求为切入点　以征婚人最看重的征婚条件为切入点开始推荐，着重介绍推荐对象某方面的优势，投其所好，力争三言两语引起征婚人的关注。

【例4-3】某男青年十分注重女方相貌，婚介师在为他进行婚介推荐时，就不宜多谈女方如何心灵手巧，如何吃苦耐劳，而应该首先交代一句："女方是一位相貌出众、身材苗条的姑娘。"

【例4-4】某女青年渴望找一位有志向、有才华的伴侣，婚介师进行婚介推荐时，就不宜一个劲儿地夸奖男方家境如何优越，男方父母如何有地位和经济实力。而应着重说明"男方是一位胸怀大志、勤奋好学的青年人，单位打算近期派他出国深造"等。当然，投其所好，只是婚介师进行婚介服务时所使用的谈话技巧，而不是胡编乱造，否则因此引起婚介纠纷，婚介师要承担相应的法律责任。

（2）讲究策略，合理疏导　有些征婚人不切实际地提出过高要求，不顾自身条件，盲目追求十全十美的理想伴侣。听到推荐的婚介对象某些不尽如人意之处就当场否定。针对这类好高骛远的征婚人，婚介师就要对其进行合理疏导，用技巧性的婚介服务语言，巧妙地暗示他自身存在的不足。

【例4-5】某婚介李老师在给男青年小黄介绍女朋友时说："她性格温和，善解人意，大专学历。在一家医院做会计工作，年年被医院评为先进工作者。人际关系也很好，同事都乐于和她交往。不过，我也不瞒你，她相貌平平，皮肤还较黑，年龄28岁，和你同岁，不知你感觉怎么样？"小黄听了李老师如此坦诚的推荐介绍，衡量一下自己的条件，就爽快答应了。于是李老师又把小黄的情况向女方作了介绍："黄先生为人正直、热情大方，勤奋敬业。和你一样，在单位里很有人缘。小伙子模样端正，人也聪明，不但歌唱得好，字也写得漂亮，还有修理电器的特长，不愧是重点大学培养出来的大学生，不过，咱们打开天窗说亮话，他的短处也很明显：首先父母家在农村，经济负担较重；其次，他的单位的经济效益也不算太好；还有，个头不高（1.68米）。小伙子听了你的情况，很满意。你要不要先与他见见面，大家认识认识，然后再考虑以后的发展。"这对青年男女在李老师的热情撮合下，最终喜结良缘。

（3）巧妙运用语言技巧　婚介师要学会巧妙运用语言技巧。特别是针对敏感的问题不能简单处理，导致征婚人无法接受推荐。在运用恰当的语言措辞的同时，可以讲求一定的策略。同一个意思，可以用不同的方式表达，以达到最佳的效果。

【例4-6】某婚介师王老师接受了一位女士的委托。该女士要求约见一位自己中意的男士。王老师在与男方联系时，把女方当作向男方推荐的婚介对象予以介绍。对男方说："这位女士是我认真为你挑选的，她的长相、谈吐都不错，并且很有气质和魅力，我想为你们联系一下，你看如何？你如果有意和她认识，我就帮你与她约个时间，你们见见面？"这样讲，就能激发男方的兴趣，促使其采取主动。反之，如果王老师对他说"女方很有诚意，此事就等你表态了"，那么，男方反而会心生猜疑，犹豫不决，甚至怀疑女方有什么问题。

总之，婚介推荐服务是一项很有挑战性的工作，婚介师不仅要努力学习，掌握理论上的婚介推荐服务技巧，还要从婚介服务实践中积累经验，提高婚介服务技能。

参 考 文 献

全国社会工作协会婚介行业委员会，2011. 全国婚姻介绍行业服务细则［EB/OL］.（2011-11-13）.
  http://www.docin.com/p-287157241.html.

上海市人民政府，2004. 上海市婚姻介绍机构管理办法（2004 修正）［EB/OL］.（2004-06-24）.
  http：//duxiaofa.baidu.com/detail? searchType = statute&from = aladdin _ 28231&originquery = %
  E4%B8%8A%E6%B5%B7%E5%B8%82%E5%A9%9A%E5%A7%BB%E4%BB%8B%E7%BB%
  8D%E6%9C%BA%E6%9E%84%E7%AE%A1%E7%90%86%E5%8A%9E%E6%B3%95&count=
  23&cid=e57ca76946a1efc7b014b5b2157dee97 _ law.

徐红，2007. 婚介师（国家职业资格五级）［M］. 北京：中国劳动保障出版社.

佚名，2019. 婚介所红娘培训手册汇编［EB/OL］.（2019-04-25）.http：//wenku.baidu.com/view/
  400f718e7275a417866fb84ae45c3b3567ecdd8c.html.